长歌当哭

郭志超教授追思集

王逍　蒋俊　主编

厦门大学出版社　国家一级出版社
XIAMEN UNIVERSITY PRESS　全国百佳图书出版单位

图书在版编目(CIP)数据

郭志超教授追思集/王逍,蒋俊主编.—厦门:厦门大学出版社,2020.5
ISBN 978-7-5615-6036-5

Ⅰ.①郭… Ⅱ.①王…②蒋… Ⅲ.①郭志超—纪念文集 Ⅳ.①K825.4-53

中国版本图书馆 CIP 数据核字(2020)第 068881 号

出 版 人	郑文礼
责任编辑	薛鹏志

出版发行 厦门大学出版社

社　　址	厦门市软件园二期望海路 39 号
邮政编码	361008
总　　机	0592-2181111　0592-2181406(传真)
营销中心	0592-2184458　0592-2181365
网　　址	http://www.xmupress.com
邮　　箱	xmup@xmupress.com
印　　刷	厦门报业传媒集团有限公司

开本	720 mm×1 000 mm　1/16
印张	25.5
字数	420 千字
印数	1～3 000 册
版次	2020 年 5 月第 1 版
印次	2020 年 5 月第 1 次印刷
定价	98.00 元

厦门大学出版社
微信二维码

厦门大学出版社
微博二维码

前 言

2019年3月23日,风雨潇潇,柳泣花啼。学生同仁们心目中公认的好老师,厦门大学人文学院民族学与人类学系郭志超教授,溘然长逝。噩耗传来,天地同悲,青山垂泪,江河呜咽。一个高洁赤诚、智慧诗意、刚毅坚韧的灵魂突然远离大家而去,猝不及防,令人悲痛不已。

惊闻噩耗后的厦大学子迅速自发组建了"郭志超老师追思群",一时间汇聚了越来越多来自全国各地的学生及部分老师、同仁等悼念人群,缅怀追思的文字如雪片般纷至沓来,触目悲感,哀思如潮。

3月25日清晨,同事同仁、学生弟子、亲朋故友等,冒着瓢泼大雨从四面八方赶往集美天马山为他送行。思义厅走廊内外,花圈似海,皑皑如雪。祭奠人群,举首相看泪眼,默默无语凝噎。思义厅内,哀乐起,泪千行,泣成声。其生荣殁哀,令人悼心失图⋯⋯

郭师一生自强不息,乐于奉献,甘为人梯。三尺讲坛,辛勤耕耘数十载,春风雨露,天覆地载。他用行动和大爱,完美诠释了何谓"学高为师,身正为范",堪称师之楷模,人之典范。云山苍苍,江水泱泱;先生之风,山高水长!

人生路上,经师易求,人师难得。如今人师匆匆驾鹤西去,千里烟波,暮霭沉沉。山川依旧,室迩人远。然触景生情,睹物思人,念兹在兹,萦怀难忘。惟精神长存、文字不朽。若薪火相传、生生不息,方意义恒久,隽永绵长。是故征集和出版郭师追思文乃诸多同仁、亲朋、晚学等共同心声,并对此翘首以待。

当追思集征稿公告发出后,得到相关人员热烈响应。学界同仁、知交故友、同窗同道、地方文史专家、以及受惠郭师的众多学子等纷纷赐稿。一篇篇情真意切的文字，娓娓讲述着自己与郭师鲜为人知的故事，洋溢着深切的友情、亲情和师生情，读之动容，感人肺腑。他们从亲身经历和不同角度，再现了郭师的高风亮节和赤子之心。阅后，郭师音容宛在，懿德难忘。见字如面，墨短情长。

此追思集不仅寄托众人哀思，而且也定能给后人带来心灵启迪与人生激励。郭师的浩气高节，亦将流芳于后世，精神万古如新。真诚感谢诸位作者拨冗赐稿，还有很多将怀念默默放在心底，以及因各种原因来不及完成，或在报刊已经发表不再收录的诸君，在此也一并感谢。明月清风本无价，远山近水皆有情！

此外，两位主编对所有来稿进行了仔细阅读，在忠实作者本意的基础上，对个别文字、笔误之处进行了修改和校对，个别文章还增加了编者按，少数题目相同者，做了适当的文字调整。因人手和时间有限，不妥之处敬请作者和读者批评指正。倘若因信息传递有误，未收到稿件而漏刊者，也敬请海涵。

最后，本书还附录了笔者撰写的"郭志超教授传"，力求"修辞立其诚"，以真实性为原则，以文献研读与口述访谈相结合等方式，获取第一手资料，系统梳理郭师的生命历程，其中也不乏其人生中的趣闻轶事，旨在立体展现郭师"为人"、"为师"、"为学"的精神风范，以期厚德流光、盛德不泯。然笔者才疏学浅，力有不逮，尚祈方家斧正。

人生有涯，情义无价。愿青山不老，绿水长流！

王　逍

庚子新春于婺州古城

目 录

往事知多少，应在笑谈中

◎ 陈支平

在中国的文学作品中，特别是电影作品中，大学里教授的模样，一定是文雅瘦弱的，而且大部分戴着眼镜的。从来没有见过电影里的教授模样是五大三粗，甚至高大威猛的，好像五大三粗或者高大威猛的形象，是断然装不下什么知识学问一类精细的东西，只有文雅瘦弱之状，才与精深的学问知识相互匹配。譬如从 20 世纪 60 年代电影《停战之后》中描写的 40 年代北平燕京大学的教授，到 70 年代反映大学改革的电影《决裂》，影片中讲授"马尾巴的功能"的教授，都是如此文雅瘦弱且戴着眼镜的。甚至到了八九十年代，某个电影摄制组到厦门大学取景拍电影，需要一位扮演教授角色的临时演员。

其时厦门大学的教授虽然还比较稀有，不似现今的这般繁荣昌盛，校园里面随处可见。但是数十位正教授总还是有的吧？但是奇怪的是，电影摄制组的导演、制片人等，别具只眼，就是看不上这数十位货真价实的教授，出奇地"慧眼识英雄"，在厦门大学机关单位中，挑出一位外貌文雅瘦弱且带着金丝眼镜的办事员老者来担当教授的角色。虽然从知情者眼里，这位教授多少有些冒牌，但是电影放映之后，还真是清水出芙蓉，有着文雅瘦弱气质的教授扮演得分毫不差。

如此看来，心宽体胖的志超兄真算得上是中国教授中的异类了。志超兄比我年长三岁，进厦门大学读大学的时间却比我迟一年，因此之故，既不像兄长，又不像弟弟；反过来，既是兄长，又是弟弟。无奈之下，干脆都拔高一级，互为兄长称呼。我们读了历史课程之后，考古证今，这样的互称兄长，倒也符合我们国家的优秀传统文化。

我和志超兄的称呼名分虽然早早定了下来，但是萦绕在我心中的另外一个特大疑问，却迟迟无法开口。 这就是志超兄的外貌特征，实在符合不了文学作品中教授的应有模样。 志超兄一副尊容玉体，是典型的五大三粗，多少也称得上是高大威猛。 在接受多年的文学渲染教育之下，我们都知道文学电影作品之中的各色形象，是"源于生活、高于生活"的，教授的形象文雅且又瘦弱，一定是八九不离十的，即使有些偏差，也不至于弄到五大三粗、高大威猛的份上。 那么志超兄肚子里蕴藏的学问，究竟是怎么修炼出来的？ 这一极其重要而且困扰我多年的问题，一直到我们二人年过花甲之年，我终于找到一次合适的机会，贸然问了他。 志超兄先是大笑一阵，稍停一会，又微微笑了一阵，终于还是没有给我一个正面的回答。 但是志超兄的这一阵大笑和一阵微笑，给了我极大的安慰和启迪。 数十年相处下来，志超兄的重行实干，不正在这答非所问的大笑和微笑之中吗！

我和志超兄本科虽然都是毕业于厦门大学历史系，但是后来各自从事的专业还是有所不同。 我主修明清两代的历史，志超兄攻读本系民族学和人类学的硕士学位，毕业后留校从事民族学和人类学的教学和科研工作。 俗话说，隔行如隔山。 我们虽然都在同一个系里工作，但是由于专业上的差异，各自在教学和科研上的交往毕竟不多。 只是知道志超兄逐渐在民族学和人类学领域里脱颖而出，从讲师而副教授而教授不断前行拓展，最后作为学科带头人，承担起厦门大学人类学研究所、人类博物馆负责人的重要责任。

1999 年，厦门大学的领导们决定把文、史、哲以及民族学、人类学、社会学等这些穷得响叮当的系所专业，外加刚刚成立不久的新闻传播专业凑在一块，成立了人文学院。 其时我还算得上"年富力强"，被学校任命为人文学院首任院长。 如此一来，志超兄的人类学研究所和人类学博物馆，同样归属于人文学院。 我和志超兄因为工作上的关系，彼此的交往重新活络了起来。 现在回想起来，在我们频繁的互动中，志超兄麻烦我的地方较少，但是我倒是不时地要借重于志超兄。 套用一句俗话，还是我占了便宜。 尤其是有一件事，至今总是感到很对不起志超仁兄！

20 世纪 90 年代末，云南省社科院院长、著名的民族学家何耀华先生主编出版《中国各民族原始宗教资料集成》，全书多达数十卷，囊括了我们国家所有的少数民族。 其时我和何院长都是国家社科基金的评审委员，每年五六月间，都要集合到北京参加评审。 一天，何院长来到我住的房间找我，说是《中国各民族原始宗教资料集成》还缺了"畲族卷"，因为找不到合适的撰写人员，漏了一个大大的缺口，实在遗憾。 你们厦门大学民族学团队素以研究畲族史著称，能否承担起《畲族卷》的编写工作？ 我当时头脑一热，想起这是人文学院的事情，事关厦门大学的荣誉，毫不犹疑地答应下来。 回到学校之后，才领悟到轻率为事的麻烦。 思前想后，只能去拜托志超仁兄了。 志超兄有一个匪夷所思的习惯，就是从来不接电话，一般的交往，只能通过电子邮件。 我通过电子邮件把此事告诉了志超兄，并且希望他能够挺身而出，明年此时，帮我把面子上的事情糊过去。 次日志超兄的邮件回复了六个字："支平兄，请放心！"

志超兄的回信很大方，但是在我的内心实在不放心。 如此简略的回信，不会是虚与委蛇、礼貌之言？ 再说，与志超兄的联络又是如此不便，其秉性又讨厌别人啰里啰唆，我自然再也不好多问。 心中暗暗备下第二方案，下次再见到何耀华院长时，列举出诸多理由，还需要诸多时间，总之必须精益求精、一再打磨，磨到何院长的希望之光熄灭为止。

一年过去了，正当我费尽心思寻找借口，以便再过几天到北京与何院长会面时，如何冠冕堂皇地应付时，突然收到志超兄的邮件，请我明天在办公室等候他来交稿。 志超兄的邮件让我一个晚上不能睡好，真正的"辗转反侧"！ 第二天一早我来到办公室，志超兄已经在这里等候了。他笑吟吟地给我一个电脑 U 盘，告诉我总共有四十余万字。 面对着志超兄的笑吟吟，我实在讲不出任何的感谢之言，干脆向他学习，也来个笑吟吟！

过几天，我到了北京，把添写了"前言"的 U 盘交给何院长。 何院长大大夸奖了我一通。 我也当仁不让，向他诉说去年此时领得任务回去，是如何地重视，是如何地敦请出郭志超教授，组织精干强大队伍，上下一心，日夜抓紧，幸不辱命之类的场面话语。 脸上的金箔贴了不少，确实感到很有面子。 场面话过之后，再交代一些具体的事情，是全书的主编署名："郭志超、陈支平"；书稿校样出来之后，请直接与郭志超教授联系，等等。

自从《中国各民族原始宗教资料集成·畲族卷》的 U 盘交给何耀华院长之后，我以为任务完成，也插不上什么手了，剩下的校对等具体事务就交给志超兄办理。 这样又过去一年了。 我再次来到北京，何耀华院长笑吟吟地把《中国各民族原始宗教资料集成·畲族卷》送到我的手上。

我一看封面，主编的名字赫然变成了"陈支平、郭志超"。 这一次，我笑吟吟不出来了。 我知道一定是志超兄在校对完了之后，把主编的名字调换了过来！ 回想起几天前志超兄把 U 盘交付给我时笑吟吟的景象，这笑吟吟的背后，大有深意，庶几孔子所言："君子欲讷于言而敏于行"；"君子食无求饱、居无求安，敏于事而慎于言。"志超兄不愧是重于行而慎于言的信人也。

从表面上看，志超兄虽然是一位五大三粗的大汉，但是他的性格，以及他的大笑和微笑，却往往充满诗的意境。 比如他对树木花草，恒有一种特别的怜惜之情。 路边被废弃的树木花草，他在条件允许的情况下，不免要细加呵护栽培，让其重振生机，使之郁郁葱葱。 如今，斯人已逝，他所手植在人类博物馆后门之侧的土玫瑰花树，依然四季开放笑绽。人文学院院长卸任之后，由于工作的变动，我现在办公的地点，恰好回归到我和志超兄刚入学时的人类学博物馆。 每当我走近博物馆的时候，那迎风开放的土玫瑰花，总是对着我们轻轻地"微笑"。 这华姿，这微笑着的永不停歇地为我们散发芳香的土玫瑰花树，不正是志超兄的真实写照吗？ 因此，我格外地向往着这丛默默奉献的土玫瑰花丛。

作者简介：陈支平，厦门大学人文学院教授、博士生导师，中国明史学会会长，厦门大学人文与艺术学部主任委员、厦门大学国学研究院院长。

追忆志超兄

◎ 余光弘

　　1993 年夏天，志超兄参加"中央研究院"民族学研究所举办的第二次"闽台社会文化比较研究工作研讨会"，我才有缘识荆。　虽然对于横高竖大、声若洪钟、须发森然的大汉很难不留下深刻印象，但其后我们并无太多来往，十余年中除非我到厦门大学访问时，与他巧遇略谈几句，否则我们几乎没有任何交流沟通。　2015 年至 2016 年，我利用学术假到厦大人类学系担任客座教授一学年，志超兄发现我们的教学及为人处世理念十分接近，因此我们逐渐由相知以致相惜。　当时并没有微信，大家都以"易媒儿"互通音问，我收到有趣的图文就会通过"易媒儿"广为散发，多数朋友收到大都不会吭声，志超兄收到每一则都会回以一新诗或一短文，及时对我发给他的文或图抒发心得感想，文后还会体贴地附一句"读后不必回复"，可惜我未曾留下他的诗与文，否则应该可以集成一本小册子。

　　2008 年，我离开台湾"中央研究院"到厦大人类学系任教，办公室在人类学博物馆的三楼，志超兄常莅临泡茶聊天。　但是他倏来倏去，完全不可预期，有时见他大驾光临我打算泡茶，他说别忙了，一会就走，可话匣子一打开却可聊数小时；有时则真的席不暇暖，略坐即起身离去。　收到志超兄的讣闻，我即忆起他在博物馆的办公室突然起身离去的身影，只是这一转身，却再无回头之日。

　　我们在一起除谈教学、科研之外，志超兄也会说他自己的故事。　据他说儿时其父经营一家颇具规模的制革厂，因此家道甚殷实。　命相师说他命中带有十八栋"番仔楼"（洋楼），所以自小父母即对其刮目相看，在家中及在学校中都是无人敢撄其锋的"小霸王"，每言及此，他就感叹连连，哈哈大笑。　他没有如父母所愿在商界大展身手，否则必定富甲一方。 我知他的小名是"乌龙"，常戏称他"乌龙舍"（"舍"为昔时闽南人对富贵人家子弟的尊称，如郑经又名郑锦，未袭父王位前常被称为"锦舍"）。 其实，我明白，志超兄内心更喜欢教书育人的工作，淡泊名利、安贫乐道，对于"十八栋番仔楼"的记忆，只是当做闲时的笑谈而已，这符合他乐观幽默的性格。

我不记得是 2008 年，还是 2009 年，有一日聊天时他郑重地告诉我，我是少数他愿意视为君子朋友的人之一。 虽然是朋友，但要找他还是只能靠"易媒儿"，他并不用手机，若独自在家，他既不接电话也不应门，"乌龙舍"可真是隐于厦门市的大隐。 我深知海峡两岸经过数十年的隔绝，为文时，遣词用句已经产生一些差异，因此我要送出去发表的报告论文常请他斧正润色，志超兄总是拨冗为我细细修理一番。 认了我这个朋友，除了改文之外，他还要付出其他的"代价"。

我刚到厦大的头几年，一、二年级的本科学生是在漳州校区上课的，学校规定每位教授都必须在该校区开一门课。 我们去上课时，先从校园内搭交通车到轮渡码头，坐上大约十分钟的渡船，上岸后再搭交通车到漳州校区，回程时则是反其道而行。 当时我住在天湖路，因此上完课船抵厦门市区后，不能搭校车，必须自行找公交车回家。 轮渡的公交车站场幅员有限，路线班次却不少，尤其在四五点下班时间，更是人车杂沓，搭车恍若"逃荒逃难"。 挤上车返家后，经常只能瘫在沙发上，视而不见地面对电视屏幕。

想起以前为做田野调查，不仅常在一日之间换乘数种交通工具，还要加上翻山越岭，当时年轻全然不以为苦，到年近六十在厦门与漳州间奔波，我才终于恍然大悟，何谓"舟车劳顿"了。 教了三四个学期之后，有一日志超兄忽然出现，他肯定地说，我每学期教两个研究生的课程和一个本科生的课程，工作量太重了，应该将后者免除；我回复说，那是学校的政策，每个教授都要承担一个本科生的课程。 尽管我如此答复，他完全不为所动，说起云来就是雨，立刻去交代教秘，我的课改由他负责，从此免除我在厦门与漳州间的奔波。 志超兄长我两岁，舟车劳顿之苦必有过之，幸好一两年后本科生都迁回校本部上课，稍减我以邻为壑的罪恶感。

2010 年，我申请到国家社科基金的科研项目"20 世纪初期台湾少数民族文化共同特质的研究"，志超兄是协同研究人之一，我们在交结题报告时，志超兄不仅要撰写结题报告，又要填写各种复杂表格，他还毅然担下结题前所有繁杂的行政手续，我只管写完研究报告交给他，其他的文书作业都是他总揽统包。那些手续我并未亲历，不知其详，只知志超兄在我的办公室与社科处间来回奔波数次，小到每张表格上的签字，大到结题报告体例规格的调整，都是他一手完成。为了稍减我的不安，他告诉我数年前他见一年轻人在校园内搬很重的书，他立刻撸起袖子上前帮忙，如此结下善缘的后生就在社科处任职，所以他前去办事多有关照。我一生中参与过十余个研究项目，这绝对是最省心的一个。研究项目进行期间，我们的聚会总免不了会提及经费的开支，每次一提及钱，志超兄就会焦躁不耐，大有"举却阿堵物"之气势，的确他从头到尾未曾动用项目经费一分钱。

厦门大学翔安校区建成启用后，校方下令人文学院的每个系要在翔安开一个由七八位教授合授的课。得令后，系里的教授同仁先讨论协调课程的诸事，我心想大家该商量如何算成绩，期末学生是要写调查报告，还是要出试题考试，报告或试卷多人分看，如何取得一致的评量标准等等问题。会议一开始，志超兄率先就站出来说，他负责最后的两节课，也负责学生成绩考核与录入的工作，棘手任务他一肩扛下，其他需要安排的，仅剩每个人去上两次课的时间。其他系类似的课，每个学期末为成绩的事，想必都有一番周折。人类学系有志超兄的勇于担当，大家完全不必为学生成绩考核操心。

志超兄与我一样，对于学生抄袭深恶痛绝。某日，我们谈及该课期末报告评分的事，他告诉我评分时，每篇报告他都将有问题的部分复制粘贴到网络上搜寻，每学期都"颇有斩获"。曾有一学期，他竟踢到"铁板"。有位女学生的报告与网络上的一篇贴文完全一模一样。不料学生却抗辩说，网络上的就是她本人的大作，还请出其母亲到校领导处辩白，声称因自己生病，由其女儿捉刀在其主持的网站上发文，并无抄袭的问题。志超兄认为该文是一个历尽沧桑中年妇人的笔调，不可能是未经世事的少女所能为，但是在不择手段、不计代价护女的母亲面前，他也只好"竖白旗"，但他一直对此如鲠在喉，努力在一切场合，强化学生的学术规范教育。

某日，我们闲谈时他告诉我，从小他就有很多"灵异"经验，他在梦中如果见到一位蓝衣黑裤的妇人，不久身边关系接近的亲友就会有人过世，这或许与他早年的下乡经历和深入钻研过弗洛伊德《梦的解析》的联想有关，说明他很有人类学的想象力。 他又说了很多事例，我仅约略记得其中的一两件。 相传某日，他梦见一位过世的亲人某甲，梦中人衣着褴褛，面现忧容，并称在另一世界生活并不好，而且非常寂寞，希望志超兄去陪伴他。 他即懵懵懂懂地跟随某甲一路前行，不仅穿街过巷，遇到门、墙也可径直穿越，最后他感觉是穿过一座山在黑暗的山壁内行走，突然他警觉所经之处十分潮湿幽暗，心中顿生不快，因此告诉某甲他不想去了，请他另外找人相陪，并转身离去。 过了几周，志超兄的另一近亲突罹不治之症英年早逝，他为此十分内疚，也未敢向旁人透漏此事。 其实，这件事与他没有直接联系的，他用不着内疚，这恰恰说明他心中的慈悲。 所谓"灵异"事情，或许是他将生活经历、梦境片段，还有文化人类学理论等融入潜意识吧。 回忆这些，并不是要真正探究所谓"灵异"事件，而只是想说，他是一个有趣的人，闲谈时，他那么会讲故事，那种愉悦轻松的感觉，令人难忘。

另外，志超兄在知青下乡时是被招工到一个煤矿，由于他的木工手艺不错，常为人修理家具，加之文笔很好，很得大家的欢心，后来被指派管理文书的相对轻松的工作，但忙时，仍然要下煤矿，经历了很多艰难困苦。 我们相识二十余年后，我才知他是"老烟枪"，令我惊讶的是，我从未见他在人前抽烟，他告诉我他只有独自在书斋中才会吞云吐雾。 他是我认得唯一不会让人抽二手烟的"中国好烟民"，所有在公共场所经常受二手烟之扰的中国人，为此就该为"乌龙舍"立一丰碑，因为他为烟民们树立了一个楷模的形象。

收到志超兄的噩耗及纪念文集的征文启事时，我正旅居洛杉矶，在考虑如何动手作文时，忽然忆起多年前志超兄告诉我的一件事。 某日他要其子为其预写诔辞，郭世兄大约是如此婉拒的："你老人家太高大上了，小子才疏学浅无法干此大事，还是你老人家自己提枪上马。"听后我以能如此得体的回复，果然是志超兄的哲嗣，我们为此相对莞尔。 既然我忝为乌龙舍"钦定"的朋友，无法如郭世兄般推却，无论如何要写一文附骥于文集中，但转过几个念头却难以下笔（准确地说是难以敲下键盘），难写的原因有数端。 其一与郭世兄是相同的，面对这么一位伟人、奇人、异人，凡夫俗子似我，是难以描摹其千万分之一的。 其次，志超兄生前与我聊天时，对他自己的人才文采，道德学问，乃至球技武艺早有如歌似赋的赞语，我才不如他，自愧无法再找到更好的词句可用。

另一个原因是，我在逆旅之中，手边全无可以参考的资料。例如，开头提及志超兄与我初识的会议，我原本希望能够叙述一个较完整的故事，奈何仅凭记忆已经无法精确地介绍支持研究项目及会议的"金主"、参与的人员、确切的时间、会议的场所（只记得是宜兰的一座大庙）、会后的参访活动等等，所以只能以最简略的方式一笔带过；我在漳州校区上课及志超兄代我上课的具体时间，仅凭记忆也无法提供详细的资料，同样也是含糊其词。当然志超兄的噩耗传出后，很多学生陆续在网络上追忆他的感人事迹，未免重复，必须避写他对学生的鞠躬尽瘁，也让我的题材更为局限。

最后我只能凭记忆之所及，写几个与志超兄有关的故事，聊表纪念之意。曾数度为拙文删削的大匠已驾鹤西去，文成只能勉强送交主编，志超兄若天上有知，还望海涵；若有意教我，可随时来入我梦，但我们叙旧谈文后，兄可径去，千万别邀我做穿墙逾壁的"游戏"，这是绝对无法从命的。

愿您在天堂快乐安息！

作者简介：余光弘，台湾"中央研究院"民族学研究所研究员及博物馆主任，厦门大学人类学与民族学系特聘教授、博士生导师。

郭志超教授这位"有实践经验青年"的高考
报名照(1977年11月,福建南平市邵武煤矿)

郭志超教授在纪念厦门知青文学沙龙成立
八周年大会热情洋溢的讲话(2014 年 7 月 27
日,厦门八山酒店)

郭志超教授研究
生和讲师期间曾在间
冬寒夏热的阁楼里读
书备课(1982—1989
年,厦门市古城西路
墙顶巷)

黑夜其实是沉默的煤层
——哀志超

◎ 朱家麟

3月23日上午8点30多分，郭航给我发来微信，说，"我爸安详走了。"

我立时懵了。

他什么时候住院？

怎么就走了？ 两周前我们还通话，约一起去爬山！

我知道郭航此时万事压身，匆匆问几句。 他说是住院有几天了，一直还好。 早上突然不行了。

那天上午我有课，又在集美，不能去帮忙。

我叮嘱郭航，要向系领导报告。 他说不知道系领导电话，于是我连打几个电话，找到了，正在开新的学院成立大会呢。

那个上午，心乱如麻。 到10点多，郭航路过人类学博物馆，发来志超兄手植榕树照片。 正好是课间，赶快叫学生教我，存下榕树图片，发了平生第一篇自己制作的微信，哀告朋友，种树的人走了。

后来这些日子，一直惦记写我这位可爱的老兄，总没有整块时间——父亲在医院重症病房，就是有一点时间，也没有心思。

从何说起呢？

我和志超兄都是厦门一中的，不过到"文革"，他上高一年级，我是初三年级，没有交集。 我们都作为知青从闽西回来，我从工人转为记者。 他恢复高考后从煤矿进了厦大，经一个共同熟人介绍，后来见面，都爱文学，一见如故。

1983年冬，获悉厦大要复办新闻系，并招收研究生，厦大政策开明，允许以同等学力资格参加考试。 我知道消息决定考试，但距考试仅剩四十来天。 考试要考六门，其中有"中外近代史"、大学中文系四年知识综合考试。 中文呢，求教下乡插队时认识的石文英老师（范可老弟的妈妈）。 历史，就写信找志超了。

志超彼时已经升读研究生。 我去他家，他已经把《中国近代史》、《世界近代史》和《辞海·历史分册》为我备好，又交代了读历史应该注意的问题，纵向的生产力、阶级矛盾（当时理论啊）承绪影响、横向的世界思潮关联等等。 然后约定，待我熟读之后，我们一起对谈。

1984 年大年初三，我们背着面包、苹果和两个军用水壶，走万石植物园的偏僻静处，他出题，我回答，然后他提点、补充，如是两天。 后来证明，这种备考方法效果极佳，我在十几名考生中，历史和新闻写作，当年高考成绩第一。 后来和我同窗的黄星民兄说，出乎意料，他高考时是全省考生历史第一名啊。

入学之后，各忙各的。 第二年夏天，我从北京中国社科院新闻研究所以研究生身份进修一年回来，带给他一本施拉姆《传播学概论》，这是中国大陆正式出版的第一本传播学著作，很认真和他说起两年来学习传播学的体会，他极感兴趣。

我们的频繁交流是在 1986 年我留校以后。 我住的地方，和他墙顶巷的家直线距离只有两三公里，夜里没事，经常到他家，在二层楼顶那个他自己建起来的泥胚小房间里海阔天空。 盛暑，风三面透吹，也还是热，他喜欢喝茶，我神经衰弱，不敢喝茶，两个人于是喝一大壶水，赤膊而谈。 从传播学到人类学，从历史到宗教，从文学理论到诗歌鉴赏，从地方习俗到世界形势……我们一度相约，学以武夷山做背景，写闽越国的剧本。 冬天，夜阑，我要走了，他不时执意要送，于是走下到公安局门口我停自行车处，在寒凉或者北风呼啸行人稀少的路上，漫谈到新华路头，意犹未尽，又折回来，再返去，如是者三四，我有一回说，我们是演"十八相送"啊。

从志超兄那里学得的人类学知识，让我萌生起写《传播人类学》的念头，如果不是后来生活轨迹的改变，应该二十多年前它就在中国面世。可惜后来终于没时间写出来。

同样，传播学也激发了志超兄的灵感。 他说，人类所以成为人类，最主要的特征就是能使用系统的符号工具，积累智慧，传承文明，推动社会发展。 我们曾经就很多分支、技术问题探讨。

不久前，郭航在整理遗物时发现了我的硕士学位论文和一张入学前最后的工作照"璧奉"给我。这本我于 1986 年 8 月 6 日赠予志超兄的毕业论文《采访访问：一种特定的人际传播》，保存得很好，他怕它涣散，早早就用透明胶纸很工整地包了书脊。我逐页翻看，从铅笔、蓝笔、红笔的三种近百处单独或重复划痕，二十余处批注，可以推知，他至少阅读过三五次，可能借鉴其中知识，做田野调查访问的参考。比如，在"文化背景对符号含义的影响"一节，他把页缘写满，"调查者要了解社区文化背景和个人的背景，才能准确得到信息""主观、客观→当然要以主观又客观。但是这种主观元素是个别还是普遍的事"等等。

1990 年春天，我去日本洋插队，这种交流停止了。回国后，我换跑道，回媒体工作，学术方面的交谈仅限于一年几次见面，翻越万石岩时一路闲聊。到后来当了晚报一把手，忙忙碌碌，学术之痒的消解几乎只能靠大年初三日，到他家做半日畅谈（他说"我家不讲初三不能拜年的厦门规矩"），听他讲讲近一段时间做的课题、写的文章等事，心旷神怡。近两三年，正好范可春节回来探望父母，我约他一起上范可家看望他父母，然后聚谈一番。2019 年春节，就是三人几次无法约齐，我和他改约出年后，去爬五老峰，没想到届时我又有事，竟成永憾。

我们还用邮件、电话交流。电话交谈一般要邮件预约，或者打给阿娜嫂子，那通常是紧急的事或者要紧的问题请教。其他时候，他会把近况、近作发我分享。2010 年我退休后，忙着去创办一个系，后来不当"管家"，偷闲写渔文化文章。我开始时没有自信，一有新作，发他征求意见，多有各种回应，赞扬的、建议的，他很认真。譬如最初写的"海鳗"，发给他后，竟然很细心用不同的括号，标出了二三十个他认为应该改的标点，顺带写了意见：

> 生动再现，已经有影视效果。但这么生猛的好文少写，这会限制原本设计广阔范围。毕竟很多海族，不可能都这么耳熟能详。合理的偷懒是生活的艺术。这是基于结集子的最终目标，否则哪有文章不可写得鲜活？作为独立的文章发表，很好。

> 括号为删除，方括号为添加，阅读时顺势为之，不必认真。但其中一些可能是读者新知的名词，依照传播学原理，为读者搭一块过渡的跳板。

看了我写的褐篮子鱼，他到市场买来了吃，称赞一番。我问仔细，知道他买错了，我没说破，能给他带来学术、打球和爬山、种树之外的快乐就行了。而我多年前请他吃过一次当归炖鳗鱼，可能害了他，他自此迷上这种闽南人认为能"补气"的做法，过了六十还不时开夜车到凌晨三四点才收工。

没想到他有一阵子忽然"无师自通"，研究起用红糟煮巨腥的鲅仔鱼，以学术方式研究，尝试各种做法，并且迷恋这一味。不管数两到一两斤的鲅仔鱼，见了就买。这两个故事，分别被我写入《厦门吃海记》的第二、第三集里。

我搜索电脑，与他相关的文档自 2012 年换用新邮箱起，尚保留了 183 面之多。而最后一个关于学术的文件，是 2019 年 1 月 13 日，我和他探讨南岛语族问题。我认为，研究福建渔文化传统，南岛语族应该是源头。不过他的意见是不必考虑南岛语族问题。

志超兄辞世后，他的弟子们的悲伤、竟日至月跨年不息的追怀哀悼，超出了我的预想。这一点上，志超兄是幸福的，他堪称为师者的模范。

毋庸讳言，志超兄在一些人眼里是个"怪人"。很多事情不按当今社会规则潜规则做事的人。比如他会给学生买电脑、送红包，这些事我当了十几年教师没做过，也很少听到有教师做过（例外就是我的同窗黄星民有类似举动）。

他脾气大、说话有时不看场合，让人家难堪——其实他很懂传播的一些规则。比如他一旦知道自己错了，会诚恳道歉，予以解释说明。如果是学术问题，还会和你再请教一番。但是他不知道，有一些人是记恨难消的，钉子虽然拔掉了，那钉孔还在。

让大家觉得不可理喻的是一般不接电话。未有手机时代，当系主任规定每天只有一小时开通。有手机时代，他不用手机，联系要用电脑先约定。有时候也不通人情，电话里把自己话说完，不等对方回应就挂了。

他很固执，一旦认定了，九头牛也拉不回。但是一爱上，就热乎得不可收拾。大约 1993 年，我从日本回来探家，和他长谈时，建议他赶快用电脑，并且说了用电脑写文章的诸多好处，他半信半疑地看着我，最后说，我还是用手写习惯。 到了后来，他对外联系的管道，主要就是电脑。 前年开始，我打算改变他不用手机的习惯，游说了一次，他笑笑，说了一通理由：这不是人家随时可以干扰你吗？ 你还有什么安静心情做事情。

到了去年春节，我和阿娜嫂子一个正面攻击，一个旁敲侧击，鼓吹智能手机的各种好处，他将信将疑，坐过来看我演示各种功能。 我心知有戏，没想到等不到那一天。

他的生病，也超出我的预想。 十年前我有一次听说他感冒了，竟然当作新闻告诉朋友，志超也会生病！ 这个会南拳、天天打篮球，曾经保持厦大教工跳高亚军记录的壮汉，竟然会生病。 这次他患病期间，我也曾到厦大医院就诊，认识的医生说，听郭老师说你们是好朋友，我警告他几次了没用。 你劝一下他，赶快来治疗，不然会发展得很严重。 听他说，要等手上的书编写完再治疗，那就来不及了。

我询问了病理发展过程，着急起来，当即给他打电话，他说，别紧张，医生总是制造恐慌。 后来过了一段，郭航告诉我，已经去第一医院、如何如何治疗了，不料却为时已晚！ 我后来告诉那医生，那医生叹了一口气说，早三个月治疗，就不至于此了！

曾经有几个人听说我和志超是好朋友，遂以奇异眼光看我，觉得不可思议。 按阿娜嫂子的说法，我是最少被他发脾气的人，其实也被他发过两三次。

经典的是前年，我设法约到一批土猪肉，在除夕三天前宰杀，从漳浦运回来，给他送去了五六斤。 两三小时后，送完一圈回来，已经夜里八九点，接到他的电话：家麟，你要给我猪肉，为什么不提前十天半个月给我？ 我好送去给母亲。

电话这头，我只能搪塞。 我不好说，我想靠年关，过年吃更新鲜，哪知道你的安排啊？

但是，我知道，他是一个比较起我和大多数人更师心使气，个性率直，也容易被情绪左右、内心却更纯粹的人。

他的大部分"异端行为"，是用消极、怪异的办法做一层茧，包裹自己，保护自己内心的安宁和干净。 他的内心其实很柔软，很容易被情感、道理甚至谎言打动；他刻意把自己藏匿在学术研究里，躲避世间的肮脏和龌龊。在信任的人面前，他毫不掩饰，赤诚相见；而对于好朋友，则显露真性情，用自己的标准要求。反过来说，他真的不熟悉如今的一些规则和潜规则，有时因此对人情世故显得很无知。而一旦他认可、赞同的人或事，他能为你两肋插刀。

他说过，读研时，有一晚从厦大骑车回家，过鸿山寺，看到一对男女欺负一个女孩，遂停车劝阻。哪知道那男子蛮横，竟然动手打他这好管闲事之人。志超说，他一个摇身发力，手刀切到那男青年腰上，推出数米仰倒地下。本来还要上前，瞥见那女的惊恐哀求的眼光，才停手。所谓"路见不平，拔刀相助"，侠义之风，不过如此。

20世纪90年代，郭志超在厦大以义务替人搬家出名，任谁都可以找他无代价帮忙。他向我炫耀他的独特价值：橱柜一类大家伙在教工宿舍狭窄的楼道拐不过弯，搬家的师生们大汗淋漓，又不好把抬高的橱柜放下，他能手脚着地，让大家把橱柜放他背上，歇过两三分钟，再抬起。他自己搬家则不劳他人，以自行车一趟趟地搬，这是大家都知道的故事了。

所以说起他热爱学生的事情，我不必设想就知道他会如何行事。

他的自奉俭省，也是有名的。我留校时工资低，连书架都买不起。遂和几个青年教师一起，到工地上找平直些的模板，铲去水泥块，锯锯钉钉，做了两个书架。我去日本之前，把它们留给志超兄。五年后回来，看他还在使用，似乎一直到搬新居之前几年才换掉。

我从日本刚回来，一次闲聊中，他艳羡说，每次我从华侨大厦走过，看到五楼灯火辉煌，不知道那是何等豪华的场面啊！一般人，谁敢对人说这种话啊？我说，这好办，约个时间，我们和嫂子、小孩一起去。自那后一段时间，有人宴请我，但凡方便，我就约上他。

他走后，我听郭航说，他没有存款，极为震惊！他对于出版知青文集之类的，一捐就是好几千。有一次我说有个学生向我表示需要一台电脑，他说，你叫他买了，我付钱。这就是志超啊，后来提工资了，他认为一个月能领大几千工资，很富裕了。

去年他出院，我去看望，临走留了三千元在长椅上，被他瞥到，死活不收，两个人差一点变成扭打。 春节，他来我家，留了四千元红包给孩子。 我提出要用这钱给他买一部手机，郭航说，他已经用 ipad 了，等他喜欢了再说。 没想到等不到他喜欢了手机这一天。

三十多年前我们在墙顶巷顶楼热谈时，他曾经感叹：我这个人，要不是生长在如今社会，要不是读了书，在乱世很可能上山当"山大王"。 至于离群索居的习惯，他很多次回应我的劝说：我真不堪花时间和那些庸俗之人打交道。 但是，对于那些他尊重之人，他可以竟日交谈，眉飞色舞，兴奋无比。

志超啊，你真是一个不适合生活在复杂社会里的人！ 但是，除了你，有几个人能保有这份超然的纯真呢？

他每隔一段时间，会发一两首诗作给我，让我这曾经的诗歌热爱者惭愧，因为我已经没有那么纯净的赤诚和宁静心境来营造诗歌意境了。

2012 年，他给我发来他的一首诗，《晚霞》：

> 晚霞是黑白交融的使者，当夜将临才需特别展览。
> 让冰峰焕发炭火般温暖，让树林氤氲起多彩梦幻，
> 让海浪裹挟着火焰冲岸。黑夜其实是沉默的煤层，
> 即使是星光也可望点燃，重启温暖、梦幻和火浪。

这是他在言志，烈士暮年，壮心不已。

可是，你太不懂得爱护自己了，兄弟啊！

2019 年对我而言是一个凶年，我经历了连续失去至爱亲朋的人生重大变故。

过往者里志超兄是第一位，洪卜仁先生嘱我代向志超兄送花圈，不久他自己也走了。 6 月份后，父母亲在百日之内相继过世，哀伤彻骨。

志超兄，一直到你故去近半年才有时间提笔，最后也只好依时而录。几次茫然太息，你怎么就走了呢？！ 你怎么就走了呢？！

你怎么就走了呢？！ 虽然退休了，你还有很多论文要写，还有许多社会邀约要去践诺，还有许多书要读，还有许多未究竟的问题要探索……

你怎么就走了呢？！ 你的弟子们潜意识里都有一座苍莽大山在背后时刻可以为他们提供亟需时的支撑，我好几次遇到历史、人类学问题总下意识要给你电话，然后只好长长叹气，还能问谁呢……

你怎么就走了呢?!

我知道你带走了我生命的一部分，也知道我还存留着你生命的一部分，你生命的很多部分，都分存在你的朋友、弟子那里，"黑夜其实是沉默的煤层"，我知道你的能量还在燃烧，这是一个在这星球上存在过的生命可以骄傲的事，只是你不应该、不应该走得出乎任何人意料的早。

作者简介：朱家麟，厦门大学新闻传播系法学硕士、日本立命馆大学社会学博士，厦门日报社原副总编辑兼厦门晚报社总编辑，厦门工学院公共传播系创系主任、教授。

琐言碎语忆志超

◎ 谢必震

2019 年 3 月 23 日中午，不知在书房电脑上写什么东西，湘敏已在催吃午饭，我关了电脑，坐到餐桌前准备吃饭，看了一下手机，12 点 05分，见有一未读微信，随手点开阅读，一行字跳在眼前，"刚刚得到消息，郭老师去世了"。哪个郭老师？我一时没反应过来，急急忙忙地想看清是谁发来的微信。定睛一看，原来是周典恩，他曾是我的学生，后来跟志超攻读博士。弄清楚是周典恩来的微信，霎时，"郭志超"三个字就出现在我的脑子里，我大叫一声，靠在椅背上。湘敏以为我忘了什么重要的事情，疑惑地看着我。我告诉她，郭志超去世了。紧接着我就拨打同学刘义杰的电话求证，但义杰他们并不知道郭志超去世的消息，义杰还嘱咐我落实信息来源，不要搞错了。我接着急忙拨打厦门大学陈支平老师的电话，希望从他那里得到确切的消息。谁知他十分惊讶，此时也不知道这个消息。我挂断电话再拨打厦门大学人类学与民族学系主任张先清教授的电话，终于在他那里得知志超兄过世的确切消息。顾不得叹息，我就急急忙忙在 7703 的大学微信群中敲打了一行悲哀的文字："沉痛悼念郭志超同学！"

从那一刻起，我的脑子里全都是郭志超的形象，和他相处的往事一幕一幕地在我眼前掠过。不一会儿支平老师又来电话，告诉我关于志超兄病逝的详情，并告知追悼会具体的时间：2019 年 3 月 25 日上午。我本来有许多自由支配时间，去趟厦门参加追悼会不成问题。可偏偏这 3 月 25日是我无法离开福州的时间，因为这一天已经安排了学校领导到我们中心听取工作汇报，我就是那个要做汇报的人，实在无法脱身。我顿时明白，志超兄"选择"的这一时间，就是不让我参加他的追悼会了。他常常这样，平日里突然给我发来一封长长的邮件，或发来一些关于注意健康养生的信息。 信件末尾总是有这么一句话：不必回复！ 现在无法分身去参加他的追悼会，我竟然感觉到他给我留话了——"不必参加"。

记得刚入学那阵子，大家接触不多，对志超没有什么深刻的印象。最初的记忆是夏日上游泳课时，与志超在白城的海滩上摔跤的事。 当时班上有几位同学跟着潘文贵练习拳脚，在海滩上他们相互切磋武艺。 我在上学前也爱与人摔跤，中学同学中好斗的几乎都被我摔趴过，有的还摔得有了皮肉伤。 上山下乡时我还狂妄地叫板，一个人可与两个人比试一番。 有这么一茬事，因此在厦大的海滩上也就有了与志超比试一下的故事。 不过，这场较量是 Boy Lin 挑起的，他极力怂恿我与志超一比高低。志超常标榜自己练过南拳，从与他交手看来，此事还是真的。 我自然不是他的对手，我们两人交手几个回合，最后以志超倒地结束。 事实上我们两个谁高谁低一清二楚，他倒地时一只脚已顶住我的小腹，只要他一弹腿我必飞出几米远，可是他却收住腿，宣告摔跤结束。 多年以后他回忆我俩摔跤这事，还一直夸我如何有风度，如何手下留情给他面子。 别人听来还真以为是那么回事，孰不知是他留有余地，使我俩不分胜负地完美收场。 大凡高手过招都是如此，给对方留下尊严而不一味表现自己。 无疑，他是具有君子风度的。

那时班上时兴小组排球比赛，有一阵子我与他同在四组。 不常玩排球的人接垫排球时手腕自然感到疼痛，志超兄常向我抱怨这样打排球，手上细胞要死去多少多少。 要不就抱怨，打排球手臂可能被打折，神经也可能坏死等等，一副十分担心的样子。 但他喜欢踢足球，而且还是学校足球队的替补守门员，正选守门员是我们食堂的管理员。 一日他们在足球场练球，人手不够，他也下场踢球，就推荐我上场替他们当一回守门员。 他认为平时我接排球十分敏捷，自然能扑住飞向球门的足球。 谁知足球、排球根本不是一回事，那个足球教练一脚射门距离我仅仅六七米远，没等我反应过来，球已踢到我的脸上，幸好没晕过去，好歹总算挡了一个球。 教练一直担心地问志超说，你同学没事吧？ 他连声回答，没事没事。 孰不知我眼泪鼻涕一把一把地往下掉。

一次班级组织春游，到太平岩活动。 这次活动记忆最深的是志超兄在全班同学面前表演他的"蜡烛舞"。 我们没看过什么蜡烛舞，由他尽情地表演。 只见他模仿妙龄少女的模样，一会儿双手掩面，一会儿突然张开双手露出神秘的面容；一会儿双手护胸，摇摇曳曳，极力挺着他厚实的胸脯，极力表现少女的妩媚，面部表情造作的给人感觉也是妖得不行，引得全班同学哈哈大笑。蜡烛舞表演后志超兄还余兴未尽，又为我们表演了一套南拳。只见他双腿下蹲，扎好马步，配合着吸气、呼气，双手颤颤地发功，随着吼声，双手一送一收，不紧不慢地移动脚步，一招一式，呼呼有声，看得班上同学连连喝彩。大学四年，转眼就要毕业了。记得最后一次班级的集中开会，是在群贤楼的阶梯教室，主要是评选三好生。在评选过程中，他直言不讳地发表自己的意见，因为大家认可志超兄的耿直率真以及平时的人品和表现，而被评选为三好学生。

1983年，我考回厦大南洋研究所攻读硕士研究生课程，就听到志超兄的一件"横"事，那是德宁兄描述的。说是教师阅览室有一位管理员，每当阅览室闭馆时间快到时，她常常像念经一般地吆喝着"报纸上架，椅子摆好"。据说当时阅览室丢失了一部大辞典，那位管理员不知怎么怀疑是志超偷的。志超本就性情刚烈，又无故蒙冤，觉得简直是对人格的侮辱，不免火冒三丈。他毫不客气地闯进那位管理员居住在二楼的家，劈头盖脸地找她理论去了，对方最后真诚道歉。

毕业以后，我经常回到母校参加博士生论文答辩和学术活动，因此也常常碰到志超兄。记得20世纪90年代末，他还住在国光楼时，我到他家做客。他说中午他就吃两根番薯当饭，有利于健康。那天天气炎热，他让儿子拎桶凉水，并搓洗毛巾递给我擦汗。他还颇为得意地说，我教育儿子有点军事化的味道，希望儿子养成好的习惯。谈吐之间，那神态，犹如一个指挥着千军万马的将军。

他喜欢打球锻炼，他参加了厦门大学教授篮球队，我亦是福建师范大学教授篮球队一员。我们有过两次的交手，一次是在福建师范大学附中的球场，厦大球队来访，进行一场友谊赛。一次是福建师范大学球队访问厦大，两队在厦门大学西校门的体育馆比赛。后来志超兄的家搬到敬贤楼，我到厦门大学参加博士论文答辩时，常住在逸夫楼或克立楼，晚上在他打球回家的路上我们偶尔会碰面，他眼尖，骑着笨重的自行车，一捏闸就停在我面前，我们总要交谈几句后他才离开。

2004年以后，我曾向他先后推荐过我的两位求学意愿强烈的学生报考他的博士，后来通过努力也真考上了。这些学生本来就不错，经他调教后，都极其优秀，现在都成为学界独当一面的学术骨干。2006年，师大将继续教育学院原先设立的人类学硕士点移交给历史学院，我当时分管学院的研究生工作，这门研究生课程的开设就落在我的头上。 我们学院并没有人类学专业的教师，最有效的方法就是请厦大人类学的教授们到福州来授课。 郭志超、石奕龙就常常被我请来授课。 每当郭志超来福建师大讲课，我们免不了晚上喝点酒。 记得一次席间他发表高论说，宫庙的菩萨，脸最黑的一定是最灵的，因为灵验，所以香火旺盛就将菩萨的脸熏黑了。 在学术界，我们一定要自己把脸熏黑，要让别人认识你，了解你的研究，要经常展示自己的研究成果。 他这是趣味比喻，形象生动。 多年后，我在培养学生和年轻的老师时，常常引用志超说过的这些话来激励他们。

又有一次，我参加厦大人类学的博士论文答辩，那次志超兄执意要我去他新家看看，原来他乔迁至厦大西村，家中比原来敬贤楼要宽敞一些。那天嫂夫人准备了丰盛的菜肴，都是生猛海鲜。 当时一起去的还有同事赵建群教授，志超自己不吃海鲜，看得出来他在新居招待老同学非常的开心和用心。 同窗之情，纯粹而宝贵。

我经常去厦大，也常常见到他。 常听他谈锻炼身体的故事。 他说除了每天打篮球，还经常上厦大后山，在山上搬运石头建旱桥。 他搬来山上各处的石头，硬是垒出一座长达 20 米的石桥。 石桥建好后，他就再挪一个地方，拆除这座旱桥的石头，将它们移到新的地方，另建一座桥。他以此为乐，不断地将石头搬来搬去，来练就自己健壮的体魄。

志超在学术研究上也不含糊，出了不少成果，他送过我两部厚厚的著作《闽台民族史辨》和《畲族文化述论》。 听说他为了赶这两部书稿，累得不行，身体好一阵的不适，一连几个月低烧不退，而且一直查不到病因。 我们都很担心他的病，他自己也很焦虑。 不知道什么时候，又听说他的病好了。 我见到他时，他不顾一切地拉住我，兴奋地跟我讲他身体痊愈的故事。 这个略带神话色彩的故事，志超讲得像孩子般那么率真和投入。 不管是什么病因，总之他的病好了，我们都很高兴。 其实，他是一个喜欢用自己的体验讲故事的人。

我与志超兄最后的一次见面，就是 2018 年 11 月的博士论文答辩，那天他没参加博士生安排的谢师宴，我们在鲁迅广场的分叉路口分手，至今我还记得与他挥手话别的场景。

志超为人直率、真诚，敢怒敢言，从善如流、嫉恶如仇。 你若与他好，他与你就好得要命，你若惹怒他，他就从此远离你，把你从心底删除。我记得一位学者常向我提起志超的为人。这位学者也是厦大毕业的研究生，与志超相识。这位学者由于"文化大革命"的遗留问题，被单位领导认作三种人，因此职称评不上，申述无门。他说志超见到他，递给他两包中华牌香烟，说自己没有门路，帮不上忙，两包烟找人帮忙时用得上。那时在大学时代，志超也尽自己所能帮助他人，难能可贵，显示了志超侠肝义胆的豪气。不过有时他也"计较"得很，记得有一次他来邮件告诉我一件事，说某某老师，即本科教过我们的老师，借过他的一本书，至今未还，他耿耿于怀，着实在电子邮件中抱怨了一番。其实，他有他做人的原则，有借有还，再借不难，借书也一样。借去不还，主人要用的时候又没有，难免生闷气。

志超走了，再也听不到他那爽朗的笑声，再也看不到他那丰富的肢体语言。他的音容笑貌，永远停留在我们的记忆中，他那高尚的品格，时刻鞭策我们继续前行。

作者简介：谢必震，福建师范大学社会历史学院教授，博士生导师，福建师范大学闽台区域研究中心主任。

郭志超教授大学一年级时（左三）欣然与同学合影庆祝国庆（1978 年 10 月 1 日，厦门大学大南校门）

郭志超教授研究生期间（前排左二）与厦大历史系刊《求实》编辑部师生合影（1982 年春夏，厦门大学大南校门）

绵密的清明雨
——郭志超，你听我说

◎ 郑启五

志超兄：

　　2019 年 3 月初的"山海缘·武平行"，650 位厦门老知青重返第二故乡的活动，你缺席了。没有你作伴，我还真有些不大习惯，我们曾多次一起漫步平川河畔，我们曾一起穿行梁野山下，志同道合，一路上有聊不完的天，说不完的话，因为我们不仅是老同学、老同事、老邻居，还是苦命而多情的厦门老知青，人生的轨迹有太多的近似！

　　值得一提的是这次在武平县委县政府的欢迎晚会上，有一个配乐诗朗诵《山海情缘》，其中朗声诵道："有位叫郭志超的知青说\梁野山的云\是他们的魂牵梦萦\梁野山的瀑\唱响他们心中的咏叹……"我将其存录于手机里，准备逼你一听！我知道你从不接受别人礼物，这下"诗和远方"令你无法回绝，你的诗情与激情将和武平青山绿水同在！

　　打开我的"海峡博客——郑启五品茶"，总觉得还能看到你掏心掏肺的留言，记得那年闽南龙眼大丰收，果贱伤农，我写了《龙眼干》聊发感慨，你随即留言"这是多年来最打动我的文章！这再一次显示：真情和质朴是文学的魅力所在，真情和质朴也是人民性的基质。"如此共鸣，振聋发聩，我想这是因为我们都曾是一代厦门知青，我们始终深深记挂着中国的农村和农民！

　　记得那年也是一个细雨绵密的春天，我们一起参观武平"文博园"，开篇展出的是武平史前遗址，这可是你的人类学专业范畴啊，你像得了职业病一般，反客为主兴奋起来，眉飞色舞做了绘声绘色的讲解，让几位讲解员都听得入迷，感叹"天上掉下一个博士生导师"。你完全忘记了奔波一天的疲劳，信手拈来而侃侃，细致入微而滔滔，不仅给厦门知青长脸，而且也给厦门大学加分，我知道，我们厦大不乏满腹经纶的博士生导师，然而能有几人能像郭志超教授这样倾情奉献，深入浅出，毫无保留？一支粉笔一张嘴，你征服了厦大校园多少莘莘学子,难怪我的人口所研究生夏怡然会跨专业跑去听你的课!

淅沥沥,淅沥沥,绵密的清明雨可是你绵密的思维,我想你哟,我的志超兄!

作者简介:郑启五,厦门大学人口研究所教授,土耳其中东大学孔子学院首任院长。

怀念志超兄

◎ 董建辉

　　2019 年 3 月 23 日周六上午，突然收到一位学生的微信留言："听说郭老师去世了？""这怎么可能？"这是我瞬间的第一反应，因为就在几天前，我和妻子还与宋平教授相约，过几天一起去看望志超兄。 况且，那一段时间也从未听闻过他生病的消息。"一定是有人造谣"，我心想。 随即，我给正在参加社会与人类学院成立大会的奕龙兄挂了个电话。 他说，他也是刚刚得到的消息，志超兄于当日早上因病辞世，但详情不晓。

　　因为家里有客人，我强抑住悲痛的心情，哽咽地告知了妻子这一噩耗。 直到客人告辞离开，我才终于放声痛哭。 我下载了一张志超兄的田野工作照，放到了微信朋友圈，并简短留言："我敬爱的一位兄长今天走了，心情无比沉痛，再也不能聆听他的教诲，再也不能领略他的谈笑风生……大哥，您在天堂好好安息，不用再那么嫉恶如仇了。"

　　嫉恶如仇，是志超兄留给我的第一印象。 虽然我在 1989 年 7 月 1 日报到，入职厦大人类学系，与志超兄同在人类学教研室共事，每周六下午是教研室的政治学习时间，也是同事们难得的集体见面机会，但他在我脑海中留下印记还是在 1990 年。 记得那年上半年的春夏之交，因为集体宿舍的安排问题，我遭到厦大房产科长陈某和工作人员蔡某的刁难。 志超兄听罢我的遭遇，立即就当着其他几位同事的面说："需要打架吗？ 需要的话我去帮你。"我后来知道，他的确习过南拳，有一次还在系迎新晚会上表演过。 他也自认是南少林的传人。

　　真正认识志超兄是在 1991 年底，印象中他当时已是人类学系副主任。 根据系教学工作安排，由他领队，邓晓华老师和我协助，率 1988 级本科生前往海沧镇和南靖县塔下村做田野实习一月。 那时，无论是位于沿海的海沧，还是地处山区的塔下，条件都还是很艰苦的。 在塔下村，师生们寄宿在塔下小学的教室，将课桌拼起来，铺上稻草，再垫上各人自带的草席，就是一个大通铺了。 伙食需要自行解决，于是请来一位村民掌勺，几个学生干部负责买菜，经费就是每人一天区区两元的实习补贴。 志超兄白天带学生入户调查，晚上批阅学生的调研报告，常常是最晚一个入睡，最早一个起床。

尽管条件艰苦，但他总是想方设法改善伙食，为的是不让学生"遭罪"。 猪肉是每天都有的，虽然数量不多。 偶尔还从村民家买只鸡鸭或兔子，给20多个师生打打牙祭。 其间我也充分见识了志超兄对学生的严厉。 农家养的猪，肥膘都比较厚实。 一些女同学不敢吃肥肉，就直接挑出来，倒在食堂边的地上。 志超兄无意间看到后，顿时大发雷霆，朝同学们"咆哮"了老半天，吓得女同学一个个噤若寒蝉，以后再也不敢明目张胆地乱扔肥肉了。 我当时顶撞了他几句，批评他不应该如此对待学生，他当晚就向我道歉，表示自己确实有点过头。

但他对学生又是慈爱的。 每次带学生外出调研或开会，因为以前科研经费严重不足，多数时候都是他自掏腰包。 他不仅帮学生购买来回车票，还经常购买重要参考书送给学生，而他自己甚至连矿泉水都舍不得买一瓶。 据我所知，几乎所有他教过的学生，都受过他的"恩惠"。 即使是我儿子，在新加坡读大学期间，志超兄每年都要给他一笔不菲的压岁钱。 他总说："他还是孩子，还在读书"。 而对自己家，据他妻子（我习惯叫师母）讲，即使后来工资逐渐增长，也从来看不到他的钱。 儿子的结婚用房，据说也是外祖母帮买的。

嫉恶如仇的秉性，导致志超兄好打抱不平。 他是一个眼睛里容不下沙子的人，但凡遇到不平之事，即使与他无关，只要被他撞见他就一定非管不可。 据说有一天傍晚时分，一位老太太在路边贩卖一点自家的土产，结果遭到一位制服壮汉的辱骂和恐吓。 志超兄见状，跳下自行车，上前理论。 壮汉嫌他多管闲事，想要"修理"他，结果反被他揪住衣领。他正告壮汉，自己是习武之人，也是政协委员，文斗武斗由他挑，吓得壮汉灰溜溜地逃走了。 然后，他买下老太太全部的土产，嘱咐她赶紧回家。 志超兄"爱管闲事"在厦大是出了名的，别说普通人，就是个别校领导都曾"领教"过。

于我而言，除了同样"领教"过他的威严外，更多的是感受到他兄长般的呵护和教诲。这也是我一直将他视作兄长，而非尊称为"老师"的最主要原因。虽然我本科毕业于厦大哲学系，但硕士从南京大学哲学系毕业后，就直接到厦大人类学系工作。从哲学抽象的概念演绎，到人类学琐碎的田野调查和资料搜集，有一种从天上重摔到地下的感觉。我在人类学系既无师承，也无同学，所以在科研上，很长一段时间都是兀自在黑暗中摸索与徘徊。可以说，是志超兄和奕龙兄两位师长将我"拯救"了出来。

协助志超兄率学生做田野调查实习，与奕龙兄合作做中美联合调查项目，都是我难得的学习机会。我细心观察他们如何开展调查，揣摩他们询问各种问题的意图，尤其是田野过程中，他们是如何不耻下问的。经年下来，我多少也有一点模糊的感觉。但关注资料是一回事，利用资料做研究又是另外一回事。志超兄常教导我，田野调查不能漫无目的地随便发问，而是要逐渐形成问题意识，再围绕问题做更深入的调查，找出问题的合理答案，在此基础上再撰写科研论文，这样就容易多了。

文章到底应该怎么写才好，志超兄也给了我简单明了的指导。他说，作为初学者，你只要遵循简单的三段式就好了。文章一开头开门见山，阐明你的写作意图，或提出要解决的问题，或亮明自己的观点。然后利用田野调查搜集的资料，结合对相关文献的分析，分层次或多角度进行论证，力求层层递进。最后进行归纳总结，呼应前面提出的问题，或对前述观点予以理论提升。他将这种三段论式的写作方法简单地归纳为"合—开—合"的模式。

在科研方面，志超兄有不少生动形象的比喻。他表述时绘声绘色的情景，至今还经常浮现在我的脑际。这些基于他个人深刻认识的经验性总结，对我的学术成长产生了重要影响。例如，他说做科研不能像在稻田里觅食的老鼠，满地乱爬，而是要找出一个或几个增长点，像钻机一样往下不断钻探，这样你就会有好的收成。又如，他说，一个骁勇善战的将军是能够同时在几条战线作战的，做科研也是这样。如果你只有一个研究方向，可能就会因为资料枯竭而难以为继。但如果你同时有几个方向，东方不亮西方亮，你就可以避免这样的尴尬。而且，人文社科的不同方向之间往往是相通的，同时或先后研究经常会有触类旁通的效果。志超兄的这些深刻见解，我现在又转达给我的学生，期望他们也能够像我一样，从中汲取养分，得到启发。

　　能够在工作中遇到这种如父兄般的同事，我是幸运的。 20 多年前，在南平后山的溪源庵，我抽过人生的第三张神签，具体内容倒忘了，但"有贵人相助"这几个字我始终铭记着。 的确，我的一生遇有诸多"贵人"，他们是我人生旅途的指明灯，为我提供了各种不同形式的鼎助。 如果我能够取得一点成就的话，那也全是拜他们所赐。 志超兄无疑是其中很重要的一位。 如今志超兄驾鹤西去，但我感恩之心永存。

　　　　　　　　　作者简介:董建辉,厦门大学人文学院历史系教授,博士生导师。

郭志超教授带领厦大人类学系本科生实习时，毛遂自荐给村里的幼儿班讲故事，唱儿歌（1990 年 10 月，福建南靖县书洋乡塔下村）

谁记当年豪举
——追忆郭志超老师

◎ 张先清

"郭老师走了"，当林琦老师把朱家麟先生发给她的消息转给我时，我的第一直觉是不相信，平素在大家眼中是那么精神矍铄、健壮如牛的郭志超老师，怎么可能说走就走了呢？ 我还立即提醒林琦老师，赶紧和系办牛燕老师联系，慎重核对消息来源，免得出错。 因为郭老师有一个习惯，他不用手机，平常的联系主要靠电子邮件，家里的电话也经常打不通，唯一的例外就是牛燕老师用系办的电话打给他时，他才会接听。 我多么希望这是一个误传，但是很快大家都知道了，郭老师确实离开我们了。 一时间，我内心感到特别悲痛，很快，我的手机里陆续接到各地师友询问郭老师状况的消息，我一边答复，脑海里也在一幕一幕地回忆和郭老师交往的一些片段。

在厦大老一辈人类学学人中，郭志超老师是我接触最多的师长之一，这不仅因为他是我刚入人类学研究所工作时的老领导——2003 年夏天我毕业留校任教，他当时正好担任人类学研究所所长，而且也因为研究领域与研究兴趣的关系。 很长一段时间我的田野点都在闽东，这里是畲族聚居区，因此也是郭老师长期关注的地方，他去过的很多畲族村子，我后来也几乎都跑过，在本地，我们双方之间都有很多共同的朋友，彼此之间有很多共同的话题。 记得 2018 年春节前，《宁德茶叶志》召开审稿会，该书撰稿人是知名闽东文史专家缪品枚，恰好我和郭老师都是老缪的朋友，因此他邀请我们二人一同前往宁德参加书稿审稿，并委托我联系郭老师。郭老师提议我们购买当天一大早的动车票，中午抵达，下午评审会结束后就立马返回，这样不需住宿，避免给宁德朋友们添麻烦。 从这件小事也可看出郭老师内心细致的一面。

一路上，郭老师谈兴大发，两个多小时车程里，天南地北大谈一通，因为是闲聊，现在很多谈话内容我都回忆不起来了，印象深刻的是我们聊到厦大人类学早期在闽东开展的畲族调查，因为前几年我在宁德蕉城上金贝和霞浦崇儒上水这两个畲族村小住田野，听到当地人谈起不少 20 世纪八九十年代厦大人类学师生在当地开展田野调查的故事，其中上金贝一位钟姓老人特别谈到厦大调查队在当地调查期间出过一次车祸，有一位眉毛长得"很特别"的人当时惊慌之下，坐在地上哭了起来。我想这很符合郭老师的样貌啊，我还记得读书期间第一次见到郭老师时，就对他那两道浓密上扬的眉毛印象深刻。这样的奇人奇像，当地畲族同胞估计也不会忘记。我想这一定是他了，但是我对于郭老师惊哭了这件事很好奇，也觉得不可思议。因为在我们的印象中，郭老师南人北相，外表刚毅，怎么可能一场车祸就脆弱到哭起来呢？但老钟特别提到的眉毛特征，又很容易让人相信这是郭老师。这个谜团放在我心里很久，我一直想问问他。刚好一路同行，我就问他有没有这回事。他说不是他，那次去上金贝是其他老师。但是郭老师一再强调，他其实内心也是很柔软的，好像还做了一个比喻，大意是英雄都是侠骨柔情，有两面性。他说完自己就呵呵笑起来。但我仍然很好奇老钟为何会在数十年的记忆中保留有很特别的眉毛特征呢？一个可能性是老钟确实见过郭老师，从而记忆深刻。年轻的时候，老钟是闽东一带有名的畲族歌手，每年三月三，老钟都会到各个畲村中盘歌，也许老钟就是在某个畲村中遇到了正在当地做调查的郭老师，郭老师的样貌给他留下了深刻的印象，然后把这段上金贝的田野故事嫁接到他身上。

郭老师说他内心是柔软的，貌似是一句玩笑话，但我却相信这是他人性中最具真实的一面。每一年系里博士生学位论文答辩，因为郭老师具有丰富的研究生指导经验，可以为研究生们的论文最后把把关，因此我每次都邀请他参加。印象中，郭老师也几乎没有缺席过任何一次答辩，对待每一篇交给他审阅的博士学位论文都十分认真，不仅细致阅读，而且精心批改，从文字表述到理论提升，往往都能提出中肯的意见，因此学生们的收获很大。这也反映出他处处为学生着想的一面，而且我还注意到一个很有意思的现象，只要答辩者是女生时，郭老师的慈爱暴露无遗，连说话的语调都特别温柔，可能是他担心女生说得重了，会哭鼻子，这恰恰说明他在教育方式上，已经敏感细腻地注意到了性别差异。

记得有一年他参加我指导的一位博士生王荟同学的学位论文答辩，因为王荟本科、硕士都毕业于厦大艺术学院音乐系，此前学的是表演艺术，考虑到她的学科背景，我建议她去研究闽南泉州打城戏。打城戏是一种十分特别的地方戏，也是极其罕见的宗教戏，已故著名人类学家李亦园先生就提到打城戏研究的重要性。不过打城戏颇为特殊，要做好这个题目并不容易，研究者要面临很多挑战，尤其是田野调查。但王荟克服了重重困难，很好地发挥了她的艺术专业优势，不仅被当地打城戏社团接纳为成员，而且获得了深度的民族志资料，较为理想地完成了博士论文，在答辩过程中获得了各位答辩委员的认可。郭老师在答辩结束后，悄悄地把我拉到一边，半是表扬，半是"埋怨"地对我说，当初怎么忍心让王荟这样娇小柔弱的女生去做这样具有挑战性的题目。每个和郭老师熟知的人都知道，他对学生的关爱是那么的无私，其心如此，其人如斯。尤其难得的是，郭老师是极具演讲天赋的人，每当有他出席的答辩会，他经常是妙语连珠，配以生动的肢体语言，整个答辩现场气氛也随着变得热烈起来。现在郭老师走了，这样的场景也许就成为一种绝响了。

作为厦门大学人类学的第三代代表人物，郭老师对我校人类学学科发展倾注了很多心血。在退休以后，他仍然十分关心系里的各项工作，鼓励打通不同学科，从而提高人类学专业学生的各项能力。他自己本人就是这样做的，兼具文学、历史学、人类学等多学科知识，从而在人类学、民族学等领域取得了重要的成绩。2018年1月30日，他给我的一封邮件中评述了他对《宁德茶叶志》的看法，并留下了这样的一句话："文史学者，包括人类学者，应是百科全书者。我们天生就乐于接受新事物。"

我想这句话很好地概括了郭志超老师为学中的一些特点，就将它作为这篇回忆小文的结尾，也借此缅怀郭老师。

作者简介：张先清，厦门大学社会与人类学院教授，副院长。

梦里再见郭老师

◎ 俞云平

认识郭老师已经有 30 年了！ 我们是同事，但不在同一个教研室，开始并没有什么印象。

第一次对他产生深刻印象来自"耳闻"。 那时我刚工作不久，同事都没认全，也不知道郭老师是谁。 有一次要选什么代表，有位好心的老同事估计是同情我与大家都不熟，就私下跟我历数了各位老师的脾气、优缺点，着重提到有位郭志超老师，特别有正义感，爱打抱不平，敢说真话，敢提意见，当然脾气是有点急躁，但这样的人当领导还是很合适的，办事会比较公平。 这令我印象深刻。

后来，又听说郭老师有个外号，叫"郭大炮"，我觉得很好奇，知识分子也有这样脾气的么？ 因为我母亲在单位的外号就是"大炮"，她才小学毕业，自称是工农分子，工作中过于耿直，总是得罪人，每每检讨自己的工作方法太简单粗暴，学不会知识分子那套婉转迂回。 想来这位郭老师也是率性之人吧！

随着工作中接触的增多，不但印证了我的"耳闻"非虚，而且见证了郭老师更多方面的人格魅力。 我兼任本所的研究生秘书九年，郭老师是所领导，工作来往很多。 他看到了社会的复杂，认为很多人的觉悟并不高，他说"我一直在以清醒的目光注视社会、注视人心"。 对我这个新人，他是尽力保护的，常常提醒我"以最放松的心态、最简省的方式从事"、"既不必迁就，也不必非分操劳是为人处世的最佳选择"，这些话让我受益匪浅。 郭老师是行动派，"停留于表面的言辞是我历来深恶痛绝的，对此，我绝不会向社会的这一摊烂泥让步的"。 我们对他工作上的支持，他都铭记在心，连表扬都是那么诗意，"山林飘出的新鲜空气无形，但时时可以感觉得到"。

2004 年，百越民族史研究会在武夷山召开研讨会，我去帮忙会务。参会的老人家很多，给我们的服务工作增加了不小的风险。果然有位老太太摔伤了，虽然不需要住院治疗，但无法行走，当时宾馆条件十分简陋，没有电梯。我那时候还算年轻，自然就背着老人家上下楼梯，开饭的时候盛好饭菜，一路小跑趁热送到老人家的房间。参会的人很多，会上会下讨论得也很热烈，我想大家并不会注意到这些，但郭老师已看在眼里。会议结束后需要有人送老太太去火车站，夜间火车，11 月的武夷山夜晚已经有刺骨的寒风。郭老师第一时间向会务组请缨，由他带学生一起把老人送上火车。要知道，以郭老师的学术地位哪里能让他做这样的力气活呢？而且他已经是奔六十的人啦！他的热心感动了我们所有人。后来谈起此事，他却说是看到我的热心负责，他也要"表现一下"、以实际行动支持我们的工作！他的回答是这样幽默智慧，而又云淡风轻。的确，郭老师这种"表现一下"的时候是太多啦！可是我想告诉他的是，我正是受到他的感染才想多为大家做些服务工作呢！

郭老师真是个奇人，似乎与世俗格格不入，他基本不接电话，尤其是晚上，但实际上他是珍惜时间，晚上他需要沉浸在自己的阅读、写作之中，免去俗事的打扰。他做事效率极高，那时候还不是电脑时代，事务的处理、意见的签署都是纸质版。郭老师的神情就像个轻松拿高分的学生，手拿要处理的文件或者是需要起草的报告，略作沉思，随即起笔龙飞凤舞，一气呵成。细读之，逻辑清晰，用词准确，可以直接呈交！电脑刚使用时他也曾抗拒，但很快就意识到电脑的大用处，立马跟进学习，向他请教、跟他交流的邮件他都认真及时地回复，受教于他的人不计其数。

奇人，自然也有许多"奇谈怪论"，但奇得挺有道理。比如说，郭老师多次提到，人需要不时地"饥寒交迫"一下，我深以为然。在物质条件越来越好的现代社会，这不但是体验过往不忘艰苦岁月的思想洗礼，也是加强身体适应能力的一种锻炼。

据我所知，郭老师的家境并不富裕，但他对学生从来都是慷慨的。他对学生的好，有口皆碑，指导田野、修改论文、品德教育这些都不用说了，学生坐火车回家，他居然连车上吃的点心都给准备好了，如此细心细致，该是母亲的角色了。他说过，他就是个厉害的老母鸡，是要竭力护着小鸡仔的！从前，所里的各种经费都非常少，老师的工资也很低，我兼任秘书纯粹是义务服务，没有拿一分钱的补贴。 后来教授的工资有所提高，郭老师特地嘱咐：让我带着女儿，完成一次国内旅游，无论哪个地方皆可，费用由他全包！ 虽然我没有接受他的这份好意，但每每想起就觉得温暖！ 当然，毋庸讳言，以郭老师率直甚至有些火爆的脾气，大家在工作中也难免有过冲突，细想起来那些都是由误会、误解引起的。 郭老师后来特地教导我说，两个拳手在搏击的时候，你要走远一点，不然会被误伤！ 哈哈，真是个有意思的比喻！

认识郭老师的时间很长，在各种场合见过他那饱含深情的诗兴大发，一针见血的准确点评，声情并茂的幽默风趣，尤其是学着小女生娇羞神态的场景仍历历在目！ 真是超级可爱！ 我能想到的都是郭老师带给大家的开心、轻松欢乐中的人生哲理！

女儿小时候胆子小，见到这位块头大、嗓门大的胖伯伯，总是怯生生地躲起来，郭老师对此深表担忧，多次嘱咐我要放手，让孩子多见世面，锻炼胆量。 女儿工作后，我总想跟郭老师汇报一下近况，未得合适的机会，谁曾想再无此机会！

郭老师，您走得太突然，让所有人都猝不及防，您是要跟我们捉迷藏么？ 哈哈，您尽管藏吧，我肯定能在梦里找到您的，我们都会在梦里找到您的，我们还可以向您请教，我们还可以一起欢笑！ 泪中带笑！

作者简介:俞云平,厦门大学人类学与民族学系副教授。

一切像四季那么自然

——怀念郭志超老师

◎ 汪晓云

前天中午打开手机，突然看到系群里郭老师的讣告，大吃一惊，无法相信！ 其实最近一直想给郭老师发邮件，告诉他不久前他叮嘱我的事情，因为还没有着落，就想过一阵再联系。 没想到已经不再有机会了！

我到人类学系工作时并不认识郭老师。 有一天参加博士生开题报告，终于看到了道听途说中系里的老师都有点害怕的郭老师。 他就坐在我旁边，神情凛然、十分专注。 看到他，我却并不感到害怕，倒是很好奇。 但见他提的问题个个中肯、句句在理，便心生几分敬意。 我生性木讷，不善社交，不敢主动和他打招呼。

有一次我到学校后门爬山，在路上碰到郭老师，我跟他打了声招呼，并自我介绍了一下。 他说你不用说，我知道你是谁，这次院里开会我还帮你说话了。 我吓了一跳，道听途说中大名鼎鼎令人害怕的郭老师怎么会注意到我！ 他说你写了那么多文章，职称还没上，院里应该关心你，所以院里开会我就特别说到你。 初次交流，感觉郭老师心直口快、毫无遮拦，他说话时而严肃认真、毅然决然，像个哲学家；时而眉飞色舞、手舞足蹈，又似老顽童；时而音轻语柔、和风细雨，仿佛邻家大叔；时而声如洪钟、波涛汹涌，一如古代诗人；时而金刚怒目、惊涛骇浪，俨然一斗士。 他似乎有着无穷无尽的精力，无往不在的勇气。

那一年，我常常会在去植物园的路上偶遇郭老师，觉得他像个毛手毛脚、满头大汗、玩得不亦乐乎的老顽童，看到我就停下来说话。 只记得他说过，他们家的电话是打不通的，他也不让人去他家，这样就可以省去许多客套和麻烦。 有一段时间，为了不让人从厦大去植物园，学校后门桥边设了围栏，我们走到那儿都知难而返，但有两次，我却看到郭老师艰难地翻过围栏，那个围栏并不好翻，我们年轻人尚且不敢，更不用说有些胖的郭老师了。 我心里捏着一把汗，感觉郭老师无论是做学问还是日常生活，总是使上全部心力，不留半点余地。 在我的记忆里，他总是以严肃认真的神情出场，以皆大欢喜的姿态离开。

后来我不住在学校里，就很少碰到他。 再碰到他时我带着两岁多的女儿，他严肃认真地看了我女儿好一会，随后指着我女儿的额头说：你要把她的刘海留长一点，这样比较好养。 我问为什么，他说这是闽南人的说法。 后来我每次给女儿理发，就会想起郭老师的话，把她的刘海留长一点。 后来偶尔在学校碰到郭老师，他总是关心地问宝宝怎样，每次听郭老师说"宝宝"这个词，就感觉他特别喜爱孩子。

2015年，我的四本系列研究著作出版，我发邮件告诉郭老师，他很高兴，让我把书寄存在系里的信箱，他自己去拿。 很快，他就给我发来邮件，是一首排列整齐、有标题有署名的诗：

致晓云

著书日贬值，只缘求位列。

喷薄出晓云，淬炼铸莫邪。

巨制周师诒，吾疑是绝学。

肯为名利累？求索最愉悦。

（注释：大学轻视分值低的专著。）

郭志超

第一次看到郭老师的诗虽然有些惊讶，但却感到和他平常为人十分相称——他本质上就是个诗人。 后来余光弘老师告诉我，他每次给郭老师发那种赏心悦目、怡情励志的邮件，郭老师都会回一首诗。 这些诗不知是否都保留了下来，不难想象，它们全是郭老师喷涌的激情与飞扬的文采，是郭老师从这个世界走过后留下的生命印迹，就像那些他栽的树——每次经过人类学博物馆门口，看到那棵郭老师亲手栽种的大榕树，就会想到郭老师。

我知道郭老师是能看懂我的书的人，前年完成一本书稿，发邮件给他看，想听听他的意见。 他表示这本书的写法与别人不一样，提出了一些意见，我当时觉得虽然有道理但并没放在心上，因为那时我对自己的书稿很满意。 一年后再次修改书稿，我花了两个多月时间写了一篇导论，才发现郭老师的意见很重要。 那本本来去年就要出的书，拖到现在还未出版，本想书出来后和已经写完的另一本书稿一起送给郭老师看，哪知也没有了机会。

尽管在学校偶遇郭老师的次数并不多，但每一次都能感到他对我的关心，有一次他问我以前文章那么多，现在怎么只写书不写文章了，职称也没上去。 我告诉他因为博士毕业后研究领域转变了，又是跨学科，很难发表。 他沉吟良久。 我怕他为我感到难过，前年有一本书出来就没有送给他。

两年前我在美国访学时，听说郭老师住院很长时间，但在我的印象中他身体很好，所以也并没有放在心上。 后来听宋老师说他是尽心伺候年迈的老母亲累病的。 后来又听说，他是因为要帮助别人评阅和修改大部头书稿而累坏的。 我记得前年申请一个泉州的课题还发邮件请他帮忙看，他不仅提出十分宝贵的意见，还主动说可以做课题组成员。

有一天，有一个朋友说浙江电视台要采访我们系畲族研究的专家，我联系郭老师，郭老师看了他们的脚本，答应接受采访，并确定相关访谈事宜。 当时我在外地做田野调查，回来看到郭老师的邮件才知道采访并没有如期进行。 郭老师在邮件中说，那天天气特别热，他身体还没有恢复，与他儿子在厦大门口等候许久也没有等到人。 电视台的人后来解释说是门卫不让进，车子在外面转了半天才过来，所以迟到了。 郭老师很生气，说他们停下来打声招呼也好，因而拒不接受采访。 我这才知道为什么很多人都害怕郭老师了，他做人太有原则。

2019 年春节，我突然想到好几年没见到郭老师，不知道他身体怎样，给他发邮件说今年想见他一面，他回复说，让一切像四季那么自然，并转发一封邮件，让我明白他在校注、审阅《晋江明清文集》，邮件中有这么几句："遇到新工作，方知学问少，亦得本领增。 下乡五十年，顿感岁月短。"同时还发来他写的《从山下走出的优秀工匠》一文，并说"越来越懂得，不仅杯水之授，要有一缸之量，而且多多益善。"

一切真的像四季那么自然，没过多久，我真的在图书馆碰见郭老师了！ 几年没见，他并没有太大变化，还是那样，风风火火，精神矍铄。 他看到我似乎有点吃惊，很严肃认真但却得意地说：你看，真的就像四季那么自然！ 边说边做出习惯性的夸张表情。 我问他身体怎么样，他说很好，最近又在忙着别人交代的任务，我说这次见到您好难得啊，他居然喷怪地说这有什么难得的。 我说不想做的事就别做，身体更重要，他说那不行。 然后就问到我和我女儿，说我狗年走狗运，职称终于上了，可以自由了，并叮嘱我要坚持做自己的事情，不要放弃。 那天他说了很多很多，临别时还告诉我，他会看相，我这才想起他以前说我两个眉毛之间这颗我很不喜欢的痣，其实很好。

那天晚上回到家，我和家人说及郭老师的叮嘱，以及郭老师会看相的事，他们都很好奇。 第二天下午，我和女儿在西校门口突然又碰见了郭老师，我说怎么这么奇怪，今天又碰见了您？ 女儿觉得爷爷很好玩，好奇地问爷爷为什么眉毛那么长、脸那么黑，郭老师还一脸认真地认真地回答了女儿的问题。 女儿还记得郭老师会看相，问自己会不会长寿、妈妈会不会长寿、爸爸会不会长寿，郭老师无奈一一回答说会长寿，我担心女儿的提问让郭老师为难，就赶紧拉着女儿跟郭老师开心地挥手告别。

没想这竟是永别！ 我这才想到这两天如此频繁见到他似乎有些非同寻常，想到他在图书馆对我将来何去何从的叮嘱也有些非同寻常，甚至自己这两周眼皮不停跳动、大前天晚上整夜未眠都是如此非同寻常……

女儿说好玩的爷爷可能是睡着了，逗大家开心。 俞云平老师也说，总有种郭老师跟大家开玩笑躲猫猫的感觉，这符合他的个性。 在殡仪馆看到郭老师，他静静地躺在那里，是如此不可思议，仿佛向大家宣告，平常他总是以严肃认真的神情出场，以皆大欢喜的姿态离开。 而这一次，他要一反常态，以平静温和的神情出场，以严肃认真的姿态离开。 或许是怕我们接受不了，他未卜先知，说"让一切像四季那么自然"？ 只是，已经没有办法再去问他了！

作者简介：汪晓云，厦门大学人类学与民族学系教授。

致天堂里的郭老师：一路走好

◎ 林 琦

自 3 月 23 日惊闻郭志超老师羽化而去，这些天朋友圈里、系微信群里满满的都是朋友们、老师们生动而感人的追忆，大家在各种往日的生活细节中再现了心目中郭老师的真实形象——光明磊落、耿直率真、爱憎分明、正直善良、不逐名利、激情澎湃、纯净任性……令人感觉哀而不伤，更多的是浓浓的温馨，想必这是很符合郭老师诗性风格的。

自从我家搬到校外住，尤其是郭老师退休后，虽然偶尔会收到郭老师分享他本人或朋友的文章或诗作的邮件，但却已经好多年未曾有机会在校园里偶遇了。

去年 9 月份，因之前听闻郭老师前阵子身体不适住院了一段时间，于是发去邮件说希望到家里去探望他，没想平素不喜人打扰的郭老师很爽快地回复"欢迎来访"，因为上午 1～2 节有课，我留足时间余量，告知将于 17 日上午 10 点半前去打扰，没想到向来对时间非常有原则的郭老师，又很随和地回复我"下课即来，不必在乎时间"。 17 日那天上午，喝着甘醇的新出绿茶，我和郭老师郭太太很愉快地聊了一个多小时，除了聊教研，更聊我的孩子和他们的小孙子、聊花鸟草木、聊他的木匠手艺……都知道郭老师对儿子威严有加，但那天聊起他如何教小孙子学武防身时，郭老师却充满了柔情爱意，一脸慈祥，我当时心想，一直只知道埋头做学术的郭老师，也开始享受含饴弄孙的天伦之乐了，真好！

之后时不时就能收到了郭老师转发分享一些健康知识的材料，感觉郭老师还是很有健康意识的，谁曾想他的突然离去，竟是因为为了不耽误参加学术会议而错失了治疗的最佳时期，怎能不令人扼腕叹息！

之前的 3 月 9 日，收到郭老师的邮件，是他的一首诗作：

仰美诗的翎羽，

仅凭身轻毛茸，

也能短距飞翔。

餐风饮露，

树洞隐藏。

没有硕鼠的胜利，

却赢得心中天堂。

——郭志超

　　我当时也顺着郭老师的诗意回复：郭老师诗情飞扬，正如您笔下的身轻翎羽，又似庄子笔下的鲲鹏，一跃惊天，逍遥游弋于精神的天堂。

　　想起汪晓云老师在"一切像四季那么自然"里提到的各种"非同寻常"，难道这也是郭老师的一个"未卜先知"？

　　愿在天堂里的郭老师一切安好！

作者简介：林琦，厦门大学人类学与民族学系副教授。

永怀好友郭志超教授

◎ 林瑶棋

顷获钟毅峰学弟来信，始知好友郭志超教授于三月间归隐仙山，噩耗传来，不尽哀痛。

我认识郭志超教授是 1994 年，迄今已有 25 年了。 当年是两岸互相解冻初期，我带领的台湾乡土文化社团，常与福建省民俗文化团体互相交流，也因此与厦大陈在正、陈国强等多位教授成为好朋友。 而郭教授是陈国强教授的得意门生，与之相识相交再自然不过了。

郭教授为人正直，关爱别人，平易近人，谈吐豪爽，他常向我说，他有回族的壮硕身体及坦诚的个性。 由于我常去厦大，相互很投缘，我们很快地成为知己好友。 他曾经送我一本泉州回民的族谱，记载了他们祖先的历史文化渊源，他的这本族谱迄今仍然珍藏在我的身边，舍不得存放在我们学会的图书馆。

回忆多年来，我每次到厦大，都住在校内克立楼，他都会来房间与我促膝长谈，开怀畅笑，往往聊到忘记时间已是凌晨，虽然我年长他十多岁，但是我们并没有因年龄层的差异而有所隔阂，就像同学般有聊不完的话题。

最让我记忆深刻的是：2003 年我在写七十岁回忆录，我请他帮我写序，他满口答应了，只是为了书名，他与我抬杠了一段日子。 我的书名叫《我走过了四个时代》，他说应该叫《我走过四个时代》，他说，有个"了"字表示第四个时代已经走过了，现在正在走第五个时代，我则说，没有个"了"字，念起来卡卡的，何况有"了"字也可以说正在走第四个时代，我俩争执了一阵子，他虽然倔强，但终究屈服于我是作者，到底有"了"字是对或错，该书已出版十多年了，我不再去想它了。

再说，我的七十岁回忆录完稿之后，先给他过目，他的书评是这样写的："通常所有的传记都是请人代笔，内容也都是隐恶溢美，只有看过林院长这本回忆录把恶与美都包括在内……"他又说："这样虽然有违传统写作方法，但从人类学角度看，具实的撰述是比隐恶溢美更有价值……"我感谢他给我的书评，十多年过去了，迄今仍然感恩不尽。

人生无常，世事难料，生老病死，乃是人生无法逃避的旅程，在他七十一个寒暑中，自强不息，教学不倦，勤俭持家，现正值含饴弄孙，安享天年之际，不料上天却来接引他到西方极乐世界，告别了家人及亲朋好友，将一切的荣华富贵都全放下。如今，天人永隔，让我无尽地哀思与怀念。

好友郭志超教授，安息吧！

作者简介：林瑶棋，《台湾源流》杂志发行人，台中市真生医院院长。

悼念郭志超教授

◎ 刘芝凤

　　一天的工作结束，休息前上微信看信息，忽见厦大王平老师刊发的"学者悼念专题"，心惊悲切。 不敢相信郭志超教授就这样悄悄地离开了我们，离开了文化人类学这片辛勤耕耘了近半个世纪的热土地。 我更自责的是，郭老师就住在我楼下，近在咫尺，却竟然不知他生病、辞世。 厦大西村 15 号楼每天都是这么宁静，没有波澜，没有喧哗，就连一位著名的学者化羽仙去，也没有听到一丁点的动静。 我家保姆每天进出楼道和家门，竟也未带来只字片语。 也许有过动静，只是我几天没出门不知道罢。 不该啊，不该！ 呜呼！

　　其实半个多月前，我在做国家社科基金重大项目 "中国东南海海洋史"系列课题论证时，一些观点把不准，就想找郭志超老师讨论一下，曾到 7 楼敲过郭老师的家门，室内无人应允，作罢。 唉，当时问问他的邻居，也不至于留下永远的心痛和自责。

　　多好的一位用生命做科研的学长，多好的一位无功利、乐于助人、帮人的大哥。

　　我是 2009 年 6 月结束北师大研究生的课来到厦门安家的，想在厦门寻找一块可耕耘之地。 有朋友介绍厦门学者群时告诉我，我楼下的郭志超教授学识渊博，但非熟人，不易近人。 作为闽台文化人类学界的新人，我当时很想尽快走进闽台人类学与民俗学学术领域。 虽然之前我在湖南和北京工作时，因常参加中国社科院少文所、民族所、国家民委、文化部、中国民协等单位举办的一些学术会，也认识了厦门大学人文学院的几位老师，但不熟悉同住楼下的郭志超教授。

　　2010 年因为要在厦门理工学院成立 "中国人类学民族学研究会民族

文化遗产专委会"，我请我先生徐辉教授带我去认门，拜访 7 楼的郭志超教授。 郭老师给我的第一印象是话不多但很随和，很爽快地答应参加我们的成立大会，让我感到郭老师对并不认识的学者，也有一副古道侠客的热心肠，乐于助人的爽朗。

之后多年中，但凡有学术问题去请教郭老师，他都热情地进行解答和讨论。 2013 年我申报国家社科基金重大项目"闽台海洋历史民俗文化遗产资源调查与研究"组团队时，请他参加我的团队，郭老师欣然答应，让我感动。 后因省规划办把该项目转给他人做，我们也没有机会再合作。 之后这些年交流虽不繁，郭老师却每次都有求必应，给予我这个外乡人学术研究许多支持和信心。 记得 2014 年在第三届中国民族文化遗产论坛上，同时召开"闽台历史民俗文化遗产资源调查"（我们团队辛苦五年完成的 13 种系列专著 476 万字）新书出版新闻发布会上，郭老师应邀而来，在会上热情洋溢地发表《奇石总萦嗡鸣声》的讲话。 他的发言不仅感动了我，还把我们校长和到会的全体专家学者、师生都感动了。 上千人的艺术大会堂掌声雷动、经久不息。 这篇散文体报告一直存在我的文献资料中，如今变成遗作。 想到这，禁不住热泪盈眶。

2019 年 11 月初，我带着几位副教授，赴泉州台商投资开发区（原惠安县）百崎村调查民间造船和跑船历史，为 2019 年国家社科基金重大专项（19VJX158）和国家重大项目"中国东南海海洋史研究"课题做田野调查。 也是世界太小，我们采访的百崎村竟然是郭志超教授的故乡，郭老师自然成了我们课题组与村民沟通的桥梁，我们很快融入郭氏大家庭中，采访非常顺利。 采访中得知，郭志超教授的祖上，有可能是波斯人的后裔，也有可能是唐代郭子仪的后人。 郭氏宗祠是省级文物保护单位，家风严谨。 虽然世代都是跑船做海上运输和经商，但村民中看不到商人的狡猾和算计，我们感受到的是真诚、善良、热情、开朗与大方。 在百崎村，我们发现了记载着明代永乐元年郑和等人奉旨到泉州一带沿海勘察海域、征集补给的手抄本，是我国迄今为止发现民间文书《针路簿》中记载最全面的最珍贵的文史资料。 还发现两块散发岁月沧桑的碑刻，以及抗战时期从东南亚各国运回来的闽人骨骸红瓮，2019 年 10 月，村人将这些遗骸烧成灰，多达十吨，撒进大海。 在百崎村的调研，让我更深刻地感受到郭志超教授用生命做科研、待人至亲的秉性元素形成的过程。 郭老师走了，但您的善良和学识精神永远激励着大家。

郭志超教授一路好走。但愿您在天堂没有病痛，不再劳累，快快乐乐！

历史永远记住 2019 年 3 月 23 日郭志超教授化羽之日，3 月 25 日静静离开朋友的日子。

作者简介：刘芝凤，厦门理工学院濒危非遗文化资源研究中心主任，教授，中国人类学民族学研究会民族文化遗产专业委员会主任，鹭江学者。

郭志超教授刚担任厦大人类学研究所负责人时履职办公（1996年春夏，厦大人类学博物馆三楼办公室）

郭志超教授在晨曦初露中远眺厦大运动场朝气蓬勃的莘莘学子（2001年春夏，厦门大学建南礼堂前）

悼志超先生

◎ 苗健青

3月23日从厦门渡海往金门途中，惊悉郭志超先生逝世，不胜悲戚，惆怅终日。夜坐金门金沙北岸，对海迎风，望鹭岛灯火阑珊，回忆多次与先生在一起情形，言谈说笑恍如昨日。曾和先生一起探访岚口教堂旧迹，又冒雨同游太姥山。先生为人洒脱每多豪气，为师严谨不乏柔情。先生并未远去，他历年移植搭救的厦大榕树，早已成荫，每一阵风过都会洋溢先生的手泽与精神。

悼志超先生

噩耗惊闻痛客扉，心空岛岸怅歔欷。

曾从古道玄师探，犹记兰山好汉讥。

獬豸凤知甘首蓿，於菟也识嗅蔷薇。

情悲最是身先去，隔海遥思悼鹤归。

3月25日先生回归主怀，隔海遥寄哀思

隔海遥哀泪雨时，春枝歇鹭亦垂悲。

主怀今夜拥家子，尘世明朝鉴口碑。

豪快田间君子意，爱憎座上丈夫姿。

人文不死情思寄，永忆风华郭老师。

作者简介：苗健青，文学博士，《福州大学学报（哲学社会科学版）》主编。

幽默爽朗　充满情怀
——己亥清明追思郭志超教授

◎ 谢金良

　　2019 年清明节当天傍晚时分，看到同事郑土有教授转发来的两条微信："郑老师好！ 如果方便，麻烦将这则缅怀厦大人类学家郭志超教授的征文公告，转给贵校的谢金良教授。 我的导师郭老师生前对他非常欣赏。 我也是在整理老师遗作时得知谢教授的。 谢谢您！ 祝清明节安康！ 王道""浙江师大的王道教授让我转给您"。 我的第一反应，就是"真没想到！"

　　我还依稀记得郭教授的名字和形象，因为我们有过一次难忘的相逢。2011 年 10 月 30 日中午，我从厦门市少儿图书馆门口乘出租车赶到厦门大学校门口，准备搭乘会议主办方租赁的中巴车前往安溪县参加詹敦仁与中华文化学术研讨会。 刚到正门口时，中巴车尚未到达，只见门口边已有几位厦大的参会代表在等候，其中就有郭志超教授。 他中等身材，略胖，微老，健谈，闽南口音，声音洪亮，这让我印象深刻，也是吸引我特别注意的地方。 可能是我们研究领域差异较大吧，此前并未熟识，因而在车上一个多小时里，彼此没有任何交谈。 甚至可以说，在之后的两三天里，我们之间都没有任何较长时间的交谈。 至少在我现在的脑海里，已捕捉不到与郭教授私下交谈的任何印象。

　　中国茶都安溪县是生我养我的地方，是我魂牵梦绕的故乡。 安溪的开先县令詹敦仁，是我非常崇敬的古人之一。 早在 2004 年 11 月 19 日，詹敦仁纪念馆落成典礼暨学术研讨会在安溪召开，我受邀参加盛会，并撰写了论文《清禅旧隐古名儒——詹敦仁与儒、道、佛文化思想研究》。 也正是在撰文过程中，较为深入地了解了詹敦仁的生平及其思想，乃至油然而生敬意。 其实，早在少年时期，我就在学校的乡土文化讲座中，耳闻开先县令的尊名及其相关事迹，但对其超乎寻常的审美思想观念却一无所知。

凡事都要讲究缘分，我在福建师范大学中文系攻读本科学位时，认识了道教文学选修课的老师詹石窗教授。 詹石窗老师是福建同安县人（现为厦门市同安区），与我同属闽南人，加上他的研究方向正是我的兴趣之一，所以跟他特别亲近。 本科毕业后，我留校任教，分配在易学研究所担任张善文教授的助教，算是与詹老师同事了。 在之后的几年里，詹老师与我亦师亦友，对我的学术成长帮助非常大。 后来，他工作调动到了厦门大学哲学系，我考上南京大学哲学系的博士，也就较少在一起了。 但是，之后好几年里，只要是詹老师举办学术研讨会，他都会邀请我参加。 直到后来他又调到四川大学宗教学研究所，而我又调到复旦大学中文系，彼此之间的联系才逐渐变少了，也许是远隔千里之故吧。 当然，我这些年因身体原因腿脚不便特别辛苦就较少与外界联系，我也知道近几年来詹老师担任老子研究院院长之后，肩负不少科研重任，更是特别的忙！ 2004 年秋天准备参加詹敦仁思想研讨会时，我才得知詹石窗老师是开先县令詹敦仁的直系后裔。 也正因如此，我非常乐意而又幸运地参加了詹老师协助举办的两次詹敦仁学术思想研讨会。 第一次参会时，我的脊柱病初发，行动已不利索；第二次参会时，我已弯腰驼背，腿脚更不利索。 但只要是老师举办的研讨会，我都会义不容辞地参加，不管有多难多苦多累！

话说回来，我们从厦大乘车翌日，先往多卿参加"第五届中华詹氏经济文化节暨安溪灵惠庙、开先县令文化广场落成庆典"。 次日又回到县城詹敦仁纪念馆召开"詹敦仁与中华文化学术研讨会"。 在研讨会上，我发表了《略论詹敦仁美学思想及其当代意义》一文的主要观点，之后又即兴发表了一通参会感言。 没曾想到，这番话当场引起郭志超教授的强烈共鸣，以致他在发言中作了积极的回应，并对我由衷表示赞许（这或许是他对我非常欣赏的起因吧）。 更出乎意料之外的是，当我见到本次研讨会正式出版的《清隐显化——詹敦仁与中华文化学术研讨会论文集》时，在"附录"中见到他回厦大之后再特地写的一篇较长文章《多卿庆典往返散记》，他在文末写道："会上，复旦大学谢金良教授指出：'詹记德十年磨一剑，倡建、设计詹敦仁纪念馆和多卿灵惠庙。 其文化艺术内涵、价值以及背后的故事应很好进行发掘和整理。'这种对当下文化意识的敏感给研讨会送来一阵清风，也促成笔者写就此文。"每当我读到这一段时，我的心情都异常复杂。 真没想到，万千世界中，知我敬我而默默捧我者，惟郭公也！

往事是容易被俗事淹没的。 如果不是郭教授的溘然长逝，如果不是郭教授高足王道教授对恩师的崇敬，我估计很难再想到郭教授了。 为了写这篇追思文章，我联系了詹老师的高足黄永锋教授，他还在厦门大学哲学系任教。 他在微信里给我发来了郭教授追悼会现场的照片，还特地告知："我查到了郭老师 2011 年 12 月 2 日给我的邮件"——

> 永锋：
>
> 　　刚才若没碰见你，我就任其自然了。
>
> 　　这次文稿就很"正港"了（厦门人爱用此词，因为好像其他地方的港口都是厦门港的次港，引申为"正货"）。
>
> 郭志超

读罢此邮件，我仿佛觉得那位幽默爽朗而又充满人文情怀的郭志超教授，一定还在厦门的某个角落静静地工作着，研究着，快乐地生活着！再读郭教授的《多卿庆典往返散记》，更觉得我们还是在去往詹敦仁故里祥华乡的路上——山清水秀的好地方，一帮文人正在车里高谈阔论，而声音最为洪亮、情感最为激越的那位老先生，便是在人类学研究道路上孜孜以求的郭志超教授。

我真的不愿意相信，郭教授已经离开了人类的世界，因为我害怕悲痛！ 呜呼！

郭先生，还是任其自然吧！ 但我相信，晚生对您将是永远的敬重和怀念！

作者简介：谢金良，复旦大学中文系教授、博士生导师，兼任复旦大学中国学研究中心副主任、复旦大学生活美学研究中心副主任。

编者按 郭老师驾鹤先去不久的那个清明节,我在办公室整理他的学术随笔时,发现一篇七千余字,名为《多卿庆典往返散记》的文章,因对题目较为好奇,故停下仔细品读。该文的主要内容是,2011 年 10 月 30 日中午,郭老师随厦大同仁赴福建安溪县,参加次日在祥华镇多卿街道举办的第五届中华詹氏经济文化节暨安溪灵惠庙、开先县令文化广场落成庆典,以及第三天的詹敦仁与中华文化学术研讨会之后的所观所想,全篇具有浓郁的历史人类学风格和丰富的人类学想象力,形散而神不散。但他对于研讨会着墨极少,只是在结尾最后一段写道:"次日召开詹敦仁与中华文化学术研讨会。会上,复旦大学谢金良教授指出:'詹记德十年磨一剑,倡建、设计詹敦仁纪念馆和多卿灵惠庙。其文化艺术内涵、价值以及背后的故事应很好进行发掘和整理。'这种对当下文化意识的敏感给研讨会送来一阵清风,也促成笔者写就此文。"

最后一段画龙点睛之笔引起了我的兴趣,说明整个研讨会,谢金良教授的发言,让郭老师的印象最为深刻,这不仅引起了他的强烈共鸣,更是促成他写作此文的动力。虽寥寥数语,但评价极高。我当时误以为谢教授是从厦大博士毕业后才去复旦工作的,他俩往来较多。恰巧我熟悉谢教授的同事,民俗学专家郑土友教授。加之那天是清明节,在朋友圈看到郑教授回到家乡金华,于是将新近写就的"郭老师追思征文公告"发给郑教授,并托他转发给谢教授,郑教授爽快地答应了,在此对郑教授表示感谢。没多久,我就收到了谢教授发来的邮件和追思文,也得知谢教授是在身体欠佳的情况下抱病完成的,内心极为感动,也为自己的冒昧而深表歉意。然而,更多的是对谢教授的君子风范深表敬意,为此我还拜读了他的相关文章,受益匪浅。这篇追思佳文很好地印证了两位教授在学术上的君子之交和惺惺相惜。诚然,同道知己中的枝叶相持,隽永绵长。

我所交往的郭志超老师

◎ 萧春雷

2019 年 1 月 19 日，我在厦门市图书馆文史沙龙有个讲座，名叫《屏障、门户与半岛——从地图看厦门的三个关键词》。那天来的嘉宾不少，我与郭志超老师简单寒暄了几句，觉得他气色不错。讲座后郭老师还做了个简短发言，像以往一样激情澎湃，肯定我从人文地理的视角理解厦门，开辟了一条新路。

郭老师的公子郭航与我同事，都在厦门晚报社工作，见面时我常会问问他父亲的情况。4 月 1 日他突然转给我一份《缅怀郭志超老师征文公告》，我才知道，郭老师已经于 3 月 23 日辞别人世。讲座上匆匆一面，竟是与他的最后一次尘缘，我后悔当时没有多聊两句。

郭志超是厦门大学人类学教授，主要研究东南民族史。我早就拜读过他的大作，2003 年出版《嫁给大海的女人》一书，冒昧请他写个书评。他不在意我缺乏人类学、社会学的学术训练，热情洋溢地推荐："介绍或调研惠东文化的文章和出版物，我差不多都读过，但最清晰展示惠东女主要习俗的，还是这本《嫁给大海的女人》。若将这本书作为人类学传统展示异文化的民族志，一点也不逊色。"

我们初次见面，可能是 2006 年在晋江陈埭丁氏宗祠的采访，那次我向庄景辉和郭志超两位教授请教了泉州穆斯林家族变迁的问题。因为很投缘，不久我跟着郭老师再赴晋江，在晋江博物馆粘良图先生的陪同下，探访草庵附近村社的摩尼教遗存，后来我编辑了一个泉州摩尼教专题。郭老师学识渊博，平易近人，此后遇到学术难题时，我想到的第一个请教对象就是他。

但是要见郭老师一面很不容易。郭航说，他不用手机，只有家庭电话，一般也不接，"你最好给他发电子邮件，他整天都在电脑边，回信很快"。有几次我想约他采访或喝茶聊天，都没有达到目的，偶尔几次见面，都是在某个聚会上巧遇。这两天我检索邮件，发现与他来往的邮件高达230多封，一一浏览，黯然神伤。

郭志超老师祖籍惠安，回族。他身形壮实、表情丰富、声音洪亮，有明显的阿拉伯血统；性格特立独行、天真率性、乐于助人。他是《厦门晚报》的忠实读者，对我主持编辑的"小岛大时代""寻找老厦门"等文史专刊特别关注，经常发来表扬和鼓励的邮件，或指出错讹，有时还撰文阐述。我自己在报纸上开了一个"闽小记"专栏，七零八碎记述一些福建风物，他每篇细读，托郭航带话给我说希望结集出版，他愿意作序。"闽小记"至今没有结集，但我请到他为我的另一本拙作《世族春秋——宁化姓氏宗祠》作序，非常荣幸。

郭老师长我15岁，早已奠定自己的学术地位，但他愿意与我平辈论交，所以我把他当成良师益友。十年前，我还真的想师从他读个博士，他回信说："你的成果，要评教授也有可能。可以以同等学力报考。"但他退休后没招博士生，推荐我报考陈支平先生的历史人类学。陈老师了解我的情况，也很乐意接受，最后我因不能免试外语而放弃，从此断绝学术之梦。郭老师觉得遗憾，因为他特别喜欢我的文章，多次声称他在向我学习随笔写作，还说自己的文字现在变得柔软，"主要是我受你文风熏陶的结果"；有时他寄来书评文章，考虑到版面风格，我不得不进行删改，他一点不生气，还说我的修改让他明白文章该怎么写。

我这辈子大概不会从事学术研究了。实际上，我对世间万物和人类心灵都感到好奇，更愿意成为一个没有固定领地的自由写作者。但是无论如何，在厦门，得与郭志超老师晚年相遇，论学衡文，相互砥砺，实在是人生一大幸事。

如今斯人已去，深深地缅怀他！

作者简介：萧春雷，厦门晚报社资深编辑，著名作家。

志超兄一路走好

◎ 郭联志

志超兄是我的郭姓宗亲，也是我的益友良师。 2019 年 3 月 24 日早晨 6 时 28 分从省城一个微信群看到宗亲郭陈辉转发的《老师不死，只是逐渐凋零》一文，才闻知志超兄离世消息，真是不敢相信。 3 月 25 日与闽南师大孙智伟老师一同去厦门集美参加告别仪式，看到不少参加吊唁的人走出来眼眶红红的，有的还掉眼泪，真是思绪万千，一个人走了，还能让那么多人怀念，必定有其过人之处。

记得 2016 年 3 月，在宁德召开的福建省畲族文化学术研究会上我还和志超兄见过最后一面。 当时，福建省姓氏源流研究会郭氏委员会会长郭养法，正去福安调研路上，听说志超兄也参加会议，特地走进山水宾馆会面并合影留念，这是三位福建郭氏兄弟难得的一张合影。

一、通信在先

我认识志超兄纯属偶然，说来话长。 本人从小酷爱文史，1980 年代就踏上寻根问祖之路。 1990 年 12 月，我去福清市三山镇东郭村认祖，村里除了赠送我们这支迁居福州的支谱外，还将村里申请恢复回族民族成分的文件复印一份给我，并说漳州也有一支与我村同宗的廷焰公的后裔。回漳后，利用业余时间，访问漳州郭氏宗亲，研究漳州的民族问题，最早是请教于谢重光、王连茂和蒋炳钊老师，知道志超兄是回族，是这方面的专家，遂求教于他，开始数十年的交情。

1995 年，我向福建省首届闽台姓氏研讨会投稿《漳州回族穆斯林的来源及后裔》，并于 10 月 6 日慕名向志超兄寄去了第一封信，到 2018 年

10月1日给志超兄最后一封电子邮件，我和志超兄整整通信了二十三年整。

这些天清点旧信，目前手中尚有 1996 年到 2005 年 10 年间志超兄的亲笔手书 21 封，可惜有 4 封的信纸和 1 封的信封没了。 除一封是我调到漳州师院（闽南师大）以后寄来的信，都是我在漳州无线电五厂、芗城区方志办、芗城区信息中心工作时回复的信。 我调漳师后，专业任务繁重，加之老父病重在床，虽然也在历史系上过"当代世界史"，在全校开过通识课程"闽南历史文化与民系"，但我很少有时间与他再做文史探讨，2013 年以后，我较空一些，我们的往来又多了起来，但都通过电子邮件联系，原来的 21 封笔信弥足珍贵。

二、会议幸会

一般来说，凡是省里举行的闽南文化学术会议和畲族研讨会，我都会带论文去参加。 所以多次在会上与志超兄见面，每次都聊得甚欢。

第一次见面应当是 2003 年在泉州举行的第二届闽南文化学术研讨会，我带去了《龙溪县与南安郡设置年代考》《汉南海国封地考》两篇文章，引起志超兄很大兴趣。

2005 年第三届闽南文化学术研讨会在漳州芗江宾馆举行，志超兄莅临参会。 我前去拜访，志超兄说，他到漳州，首先就是看我的文章。 这次我带去的论文是《初唐泉州龙溪县令县尉墓志铭研究》。

记得 2012 年去厦门开会，还去过他家。 最后一次会议见面是 2016 年 3 月 1—2 日，在宁德召开的畲族文化学术研讨会。 闽南师大有活动，如果他有过来参加，也大都有见面。

三、讨论的问题

这些年来，向志超兄请教探讨的问题大致集中于三个问题：畲族起源问题、漳州回族问题、漳州早期历史问题。

志超兄认同本人有关漳州初唐史的观点，对于漳州郭姓材料，上坪、流传村等村民的民族特性，还以人类学研究所名义出具了证明。 认可本人提出的福建郭氏的体质特征。 所以，我乐于将自己新观点稿子，请教于他，每次都能得到他的指导。每次会议，碰到他，都会请教他和交流自己新的观点。

志超兄送我《畲族史料摘抄》复印件、《纪念林惠祥文集》、《白奇回族史研究》等书，对于我探讨漳州民族历史帮助非常大。

（一）畲族问题

畲族历史是困惑漳州历史的主要问题之一，我是看了 1990 年 11 月漳州陈元光国际研讨会论文集后，对漳州所谓"开漳史"产生怀疑。

由于受专家土著说的影响，对于畲族之起源，1990 年代初，本人原来倾向畲族是界于南越族和闽越族融合的一个民族，就这个问题还先后与蒋炳钊老师、志超兄探讨过。志超兄还对本人 1995 年在《福建民族》发表的《畲族与山都木客的关系》提出很中肯的意见。后来，本人在 1996 年 3 月写成《畲族早期活动和主要特征》（原以为投《福建史志》能发表，只将一份打印稿送给时在《汕头大学学报》担任主编的谢重光老师，虽然没正式发表，但主要精神被谢老师采纳了）。1997 年，我在宁德召开的中国迈向 21 世纪畲族社区研讨会发表的论文《明以来漳州畲族社区的变化》，只把漳州畲族的历史上溯到宋元。

畲族历史不把握好，对于客家民系研究和漳州早期历史研究都会产生偏差，对于畲族的入闽路线、族群源流都有和志超兄多次探讨。

畲族族源研究是漳州历史最难研究的一块，经过多年探讨和文献查询，我是倾向于畲民是在南宋时才进入漳州的，盛行于元和明朝早期，而且畲民的定义比畲族广。

（二）回族问题

当第一次听到我们可能是回族时，天然就产生了抵触和怀疑态度。当然经过多年的探讨，不得不承认福建郭姓确实有回族成份，回族问题始终是心中一个结。

从福清寻根回漳后，发现漳州龙海、华安诸县的郭姓族谱记载都与莆田回族郭姓同宗。即使龙海角美流传村（今属台商开发区）郭姓自称与陈元光同时开漳，但世代口头相传，流传村有祖公无祖嫲，惠安百奇有祖嫲无祖公的说法，而且他们在晋江钞岱的同宗也恢复为回族。漳州白石丁姓也认郭是亲人，即服从所谓清真"五姓联宗"。

漳州郭氏都有白布裹尸的习俗和云捧月的墓碑，即使明末远迁浙南的宗亲，至今仍完整保留漳州这一习俗。 对于漳州这个风俗的调研，志超兄的观点和泉州海交馆王连茂馆长很一致，回复我说："你在石亭镇的调查所获很重要，'白布裹尸'的葬俗很有历史、文化内涵。"

对于漳州回俗，志超兄曾赋诗一首："奇风异俗新亦旧，应是某俗蔚成风。 文意重在溯回习，数花归表在一枝"。 全诗内涵丰富，体现了中华民族大家庭多元一体的特征。

志超兄，惠安九乡郭人，回族。 他认为"浮宫郭氏是惠安白奇迁过去的。 白奇《郭氏族谱》载'三房仕璧''出祖漳州海澄县扶疆……又派分同安'"。 泉音扶疆同漳音浮宫，可惜浮宫镇两三万郭姓，现皆认柳溪公（莆田裔）为祖，已无法从中识别。

泉到漳认亲，大都无功而返，唯去年紫泥南岸一支自认仕璧公后裔，认九乡郭为祖，还引起一些宗亲不满。

浙江温州一支宗亲也是认同九乡郭的后裔，可惜也无法找到下落，他们写的是从南靖二十五都上坪迁去。 实际二十五都上坪属华安沙建镇，里面有两个郭姓自然村，一个认莆田，一个认同安。

2016 年以来，多次参加福建省郭氏委员会会议，对于郭氏的相貌特征有一个基本总结，所以特地写信告知志超兄：

志超兄：

自去年接福建郭氏志资料收集，多次参加会议和到各县调研。感觉郭氏的体质特征明显。特别眉毛非常有特色。不知道起什么名字好，我是叫郭氏眉。是不是和眉骨形成有关。就是靠内侧特别浓。广东的也是一样。鼻子有的非常勾，像西域的。有的眼睛特大，如中东。肤色有黑白两种，个子有高矮两种。

你看这种眉毛的形成原因是什么？特此请教！

郭联志

2018 年 9 月 29 日

志超兄收到后马上回复，这封落款 2018 年 9 月 30 日的电子邮件也是最后给我的一封电子邮件：

联志兄：

去年我胃溃疡出血，多次住院。

福州郭氏给我的通知是通过陈支平转的,他应已转告我的病情。

我出院后,陈支平告诉我此事。

幽门螺旋杆菌,很多人都有,我的情况好像特别,非常顽固。

今年有所恢复。

你所觉察的郭氏眉,本人就是。

体质特征研究很冷僻。

如果在叙述福建回族时,适当把泉州回民的体质特征做适当的区分,更有说服力。

郭志超

对于福建汉族郭姓与回族郭姓的体质差异,还未能与志超兄详细探讨,志超兄就已经走了,这是福建郭姓回族研究的一大损失。

(三)漳州早期历史问题

漳州早期历史也是探讨的议题之一。 志超兄在 1996 年 7 月 23 日回信说:

惠寄的《漳州隋唐史小议》和《白石古谱考订》很耐读。古代伪作史料,此后被很多人反复引用,要再澄清就非常麻烦。我对漳州地区历史是直至 1990 年 11 月赴漳州开陈元光会议之际才开始留心的。一开始就觉得很奇怪,为什么陈元光这么著名,大家写论文引的是明清的方志? 在会上听谢重光与一些人争论陈元光籍贯、用兵路线,疑问更多了。甚至对陈元光此人是否存在也有疑问,会议后期到云霄参观陈政墓、到天宝附近参观陈元光墓,始相信有陈元光其人。这是我开会期间的胡思乱想,这也说明唐代漳州历史的确是一派迷雾,否则不至于胡思。

漳州早期历史与畲族有扯不清的关系,漳州土著实际是越人而非畲族。 关于漳州畲族历史,我曾和时任漳州市历史学会陈自强会长探讨过,他推荐我去漳州一中图书馆借阅《舆地纪胜》。 从中发现,《舆地纪胜·梅州》卷就有:"棱禾,山客輋所种"的记载,把山客与輋并称。《畲族简史》说"畲族自称'山哈',没有文献依据"并不太准确,至少在南宋时,山客与輋是并称的。 畲是山客,是游耕民族,和刘宋《南越志》作者沈怀远写的《次绥安》所描述的漳州土著的习俗"在昔汉世宗,开疆穷所欲。 余善既辞师，建德乃伐木。 番禺更灰尽，冶南亦沦覆。 至今遗父老，能言古风俗。 阴崖猿昼啸，阳亩粳先熟。 稚子练葛衣，樵人薜荔屋。 矜尔为生微，诲予从不辱"，完全不同。

更重要的是从《舆地纪胜》发现唐柳宗元的《柳子厚代永州表》云"地极三湘、俗参百越"的记载，顺藤摸瓜查出漳州方志收入的陈元光《请建州县表》和《请准谢表》是抄袭柳宗元《代韦永州谢上表》《代裴中丞贺分淄青诸州为三道节度使表》《为刘同州谢上表》《柳州贺破东平表》《代裴行立谢移镇表》等名作而来的。 志超兄认为"《陈元光〈请建州县表〉等是伪作》很有说服力，特别是运用对比的方式，效果更佳。"

四、深深怀念

志超兄，厦门一中老三届 1968 届高中毕业，今年才 71 岁（讣告 1949 年生，我原来一直以为他是老高三。 25 日，与其大哥的同学聊，才确认是高一，因"文革"而辍学），原厦门大学人类学研究所所长，教授、博导。 前些年，就知道其照顾老岳母很辛苦。 志超兄为了专心做学问，没用手机，与他沟通都是通过座机和电邮。

我和他本素不相识，只是因为探讨回族问题，碰到一起来了。 多年来，深受他的教导，他对我提出的新观点，都会提出自己的见解，要求能够站得住脚，可以说是到近乎苛刻的地步，可看出志超兄治学的严谨。 可惜没时间向他多多请教体质人类学知识。

志超兄，一路走好！ 你是我的知音，为有你这样的宗亲自豪！

最后以志超兄一首诗结尾："年在新中减，慧在老时增。 遥想青涩时，喜作霜叶花。"志超兄就是一朵经历霜冻而永不凋谢的花！

作者简介：郭联志，闽南师范大学计算机学院退休教授、福建省姓氏源流研究会理事、福建省姓氏源流研究会郭氏委员会常务副会长、漳州市地方志学会副会长。

郭志超教授难得抽空兴
致勃勃地陪同老母亲旅游
(2002年7月,武夷山大王峰
石门前)

郭志超教授饱览武夷山
美景(2002年7月,武夷山桐
木青龙瀑布前)

清明的追思

◎ 李健民

岁岁清明，今又清明。

2019 年的清明日（4 月 5 日）离郭志超兄去世（3 月 23 日）没有几天，所以倍觉感伤。回想我们的相识、相知，许多往事，历历在目。

武夷初识

我们初识于 1997 年 7 月，那是在武夷山举行的一次畲族文化研究会上。记得会议报到那天，我正在签到表上写自己的姓名，忽然身后传来一阵爽朗的笑语。转头一看，一个乌发浓眉、身材魁梧的壮汉立在我的面前；满脸亲和的微笑，玳瑁框眼镜的后面闪着一对精亮的眼睛；说起话来双眉舞动，绘声绘色，时而宏响时而尖细，极富感染力。我们便相识了。接下来的几天，我对这位初识的仁兄有了更多一些的了解。他性格豪迈，乐于助人；言谈率直而风趣，喜欢运动，还爱好收藏手杖。一天傍晚，我们从天游下山，郭兄挂着新获的藤杖，敞胸开怀，豪情满溢；看到山径边有一个小坪，就把藤杖往边上一搁，兴致勃勃地耍起南拳来；一阵短手连打，虎虎生威，一招一式，勇猛刚劲。我顿觉此君就是一位"儒侠"。

在社会分工方面，他是厦大教授、知名学者，我是普通中学的普通教师；一个是高崖巨瀑，一个是石上清泉。尽管反差甚大，但并没有影响我们的友情。古人将同庚、同窗、同行称为"三同"，我们似乎也可以勉强凑合。"同庚"没问题，大家都是在 1949 年的隆隆炮声中来到世上，在"嘿啦啦啦啦嘿啦啦啦"的锣鼓声中长大；"同窗"改为"同届"似乎更合适，即同是 1968 届高中；他毕业于厦门一中，我毕业于福安一中，后来都响应号召上山下乡当知青，他在闽西的武平县大禾公社坪坑大队，我在闽东的福安县溪柄公社立峰大队；1977 年底，我们都参加了"文革"结束后的第一次高考，他进了厦门大学，我录取宁德师专，后来都当了老师，他在大学，我在中学，所以广义地说是"同行"也是可以的。但是这些都不是最重要的。我想，促使我们走在一起的是畲族研究，而真正让我们一见如故的，应该是共同的"老三届知青"经历和心性方面的某些相似相通。

良师益友

武夷山会议以后，我们的友情不断升温。郭兄成了我的良师益友。

这一年 8 月，我到厦门参加全国语文学习科学专业委员会的学术年会，因为是在暑期，妻儿也随我到厦门游玩。闭会后郭兄特地陪我们在集美玩了一天。我和他谈笑甚欢，言谈中对畲族文化和地方文史也多有涉及。我们谈到不久前我在某民族学院学报发表的一篇文章，他说此文写得不错，资料和提法都挺新鲜，鼓励我继续发挥"民间"的优势，深入田野，多写些好文章出来。

那时通讯主要依靠书信，没多久就攒了一大摞。后来经历了几次搬家，很多信件都处理掉了，只留下几封，其中就有郭兄 2001 年 9 月 26 日寄的。信中写道："武夷初识，鳌园同游。片语即可心通，无言亦感道合。一如修竹挺立，无须曲折遮掩。兄之为学处世，令我钦敬！"情深谊浓，倍觉暖心。

2007 年 12 月初，我参加在广东潮州召开的全国畲族文化学术研讨会。闭会第二天适逢双休日，郭兄盛情邀我到厦门大学做客。佳肴美酒，促膝夜谈。话锋所及，漫无边际：插队经历，高考故事，读书做人，天上人间。次日上午还亲送长途汽车站，才依依惜别。正是：鹭江之水深千尺，不及郭兄送我情。

2009 年 10 月 22 日至 24 日，全国畲族文化学术研讨会在宁德举行。《闽东日报》用大篇幅盘点宁德市抢救和发展畲族文化"八个一工程"的实施情况，将我为宁德民族中学撰写的校本教材《畲族文化简说》列为其中之一。郭兄盛赞"八个一工程"意义深远，还和我谈及中小学畲族教材的编写："你凭一人之力完成'八个一工程'之一，而且不为稻粱谋，很不容易。"这时我已到点退休。"下课"了，能亲身感受到自己曾经的辛劳和付出得到社会的认可和方家的首肯，自觉欣慰，我感激畲族朋友，感激郭兄。后来我又继续编写畲族文化课程的初中用书和小学用书，终于全部完成中小学畲族文化乡土教材的编写工作。

退休的日子过得快，不知不觉已到第五个年头，但是许多"老三届知青"依然"发愤忘食，乐以忘忧，不知老之将至"。2014年12月20日至22日，首届中国畲族发展景宁论坛召开。郭兄宝刀不老，风采依旧。论坛上他所作的《畲族研究和"畲族学"》演讲，简洁，生动，富有创新的激情，博得听众的阵阵掌声。

论坛还为老朋友提供了聚会和叙旧的机会。郭兄关切地问及我的近况，当他知悉我近期刚完成地方文史《闽海赛江》的写作，就很真挚地对我说："你把电子稿发给我看看，我要给你写一篇序。"此君就是这样，遇事总是主动替人着想，总是自觉地欣赏他人，并尽己之力予以帮助。郭兄出手很快，2015年1月6日序文通过电邮如约而至。郭兄的序文饱含对科研工作和老朋友的深情，也洋溢着对闽东（福安）山水人文的热爱。序称："这本著作使我更亲近福安及其赛江，也更亲近科研和著述的佳境。方法优化和资料新获是科研创新的体现。……作者不仅在田野中搜索族谱、碑刻，更以观察和访谈支撑着船寮春秋的探索。……本人略通木作，读到造船工艺，竟心驰神往而跃跃欲试。"

2016年4月8日至14日，福安市迎来"中华一家亲·2016海峡两岸各民族欢度'三月三'节暨福建省第五届'三月三'畲族文化节"，盛况空前。郭兄作为嘉宾应邀参加盛会。4月8日上午开过大会，下午郭兄一行就到位于湾坞的青拓文化中心参加少数民族文艺论坛活动。我因不详会议的行程安排，以为当晚他们会返回市区，那样就可以和郭兄重聚。可是终于未能如愿。4月15日，郭兄返回厦门后发来电邮："山水之地，郊隔市区心却联，顾虑'兵荒马乱'（指会议期间人多事繁）婉拒你来。这次文联研习班，还到福鼎。我提供讲座《科学再现与文学表现》受到欢迎，甚慰。"我回复他一首小诗："不见郭兄久／思绪上心来／武夷玩藤杖／弹指已廿载／《闽海》赐书序／慰勉暖心怀／文心多侠义／学界难有再"。聊表思念之情。

电邮鸿雁

电子邮箱实在是一个好东西，它也是我和郭兄之间的主要通讯工具。

随着智能手机的普及，微信侵占了人们很多时间。郭兄是一个惜时如命的人，最害怕浪费时间。大概是为了尽量避免无效信息的干扰，一直坚持只通过电子邮件与人交流。他发给我的电邮内容丰富。退休以后，除了有关畲族和地方文史研究的话题，主要还有新撰写的纪实作品、文章评述、学术随笔等等，还经常转发与养生保健有关的文章。我们电邮往来频繁，仅从 2017 年 1 月至 2019 年 3 月的两年多里，郭兄就给我发了 66 则电邮（最后一则是 2019 年 3 月 14 日 16 时 14 分）。

有一阵子郭兄特别喜欢写诗，我常收到他新撰的诗作，并且通过电邮进行切磋。2016 年 4 月 21 日的电邮写道："感念李兄。豁然开朗！我接触诗差不多从初一开始。教地理的林志煌老师催促我读读唐诗宋词。读了一些，有感觉。上山下乡后读到福州知青的诗作，跃跃欲试。也读了普希金、海涅、唐璜、泰戈尔等诗集。上大学后，反而不看诗了，时间赋专业。直到近几年才夕拾朝花，重温旧爱。我觉得，格律诗与自由诗可以合璧。兄洞察了然。"

我们还在电邮中分享人生感悟，他常称我"守身如玉"，也说自己"本来也是一只老鼠，但是已经上树了，成为干净的松鼠"。2017 年 3 月 16 日的电邮写道："少时，听人言怕老不怕穷。似懂非懂。那时，吃青葡萄也好吃。年轻时，喝稀饭汤能走好长的路，能量哪来的？在煤矿食堂，二角钱一盅的排骨汤配饭，感到好得不得了。老时，譬如朝露，去日苦多。"

2018 年是知识青年上山下乡运动 50 周年，也是我们 1968 届高中毕业 50 周年。为了纪念这个不寻常的年份，我和福安一中 1968 届高中的几位同学发起征文活动，发动大家撰写回忆录，并编印成书（82 万字），书名《华年如水》，主编署名"陆巴人"（取"68 人"的谐音）。书出版后，9 月 16 日我给郭兄寄了一本，同时通过电邮发送封面照片，让他"先睹为快"。当日就收到他的回复："欣悉福安一中 1968 届高中回忆录出版！封面好，如烟往事，老树常青！"第二天他又来电邮："下午 5：25 收到快件《华年如水》，很激动，迫不及待翻阅。"我担心他近期身体欠佳，嘱他稍微翻翻便可，不要太费神。 22日，他发来一首《读〈华年如水〉》，表达他的读书感受：

> 断流的聚合总有所失。/我在厦门一中读四年到高一，/初中三年其实更有印象，/小学难道不是我的似水年华？/《华年如水》竟让我圆了梦：/"陆巴"是河口，向上漫溯，/不仅有了高中，还有初中，/甚至还有实小和金鸡垅(指金鸡垅小学)……/是福安一中母校让心胸宽广，/还是长溪水丰沛了心中的赛江？

绕梁余音

我和郭兄之间的电话不是很多，但一旦开讲，就说个没完。 以下是近期的两次以"书"为主题的通话，虽然已成"绝响"，但余音绕梁。

2018年9月23日晚上，郭兄给我来电，主要围绕着《华年如水》谈了几十分钟。 他说，全书已经很仔细地读过，感觉极好。 这本书为福安一中1968届同学提供了一个保存历史的机会，"我们每个人都将会像枯叶一样落地，但保存在书中的这些篇章让他们不朽。""不是所有中学的老三届都能够编出这样的一本回忆录，这本书为福安一中赢得了很大的荣誉。半个世纪过去，当年的学生对母校依然念念不忘，同学之间还是一往情深，足见学校的凝聚力，也可见当年福安一中良好的校风。 我是厦门一中的1968届，对此深有感触。"

郭兄对拙作《糖寮旧事》产生了强烈的共鸣。"看你的《糖寮旧事》，我从头到尾都是泪眼朦胧。 你写得很克制，并没有放纵自己的感情，也没有刻意要去感动读者，而我却泪流满面，可能是让我回想起在煤矿劳动的那段日子……你写到下半夜两三点的时候人非常恍惚，很容易出事故，一个弟兄因此被机器吃掉两个手指。 我当年在矿下上夜班，有一次人非常疲劳，控制不了自己，拉着钢丝绳的手被往机器里带，幸好我及时惊醒，迅速把手往身后抽，结果手套被卷进去了，手保住了。 想起来都令人后怕。"谈起知青经历，两个古稀老人都不胜唏嘘，电话那头郭兄也多次哽咽。 郭兄说过，他曾做好了靠手艺谋生的准备，泥工木工都已出师；我也做了最坏的打算，工余自学中医，为今后的生存多预备一条活路。 他说，"当年李兄一个人孤零零地被放逐在那里（我插队的村子就我一个知青），如果没有坚强的生存意志，是会垮掉的。我当年做了个梦，梦见以后会发达，所以再怎么样也要等到这一天，就富有幻想又很惊恐地生活着。"

2018年，福建省社科联组织出版一套社会科学普及读物，其中包括拙著《福建畲族文化读本》。我给郭兄寄了一本。2019年3月14日下午他收到快件，第二天就与我通电话，足足谈了48分钟。他说："作为面向社会的科普新项目，《福建畲族文化读本》的章节设计很有特点，别开生面，抓住重点，很简练，逻辑关系非常好，文字工夫也很好。"表示要为《福建畲族文化读本》写一篇书评，还说他的书评将会写到以下这些内容：

> 研究畲族文化要和中国近现代史结合起来。《读本》有专门一章写"忠勇精神"，写到畲族这一精神如何在中国共产党领导的革命和建设中发扬光大，还配上叶飞题字的插图，就是关于畲族的几个"最"（最保守秘密，对党很忠诚；最团结，在最困难的1935年至1937年对党支持最大），使忠勇精神一下子大放光芒。

> 关于畲族的祖先崇拜的问题。《读本》另辟蹊径，用实物照片说明问题，尊重畲族同胞的意见，让畲族自己来描述。这也是一种研究方法，对畲族研究是一个启发。有些学者食古不化，老是在一些问题上纠缠，七嘴八舌，引起争议。傅依凌的研究方法就是把典型的材料很有系统地摆出来，事实胜于雄辩，让看的人自己去感受。

> 畲族研究离不开归纳思维。有历史学背景的学者，习惯于从典型的史料提炼观点，这一点我们都有共通之处。而有的人写论文喜欢把自己的一套想法附在对象上，想法丰富，观点也新，但是他们没有论据，用的是演绎推理，缺乏历史的归纳。好像云离开了山，非常飘，所以闽南人讲"山是云的根"。

> 《读本》的诗歌部分写得最亮堂。繁事简说，线条清晰，按照文学的分类法，把复杂的东西讲得非常简明，让人一看就清楚。《读本》从宁德民族中学的校本教材《畲族文化简说》扩充、发展而来，《简说》已经出了好几版，可以说是千锤百炼。当年我写《畲族文化述评》时，畲歌部分受到《畲族文化简说》的启发，就眼睛一亮。不像有的学者，把畲歌越讲越乱，变成一团乱麻。

> ……

仿佛一切静好，来日方长。

不料，这次通话竟是我们之间的最后一次交谈，我也再没能等到他那篇书评。

3月23日那天，我正在霞浦白露坑畲村访问。近午时分，意外接到友人打来的电话，说郭兄已于今晨突然病逝。噩耗传来，我十分震惊，实在不敢相信这是真的，因为离3月15日的那次长谈才几天；而且交谈中感觉他精神很好，思维清晰，声音清亮，他还明明白白地跟我说，身体"恢复得还好"。

接下来的几天里，我都陷在深深的悲痛当中。

回想二十年间交往的点点滴滴，亦师亦友亦弟兄，一切仿佛如昨；旧谊新哀油然而生，怎不叫人感伤！

人生就是这样，一边拥有，一边失去；在永恒面前，一切都不堪一击。《诗篇》说："我们度尽的年岁好像一声叹息。我们一生的年日是七十岁，若是强壮可到八十岁；但其中所矜夸的不过是劳苦愁烦，转眼成空，我们便如飞而去。"

如今，郭兄已经回归天家，世间再无郭志超。

然而，他的懿范师表、道德文章，与世长存；

他的"儒侠"风采、兄弟情谊，永铭我心。

作者简介：李健民，宁德市民族中学退休语文教师，长期深耕闽东地方文化研究。

怀念郭志超老师

◎ 粘良图

郭志超老师走了，他的逝世，引发我无尽的思念。

郭老师与我同龄，都是 1949 年出生的，属牛。 最近才知道他的生日比我晚了一个月，但在之前，我是一直视他为长兄和老师的，尽管这样有高攀之嫌。

与郭老师认识应该是在 1992 年。 那时我在晋江乡下务农，承包了村里一处山地植树栽果种地瓜，辛苦劳作之余，也因个人的爱好学着写了点文章。 那年福建省民俗学会筹划在惠安开《惠安民俗学术研讨会》，我因刚参加学会不久，想写篇论文参加，但囿于本人的见识，只能从身边见闻来撷取材料，提交了一篇《惠安石工与闽南石文化》（与曾阅老师合署名），可能因俗事缠住，也没有去参加这次会议。 但这一篇稚嫩的、充满泥土气息的文章，却在郭老师脑海中留下了印象。 过不久，厦大几位老师到晋江侨乡石圳村作社会调研，他们一行特地步行到我所在的农场来看我。 一见面，郭老师就特别提起我写的那篇文章，认为有新意，还说是想不到我是在这样的工作环境下写作的。 之后，郭老师又给我写信，勉励我"学历浅不等于学识短"，想到郭老师一个大学教授，竟然对一个素昧平生的乡下农民这般关切，怎不教人心生感激，激励有加。

1995 年 10 月，中国闽东畲族风情旅游节期间，福建省畲族风情习俗研讨会在宁德召开。 我有幸参加会议，期间经常跟着郭老师走，会后厦大老师转途往古田作社会调研，我也跟着去了。 在这些日子里，通过与郭老师亲近接触，我对他更加崇敬，不仅仅因他的教授职称，更因为他的渊博知识，他对工作、对学术的全身心投入，他对陈国强老教授的尊重，他待人的满腔热忱，坦直豁亮。 在我心目中全面地竖立起一个"为人师表"的形象。

1997年我到晋江市博物馆当临时工，有了一个接近学术研究的环境。期间我先后写了几本与晋江地方历史有关的书，都得到郭老师的关注、指导和帮助。

比如2000年出版的《晋江碑刻选》，早在我收集材料准备编书时，郭老师就给我寄来王文径先生的《漳浦历代碑刻》，让我可以参考该书的体例，他在来信中说："今天寄上《漳浦历代碑刻》，用挂号，印刷品邮寄较慢。能为兄帮点忙是我由衷的乐意，这件小事于我心存的助力之望是微不足道的。"在该书编辑过程中，他帮我推敲碑刻文字的量词要用篇、条或段较好。并应我的请求为这本书写序。他在写序期间几次来信中说起：

> 平庸无奇的序好写，略还可以的序就要费些脑筋。没有高屋建瓴感，没有理论见识的前沿感，有序还不如无序。我写的序虽未达到这一层次，但努力在靠拢着，至少有写序的责任感和如何写序的基本见地……
>
> 《序》二稿后，反复读了几遍，觉得比第一稿好多了，真是文不厌改。序要写得大气，有思想深度，关键是以大观小。为了这个大，我浏览和研读了有关史学史的论著，吃下不少桑叶，才吐出几缕丝来……序，通常请大师方家秉笔，我不是这样的高手，但只要认真，并借助你提供的许多经验和思考，又能虚心揣摩一些序来领悟，就可以逼近高手水准。我用责任感和热忱凝聚了这篇几百字的小文。凝重的实践远胜于表面世俗之味的敷衍。在这过程中，我从你提供的长篇叙述中汲取了许多思想营养，自己也得到不少提高。
>
> ……寄是迟了，但实质却凝聚着认真。平庸无奇、冗长俗套的序，常成为学界笑谈。我力求避免这种肤浅和庸俗。
>
> ……总之，率直、真诚，我追求的是这种红尘远去，不落俗套的境界。书出版后，赠我样书两本，即是稿酬，能为一如陡崖扎根而吐出学术之翠的良图兄效力，系出自我心我愿。

这种对学术精益求精，对朋友关怀备至的态度，怎不叫人铭感于五内。

在那以后，郭老师又先后为我的《晋台宗祠及其姓氏源流》《晋江草庵研究》《晋江碑刻集》作序，花费了不少心血。

我写《晋台宗祠及其姓氏源流》一书时，郭老师就教我把数十处晋江宗祠分为几个章节，前面各加一段概述，眉目比较清楚。他写的这篇序言洋洋洒洒5000多字，一一介绍祠堂文化的历史渊源、社会形态、社会功能，又结合本土的实践，介绍祠堂、支祠、家祠之分，祠堂建造、祠堂蕴含的伦理道德，宗族的认同感和排异性，侨台特色，族谱世系的功能……提纲挈领，娓娓道来，成为一篇精彩的导读文章，弥补了本书理论性的不足。在为《晋江草庵研究》写的《田野中历史和文化的发现》一文中，郭老师精辟地提出："鲜活于民间宗教的摩尼教遗存，这种文化性格具有的普世价值是不言而喻的。在重视闽南文化生态保护的当今，对于草庵一带村落民间宗教的摩尼教遗存的保护，应有所重视。"在为《晋江碑刻集》写的序中，他又严肃地提出："今年夏，我又一次到晋江深沪湾，看到新建的楼房竟和那镌刻着'璧山'的岩石砌为一体。看来，严禁破坏文物并非危言耸听。行走在璧山的临海高崖石栈道，沐天风却不能观海涛。原来，璧山高崖下的港澳，在推土机隆隆的巨响中，大量土石筑成的公路正把弧形的港澳拦腰截断，被拦堵的港澳顿成臭水塘。原本，天然的石壁海岸和水下全石为砥的天造地设，由此而形成惊涛拍岸的奇观已经不再。"表现了他对晋江这片热土寄寓的深切感情和一个学者强烈的社会责任感。

我从1997年到博物馆当临时工，自认颇为努力，也得到当地不少文化界前辈的赞扬，几次向上级推荐转为正式员工而未见成效。郭老师对此事记挂在心，2002年，他特意向当时主持福建省文化工作的领导反映了我的事，果然得到了领导的大力帮助，终于在2003年得以破例转正。我不仅改善了工作待遇，在退休之后还可以领得一份退休金。在其后的职称评定时，因为年限不够，虽郭老师又为我呼吁呐喊，但未能及时评上中级职称。不过，我对此并未耿介于怀，因为我记得郭老师勉励我的话："人生在世，生活安定、平安，能做有兴趣的工作，真是一种很容易被忽视的幸福。"退休后这些年头我享受这种幸福生活的同时，心中无时无刻都会记起真诚帮助自己的"贵人"，尤其是郭老师这种"不掩人善，逢人说项"的做法，在现实中可是很鲜见了。

后来，郭老师用上了电脑，我同他的联系就少用书信而改用邮件了。我为《晋江文库》校点张瑞图《白毫庵集》，校点蔡道宪《蔡忠烈公遗集》时，都麻烦郭老师作该书的审订。 其中《蔡忠烈公遗集》的稿本是在 2017 年送到郭老师那里的，由于他患病手术的原因，放了一年多。 到 2018 年底，因为《晋江文库》整理出版工作委员会人事变动原因，要求把点校的古籍在近期完成。 11 月 10 日我把这消息带给郭老师时，11 月 2 日随即得到他的回讯："良图兄，信悉。 是我拖沓误事，拟本月下旬到晋江急交此书稿。 顺问晋江谱牒会何时开？"我为郭老师在养病期间还为我操劳感到内疚，又接到郭老师发来邮件："良图兄，收悉，愧歉的是我，我在抓紧。"到 11 月 26 日又收到他的邮件："良图兄：本周四，儿子休息，载我去你处送稿。 儿子领孩子去幼儿园后，即往晋江。 约在 10 点出头到。 稍谈即返。 你处地址？ 以便导航至。"果然到 11 月 29 日上午，郭老师就带着一大包书稿来晋江了。 因为《蔡忠烈公遗集》是根据东石蔡家收藏的复印本，里头有缺页和残页。 郭老师还特地跑了几趟厦大图书馆找到馆藏完整的原本，把残缺的页码复印带来。 同时还为这篇文章加了标点和注释，打印好带来。 郭老师向我交接完，已是上午 11 点，他执意不在晋江吃午饭要赶回厦门。 我知道他的脾气，一向就是怕麻烦别人，心想：恭敬不如从命，就匆匆与他握别了。 何曾想到，这次分手竟是我俩最后的一面！

我仔细把郭老师审订的书稿看了一遍，不由出了一身冷汗，我的原稿错漏之处实在不少，还亏得有郭老师的认真审订，才不至于闹出笑话。 这一大叠 200 多页书稿上密密麻麻的圈圈点点，竟是郭老师在十几二十天中扶病完成的！ 让我又是感动又是不安。 其间，我还发现他与我对个别词语有不同的理解，为了准确表达，我即发邮件与他探讨。 郭老师随即答复："粘兄：你意确当……再斟酌斟酌，互相切磋，才是兄弟。"他又在 12 月 1 日的邮件中交代："《行状》或其后文，将到某人以桂杨州副职代理善化县（相当于长沙县）的县令，提议境内的陵墓要重修，我有在页下加注：某指副职。 以上的原文中，'桂杨'应为'桂阳'，但忽略了。 建议加注。"12 月 7 日还发邮件说："蔡公远望如山，即之也温。 因蔡公人格魅力，读时还用心，有的疑问，能挂心。 有个注，是蔡公的诗《……河上……》，我以为'河'字没错，但过后，心里七上八下。"可知郭老师以书中主人公蔡道宪的人格魅力作为自己工作的动力，甚至在交稿之后，还心心念念着书稿的修改。 这种对工作全身心投入、一丝不苟的劲头，应该是郭老师一向来在学术上取得丰硕成果的原因。 但是这对于他病体的恢复，却是很不利的。 事后思之，真令人痛心不已，追悔莫及。

郭老师已经作古，但他的音容笑貌、精神品格将永远铭刻在我的心上。 我相信，像郭老师这样的人，天堂里一定会有他的位置，郭老师安息吧！

作者简介：粘良图，满族，晋江博物馆文博馆员，地方文史专家，著作十余部。

郭志超教授深入闽西客家村落与村民交谈（2015年8月21日，福建长汀县丁黄行政村丁屋岭自然村）

郭志超教授与晋江市博物馆粘良图先生参观布政衙（2018年11月，福建晋江五店市传统街区）

我曾说
——发往天堂的微信

◎ 吴永康

我曾说：

你是飞豹，

敏锐的嗅觉，

深邃的目光，

识别着学术的真伪。

闪电的尾巴，

疾飞的四蹄，

把知识的养分捕捉获取。

我曾说：

你像章鱼。

多脚的触条，

敏感的吸盘，

感知知识海洋的潮汐。

你勤学、善学，

你广闻博记……

我曾说：

你是兄弟！

我成长的轨迹，

都鲜活在你的记忆里。

我不会忘记，

你最后给我的微信：

"人老了方知，

黄昏暗下的速度
始料不及。"
你还未等我回复
便悄然离去。

我知道，
你是在提醒我——
生命要好好珍惜。
我想，
在西行的路上，
在没有烦恼的天国里，
你一定会等待我的回音。

我要说：
你的生命延续在，
感恩而上进的学生里，
你渊博的知识，
已揉进了弟子的论文，
获得满满的赞许！

我还要说：
你的音容笑貌，
一定会在，
阳光灿烂的早晨，
穿越云层，
浮现在，
挚爱亲朋的脑海里。

作者简介：吴永康，曾任厦门特运
汽车修理厂生产厂长及厦门公交集团
客运公司书记。

一封待发的电邮
——记敬爱的恩师郭志超先生

◎ 刘 涛

2018年6月11日至13日，本人有幸参加海峡两岸青山王信仰文化学术研讨会，一到福建省惠安县报到处，名单中看到有厦门大学郭志超教授的名字，非常欣喜。"厦门大学""郭志超"！心中不禁感慨万千。这不是儿时的学术偶像吗？学生时代就拜读过他的畲族、回族论述，获益匪浅，此时将与之同行，倍感荣幸。后来，在与闽南师范大学郭联志教授的福建畲族、回族的交流中，又提到郭志超教授对地方师范院校非科班出身研究者的关心，对郭志超教授倍感亲切。由于工作繁忙，一时无法抽空撰写电邮向其请益，但是追慕却永远印在心里。

他是学术大咖，与之同行的石奕龙、连心豪教授却亲切地称之为"志超"。我在一旁关注着。对于石奕龙、连心豪两位教授，我在第十四届海峡两岸端午论坛、福建省闽南文化研究会2018年年会分别见过，由此推论此"志超"就是大名鼎鼎的郭志超教授。

在自我介绍后，他非常好奇我对青山王信仰的关注。在得知本人对朱一贵民间信仰、百家畲洞的研究后，他颇感兴趣，不断勉励我深入开展研究工作。本人随即进一步与之深入探讨，脑海中早已没有了"我等素昧平生的地方文史工作者，若向其请教，会教导我吗？"的疑问，一股脑地向其不断讨教。其时，厦门大学郭志超教授已成为了"厦大郭教授"，愈发亲切。

翌日上午，我怀着忐忑的心情，与之列席惠安县崇武镇青山宫。候车前往会议室，参加海峡两岸青山王信仰文化学术研讨会的期间，他与蓝达居老师开怀畅谈，令人印象深刻。本人亦得以顺势私下闲聊。此时，"厦大郭教授"对本人面授机宜，讲授其人类学研究心得。现阶段，本人运用历史人类学研究方法开展研究，对香港中文大学科大卫教授讲座中所云"向人类学偷师学艺"刻骨铭心，深知其时"厦大郭老师"已成在下的"郭老师"，也就是授人以渔的那位"恩师"了。 对一位非门内弟子，一位非学术界的学人，如此关怀，绝不是最初的老师的"职业病"，而是出于博爱的无私奉献。 此前，本人曾致电求教于蒋炳钊教授，用电子邮件请益张先清教授，无不谆谆教诲，对厦大之光的人类学倍感亲切。 在郭志超老师的讲授中，更是三生有幸，感受到了厦大人类学以及厦门大学的无穷魅力！

当天下午，要轮到郭老师上台演讲时，他却说要让年轻人先讲，让我先登台发言。 在下激动不已，这是何等的恩荣啊？ 本人参加过不少名校的国际学术研讨会，其中就包括了厦门大学，拜见过不少的大学教授，获得不少礼遇，但是如此礼贤下士却从未有过。 我讲述时，这位学术大咖却静静地仔细聆听着，原本紧张的我一下子又如往常一样滔滔不绝起来。讲完回到座位上，郭老师对在下说："你说的不错，从头到尾知道你在说什么，有的人说的东西让人摸不着头脑！"如此肯定的话语，至今绕梁，不绝于耳。 原来以为郭老师会十分严厉，实际上是春风化雨。

当晚晚餐后，本人与郭老师一同在海边散步。 郭老师不仅讲述了他的求学经历，更是耳提面命，教授各种工具书、各学科理论的使用，尤其强调阅读《古文观止》的意义，并提醒在学术研究同时，务必要注意身体健康，随后留下双方的联系方式。 如此推心置腹，心中暖流阵阵。

这是一次受益一生的赐教。 在其教导下，本人不仅坚定不移走自己的学术研究之路，并不断自我完善。 先后以文赴会参加了复旦大学、暨南大学、清华大学、中国人民大学举办的人类学民族学国际、国内学术研讨会，学术职务增加了福建省华侨历史学会会员、中国海洋发展研究会妈祖海洋文化研究会会员，并当选为漳州市政协文史研究员，至今发表学术论文五十余篇，其中就有二十余篇得益于郭教授的赐教。 尤其是杨虔诚信仰，在《上海地方志》（2018 年第 3 期）发表后，进一步深挖精研，至2019 年 3 月发表在《宗教哲学》第 87 期，就在拙文千呼万唤正式出炉后，欲将之电邮敬呈郭老师斧正之际，从郭联志教授口中惊悉恩师仙逝，不禁泪流满面。 随即在微信朋友圈表达哀思。 承蒙厦门大学周建昌老师、闽南师范大学段凌平教授、台湾的谢贵文教授的先后关心，他们在得知本人多次承蒙郭老师不弃后，同样感慨万千。

郭教授！郭老师！恩师！您是如此的亲近可人，如此的高风亮节，如此的无私奉献！我尊敬的郭教授！我亲爱的郭老师！我敬爱的恩师！古人云："一日为师，终身为父！"我爱您！我的师、父！我的祖母同族人，自然更可称之为"父"了！侨属、台属出身的我，早已如沐春风，感受到了通过您带来的学术春风泽被两岸、惠泽海外。本人将不断努力奋进，以报答您的知遇之恩！

作者简介：刘涛，福建省长泰县政协文化文史和学习委员会文史委员。

手口任自由，大圣心中留

◎ 蔡祖锬

厦门知青嘉年华打平伙，600 多人热闹异常。 只是平素寂寞惯了的我，偏居一隅，静静感受着热闹中的那份宁静。 突然，一位体格魁梧戴着黑框眼镜的先生坐到对面，悄悄地和别人说着什么。 细看之下，竟是许久未见的志超兄。

我喜欢听志超兄演讲，那坚柔的声音，夸张的表情，言之有据的话语，往往把你带进美妙的世界，去感悟，去理解，去诠释着人世间的一切。 也喜欢看志超兄的文章。 我曾经发一篇"窗外的小松鼠"随笔给他，想不到他竟然回复了我一篇短文，说："孩童时，就知道松树的果实叫'青柏榴'……想到可爱的松鼠竟吃'青柏榴'，很不解，这东西怎能下咽？ 稍长，和小伙伴爬狮山，看见很多松树，松果青青，个别成熟的，果实的铠甲片片微开，淡黄色的花芯探了出来。 青葡萄我都贪吃，松鼠当然能吃青松果，何况干干净净。 ……十几年前，我到太姥山做田野，福鼎县民宗局请我吃饭，到餐馆看见铁丝笼里有一些松鼠，我请求主人不要点松鼠肉。 这是我第一次看到不是画面里的松鼠，却是在它们将要临刑之际。 几年前，我在厦大理发店旁看见相思树上有'鸟'，仔细一看，是松鼠，两只，毛色褐亮透些微红，跟印象中的灰白毛色的松鼠不一样。 我悄悄地挪近，那小精灵一发现我就闪入茂密的相思树林，林后就是五老峰的马尾松林。 松鼠非鼠，小时就知道松鼠不与老鼠玩，老来更以松鼠为良师益友。"

看着看着，我就发笑了，原来，志超兄壮硕的体格里面，是一颗悲天悯人又充满可爱童趣的心！ 然而，做学问，志超兄一丝不苟。 我一篇不成熟的十万字小说，原本以为身为教授的他随便应付一下便也无可嗔怪，却想不到他竟耗费相当多时间来看，来议，并细致入微地指出诸多不足之处。

比如他说"'4、5岁'应为'四五岁'"。他还加了注：四五岁的四五，是约数，根据语言学权威王力的举例说明：约数的两个数字之间不能用顿号。又比如他说："'狮公'应为'师公'。'师公'是巫师之类的俗称。如果用'老狮公' 意在表闽南音，'老师公' 发音同。同理'猪膏'也可用'猪哥'。另外，'丫倒掉'，按闽南话词典，举、拿闽南话gia，写作'揭'（同揭竿而起的揭）。然而，若要再现小孩发音不准，用'丫' 则可。"甚至连极细微处别人难以察觉的错误，他也不厌其烦地一一指出。

我想，作为不是很熟络的朋友他都能如此热心帮忙，那么，作为他的学生，一定很幸福。最让我敬佩的，便是他的人格。

郭志超是厦门知青，也是厦门大学人类学与民族学系教授。其实，对于教授，我历来不甚好感，不是针对学问，而是人格。一个缺乏独立人格的教授，其学生也必然是奴气与霸气兼备，冰火两重天的双重人格：对比自己强大的人奴颜婢膝极尽讨好之能事，对比自己卑微的人颐指气使霸气十足。

但志超兄不同，他曾引用韩愈的"位卑则足羞，官盛则近谀"抨击当下学风，主张"无贵无贱，无长无少，道之所存，师之所存。"也引用易中天的"确实有人不说人话，……学历越高，他越不说人话。"从志超兄的几首随手写就的短诗，也可看出他的人品与个性。

> 大家论道邃为明，幽默讽言大圣情。
> 浑水念经何体统，几时月朗又风清？

志超兄还特别说明："'大家论道邃为明'，想表达：大家论道（的方式），深入浅出。《说文》：邃，深也。我对格律诗，亦懂亦懵，故任性的我曾调侃道：'律格颠顸循古韵'。太野性了。其实，教授只是某领域很精，其他或可或差。"

> 不要因为雾霾就讨厌蓝天，
> 不要因为虫蛇就远离土地，
> 也不要沉滞猩红而吟唱无悔曲。

是的，社会在进步，作为活了大半辈子的知青们，还能做些什么？

我觉得，做好我们自己，便是对子孙的交代。 保持童真。 人老心不能老，对任何事物都保持着一份稚童般的好奇，去观察，去体会，去发现幸福与光明，让自己多活几十年。 敢讲真话。 有自己独立的思维和见解，不随潮流变化而变化，也不因外界的压力而噤声。 正因为我们经历了上山下乡和"文化大革命"，阅历丰富，饱受苦难，应该对人生对社会更有感悟。 把感悟写出来，便是留给后代最珍贵的礼物。 我又想起了志超兄赠与我的一首小诗：

> 天赋人权秉，手口任自由。
>
> 何忧山嶂险，大圣在心留。

这，不也是他的自我写照么？

作者简介：蔡祖锬，曾做过知青，任职于学校和企业，专业经济师，喜好文学，现已退休。

郭志超教授考察长汀县长桥（即廊桥）桥头民俗（2015 年 8 月 20 日，长汀县策武镇
当坑村）

泛金叠翠长青树
——缅怀厦门大学郭志超老师

◎ 陈莲根

    未曾谋面，一转身，斯人已经走远。 再回眸，泛金叠翠的草坪上，一株粗壮的松树屹立当中。

    2010 年 4 月 16 日，我在厦门植物园拍了一组草地南洋杉照片，我被阳光下闪烁的翠色与金黄震惊了，但找不到固有的四字短语来概括眼前的景色，灵感骤然喷涌，我写下"泛金叠翠"四个字，发到厦门网海峡博客上。 很快"泛金叠翠"这四个字得到郭志超老师的好评："准确、生动而简洁的语言是文字的最高层次。"看到郭老师这"最高层次"的评价，我很激动但还是受宠若惊了，这是我非常敬重的一位教授，能获得郭老师这么高的评价是很荣幸的，更荣幸的是我不需要主动去请求郭老师给予好评。

    因为郭老师的表扬，我再次萌动跟郭老师通话的念头，但是我还是不敢惊动郭老师，他的时间太宝贵了，他的时间不是用来打电话的，他的时间都是用来做学问的，容不得一分一秒的浪费。 行走田野与大地亲密接触，郭老师像一介不语的布衣，稳健地行走在人类历史轨迹上。 他平常不轻易跟人通话，一旦大吼起来必定如雷贯耳。

    2019 年 3 月 24 日，从朱家麟教授的微信图文里，我惊悉厦门大学原人类学研究所所长郭志超教授作古，非常难过。 前几年我与郭教授在电子邮件里有些来往，他曾经问过我："石码港比海澄港优良，为什么当年的月港不是石码。"当时我的注意力不在月港文化上，我只回答他："大概因为石码人文荟萃，石码人温文尔雅不敢走私的缘故吧。"那次我的回答太仓促了，但是郭志超老师的提问，提醒了我对月港文化进行深入研究和思考。 后来我反复实地考察月港一带的地理面貌，开始有了一些对固有思维的反叛，多次想打电话给郭老师，想跟郭老师面对面请教一下月港的一些问题，但是每一次都没敢拨动号码，我怕浪费郭老师宝贵的时间。

郭志超教授曾留给我一个电话号码，他说他做学问很忙一般不接电话，但是如果我打电话他会接的，然而，正是郭志超老师这样一句话让我不敢打扰他。虽然多次想去拜访郭老师，尤其想跟他讨论月港相关问题，但是终究不敢打扰郭老师，没想到一直未与郭老师见面成为我此生一大遗憾。

郭老师告诉我他也是老三届，但小我一届。同是老三届，自然就更惺惺相惜了。郭老师是人类学专家，潜心研究做学问到连电话都不接的老师，我怎敢轻易打扰他？郭老师曾在我的博文里评论说，大道公"无需保鲜"。老师幽默的冷静让我敬仰不已，像郭老师这样潜心做学问的学者是无需保鲜的。

人类足迹，或湮没于沧海桑田里，或随飘散于烟尘中，或被后人的脚印覆盖……在遥远的古村落，在眼前的老街旧巷……一些人默默行走其中，小心翼翼地，重拾、挖掘、整理、擦亮那些看似黯淡无光的足印，用他们细腻的目光，串出一条条闪光的珍珠，让后人从中得到智慧的启迪，这些人就是人类学爱好者和研究者，他们的足迹是人类足迹里璀璨的星光。——献给郭志超教授及所有人类学者！

这些日子，我时不时翻出那几张"泛金叠翠"的照片，这是我怀念郭老师的最独特的方式，我用我独特的方式寻找郭老师，我希望与他见一面。

鹭岛上，有一片泛金叠翠的草地，草地上南洋杉屹立，其中一株尤为奇特，粗壮的干，飞扬的眉，简直就是郭志超老师的写真照，是最最纯粹的知识分子的写真，不求人们瞻仰，却活得洒脱自在，永远扎根在大地上。再回眸，看到泛金叠翠上那株形状奇特的高大杉树，我的内心突然翻动巨浪，郭志超教授就在眼前！

作者简介：陈莲根，龙海一中退休教师，海峡博客博主，名"石码夏荷"。

那只栖息于盐湖水滨的火烈鸟

——忆郭志超与厦门知青文学沙龙

◎ 陈美瑟

在厦门文坛，知青文学沙龙处于一个边缘地带，既没有重檐叠墀盘龙柱，也没有缠楼绕院垂花门。它更像历史长河中某个堰塞湖边上的一小块湿地，温暖，潮湿，毫无章法又无拘无束地开着一朵朵牵牛、洋姜、雏菊和野百合……

我认识郭志超缘于武平大禾的一小块"番薯地"。在厦门知青文学沙龙成立的两年前，即2004年，厦门老三届人生纪实编委会欲出一本名为《我们的亲情》的纪实文集，作为此书的执行副主编，我第一次读到郭志超的千字散文《番薯地里埋忠骨》，旋即被他那鹤立鸡群的优美文笔所吸引。这篇散文用诗一样的笔触讲述了他插队的坪坑农民为剿匪牺牲的七位解放军战士修筑坟墓的故事。"离开坪坑，那番薯园的藤蔓常萦绕在我的心头……""奉献的人们伴随着民族的繁荣而幸福，奉献的精神随着人类的延续而永远。就这一点来说，人类社会很像蜂群社会，又超越了蜂群社会。"

引导成员将视线从匍匐在地上的藤蔓转向明净高远的苍穹，将一幅幅花卉图点染成花鸟画是郭志超对沙龙的一大贡献。厦门知青文学沙龙不设门槛，凡喜欢文学的知青及其子女均可加入。然而喜欢并不等于擅长，所以刚开张时，沙龙里的文学氛围并不浓厚。为了提升沙龙成员的文学水准及品味，创始人谢春池便经常邀请专家来沙龙讲课或座谈。这里的专家，大体指的是这样两种人：一是戴着各级作协会员头衔的作家，二是在高校教书的教授、学者。郭志超属于后者，但他的研究领域是人类学而非文学，在曾来沙龙讲课的诸多中文系教授中便显得有点另类。现在想来，把喜欢文学的人类学家拖进厦门知青文学沙龙，始作俑者应该就是我吧！　事情还得回溯到十年前——2009 年 8 月，沙龙推出 12 名成员的 13 部个人文集，并策划在首发式上，每本书都要请一位专家点评。　由于首发作者众多，每位专家只限发言十分钟。　专家由沙龙统一邀请并分派，但我却选择了了不在邀请名单上的郭志超。　对于我的自作主张，谢春池答应了，郭志超也答应了——尽管他对十分钟的限制颇有微词，认为实在太短不足以阐述《边缘的风景》之美妙。　那天那十分钟，被郭志超用散文诗的手法演绎得流光溢彩。　他说："春池映七彩，美瑟因质材——知青因地绽放的作品，因春池而有波光灵动；琴瑟之音，天籁之美，缘于凤凰所栖的美质。"他还说："感谢美瑟为我们陈述边缘之美，带领我们进行心灵的飞翔。"

在编发了郭志超为沙龙所写的诸多《笔记》《序言》《讲稿》《评论》之后，谢春池有一次对我说："不知你感觉到没有——郭志超的诗文总脱不开飞翔的意境，他所说的所写的东西，无一不长着理想的翅膀。"我说："没错，志超的确喜欢那些带有翅膀的生灵——小到蜜蜂蝴蝶，大到鸿鹄鲲鹏，并带有孩童般的单纯与天真。"舒婷的《真水无香》出版时，郭志超在《厦门晚报》上发表评论说："人间的大智大爱培育于心灵的单纯里，即使是一树一叶，鱼虫花鸟。　正因为单纯，对于理想以及具体诸如文学艺术的追求之心，便能转如灵杰，不黯俗事而保持气质的高雅，枝叶关情并仁爱泽世……"

郭志超的宽厚仁爱很可能跟他的宗教信仰有关。　在沙龙的某次茶叙上，他说："我生在一个基督教家庭，从小人缘就很好……""我尊重每个人的人格，鄙视那种背叛了自己，背叛了记忆的人。""我忠于我自己，忠于我的过去，忠于我的记忆，我就有了一个充实的灵魂。"厦门知青文学沙龙成员的作品大多以非虚构的回忆录为主，他在沙龙里便经常褒扬候鸟对记忆的忠诚。　在《厦门知青文库》的首发式上，他说："候鸟是不会忘记它的迁徙路线的，愿我们都成为不会失忆之鸟，有情之鸟。""当然，记忆的天空并不总是阳光灿烂，也会有风霜雨雪令人生畏，但无论如何不要文过饰非。"在纪念黄美妙救山火牺牲 40 周年的文集里，他坦陈自己要回归雁群是因为"我曾遵循那错望的道途/我踩到荆棘/才知道它不是花朵"。"历史并不终结于我们这一代，"他说："以史为镜，可以知兴替……"

与沙龙其他只述不作的顾问不同，郭志超在沙龙里是又述又作。　他常用诗的形式来点评成员的作品，为他的文史观作背书，同时予交流者启迪与示范。比如，他用《仿七绝》评价已故王伟伟的作品——

> 杭邑苍苍五谷店，鼓岛凄凄梨子园。
>
> 沧海回家常梦里，只缘伟伟有史篇。

在点评和交流中，郭志超也常常把自己摆了进去，以便与作者共情。比如这首《草得回贺叶倍荣新春》——

> 我在武平北，木作又泥水。
>
> 君在武平南，理发走广东。
>
> 中学读四年，数学近满分。
>
> 感叹浩劫里，深山寒叶红。
>
> 叶弟才初一，竟然入英专。
>
> 知识反动时，鸟语鸣鸟笼。
>
> 纷纷乱世里，根扎在石缝。
>
> 芸芸众生中，不可一般同。

以上一句"鸟语鸣鸟笼"亦谐亦庄，将一双学霸的无奈和郁闷表达得淋漓尽致活灵活现。同样的无奈和郁闷亦表现在《感美瑟忆读鸿山》里——

> 五月妖风起，吟歌弦断时。
>
> 读书破万卷，何必绛楼依。

这首五绝附一小注，曰："一中校舍皆红色墙瓦，校长王毅林说：红楼育红人。"

郭志超在厦门一中读书时就是个德智体全面发展的"红"学生。他喜读马克思传记，爱好足球与篮球。"文革"前的高一年级，他参加高三年段的英语竞赛得了第六名。数学也不赖，后在 1977 年恢复高考时，差三分满分。一般说来，数学好的人抽象能力强，几何空间感足，这令他的描绘与叙述极富画面感；加上他性格的颜色偏红，热情似火，开朗乐群，这才有了那场麻雀与火烈鸟的对话——

那是在沙龙成立六周年的 2012 年，我写了一首小诗《废草垛里的麻雀》作为《厦门知青文学报》第 100 期的《感言》："在最近六年里/有几只麻雀/常落在一只废草堆里/叽叽喳喳/寻找着岁月的余谷……"郭志超读了，连夜给我打电话，他说："诗歌创作要有很好的语境，要更多地深入人的内心。你这首写得有点意向，甚至象征，总体来说挺不错了！只是色彩太灰，导致画面过于压抑，和沙龙里乐观向上的气氛不配。"我向他请教："换作您，您会选择什么鸟呢？"他说："我会选择由灰逐渐转红的火烈鸟，摒弃沉闷，边飞边鸣，与大雁类似的叫声此起彼伏——这才是厦门知青文学沙龙的真实写照！"……

自从 3 月下旬在福泽园送走郭志超后，我就一直想以火烈鸟为题写他在沙龙里的屐齿履印，诚以为这对文学沙龙来说很重要，对郭志超本人来说亦很重要，毕竟他在这个文学团体里厮混了那么久，写了那么多学术论文之外的文学作品。然而在这一个多月里我涂涂抹抹，总写不出一个文学的郭志超来。郭志超太强了，才疏学浅的我实在无法准确地呈现其文学才华。那么，还是让我从他留下的文稿里翻翻拣拣，选一首最能表达他气质的诗歌作品来结束本文，这首小诗便是《看〈不老白云山〉封面有感》——

> 不因山色黝黑，就升腾不出白云；
> 不因如岩沉重，理想就不能放飞。
> 与命运的搏击，或被视为天真；
> 怀有蓝天清澈，能在凡间出尘。
> 嘲笑理想，就如睥睨女娲精卫；
> 夸父远逝，却在华夏矗起丰碑！
> ……

作者简介：陈美瑟，厦门鼓浪屿人，工程师、作家（笔名柏玫），厦门知青文学沙龙八位发起人之一。

苍天代我送君行

◎ 陈志铭

郭志超教授仙逝，着实让我大吃一惊。在我印象中，他壮实、开朗、热情，孜孜不倦教书治学，这些都是长寿的重要因素，怎么会说走就走了呢？近些年，不少亲人、良师、好友陆续西去，我的心已渐麻木，但志超的突然离世，还是让我扼腕悲叹。

志超是我高中同班同学志达的胞弟，但我大学毕业前并不认识他。1982年我大学毕业后，每当在报上发表诗作，总能收到他给我的信，信上对我拙作加于评点。这里，我抄一则我1985年7月30日的日记：

> 由于忙，郭志超同志的上封信我一直没有回，但我心里一直惦挂着，想到他家拜访（曾找他一次，不遇）。想不到他没有责怪我没回信，又写了一信来，而且仍兴致勃勃评我的诗："近几个月来，在报上读了你的几首诗，最有印象是《灵魂充满芬芳》。这首诗把美好的想象和深刻的思想溶为一体。先是以柔漫的旋律展示想象，在行云流水的铺叙之后突兀起动魄的浪头！尔后又捎上似刚似柔的尾声。其中'太阳是朵红玫瑰/就在那白衣大褂后珍藏！'是难得的佳句，一句诗有一个不凡的诗眼，就像一道闪电把整首诗的内涵亮给读者，使人难忘……前些时候，记不清在哪里见你写的'万石岩水库'，粗粗的印象是：没有很大功夫的痕迹，像一阵宜人的清风，给人以淡淡的美。诗人自然都会形成自己的风格，而风格应是不变其宗的万变。记得好几年前，在厦门日报读到你写的一首诗，内容记不得了，似乎是写西南小草原什么的，很有音乐美。"

志超的话对我的诗创作是很大的鞭策。

我的诗集《别梦依稀》中有个附录，摘录师友们给我的信函，其中录志超给我的一封信，信中写道：

志铭学友：

欣接白鹭诗集，一口气细读了您的诗作。

无论文坛多远，诗歌于我则是十分亲近的。

歌颂祖国，歌颂人民，歌颂党，歌颂新时代，是我们社会主义诗歌的主旋律，而歌颂人民更是永恒的主题。然而，是不是所有诗人都这么实践着呢？我很有兴致地感受了在您的诗作里通贯着这一主旋律。

几张纸是难于叙述我对"春城飞花"的全部感受的。这里我仅从一些小角度零散地谈谈读后的第一感觉。

……作者对人民的情感蕴涵着对人与人关系的正确理解。《鼓浪屿漫行》在描绘鼓岛时没有局促于景美的常格，而是步入更高层次的情美，并且两者水乳相融……《港仔后浴场抒怀》以歌颂生活拼搏为题，但我们仍然可以透视到诗人对人际关系的正确理解。

……

作者对艺术的感觉极佳，《神奇的植物王国》就是一例：……入微的深情驾驭了艺术感觉，更有震撼灵魂的力量。的确，当我读到这里，我的心确实是被深深打动了。

……

读了《绿》这首，我们明显感觉到作者艺术匠心臻至成熟……

我虽然不太了解诗人的创作道路，但我不困惑淌过繁花绿树的流泉的泉眼。

……

匆此，以后再谈。

志超

1986 年 8 月 6 日

我曾把志超评论我诗作的一篇文章转给一家文学刊物，编辑认为太过随性，太过琐碎而没有采用，志超不以为意，率性为文，率性为人。

有一次志超告诉我，在火车上，有一农民老妇打盹歪到了他身上，他没有躲避，因为他想到我的诗《请把头靠在我的肩上》。

朋友有各种各样：好友、挚友、密友、益友、校友、诗友、棋友、酒肉朋友、狐朋狗友……志超是我的益友，他对我没有任何要求，只因为喜欢我的诗而对我倾诉，鼓励鞭策我，让我受益。

曾经一段很长时间，谢春池组织知青活动，总喜欢请志超发表演讲，志超也总不推辞，他演讲起来眉飞色舞，绘声绘色，语音抑扬顿挫，情感跌宕起伏，总激起一阵又一阵掌声。我想，他给学生上课，大概也是如此。

志超走了，我本应送他最后一程，但我没有去，原因之一是我家已搬离厦门，而我不懂开车。年岁渐老，我也越来越不拘泥于礼节。礼节是给活人看的，逝者并不在乎。

3月25日，角美大雨滂沱。志超益友，相信你谅解我！我只默默流泪，苍天代我送君行。

作者简介：陈志铭，厦门市文化和旅游局退休干部，中国作家协会会员。

"情铸"的思念
——怀念郭志超先生

◎ 高铭全

获悉郭志超先生去世的讣告是在广东大埔参观《三河坝战役纪念馆》时，在老三届同学群里突然看到的，一时惊愕不已！ 2019 年 3 月 5 日厦门 650 名知青重返第二故乡武平时，没见到他的身影，以为他工作繁忙走不开……

《三河坝战役纪念馆》大门左墙上一幅大标语"没有三河坝战役，就没有井冈山会师"。 望着这幅标语，我突然联想："如果没有《情铸玉屏》和《情铸梁野》这两本书的编辑出版，我也不可能结识郭志超先生。"

《情铸玉屏》这本书稿送郭志超先生审看时，他几乎对每一篇文章都做了点评，他写的《跋——源远流长话玉屏》一文，就收录在《情铸玉屏》这本书里，文章中点评、摘引我写的文章段落就有四五次，我感慨先生是厦大的博士生导师，对我们老三届同学写的这些文章居然这么用心地阅读、点评并写成《跋》，对我们老三届同学来说是莫大的关爱和荣幸！《情铸玉屏》的首发式上，郭志超先生到会，作了精彩的演讲，我始认识了先生。

一年后，《情铸梁野》一书的首发式在武平举行时，郭志超先生也和我们一起到武平。 会后组织大家到中山百姓众祠参观，下车后我先离开到临近的中山中学，去拜访昔日代课过的学校。 先生知道我去学校的缘故后，特地为我写了一篇《两个五中》的文章，把我对母校厦门五中和代课过的原武平五中（现在的中山中学）的情感描写得淋漓尽致，先生几乎把我身心感受的话都替我写出来了……

2019 年 3 月 5 日的《山海缘，武平行》郭志超先生没有参加，我以为是先生的一次偶然缺席，没想到不久郭志超先生竟驾鹤西去，再也没机会领略先生抑扬顿挫、声情并茂的演讲和爽朗的笑声……郭志超先生留给厦门五中老三届的《跋》、留给我的《两个五中》将永远铭刻在我的心中！

郭志超先生，感恩您的点评、感恩您写的《跋》和《两个五中》！

"情铸"的思念，我们会一再重温您留下的《跋》，留下的所有和我们在一起的美好记忆！

作者简介：高铭全，厦门第二制药厂退休干部。

念着志超兄

◎ 胡明宜

    2019 年 3 月 23 日傍晚，我儿子下班一进门，就打开手机的微信群页面给我看，那是朱家麟老师发的："郭志超兄十数年来从厦大人类学博物馆老榕树下移植逾千株小榕插播于校内外，盛夏更负水上五老峰各处浇灌，其大者如斯。哀碧荫郁郁，斯人竟已作古。"下面附带一张榕树的照片。标注的时间是下午 5 点 03 分。看这突如其来的噩耗，我实在不敢相信，随即打电话找老同学曾华群（曾与志超兄同是 1977 级历史系同学，后任法学院院长）核实。曾在电话里回复："不清楚啊"。当晚，儿子告诉我核实后的消息，我的心情格外沉重。

    认识志超兄始于 2009 年参加厦门知青文学沙龙的活动，但彼时尚无交流。2011 年冬，我随同厦门知青团队前往上杭，在参观才溪乡红军纪念馆时，志超兄笑着邀我与黄祖希三人合影留念，这是我们的首次面谈。

    2014 年 9 月 27 日上午，我的文集《心中的圣山》在思明区图书馆举行首发式，志超兄先用讲座《万书皆备于我》开场，郭大教授的捧场，让我倍感温馨与感激。会后向他握手致谢时，深感他手劲的力度，深知这是他对我的鼓舞与赞许。过了数日，我在家中阅读《厦门晚报》，看到登载了志超兄对我文集的书评，他列举我书中的几处自述，评价很高，此事让我对志超兄愈加崇敬。又过了数天，我乘坐公交车回家，与志超兄车上偶遇，他像老朋友似的搭着我的肩膀，说道："明宜啊，我从你的书里看到你这个人，真合我，我是学过五祖拳的人，你真合我的味。"我深知他的话不是"清采讲讲"（厦门话"随便讲讲"），是把我作为可交往的朋友而言，心中甚是感激。之前我从老同学曾华群那儿证实，志超兄很有个性，不使用电话和手机与他人联系，都是用电子邮件联络，因而当天在车上也就没向他讨要电话号码。 华群兄还告诉我，在厦大，郭教授的课学生们特喜欢听，其演讲有声有色，引人入胜。 我听过他在知青活动上的几次演讲，确实如此，受益匪浅。

2015 年 8 月，厦门市老三届初一年级同学准备编辑《永远的初一》，纪念我辈进校 50 周年及短暂的中学时光，我领受负责收集、修正征文稿件的任务。 志超兄得知此事，很快就在 9 月 14 日连续给我发来两个"电邮"。 其一，是看过我和张心国（我的中学同学，是志超兄 1977 级历史系的同学）的文稿，他写道："劫波渡尽皆兄弟，直呼其名才心近。 你和张心国提到的阿伯最让我心动。"此"阿伯"系当年厦门八中的校工"阿财伯"。 其二，是一篇他自己的文稿《顺风扬帆忆初一》，并附上了他的个人照片，稿件的末了还加了一行字"1968 届初中一年级的故事，我急待分享"。 阅读完这位学长的文稿，亲切感油然而生。 这是我与他的首次"电邮"。 他还在"电邮"上交代我："目录排序，非初中 1968 届的排后。 老大哥压轴，位置实显。"

11 月 25 日，他又发给我来邮件，写道："与明宜弟相互学习。 周日已通过彩伟给你们初一文集薄捐一千元，不成敬意。"老大哥的慷慨解囊，对初一年学弟们出书之举的厚爱倍至，让我十分的感慨。 遗憾的是，12 月份《永远的初一》出版，没有登载志超兄的那篇好文（因非初一年级的都不登载），但文集后页登载的"资助本书刊印的捐款人芳名"里，志超兄列在榜首。 该书首发式志超兄因有事没出席，他用"电邮"交代我，托与会的曾华群带回一本给他，我照办了。 他在此书出版后，12 月 14 日还发来一段鼓励的话语：

> 才 1968 届初中，我却视为同级。这两位就是明宜和心国。心国的《永远的初一》文的写作心态，无羁无伴，把自己放飞到当年。我不能及。还没到上学就背书包的伪学生照，聚焦着强烈的性格特征，（注：志超兄此处指的是我学龄前的一张照片）我也同你。感念明宜，不用回复。

我与志超兄开始有了"电邮"往来后，2016 年初，他因故另取途径，多次通过"电邮"转发他的文稿给我，托我转发给"厦门知青网"登载，我理所当然的成了他可信的"二传手"。 之后，他也几次与我交流我的闽南方言写作文稿之事。 其中有一则是 8 月 11 日写的：

明宜:感念挂意。近期就想着在五中与武平合出《梦萦武平》后,带此新书给你并取《大返乡》。《做团仔时阵》一文(注:志超兄此处是指我的文章)让我温馨不已。掩呼鸡,走未离,是我学文的最早起点。但有的一直似懂非懂,像"走未离",我以为是跑了一种叫 me li 的,原来,竟这么简单明了。那些编童谣的,是机智的草根文人。有的句子,看起来是为了押韵,其实是妙趣横生。

他在 10 月 19 日的"电邮"里讲道:"研究,包括采矿(资料)和冶炼(著述)。 我有一本方文图《厦门路路通》,拟复印给你。 我的动作像蠕虫,要有耐心。 蠕虫隐形着燕子……"我明白他的意思,感恩他的热心指点。 10 月 17 日,志超兄发来"电邮",里头仅一句话:"明宜我要争取有个机会到你处。"大教授光临,真是太抬举我了,心中十分愉悦。 31日,志超兄在"电邮"里确定了过天来我家的时间,我兴奋的立马回复"OK"。 记得那天下午我到思明区政府大门口处(相约地点)迎候,他还背来一袋书要送我。 在家中茶叙,我们无话不说,忘年之交如同挚友,此场景乃深印在我的脑海里。

2017 年 1 月 29 日,志超兄来"电邮",与我约定初五下午到我家来。我知他好喝茶,于是好茶恭候,交谈甚久,他向我讲述了一些做田野调查的事,我深受启发。 3 月 23 日,他在"电邮"里告诉我:近期看 35 套北京台"养生堂"。 专家说:贝壳类、草酸类,容易引起体内结晶。 就是喝浓茶、咖啡也会。 所闻与你分享。 8 月 18 日,志超兄又在"电邮"里发来了关怀备至的话语:"明宜弟:居安思危。 注意保重! 社会工作,只是附带。"多么温馨的两则邮件,知我者,志超兄也! 因他了解我有旧疾在身,不宜过劳,要注意饮食。

10 月 3 日,他发来的"电邮",是对我的闽南方言诗词作品《阮去老街趄一趄》的评述,他说:

胡兄:阮去旧街趄一趄,就是撇去内容,单默念,就已趣味横生! 日常厦门话,不可能这么艺术,这么文学化。我突然发现。这首诗歌可以表演作答嘴鼓! 再者,"你若有闲听我说"的"说",用泉州话发音,营造出大闽南的氛围。此外,"你若有闲听我说"是单句,"……安麽呃啰诚松势"是双句,这启发我在诗歌的创作中,在单句内容太密集的情况下,可以拆作两句。反之,亦可。个别句,凭记忆而不准确。

得到这位闽南文化专家的鼓励，我在闽南方言文学作品的创作劲头更足了。

2019 年 1 月 29 日，志超兄对我儿子发现摩崖石刻"高山仰止"一事的回复，竟然成了我们"电邮"交谈的绝笔。之前 1 月 24 日，我曾邀请他来为"闽南方言沙龙"做闽南文化学术讲座，他于 27 日即回复告诉我近期都忙于为晋江做古籍整理，故无法来。我一直期待着志超兄能来一场别开生面的演讲……

回放近几年与志超兄的一些"电邮"，回顾与他交往的点滴，心中更是悲伤。这位备受我崇敬的学长、大哥，就这样过早的离去，太可惜了！愿兄长在天堂自由自在，无忧无虑。

作者简介：胡明宜，厦门市桦煜进出口有限公司副总经理，厦门市闽南文化研究会副会长。

人生有善缘
——记郭志超教授对一个草根学者的扶持

◎ 李启宇

　　我是 2019 年 3 月 25 日下午才从一位朋友处得知志超教授仙逝的，错过了最后见他一面的机会。这成为我学术生涯中难以消除的遗憾之一。

　　按照志超教授生前的话，我和他有多重缘分：都是厦门一中的学生，都下过乡，都在做历史研究；按照我个人的想法，我虽然比他痴长一岁，但他是学术大师，我只是个地方史的爱好者，撑大了勉强算个草根学者，他永远是我的老师，但我和他确实有些缘分。

　　我第一次见到志超教授应该是在 2003 年暮春。当时福建省历史学会在武夷山市举办一次学术活动，我因为同事叶赛梅的推荐，得以躬逢盛会。但到会后我就有点难受了：与会者都是学院派的教授、专家级的研究员，我则是白丁一个；会上的发言以及会前会后的闲谈，几乎离不开学派、院系、导师、学长、学弟，我则是孤家寡人。会议最后半天安排游览观音岩，一行人有说有笑，我却有点郁郁寡欢，一个人尾随在队伍后头。

　　不知不觉之间，我发现身边多了一个伙伴。他自我介绍，他是厦大的，姓郭，叫他郭老师就可以了。我也说了自己所在的单位、所做的工作。当时，我正纠结于厦门地方史中明末清初究竟是"对抗性的开放"还是"军事割据"的探讨，我请教郭老师道：我做地方史研究一半是受到本职工作影响，一半是因为个人兴趣，但因为没有受过正规的学术训练，遇到难题时经常感到力不从心。他笑着说："不要把学术训练看得太神秘，历史学所有的学术训练就是教你怎样把史料做到实处。"

　　说话间，来到一截山寨寨墙遗址处，郭老师说："这个地方不错，我给你照张相吧。"当时的数码照相技术没有现在成熟，拍照后还要洗成照片，有点麻烦。我觉得刚刚认识一个人，而且是大学教授，不好意思麻烦人家，便推辞说："我不喜欢照相。"郭老师一下子看穿我的心思，一边把我往寨墙推，一边说道："今天能在这里相处，是我们之间的一种缘分，你不要尽说些客气话。"

从武夷山回到厦门不久，我就收到郭老师帮我拍的照片。说实在话，我至今还是想不起来，郭老师是通过什么渠道把照片送到我手中的。拍照那天是阴天，照片的画面有点迷茫。但是，郭老师当天说的"历史学所有的学术训练就是教你怎样把史料做到实处"，这句话却始终清晰地铭刻在我的脑子里。

五年之后，我向厦门市社会科学联合会申请资助出版《厦门史略》，按照规定，必须有两个具有高级职称的专家推荐。我请高中的同学、时任厦门大学图书馆馆长陈明光教授帮忙。陈明光教授约请的推荐人之一便是志超教授——原厦门大学人类学研究所所长、博士生导师。说实在话，听到这一消息之后，在受宠若惊之时，我还有点隐隐约约的担忧，生怕我这个没有进过正规全日制大学的草根学者的文字进不了学院派大学者的法眼。

两个星期之后，我从陈明光教授处拿到了推荐表，志超教授的推荐意见远远超出我的期望：

> 1996 年和 2007 年厦门先后出版专题性的"厦门文化丛书"和"厦门文史丛书"，而作为厦门历史的著述，除了 1980 年代初陈孔立《厦门史话》这本小册子露出端倪外，至今阙如。李启宇编著的《厦门史略》正是补缺之作。这本书稿从远古写到 20 世纪末，使这本可资政益教的史著一扫尘封的古董气。这本书稿将厦门的历史叙述主要放置于明清以后晚期中华帝国动荡的历程，放置在东西方碰撞和交融的全球性视野，从而点明了华夏边缘的海隅之岛的海洋文明成长的文化特质，点明了这一海港城市崛起于中西经济文化两大板块的迎挤之中这一历史特点。该书稿叙事准确有据，史识精辟沉稳，尤其可贵的是，行文畅达生动，令人读之不忍释卷。鉴于上述，本人对李启宇《厦门史略》申报资助出版予以支持，并从学术的角度予以推荐。

这短短三百余字的洋溢的一个学院派著名专家对草根作者的热情和扶持，令我热泪盈眶。但直至此时，我竟然还是没有把志超教授和当年在武夷山观音岩有过一次邂逅的郭老师联系在一起。

《厦门史略》（2007 年厦门社科丛书，福建人民出版社 2008 年 6 月版）出版后，志超教授打破平素从不参与应酬的习惯，俯允见我一次。两人会面之时，几乎同时脱口而出："原来是你哟！"看来，在冥冥之中，我和志超教授确实有一种特殊的缘分。

第二次见面之时，我在对志超教授的推荐表示感谢之时，如实说道："我自己感觉没有他在推荐意见中所赞扬的那么好，有些理念甚至连想都没有想到过。"志超教授说道："没想到就对了。 做历史主要就是把史料作实，理念是别人看你的历史研究想出来的。"我告诉志超教授，他当年在武夷山告诉我的"历史学所有的学术训练就是教你怎样把史料做到实处"的话我一直记着，这些年就是按照"把史料做到实处"的原则来写东西的。 志超教授哈哈大笑："我的话算不了什么。 你能把史料做实就会出成果的。"

我能感觉到，志超教授一直在关心着我。 我在报刊上发表些地方文史的作品，他好几次通过编辑给我传话，鼓励我。 有时候还通过邮箱发送一两句奖掖、勉励的话语。 近些年来我有什么专著出版，总要托人转呈志超教授指正。 2017 年，北京一家文化公司答应资助出版我的《厦门史略》修订本，我原本打算排版完成之后请志超教授做个序。 由于情况变化，资助出版该书的计划几次推后，至今尚未有进展，而志超教授竟然先此而去，留下永久的遗憾。

诗曰：哲人离去，托体山阿。 三月喑思，百年难磨。 哲人不死，情溢山河。 懿行嘉言，春风惠我。

志超教授，再见了！

作者简介：李启宇，厦门地方志和文史工作者。

心灵相通的和声

◎ 林金针

2019 年 3 月 24 日早上，我按日常的习惯，到人民会堂广场参加晨练：打打太极拳，跳跳交谊舞。然后汗水微涔地回到家里，一进家门，喝了几口温开水，就习惯性的翻一翻当天的《厦门日报》，看见一条框着黑边的讣告："厦门大学退休干部、人类学研究所原所长……教授郭志超"几个黑字映入眼帘，我大吃一惊：郭教授，我这位厦门一中的学弟，身体"勇铿铿"（闽南话：身体硕壮）怎么突然驾鹤西去！？ 我想起 3 月 9 日他发来的一首短诗："仰羡诗的翎羽，仅凭身轻毛茸，也能短距飞翔。餐风饮露，树洞隐藏。 没有硕鼠的胜利，却赢得心中天堂。"痛哉斯人！你已化羽飞翔，飞向"心中天堂。"

我和志超虽是同一中学的老三届，但各处不同年段，我高三，他高一，说起来是素昧平生，在这几年知青文化沙龙的活动中，才有了交集，有了接触，知晓彼此，他客气地称我是他一中的学长——教授的学长，让我都有点飘飘然了！ 陡添了亲近感，又都有过知青的经历，由此拥有更多的共同语言，彼此无所不谈。

记得 2015 年 9 月 17 日上午，在五通灯塔公园的厦门抗战死难者纪念碑下，举办一场纪念抗战胜利七十周年的活动，雨水突至，我忙将我的塑料雨衣脱下，披到志超的身上，他精神矍铄，走向前台，以历史学者的深沉与渊博，控诉当年日本兵登陆厦门，对国人的残酷屠杀。 他的发言昂扬顿挫，句句铿锵；吁请大家：前事不忘，后事之师，要发奋图强，方能立于世界民族之林。

有一次文化沙龙活动里，主持人因某事批评一位女文人，越说越激动，越激动话就越多，郭志超开口叫停，但主持人意犹未尽，继续咄咄逼人。 志超讲道：退休了，逍遥日子不过，来这儿受窝囊气！ 起身拂袖而去。 这位老兄看来还是一位刚直不阿的文人。

郭志超在一次讨论知青创作的文学作品中，谈起上杭南阳射山知青钱培青刚发表的《白云札记》："有很多让我们仰望的地方，你在我心中就是射山知青的代表。 我见到你，会像老鼠一样，无处遁形，因为我刚刚上山下乡时，我有点看不起农民，把门关得紧紧的。 射山知青他们不因时代环境的恶劣而自暴自弃，他们相信只要是在祖国的土地上，都可以把自己培养成好的人才。 陈志铭有一首诗就是表达了这个意思。 不能怎么都怪，怪天怪地怪人怪自己。 在任何社会，我们也会有真诚的友谊，不能因为上山下乡受苦，就什么都否定，过去并不是一无是处。 我把钱培青当成学习的榜样。 人应当有仰慕的时候，我们对美就会有敏感，就会发现美、享受美。"本地作家谢春池接着说："志超不管谈历史，谈美学，都充满诗情，这是很多人缺乏的。"谢春池的发言引发我强烈的共鸣：郭志超待人像一团火，让人感到无比温馨；讲起话来，不摆架子，出口成章，口吐莲花；时而激情澎湃，激扬文字；时而美言佳句，如诗如歌，令人心灵颤动。 他的为人做事很有特色，很有过人之处。

我们是上山下乡到上杭县南阳射山的一群厦门知青，在 2016 年底出版了一本书，名叫《不老白云山》，发行后我电话告诉他，要送一本给他。 他说：我因有事没参加你们的发行座谈会，但文友胡明宜已带一本给我。 我正在认真观看，觉得你们写得挺好的，我要写几篇文章予以评论。 没过几天，他发来一首诗：

> 题《不老白云山》封面：不因山色黝黑，就升腾不出白云\不因如岩沉重，理想就不能放飞\与其愁怨寒冬，不如就冰水淬火\没五月玫瑰，冻红的叶也能如花\可以作俑等待，浩劫的岁月\更应燃起炭火，温暖出春天\与命定的搏击，或被视为天真\怀有蓝天澄澈，便在凡间出尘\冷嘲理想，犹如睥睨女娲精卫/夸父远逝，却在华夏矗起丰碑。

过了几天，志超从邮箱发来一则短文："金针兄：《不老白云山》的内容很丰富，就万炬这一文，含蕴理工科的科学实验观察的方法：客观、细致、准确。 说来简单，但没有几人清楚。 万炬当年观察水稻的生长，就是这么认真细致，甚至入微。 金针兄长，老神在在（闽南话"泰然自若，气定神闲"之意，编者注），小诸葛似地向正在射山桥竣工兴头上的县领导提一个金点子，开启一个白云传奇。 知青耕山队后来在上杭，继而在武平复制，多取得成效。"

　　射山老知青结识郭先生，是偶遇，是缘分，更是幸运，相识不久，却一见如故，心灵相通，交融和声。 他思维敏捷，实为快手，几天一篇，不断从邮箱发文，先后收到《追逐太阳的心不会孤单》《白云山的魅力》《记忆衍生着现实》《填补缺憾第一文》《走近射山知青》《印象张红》；他还继续在邮箱里与我和万炬文章往来，探索知青下乡的经验与教训，未来的历史定位，闽西的民风民俗，等等。 热情洋溢地、多方面肯定和佩服我们下乡团结一心、艰苦奋斗，磨炼成长的经历。 有一次他来和我们一起在万石岩植物园泡茶聊天，他说：我是当过木工，不怕吃苦，若是下乡在射山，我也一定会参加你们的白云山耕山队。

　　当他得悉 2018 年春节，女知青洪美丽携带全家到射山村过年，大为称赞，特发来一首发人深省的诗：

射山情结

故乡,谁也能说。

春节在那里过,

哪里就是家。

家是故乡的根,

即使是曾经的家。

盘根虽老,

逢春发芽。

重读《不老白云山》,

感觉着云的纯洁,

感觉着山的葱郁。

——郭志超

作者简介:林金针,原上杭县南阳公社射山大队知青,已退休。

对这颗不凡之心，我唯有敬意

◎ 林应福

一

"郭志超教授走了！"这几个字传入我的耳内，心便一"惊"！当时我的心脏确实猛跳了一下。通常"惊闻某某某"未必有惊的感觉，这次是真的"惊"了。这么一个念亲情惦友情的人，怎么说走就走了呢？这么一颗刚毅不凡的心，怎么说停就停了呢？

倚窗而望，眼前阴沉沉的，心无以安，手足无所为，唯口中感叹又感叹。不知过了多久，才回过神来，理性地思考起如何参与祭奠郭教授的事宜来。

3月24日上午，我赶到负责料理郭教授后事的董教授家里，通过他夫人向郭教授家属转达了我们福安一中1967届全体百位同学沉痛哀悼之情，并表达对郭教授生前给我们极大帮助的诚挚谢意。下午，我联系上杨金柱，他已从深圳赶回厦门，住到了女儿家。约了刘冰芬一起到厦门北站，接上从福安赶来的陈佑年、林善香、阮翔飞等几位同学，安排他们住在了自己家里，以便议事，方便参加追悼仪式。

25日上午，人们乘车从四面八方涌向集美福泽园思义厅。我们几位同学也早早来到了这里。花圈，真多；来人，真多。刘守教授说，曾有副校长去世，也没有这么多人。厦门本地来的很多，外地来的也不少。郭教授的一批批学生都是从千里之外飞来。因文结情而来的，有我们，还有晋江民俗学会的一大群。人们聚在一起，只表情凝重地交流着郭教授的"好"，并没有哭泣。而天下着雨，哗啦啦的雨，一直不停。也许是苍天代表人们在哭泣。 当我迈着沉重的步伐走进灵堂的时候，理性中，是要悼别郭教授了。 而在情感上，似乎又被郭教授所约见，又要听他侃侃而谈，绵绵交心。 然而，灵柩中，那端庄的仰卧身姿，不再跃动的平静的脸部肌肉都告诉我，再也看不到他丰富的表情，再也感受不到他发自心灵的声音了。 那一颗不凡的心真的歇息了。

等候仪式之时被告知，所有奠仪都不收。 我们理解，这是郭教授遗风。"将钱用于相关的纪念事宜吧。"主事的董教授说："用于出纪念册，出书?"好! 我们的一点心意能向他那颗不凡之心表达谢意和敬意就是很好的安排。

仪式结束，雨慢慢小了。 渐渐地，渐渐地，天朗气清，我便在朗朗晴空下，回眸那颗铭刻在我心底的不凡之心。

二

在过去短短的三年时间内，从闻名识人到接触交往，我对郭教授的一颗不凡之心慢慢地深识着。

我们整届百位同学，除了蓝炯熹，没人曾与郭教授相识。 只是在2016年间，讨论如何提升我们毕业50周年纪念文集的档次时，蓝炯熹愿以朋友之谊请郭志超教授作序。 从此，大家才知道，大名鼎鼎的厦大人类学知名教授郭志超，才知道郭志超教授欣然同意为《七宗档》作评述，而且将以带病身躯，为我们竭尽心力写一篇大文章。 郭教授在与蓝炯熹沟通的信函中表示："劫后余生的群像，历史生息的撷取，1967届三个班级的聚众，比任何个人的经历更具有历史说服力和价值。""在凋零危机四伏之际，留下一个群体的历史记忆，无异是一次转瞬即逝的文化抢救，这就是《七宗档》的价值。""在综览后写出概括性的感议、本人的专业学养和同样经历应奉为回馈社会的有限机会。"

天哪，这是一个怎样的心灵，对我们老三届有如此高度的历史认知。一个厦大人类学的教授、博士生导师，有多少学问的繁冗文字工作在身，竟以带病之身，披阅我们73人所写的226个篇章的110多万字，而且要从我们那内容浩繁的篇章中，进行辨析筛选，分门别类，进行综述，多不容易呀。 郭教授原设想写15000字，当写下1万字时，因身体原因，暂时搁笔。 我们让他就此收笔，以保重身体为要。 可他说："因恙不仅造成身体的变化，也产生心理上不可思议的变化"，但"允即欠"，"不写出如同足月之孕难受，更对不起撰文的同学"。 这又是何等不凡的心态！ 他与病魔抗争，继续奋笔劳耕，从人类学的高空认识我们的"小历史"对"大历史"的构成，最后著就了 23000 多字的宏大篇章——《自己的故事：共同的记忆》。 说实话，我们几位作为《七宗档》编写的组织者，尚且无力通阅全卷，郭教授呀，你以"同龄人的责任""守着真诚"，承受了何等超乎寻常的天量工作啊！ 就这样从初识到熟悉，我记下了这么一颗不凡的心。

三

更可贵的是，郭教授劳而不获。 炯熹告诉他，我们要给他稿费。 但他两次回复："不用报酬、责无旁贷。""拙序义务，不要谈酬。"舍命工作，不用报酬？ 我们这些"老三届"人何以安心？ 同学们便让在厦的我与刘冰芬一起登门面谢。

2018 年 5 月 5 日下午，我和刘冰芬便来到了厦门大学西村，拜访郭教授，向他表达为《七宗档》倾心写序的诚挚谢意。 而我们，是在大家"为能进郭教授家门"作了大功课后，才前往的呀。 据说，在厦大，郭教授拒客是有名的。 除了工作，除了在办公室，他一般不和人来往，更不让人到家里去。 不是邻居，几乎没人知道郭教授家住何楼何室，就是知道的也不敢告诉他人。 他是不轻易接电话的，连蓝炯熹也只能通过他夫人的电话转接。 所以，我们没得知道郭教授的居所。 我原本信心满满，以为通过厦大经济学院的工作人员了解，肯定包中。 人家设想通过送书方式获取教授住处，可也被拒。 电话中郭教授只说"放我办公室吧。"一句话让你无奈了。 还好，通过多管道行动，终有一路突破。 以不说来源的承诺，获得了郭教授厦大西村的具体楼号。

我和刘冰芬是幸运的。 电话接通，报上蓝炯熹的名字，报上我们的姓名，郭教授只说："知道，好，来吧。"我们顺畅进楼，郭教授和夫人热情接待了我们。"林应福，你写的……""哦，刘冰芬，你写你妈妈……"郭教授对我们两位虽未曾谋面，却将名字和所写文章内容记得非常清晰。 令人叹服哪！ 是记忆超人，更是用心不凡！ 郭教授以香茗招待我们，他一面熟练而快捷地煮水、泡茶、斟杯，一面和我们一见如故地畅谈起了

《七宗档》和人生的许多话题。 他的言语有力度有温度，他的表情丰富而鲜明，连合影都给我们留下美美的亲和与浓浓的友善。 可是，当我们拿出红包表达谢意的时候，他满脸笑意顿然消失。 肃然而言："不，决不说钱。 说了就俗了。 这是同龄人的义务。"我们二人再三辩说也无奈他何。"你们逼我收下了，我还要叫我老婆转到蓝炯熹的卡上去。"他夫人也帮腔道："别麻烦我了。""收起来，别再说了！"其态度之决绝，不容置辩。 带病劳作，劳累至甚，分毫不获，其品格之高尚，心灵之不凡，谁人堪比！ 我在心中铭记下了这么一颗不凡之心。

四

有了上次的坦诚和一见如故，我和郭教授就有了些邮件往来，就敢再踏他的家门了。 2018 年 12 月 1 日上午，我又敲开了郭教授的家门。 郭教授以老朋友的亲切与热情迎接我入室，还随和体贴告知不用换鞋。 我向教授呈上自己的拙作《流泉小水花》，教授很高兴地接过书，随手翻起来。"很好，很好。 值得珍惜。"我忙说："在你教授面前，我这是小玩意儿。""哪里，都一样。 实话告诉你，我会读一些篇章，但不可能全部读完。 啊？ 你也写现代诗。 我曾经有两首现代诗在厦大得奖，被称为现代诗人。 哈哈哈。"接着，教授还是煮水泡茶，说："今天有好茶，肉桂。"喝茶中，话题又散发开来了。 还记得他说的印象最为深刻的话："我去过宁德、福安好多次。 对那里有特殊的感情。 因为那里和厦门有共同点，厦门纪念郑成功，那里纪念戚继光，有戚光饼。"不愧是人类学的大教授，对社会研究深透，还将研究成果，融于思想，践于行为，其心不凡。 我在心灵深处铭刻下了那颗品格圣洁至诚，饱含深邃智慧的不凡之心。

对这颗不凡之心，我唯有敬意！

作者简介：林应福，宁德市退休教育工作者。

郭志超教授在纪念《告诉后代》发行15周年座谈会上激情澎湃地讲话(2014年12月27日,厦门市思明图书馆)

雨哭送君归

◎ 卢礼明

小 序

厦门大学人类学教授、博导，挚友郭志超，与吾同下乡，共挖煤，一道喜文好诗，时常诗书往来。其曾拨冗为吾诗集作序，谁料前日病逝。愁云痛我无诗伴，哭雨悲君一路归，吾怆然令笔：

> 同诗怀鹭岛，共镐怨云屏。
>
> 不尽寒窗语，无边剪烛馨。
>
> 哪堪人久病，谁料友长暝。
>
> 化雨东风断，著书西席停。
>
> 世间匆似客，天上寂如星。
>
> 悲雨送君去，归西自合灵！

注释：

1.云屏：指云屏山，即邵武煤矿一号井之所在。

2.合灵：即与神灵相合。语出晋成公绥《琵琶赋》："若夫盘图合灵，太极形也。三材片合，两仪生也。"

作者简介：卢礼明，工程师，曾任职于厦门湖里区人事劳动局。

深切怀念郭志超教授

◎ 苏文木

我是从郑启五先生为群主的"海博老友"微信群里得知郭志超教授仙逝的消息的，大吃一惊，内心里不愿相信，还给郑启五先生的微信发去询问。终究从朋友圈多位友人转发的消息中确认这令人悲伤的噩耗。我本就深深敬重郭志超教授，虽然与郭志超教授的直接交往不是很多，但是他其实一直在我的心里有很重要的位置。

古话说：君子之交淡如水。我与郭志超教授的交往也大致是居于精神方面，其中并无现实利益的往来。很多年以前我本是郭教授儿子的中学语文老师。但是，那时的郭教授钻研学问开展工作也是繁忙得很，所以我与他并未有记忆深刻的交集。2008 年我在厦门网"海峡博客"区开设了个人博客，把它作为我个人精神活动的投影，一时间写得不亦乐乎，也结识了一批博友。我的博文在博客贴出后，都会注意别人的留言或评论。郭志超教授就是因为抽空在海峡博客区多位博客（包括我）的帖子留下评论而被我注意到的。于是我想起教师作家陈金山老师曾经告诉过我，郭志超是他的朋友，是一位很有水平很值得交往的友人。

我知道郭志超教授平时忙于研究知识与学问，所以一般是不接非工作电话的，一般也不接待友人上门。也许他把在博客帖子下留言作为与现实世界对接的一种方式。他是有智慧与学问的学者，在他人的博文下留言也多是见解深刻、表达简练，加之他的学术成就，所以成为多位知名草根博主心中仰慕的人，我也是其中一位。2010 年 3 月，郭志超教授送我他的学术著作《畲族文化述论》等二本，这也是郭教授对我的信任，令我感动。遗憾的是其中一本我读过之后找不到了。大致是 2010 年 1 月 13 日下午，我们一群博友与郭志超教授约好到厦大人类学博物馆见面，他亲自为我们做了馆史与馆藏的生动介绍，之后还热情招待我们博友一餐。那天我与郭志超教授有深度接触，对他的感受特别深，印象特别好。 第二天，我写了《心中亮堂的感觉》这篇博文贴出来，题目有点土，其实就是真实的感觉。 大致在 2010 年 7 月 11 日下午，我们一群博友与郭志超教授约好一起到武术之乡厦门海沧新垵村去访问，一路同行。 郭志超教授谈兴大发，对于武术议论颇多。 作为市武术协会常务理事的我，听了郭教授的宏论，也觉得跳出技术动作来看武术是一种精神享受。 也是在第二天，我写了下面的第二篇《武术之乡新垵行——思考武术与民族魂魄》贴出来。 因为当年海峡博客时有网络流氓出没，每每恶语脏言伤人，听说郭志超教授因在博客留言评论也被网络流氓攻击过，所以我在博文中都只写"郭教授"，而未写其名字，但熟悉的博友们都知道我写的是谁。

得知郭超教授仙逝后，心里在震惊与难过之余，通过手机到我离开已经 3 年的海峡博客，慢慢翻阅，把这 2 篇为郭志超教授而写的博文复制下来，作为我对郭志超教授的深深的怀念。 愿郭志超教授在天之灵永远安息！ 郭志超教授永远活在我们心里！

作者简介：苏文木，厦门市教育科学研究院退休，中学高级教师，厦门市教育科学研究院原中小学教育科研指导中心负责人，《厦门教育》杂志原执行副主编。

篮球健儿郭志超

◎ 许东红

　　1971年间，我从上山下乡的顺昌县，招工到福建生产建设兵团一师七团（农业团），成为一名农垦战士。所在的七团二连，位于龙岩市北郊青草盂。同连队有一位英俊青年，面容清秀，体格健壮，时常面带微笑，举止文质彬彬。经打听，他叫郭志超，原是中学名校厦门一中的高材生，从插队的闽西边远山区武平县而来。

　　建设兵团实行军事化管理，生活较为艰苦，娱乐和体育活动都很贫乏。因地制宜的一项运动，为连队年轻人所爱好，这就是篮球。每当劳作之余，简陋的球场上便十分热闹，摆开阵势，友好比赛，拼抢对抗，你来我往，在竞技中锻炼体魄，在配合中增进友谊，在奔跑中发现快乐，在赢球中收获喜悦。篮球场上，身心得以放松，个性尽情释放，虽汗水挥洒，却酣畅淋漓，青春自由地张扬。

　　球场上，少不了志超的身影。他的球艺精湛：稳健的运球、敏捷的过人、灵活的传球、精准的投篮，赢得战友们的交口称赞。志超有一手绝活，带球过人后三步上篮，如坦克冲锋一般，冲击力极强，命中率极高。他很快成为连队篮球的主力队员、球场上的骁将。共同的爱好，使我和志超成为好友。他告诉我，从少时他就热爱篮球运动，同时也喜欢足球，在小学五年级时便是学校足球队，司右后卫。篮球，伴随着我们的兵团岁月，热情洋溢，精彩纷呈。

　　1972年底，建设兵团解散，我被招工到福州一家内燃机制造厂当车床工人，志超和许多战友们则去了邵武煤矿。彼时，我与志超仍保持着信件往来。恢复高考后，听说他考上了厦门大学历史系，曾去信表达祝贺。之后，各自忙于工作，联系有所中断，曾得知志超大学毕业后留校，教学出色，东南民族史研究业绩突出，晋升讲师、副教授直至教授，不禁为他的事业成功而由衷高兴。

2011 年退休后，较为闲暇，和志超重新建立了联系，谈天说地，涉足历史和时事。他的渊博知识和深刻见解，使我受益颇多。

谈起篮球，志超仍旧兴致勃勃。

他告诉我，二十多年来，仍保持着对篮球运动的爱好；"清晨七点到九点晨练，经常到厦门大学演武篮球场打球"；"打球时，大家争着要我同一边，以便有个不是'拿球就投'的组织者"；"2010 年厦门知青到上杭县与乡镇干部打友谊赛，让我打中锋。原因是绝大多数知青已经一二十年没摸球，唯我是老球棍"；加入了厦大教工篮球队，外出比赛，"在本省高校球赛访问(副教授以上的队)，遇到弱队，便能上场。"

志超对篮球已悟得其道，深得其理，他谈道：看 NBA 比赛，晓得了门道，NBA 最基本的战术是 IN 和 OUT，也就是内外线结合；"在我看来，IN 和 OUT 也可以体现在个人，我勤练两侧擦板球(3 分线内一步)，很有心得；除了中锋，我熟悉其他位子，这样，作为替补队员，我就有较多上场机会"；"打篮球，主球是老大，禁区边缘要体高，于是我就在两个 45 度边角区游离，适时传中给突进的队友"；"我的下盘很稳，低位突进，最有心得；钩手投篮，让我身材'变高'"；"至今，我主要仍靠这'老三篇'"；"经过十几年磨炼，在左右 15 度至 30 度角的'2 分半'处(3 分外围难度高，靠近禁区有人勤防守)，命中率相当高。"

志超总结说："青少年时培养的运动习惯，影响一生；运动因人而异，对我这个胖子，需要较大的运动量，至今奔跳轻松自如"；"运动使血液不时汹涌奔流(径流量是常态的二三倍)，可清管清血耗糖；我血压 86～140 偏高，血糖正常，血脂偏低(接近及格)，感觉还可以，就是干过煤矿，肺活量差，可能有点矽肺，容易喘。运动一生，幸福一生。"

"运动一生，幸福一生"，何等精辟！虽是志超的个人体会，但完全可以作为倡导体育运动的至理名言！

志超不无自豪地告诉我，在厦门大学的教职员工中，六十岁以上还能上篮球场并参赛者，仅有三人，他便是其中一人。引得我十分钦佩和羡慕，于是回诗一首：

遥想志超于篮球场上

龙腾虎跃,身灵步活。

但见:

低位运球,技艺精湛。

腾空而起,勾手投篮。

沉底传中,悠然不乱。

争夺拼抢,似虎如狼。

体轻如燕,三步上篮。

挥手盖帽,何等豪放。

注目远射,空心入网。

有道是:

莫言晚霞不璀璨,

雄风犹在老益壮。

3月24日,忽然接到兵团战友来电,志超于昨日辞世,震惊不已! 2月8日至23日,志超还从电子信箱陆续发来四篇他近期撰写的有关厦门知青的文章,3月5日还发来一篇《在番薯园里》,记叙他在武平县大禾公社插队时的见闻。 谁能想到,才过几天,竟听到这动地噩耗!

斯人已逝,事发突然! 世事如此苍茫,音容笑貌犹在,却已驾鹤西去。 白云悬影,碧落九天,愿他安息!

瑾以小文,悼念志超!

友谊源远流长,思念永续难忘!

作者简介:许东红,福建省工业和信息化厅退休干部。

三次聆听，一生敬仰
——纪念郭志超教授

◎ 林敏霞

　　在 2019 年 3 月一个很不经意的早晨，从友人那边得知厦门大学的郭志超教授病逝，一阵感慨唏嘘，岁月又带走了一位大家敬仰和爱戴的好老师，一个在他学生眼里"高贵、赤诚、诗意、智慧、悲悯、普济、有趣、独特、圣洁的灵魂……"

　　我并非郭老师的硕博学生，且与郭老师生平仅有过三次见面，但却结下了珍贵的师生缘。这三次见面，都是在人类学高级论坛的会议上，一次是 2003 年的北京，一次是 2010 年的贵州凯里，一次是 2011 年的江西赣州。三次短暂的会面和聆听，却构成了弥足珍贵的记忆。就像象征符号，虽然不多，却足以成为我日后为学为人为师，常常能映照的星光。

　　2003 年的北京，我还是一个刚入人类学门的小硕，什么都不懂。导师徐杰舜先生带着我们 03 级的六个学生，到北京参加在中央民族大学召开的主题为"民族学人类学中国经验"的第二届人类学高级论坛会议。我们就下榻在中央民族大学的宾馆，导师说，一会儿去拜会住在隔壁房间的厦大人类学诗人郭志超教授。我们甚为欢喜和好奇。当我们去到郭教授下榻的房间时，郭老师正半靠床榻看书，一见我们来，立即起身招待，让我们围床而坐。我见他身材高大魁梧，浓眉大眼，尤其是一双眉毛高高扬起，像铮铮侠士一般，实在与众不同。更让我印象深刻的是他说话的方式，带着闽南口音的洪亮声音，似乎是在空中画出来一样，真诚、诗意、充满激情。

　　他见到我们，就好像看到自己的学生或孩子一样，无比欢喜。短短一个小时不到的时间里，他询问我们的名字、家乡、谈如何做人类学调查，回答我们提的"什么是人类学的基本眼光"等的问题（一份导师给我们的作业），告诉我们"以小见大、一叶知秋"的道理和人类学研究风格等等。 我从他说的话语里，感受到了他对于年青一代学人无我的拳拳之心和殷殷关爱。 更令人意外感动的是，会议结束我们回到广西，还收到他特意从厦大寄来六本他编著的诗文方面的书送给我们。 我们同学六人都不曾想，郭老师待学生挚诚至此，对于我们这样萍水相逢、一面之缘的无名小辈，竟然也如此费心费力给予他所能。

2010 年，我已经人类学博士毕业，在浙江师范大学从事教学研究工作。 当年，第九届人类学高级论坛在贵州凯里召开，主题为"人类学与原生态文化"。 我拿着一篇有关温州地区巫觋文化调查报告参会。 在那里，我有幸再一次遇到郭老师。 他当时是主题论坛的评议嘉宾，在主席台下我特意就坐在他边上，想当面再向他表达 7 年前他赠书之谊的感动。我内心忐忑，怕郭老师早已经忘记这回事了，我贸然提起会不会唐突。不想郭老师竟然清楚记得当时的情景，还能叫得出我们几个人的名字。我想这是郭老师的一种超人能力，也说明他待人确实诚挚。

我当时的参会文章与论坛想讨论的少数民族原生态文化的主题并不贴切，文章显得另类而边缘，我一方面在发言中论证巫觋文化的原生态性，一方面内心并不自信。 作为评议嘉宾的郭老师，或许是看出了我的这种矛盾的心理，于是乎同样出自于对年轻学者的爱护和鼓励，他中肯地指出把巫觋文化作为民间原生态的文化来看待的正当性，原生态文化的讨论不仅要关注少数民族，也应该看到汉地文化中的原生态。 郭老师对年轻的学人就是这样满怀善意和爱意，让我内心非常感动。 这一点，也影响了我日后在学生论文的指导上的风格：对认真努力但论文确实不成熟的学生，要中肯地提出意见，但也一定要看到他们的闪光点，并准确地表达出来，加以鼓励和肯定。

2011 年，我和浙师大同事王逍教授（她是郭老师的高徒）一同去江西赣州赣南师范学院参加第十届人类学高级论坛，当时的主题是"族群迁徙与文化认同"，客家人是主要的讨论对象，我自己并不研究客家，以学习和帮忙会务为主。 巧的是，郭老师这次也不是主题讲演，而是作为特邀嘉宾在圆桌论坛上做即兴发言，他依然是精神饱满、热情洋溢，诗性盎然，他的发言引来阵阵喝彩声，给与会者带来很多的欢乐和思考。 似乎冥冥中注定这第三次的相见，更多不是谈学术，而是话人生。 话人生，郭老师依然是那么诗意、理性和挚诚。

　　我印象很深，我和王逍教授等随着郭老师在会后散步，他和我们深情地讲起了家里的高龄老母亲，也毫不忌讳地谈他的回族身份和基督教世家——要知道就自己家庭的宗教信仰进行交谈在学术界是很少见的。虽然他出生在基督教世家，但郭老师和我在田野中遇到的那些积极的宗教信仰传播者完全不同，他更多的是从学术和文化的角度谈论我们应该尊崇信仰本身，有信仰的人，他的灵魂就在上面，因此对世界和人有更多的爱和包容，不为一般的琐事和利益所羁绊。他非常具有文化理性和文化包容性，润物细无声地传播一切真善美的东西。郭老师言如此，其人又何尝不是如此？

　　虽然我作为一个平凡的人类学学子和大学教师，与郭老师一生只是这样三次亲见和聆听的机缘，但这三次却意义非凡：初见时候是作为一个怯生生的小硕得到无比的鼓励；再见时是工作与学问之间的犹豫和踌躇被减轻；三见时是自己人生信仰的困惑得到了点拨，为学与信仰并不矛盾。此三见，虽短暂，却如同星辰，照临一生：为人为学为师当如是！

　　　　　　　　作者简介：林敏霞，中央民族大学人类学博士，现为浙江师范大学文化创意与传播学院副教授。

筑畲学千秋一师表，育人才三生万世情

——怀念郭志超教授

◎ 孟令法

当我从浙江师范大学王逍教授处得知我国著名人类学家、畲学家、厦门大学教授郭志超先生与世长辞的消息时，我正在重庆工商大学办理工作调动事宜。对此噩耗，我十分错愕，简直难以置信，毕竟在我的印象中，郭老师精神矍铄、身体健朗。当我从微信朋友圈看到更多厦大师友所发悼念文图时，愈发难掩悲痛之情，随即潸然泪下，并渐渐沉入回忆之中。

虽然我并未真正授业于郭先生门下，但自2012年11月以来，我便在王逍教授（郭先生大弟子）的引领下与郭先生结下不解之缘。在近7年的交往中，王老师一直躬身指导着我这个"编外弟子"，甚至比"入室弟子"更为上心，从而使我在畲学探索上有了诸多突破。正因如此，在畲族研究上拥有极高社会地位的郭先生，理所当然地成了我的"师爷"。

我第一次见到郭先生，是在2012年11月于丽水召开的"国际畲族文化研讨会"上。在会议开幕后的第一天晚上，我作为会务成员，有幸陪同郭先生以及数位师长一起散步前往距离会议酒店不远的一个茶楼。在散步途中，路灯的黄色光晕打在郭先生脸上，是那样的温和慈祥。一路上，郭先生与我谈起有关瑶学、苗学等十分专门的民族学研究科目。他语重心长地说道：畲族与苗瑶等南方少数民族具有历史上的同源共祖关系，虽然畲族人口较少，在跨国际特征上没有苗瑶等民族显著，但畲族研究所涉及的范围一点都不比苗瑶民族范围狭窄，只是成果质量参差不齐和关联度还不够紧密。既然瑶苗等都有自己的"学"，畲族研究建立"学"也已有了学术依据。只是，如何建立"畲学"，畲学中包括哪些内容，不能光我们"老年人"想，你们年轻人也要思考。郭先生的这一"创建"深深扎进了我的脑海，受先生的点拨，我在撰写"2012 中国·丽水畲族文化国际学术研讨会"论文综述时，也将自己对"畲学"的一点想法表达了进去。

当我在 2014 年 12 月，于景宁畲族自治县举行的首届"中国·景宁畲族发展论坛"上第二次见到郭先生时，便直呼其为"师爷"。 郭先生起初对此有些"错愕"，因为他并不知道王老师有我这么一个"弟子"，后经王老师介绍，他才知道我是在吕立汉教授和邱国珍教授门下从事畲族研究，并得到王老师"亲传"。 虽然时间已经过去四五年，但我依然记得郭先生对我说的一段话："你有三位畲族研究专家做导师，没谁比你更幸福了。我觉得你在同龄人里已经是畲族研究的佼佼者了，但所有研究都得坚持，不仅要有新的方法，也要有新的理论，现在做得再厉害，也只是现在，不是未来。"的确，那时的我，硕士毕业未久，便远离畲族聚居区以及畲学氛围浓郁的闽浙地区，来到重庆工作。 因此，要说在畲族研究上有何成果，还真无法启齿。 我很清楚，郭先生的"夸赞"实是老一辈学者对青年人的鼓励和鞭策，而其中还蕴含着殷切的期盼。

在 2013 年和 2014 年，我连续两次参加相关高校的博士研究生入学考试，但均以失败告终。 其实，当我 2014 年 6 月入职重庆邮电大学移通学院后，便打消了再度考博的心思，而畲族研究自此也逐渐显现终结之意。然而，承蒙王老师向首届"中国·畲族景宁发展论坛"组委会的推荐，让我于 2014 年 12 月重新回归畲族研究之路，而郭先生在丽水的谆谆教诲不仅让我坚定了要把畲族研究作为核心"事业"的信念，更促使我"三进"博士研究生入学考试的战场，并最终考取了中国社会科学院研究生院的民俗学博士，师从我国著名民俗学家巴莫曲布嫫教授。 读博期间，我在巴莫老师的辛勤指导下，展开畲族祖图图像叙事的田野研究，并于 2018 年 5 月顺利完成博士学位论文的答辩。

现在回想，郭先生与我的"初见"，其实并不是于 2012 年 11 月在丽水学院举办的"2012 中国·丽水畲族文化国际学术研讨会"，而是在 2010 年 10 月的温州大学图书馆——一本名为《畲族文化述论》的专著（中国社会科学出版社 2009 年版），让我第一次看到郭先生的大名，也是于其封面的折页处，了解到郭先生的学术简历。 记得我当时用了两个多星期的时间才将这本著作阅读完毕，并于 11 月底网购了一本。《畲族文化述论》内容丰富厚重，既有历史又有现实，既有文献又有田野，而这种多方协同论证方式则为我们梳理畲族社会发展状态提供了一条可资借鉴的明晰线索。虽然我一直未能找到合适的时机请郭先生题词留念，但这部著作却为我提供了全面了解并认识畲族基本民俗文化的基础。因此，不论是我的硕士学位论文，还是博士学位论文，乃至一般学术论文，郭先生的《畲族文化述论》都是我必定要参考的学术著作。更重要的是，这部著作还具有"常读常新"的"知识考古"功能。换言之，每当要引用书内观点时，我总是能于再次阅读中产生新的理解，甚至萌发出新的想法，从而强化论文的深度和广度。

正如牛顿所言：他之所以能够看得更远，是因为他站在了巨人的肩膀上（If I have seen further，it is by standing on the shoulders of giants）。借此类比，也许不是很达意。但我想说的是，近十年来我之所以能在畲族研究上持续精进（并从放弃到回归），郭先生每篇（部）涉及畲族的学术文著都对我产生了十分直接的影响。其实，像我这样的年轻一代畲族研究者还有很多，前辈的学术遗产永远都值得我们珍视。

2016 年 2 月 29 日至 3 月 2 日，在宁德师范学院参加"福建省畲族文化学术研讨会"上，我又有幸得到郭先生在学术上耳提面授的机会。虽然那次会议后在宾馆的促膝而谈仅有一个小时左右，却让我对畲族文化的重大议题有了深入的认知，这也更坚定了我继续从事有关畲族"盘瓠"神话（如口传史诗、祖图长联、传师学师以及做功德等）的学术追问。还记得，郭先生对我请教他如何看待畲族盘瓠研究的敏感性问题的回答。他让我既要坚持历史唯物主义观和独立学术思考，也要照顾民族感情，不能猎奇式解读。郭先生对畲族"盘瓠"问题的发生学有着十分清晰的历史意识，其简明扼要的观点和抑扬顿挫的语调，且伴有极为丰富的面部表情与身势语，着实引人入胜，有醍醐灌顶之感。对一个晚辈来说，这无疑体现了一位学术前辈"传道受业解惑"的长者和师者风范。可以说，每一次与郭先生见面的情景，先生的音容笑貌至今都留存于我的脑海，而他的躬身提点则为我的畲族研究提供了源源不断的后援力和推动力。只是深感遗憾，中间有两次去厦大参加博士入学考试，都没有找机会拜访郭先生。

我在从事畲族文化研究的十年间，有太多令我动容动情之事。正如上文所言，我虽未曾在郭先生门下直接求学，但在相关会议中聆听郭先生报告，以及在会议间隙的短暂求教，已然令我受益匪浅，铭记在心。他的论著尤其让我终生受用无穷。 先生的逝世不仅是"畲学"的损失，更是我国人类学、民族学乃至民俗学的损失。 我们对先生的驾鹤西去，无不扼腕叹息，作为晚学岂能不继其遗志？ 总之，尽管先生已经仙逝，但他诲人不倦的风采、著述等身的学术成就，将永远留存于我们每个曾与先生哪怕只有一面之缘者的心中。 先生千古！

作者简介：孟令法，中国社会科学院民俗学博士，现为重庆工商大学社会与公共管理学院教师。

编者按 "畲学"这个概念是郭志超教授的原创，早在十几年前，他在多次公开和私下场合均表达过要发展"畲学"的理念。2014 年，他在景宁畲族自治县召开的中国畲族发展论坛的主旨发言中，从"苗学"和"瑶学"的观照视野出发，着重阐述了构建"畲学"的学术意义，并勉励中青年畲族研究者，为此共同努力，孟博士就是其中的年青一代的努力者和勤奋者。虽然"畲学"的成熟，还有待时日，但郭教授的学术前瞻意识，具有指路明灯的意义。

一封收不到回信的邮件

◎ 郭　航

老爸你走了有一个多月了。 这一个多月，我整理你的书房，浏览你的邮件，分类你电脑里的文章。 这是我作为你儿子，第一次真正走进你的世界。 数千本书籍文献，品类无所不有；论文序言书评随笔札记，洋洋洒洒千篇有余，在您邮箱里，可浏览到的从 2008 年至今，3 万多封邮件里，指导学生论文、感悟人生真谛、分享各类佳作……你那诗一般的文字，让我透过泪水，再一次看到你。 我知道，您并没有离开。 你依旧在你的电脑前，用你的"一指禅"像弹钢琴一样，弹奏一曲曲华丽的乐章。

作为你的儿子，我对您的称呼有三种：郭老师（郭教授）、郭志超、老爸。 这三种称呼就是你在我内心里的三种形象。

一、敬畏的郭老师

"郭老师，忙吗？ 帮我看一下我写的一篇稿件。"当我喊你郭老师时，就是要请教你！ 儿时，我即喜欢问你问题，又怕问你问题。"喜欢问你"是因为你什么都懂，从你那都能找到答案。"怕问你问题"是因为你的回答只有一遍，然后会在延伸好几个同类问题问我，若我没能及时举一反三，那等待我的就是"竹仔枝"。 慢慢地，我尽量在学习上避开和你的交集，最后选择艺术设计的道路。

我从事报纸版面设计，在新闻单位工作久了，慢慢喜欢上写作。 我平时会整理一些工作心得与你分享，第一次是写一篇去新加坡的游记。 当你得知我带着采访任务去新加坡时，你列了一份采访清单，并告诉我："要带着问题去采访，写的文章要言之有物、文以载道。"当时我很不屑，认为要从受众出发，读者就是关心怎么玩，有什么"道"可载。从新加坡回来后，我大笔一挥，轻松成稿。为炫耀自己的本事，当晚就把文章发给你。第二天一早就收到你的回信。稿件改得面目全非，而且一长串的批注："圣淘沙是岛，你为什么是坐车过去的呢？要让没去过的读者看得懂，不要留下疑惑。""新加坡和厦门很像，有很多经验值得厦门借鉴，要让你的文字有意义"……当然，当时的我，有些不服气。但还是按着你改过的文章发到编辑部，看到大家对我这篇游记赞赏有加，我顿时汗颜，自我反思。

记得有一次，我受厦门图书馆邀请，开了一期关于报纸版式设计的讲座。出于对专业的自信，我毫不紧张地站上讲台。现场来了很多相关专业的学生和年轻设计师，角落里，有一个熟悉的身影，那就是你。当时我虽有点惊喜，但也多了些许紧张。一个小时的讲座结束，到了回答问题的环节，我被一个"当报纸设计与广告商家要求冲突时要怎么处理？"的问题纠缠住，因为这个问题在我实际运用中有时都很难解决。这时，你挺身而出，用学术的语言帮我做了完美的诠释，又现场肯定了我的这次讲座。回家后，我母亲笑言："你去讲座，你爸比你还紧张。"

你时常用邮件发佳作美图与我分享，我写好的稿件和拍摄的图片也请你点评，你的批评"拳拳到肉"，让我牢记在心。

二、淘气的郭志超

"郭志超，你要去体检。""郭志超，你尿酸高，不要喝高汤。""郭志超，你爬山能不能早点回来，天都黑了，又没电话"……你有时就像一个淘气的孩子，嘴上接受，坚决不改。2008年，你发烧39℃，说了一个多礼拜，你就是不去医院，说是有一篇文章还没写完。2017年，你胃不舒服，叫你去医院，你说答应别人的一篇序还没写完，写完再去，结果胃大出血，紧急抢救才得以脱险。2019年，我强迫你测血糖，高至22mmol/L（正常为6mmol/L），你自己都怕得一夜未眠，但你再次以有一个会议要做专题演讲为由，叫我推掉预约好的医生。最后，就再没最后了。

每次侥幸脱险，你都会说下次注意，可你从来就不爱惜自己。一位朋友问我，再给我一次机会，我会把你绑进医院吗？我回答："当然会，但下一次呢？"

你对朋友守信，答应什么时候给稿子，你即便通宵，也不拖延；你对学生守信，你即便爬山，也要叫上学生一起，一路上对他们的论文指点迷津。 但你对你的家人却屡次食言。

我小时候，你去泰国出差，给我带回3只老虎的毛绒玩具，虽然我不是很喜欢，但在当时，你能给我买玩具等同于太阳从西边升起。 我很珍惜这份礼物，但每过一天就会少一只，原来是你拿去送朋友的小孩，最后一只你答应不再拿走，但你食言了。

我和你说我要评高级职称，需提交一篇论文，请你帮我改改。 这篇论文在你电脑里一放就是六年，直到我写了第二篇论文，你一样还是放在电脑里。 你指导修改了无数篇论文，就是没有我的，你又食言了。

你说小孙子要上小学了，你要为他保驾护航，至少要为他打下好的基础，你买了中国四大名著，说要一篇一篇读给他听，但你还是"食言"了。

你看到我的这些"埋怨"，你一定会说："我就是'富着别人，穷着自己'的人，你也要懂得这样做。"然后习惯地送我一首诗："只要有美的追求，每一日都是春天。 只要肯吃苦受累，幸福必围绕身边。"这就是你一贯的回信方式。

三、亲爱的老爸

这个章节我一直写不下去，泪水在我眼睛打转，手指在键盘上发抖。小时候，你的鞭子在我屁股上掠过，别针在我大腿叮下，我都没有哭出声，即便看到你离开，我也没有哭，可能我已经被你训练成没有泪腺的人。 但现在，我真的没忍住。

记得每次回家，你会将自己泡得没味的茶换掉，用简陋的茶杯（一个不锈钢碗），盛一碗新茶给我，紧接着会认真解释前些天给我发的文章妙在哪里，是怎样的结构。 你知道我平常因工作原因，很少运动，硬拉着我到厦大操场快走，一边走，还不停地和我说文章要怎么写。 在医院里，我为了让你解闷，找了一篇《郑成功"拆庙借木料"》的文章读给你听，第二天你马上用好几个就这篇文章的问题来考我，庆幸我的回答让你欣然。 在你离开前一天晚上，你咳得很难受，你说要坐起来，当时你一侧的身体已经没有力气。 我把你扶起来，你坐在床沿，你的头靠在我的胸膛，就像一个需要依靠的孩子。 我一手抱着你，一手轻轻地抚摸着你微霜的头发，轻轻地在你耳边安慰你。

你曾经和我说，写文章要"手写心说"，文字要干净，要说"人话"。还有，要"文以载道"，要让别人看了文章后有所收获。 不知道这封邮件能不能符合你的基本要求，即便再也收不到你的回复。

老爸，亲爱的老爸，你真的没有离开。 曾经你给我的邮件，就像满是钻石的矿藏，让我终身受益。 你的孜孜教诲，你的金玉良言，时而溪水潺潺，时而惊涛骇浪，不断在提醒我做的每件事、写的每篇文、走的每步路。 我也会给子孙后代经常讲你的故事，让他们看你的文章，让你的话语化作春泥，滋养每一代人。

作者简介：郭航，郭志超教授之子，厦门晚报社美术设计总监。

忆郭志超老师二三事

◎ 吴国富

　　1981 年，我考入厦门大学历史系考古学专业本科。 1985 年毕业后，考上厦门大学人类学系中国民族史专业研究生，在恩师陈国强教授和蒋炳钊教授指导下学习民族史和文化人类学，我在母校厦大学习、生活七年，有幸得到过众多老师的教诲和帮助，让我从一个刚走出大山、知识面和能力都很狭窄的中学生成长为一名合格的本科生、研究生，不仅圆满完成学业，而且还顺利找到工作单位。 对母校提供给我良好的学习环境和条件、对关心、帮助我成长的老师们，我表示衷心的感谢！ 在这里，我要特别表达我对郭志超老师的感激之情，我学习上的进步也有郭老师付出的一份心血。

　　郭老师既是我的师兄，也是我的老师，我们都师从陈国强教授和蒋炳钊教授学习民族史和文化人类学。 我刚上大学时，除了班主任、辅导员和任课老师之外，对其他老师不是很了解，但是，我们却早就听闻了几位研究生师兄的大名，其中郭老师给大家的印象特别深刻。 郭老师家住在厦门市区，距离火车站不远，郭老师到学校上课结束后，经常自己带着一个篮球，到球场上锻炼。 傍晚，再骑着自行车回家。 当时，我们班也有一些喜欢打篮球的同学，于是，大家跟郭老师有较多的接触。 除了到球场上一起打球活动外，如有时间，郭老师还到我们的宿舍看望，和大家闲聊。 郭老师很有个性，性格直爽，爱憎分明，有喜有怒。 话谈到投机时，郭老师手舞足蹈，言谈绘声绘色，笑声爽朗，浓浓的情感饱含着对我们这些初上大学的学生们的厚爱和对事业的执着。 我们时常提出一些好奇的疑问和插话应答，师生互动，同学们有时也开老师的玩笑，师生关系十分融洽。

　　在平时的学习生活中，郭老师对我们也是十分关心，经常是在系里办公室见面的时候或下班回家有空的时候，他会停下车来，与我们闲聊一会或边走边聊，问候我们的情况，或告诉我们他接触到的一些新信息，或跟我们分享他的想法，而且是十分谦逊、用商讨的方式谈他的见解，希望能听到我们的反馈，看我们是否能准确理解谈话的主题，或是否有不同的看法。每当我们说出自己一些粗糙想法的时候，郭老师大都给我们充分的肯定和鼓励。记得有一年寒假，我回家过年时，到附近一个以银姓为主的仫佬族聚居村子访问他们祖先的来历和族谱保存的情况，在同学的帮助下，我借到了一份《银氏四冬族谱》(油印本)。当时，我并不理解银氏分"冬"的情况，也不知道族谱所记载的历代男性祖先的名字有多大的研究价值，不懂怎么利用这类我们在假期短期调查搜集到的民间文献去尝试做研究。虽然早就听说历史系的傅衣凌、杨国桢等教授"文革"期间在下乡劳动时搜集到大量明清至民国时期的地契、文书，进行深入研究，发表一些专题文章，在国际学术界产生巨大的影响。可是，我终究没有认真拜读过傅先生和许多老师们的论著。

开学返校时，我把它带到学校，向郭老师汇报寒假的收获。郭老师一看我带来的族谱资料，十分欣喜，认为我搜集到很有价值的资料，并教我如何利用这些民间资料挖掘它们的价值。在郭老师的指导下，我整理了族谱，做了非常粗浅的分析，交给历史系学生主办的《求实》刊物上发表。对我们本科生而言，能在刊物(虽非正式刊物)上出现自己的名字，也是一件难得的事情，说明自己的工作得到大家认可和肯定。后来，为了弥补"研究"的不足，我又结合人类学原著选读课学习恩格斯《家庭、私有制和国家的起源》的一些初步认识，阅读相关的理论书籍，写了一篇介绍苏联学者谢苗诺夫的《婚姻和家庭的起源》一书的书评，投给《求实》刊物发表，得到郭老师更高的评价和鼓励。老师们课堂上的教学和课外的这类关心、帮助，就像涓涓细流，滋润着我们的心田，让我们的大学生活过得充实愉快。

1985年，我在母校开始了研究生阶段的学习。在陈老师、蒋老师的大力推动下，厦大人类学系的学科建设方兴未艾，组织编写《人类学概论》教材、举办全国性的学术讨论会、接待来访的国内外人类学家、社会学家、考古学家，编印和寄发《中国人类学学会通讯》等等，学术活动风生水起，人类学的学科建设和人才培养也提上重要议程。为培养人类学的未来接班人，陈老师、蒋老师让郭志超、石奕龙、范可、潘宏立等青年老师指导我们的学生人类学社开展活动，包括筹划田野调查、开调查报告会、翻译国外人类学资料、请名家谈治学之道、编印学生刊物《人类学新苑》等。 我们利用周末时间，带领来自全校各个专业的人类学社社员们，骑自行车到厦大附近的村子开展田野调查，访问当地居民的来源、迁徙、宗祠修建、当地习俗、民间信仰和联产承包、务工经商等情况，通过深入实地去体会田野调查的过程，了解调查的方法和技巧。

调查回来，我们到人类博物馆一楼的会议室召开交流会，请老师们来帮做点评。 我们学社中的很多人并不是学习人类学专业，而是想利用周末和同学们出去玩一玩，大家都怀有一颗好奇心，渴望能发现有趣的事情和值得关注的问题，以增加社会知识。 即使是这样，郭老师也是积极对待我们学生组织的活动，每请必到，认真听取大家的汇报，了解收获和发现问题的情况，回答同学们提出的疑问，指导如何开展田野调查和观察、访问应该注意的细节，帮助大家更好地理解人类学最重要的研究方法——田野调查法的方法、步骤、访谈技巧、基本原则、田野伦理等，为下一次进一步调查实践积累经验。

有一次，我组织调查汇报交流会，请郭老师来做点评嘉宾，我讲到孙中山先生的"五族共和"，感觉到自己对国民党的民族政策了解不是很全面，全凭记忆，不能娴熟地展开，对自己讲解的情况不是很满意。 郭老师听完后，用开玩笑的口吻说，我与同学们的交流讲解有点像老师的模样，语速和节奏掌握很好，比较清晰地叙述知识要点，给我很高的评价。 能够得到老师的认可，对我而言是一种莫大的鼓励。

有一次，陈国强老师给全校学生开"人类学及其应用"选修课，让我们研究生三人每人准备一个专题，进行一次教学实践，锻炼我们的教学能力。事先，陈老师便把教学的安排告诉我们，让我们去准备讲稿。 当时，人类学在大陆还处在刚刚恢复阶段，学科建设、资料建设、课程建设、教材建设、实习基地建设等还有许多工作要做。 上"人类学及其应用"一课，我们遇到最大得到问题是没有教材，也没有多少参考资料，辛格尔顿和谢健编写的《应用人类学》大多是介绍国外的事例，人类学在中国的应用还是一个缺环，基本上是无章可循。 我准备了《经济发展与社会变迁若干问题》专题。 为了准备讲稿，我查遍系资料室和学校图书馆，也没有找到多少资料。 后来到台湾研究所资料室查阅时，我看到港台出版的不少书籍，其中就有世界经济发展和社会发展指标方面的资料，如获至宝，认真阅读和做读书笔记。

　　我们从来没有上过课，不知道怎么写讲稿，特别是自己从没有系统学习这些领域的知识，缺乏直接经验和感性认识，全凭自己的阅读和摸索，只能将大量的读书笔记整理成讲稿，然后交给老师审阅。陈老师让郭志超老师具体负责我们讲稿的修改。郭老师非常认真、逐字逐句地阅读了我们的讲稿，指出许多需要补充完善的地方，包括各部分知识的系统性和衔接、前一部分如何为后面的部分做铺垫，以免出现转折突兀的情况，特别是交代清楚经济学和人类学对经济研究的不同之处等等。

　　由于要讲的题目过于庞大，又要跨经济学、社会学和人类学三门学科，而且内容参差不齐，我感到难以驾驭，因为除了对经济人类学略知一二（大多还是关于原始部落交换形式的内容），根本不知道经济学、社会学这些学科领域的知识。郭老师亲自找我们面谈讲稿修改的事情，对我关注到的一些重要问题，如贫穷与社会人文环境和工业化程度交互影响的多重关系，在我的讲稿上画圈圈，做批注，单独对我讲解。对西方学者，包括部分台湾学者的论断和结论，郭老师提醒我注意分析和批判地接受，不要盲从，应更多地结合中国社会的特点和经济发展所带来的变化，从计划经济向市场经济过渡、转型去探讨合理社会经济指标体系的建立，体现人类学服务社会、服务人民的学科宗旨，为同学们的学习提供一个新的参考。

　　我学识浅薄，不能很好地理解老师的用意，自己对讲稿也不是很满意，但郭老师非常耐心，在肯定合理内容的同时，指出讲稿的不足和应该努力修改的方向。即使是批评，郭老师的语气和方式都十分委婉。那时，讲稿全靠手写，我用印有"厦门大学稿纸"字样的稿纸上写下要讲的内容，修改、补充的文字密密麻麻地写在稿纸的一侧和背面。讲稿一而再、再而三，反复修改，每一次修改稿都有郭老师用红笔批注的笔迹，为我下一步的学习指明了方向。直到临近上课，陈老师安排我们到他家中做试讲。我们三人轮流讲，每人讲十来分钟，老师和其他同学坐在茶几桌一边听，讲完，陈老师做点评，对我们的开场白和内容提出具体的指导意见。陈老师上课，我们都参加，一方面学习陈老师讲授的人类学知识，另一方面，学习陈老师授课的方式，积累经验。课程的最后三章内容，由我们三个研究生分别讲。当时，全校的学生们对这类新课程都十分感兴趣，选修"人类学及其应用"课程的各系同学将近 300 人。上课教室安排在映雪楼的梯形教室，课堂上，同学们座无虚席，甚至还有许多同学站在最后一排座位的后面和旁边的过道上。面对同学们充满渴望的眼光，我们都很有压力，也感到紧张。陈老师、郭老师开导我们，让我们放下思想包袱，拿出人类学系研究生的自信。比如我们翻译过哈维兰的《文化人类学》教材（当时其他系研究生都没有这样的经历）；组织人类学社（全校最大的学生社团）社员利用周末开展田野调查，回来开总结汇报会接受老师们点评等。

在老师们的鼓励下，我比较清晰地讲述了讲稿的内容，基本上做到从容应对，不急不躁，没有出现卡壳和混乱，课堂秩序良好。讲课结束，同学们报以热烈的掌声。这是我第一次面对上百人的各系各专业同学在大教室上课，同学们的掌声说明大家对我们教学的认可。我们不是师范生，没有受过系统的师范教育训练，这样的备课、试讲，为我毕业后从事教学工作积累了宝贵的经验。非常感谢老师们，特别是郭老师呕心沥血的指导和帮助，让我在备课和授课中增长了知识！

1988 年，我的研究生阶段学习即将结束，临近毕业，我面临选择就业去向问题。由于同班的王铭铭、何瑞福都已先后到英国攻读人类学博士学位，当年人类学系毕业的硕士研究生只有我一人。系领导对我的毕业去向很关心，亲自找我谈话，希望我能留校，与老师们一道工作。恰好此时广西河池地区民委的仫佬族干部潘炳够先生给我来信说，他不久退休，河池地区民委需要有少数民族的干部，欢迎我到那里工作，给我吃了一颗定心丸。加上当年元旦，广西壮族自治区人民政府给我们在外省求学的广西籍毕业生寄来精美的新年贺卡，欢迎回到广西工作，建设家乡。

留校任教，我最大的短板是不会讲闽南话，与当地人的交流有语言障碍，今后无论是做闽台地区汉人社会的研究（如惠安崇武沿海一带的"长住娘家"婚俗），还是做福建畲族、台湾高山族的研究，我都不能做到独立开展调查而失去优势。对老师们多年的教育、系领导的关心和有意挽留，我表示衷心的感谢！但在向家人和老师、同学征求意见，我认真权衡自己留校和回广西工作的利弊后，最后决定回广西，郭老师明确表示理解和支持我的选择。知道我去意已定，系领导不再挽留。

临别前，我向教导我多年的老师和朝夕相处的同学一一告别，我最后告别的一位老师是郭老师。与郭老师多年的交往，让我深知：我们之间的话别不是说一句告别的话那么简单，郭老师还有许多肺腑之言要告诉我。那天傍晚，我找到郭老师家里，那是一个矮小的两层楼房，二层小阁楼就是郭老师的工作间，摆满了书籍和研究资料。郭老师为我的到来特意煮了咖啡，不加糖，我们边喝咖啡边抽烟交谈，从进入厦大学习的感受、收获，到今后工作的打算，从我的长处和不足，到出去后与单位领导、同事相处，一壶咖啡喝完，再煮一壶。 那是我平生第一次喝咖啡，大脑一直处于兴奋状态。 郭老师对我这位即将回广西工作的学弟，也是语重心长，充满着兄长的关爱和不舍，我深深地感受到郭老师对学生那份宽厚的情怀和殷切期盼。我们不知不觉长谈了三四个小时，真是依依不舍。

告别郭老师时，公交车已停开，公路上行人依稀，我骑着自行车回到学校。 第二天上午，在达居、春明几位同学的护送下，我乘火车回广西。 到自治区教委报到后，我被分配到广西民族学院民族研究所，从事中国南方民族史、民族学和人类学的教学和研究工作。

我毕业后，有一次参加在惠安崇武举办、由海峡两岸学者参加的学术会议，从而有机会回到母校，但时间匆忙，只与郭老师见了一面，仅做短暂的问候和交谈。 回到单位后，因为工作、求学和家庭方面的原因，我们再也没有机会见面。 许多年以后，我和郭老师也有电子邮件联系，彼此见信如晤，犹如就在眼前。 郭老师对我的总体评价是"最念情"，言指我给他写的信情真意切，郭老师真心受领。 后来我也参加百越民族史学会年会、中国民族学学会和人类学学会年会会议，无奈都没有机会再见到郭老师。

我心目中的郭老师一直是笔耕不辍，专心致志地从事闽台地区文化史和族群关系的研究，爱护和用心培养学弟学妹们。 我记忆中的郭老师依然是像过去那样身强体壮、充满活力，谈笑风生中充满着睿智与激情，因而，很少问到老师的身体情况。 殊不知，郭老师多年一心一意扑在人类学的教学和研究中，积劳成疾，在生命中的最后一段时间还在参加既定的学术会议，尽职尽责，用行动来证明作为一位真正的学者对学术品德的坚守，值得世人深深的敬仰和学习！ 我们痛失一位良师益友，但郭老师的高尚情操和良好的学术品德将激励我们不断前行。 郭老师永远活在我们的心中！

作者简介：吴国富，厦门大学1981级历史系本科，1985级人类学系硕士，英国曼彻斯特大学社会人类学博士，现任广西民族大学民族学与社会学学院副教授。

郭志超教授友情带领福建师范大学硕士生田野调查时拍摄畲族祖图（2005 年春，福建连江小沧畲族乡半岭村）

天真的人类学家
——追忆郭志超老师

◎ 刘朝晖

2019 年 3 月 23 日中午 12 时 13 分，我正在去往安徽泾县陶窑村田野调查的路上，突然看到微信群里推送一条消息："今天早上 8 时 30 分，郭志超教授去世。"我脑袋一下子晕圈了！ 浑身微颤，语无伦次地跟坐在身边的太太说，郭老师去世了！ 郭老师去世了！ 太太看到我六神无主的样子，连忙安慰我说：谁？ 谁？ 哪个郭老师？ 哪个郭老师？"厦大的郭老师啊！"我大声地吼出来，眼泪刷地流出来了。 把我太太吓一跳！ 我太太跟我是大学同学，都曾师承郭老师的门下，"厦大郭老师"对于我们俩来说，是再熟悉不过的人了，只是我们从来都不会把"去世"跟郭老师联系起来。 跟我同车而行的还有我在浙江大学的学生。 时值周末，带学生跟友人一行十四人，分乘三辆车，到安徽泾县调查古陶窑遗址。 刚才还在车上欢声笑语的气氛，被我这一吼，一时无语。 车过好长一段里程后，我才平息下来，装着很冷静的样子，跟同车的四位讲起"厦大郭老师"的故事。

郭老师是一个全身充满故事的人。 如果让我说下去，七天七夜都说不完。 在厦大从读书到工作，前后 20 余年，我一直在他的锤炼之下成长的。 我用"锤炼"而不用"教育"一词，是因为我确实历经他的"千锤百炼"。 在别人眼中，郭老师的教导始终和风细雨，循循善诱，而我感受最深的却是他那种暴风骤雨、醍醐灌顶式的教育。 常有熟悉郭志超教授的学界同仁问我：你个人怎么看郭志超教授？ 我知道这个问题背后的"潜台词"是什么，因为郭志超教授身上所特有的鲜明张扬的个性，一度引起人类学圈的"腹议"，但我的回答始终不变：他是一个"天真的人类学家"。 我得到过他天花乱坠，近乎"肉麻"式的吹捧，也接受过他"狗血喷头"式的训斥。

1988 年，我进入厦门大学人类学系就读，我是同班两个第一志愿选择人类学专业的学生之一，尽管我当时根本不知道人类学是什么。 次年，郭志超老师刚从菲律宾雅典娜大学访学归来，教我们班的专业英语，专业英语采用的教材是英文版本的《文化人类学研究方法》（影印本一直保留至今），我们每两个同学分成一组，承担翻译一章的任务，我至今还记得，每次上课，他都"夸张地"使用肢体语言，并"努力地"故意用女声般婉转动听的英语发音，告诉我们如何进行人类学田野调查，这跟他那副浓眉大眼、膀大腰粗的身材形成强烈的反差。 结果，常常引起我们班女生课后偷偷地模仿郭老师的"花式教学"。 这样的"轶事"当然不敢"泄露天机"。 若干年后，我留校任教，有次跟随他在厦门同安农村做田野调查时，才敢面呈，他听后哈哈大笑，答曰：我是典型的南洋英语，冒充标准的伦敦口音。

大学期间最深的记忆就是郭老师带我们田野调查。 1991 年秋学期，郭志超、邓晓华、董建辉等三位老师，带领我们 1988 级 18 名同学（另有 2 名同学因事没有参加）在福建省漳州市南靖县书洋乡塔下村进行人类学田野调查。 这次严格意义上的人类学田野调查时间将近三个月，我们借住的地方是当地的小学校舍，八个男生住一楼，女生全部住二楼的东边，郭老师、董老师和另外的两个男生一起，住在二楼西边。 秋冬时节的时闽南乡村甚是寒冷，我们用的都是学校统一购买的 6 斤棉的军用棉被，一到晚上，我们住在一楼的男生即使龟缩在被窝里，也被窗外挤进来的冷风吹得直哆嗦。 郭老师常常半夜起来，悄悄地帮我们压好棉被，并把棉被的另一端用绳子扎紧，以免冷风进入被窝。

田野调查期间，郭老师专门请了塔下村的一个厨师帮我们做饭吃。无奈天天萝卜白菜，清汤寡水的，让我们哇哇大叫。 有一天，大家调查返回住地，发现狭窄的楼梯房间里有一大群鸭子和兔子，我们正在迷惑，就听到站在厨房边的郭老师"得意"地宣告："从今后，我们每天两只鸭子，一只兔子"。 开始的几天，我们开心得不行，不但每天有肉吃，还有帮厨的快乐。 男生负责宰杀，女生负责拔毛，其实男生的宰杀根本"不专业"，杀死的鸭子，僵而不死。 有一次，一个同学干脆"手起刀落"，把整个鸭头切下来，马上丢进滚水锅里，结果无头鸭子居然从热锅里"跃出"，跑出了厨房，晃晃悠悠地栽倒在地上。女生吓得花容失色，我们一帮男生在一旁放肆地大笑。当然也有我们笑不出来的事情：吃兔子肉。由于厨师不会做兔子肉，煮熟后兔子肉散发出一股浓烈的腥臊味，开始的时候大家可能"三月不知肉味"，狼吞虎咽地吃得干干净净，后来大家都不敢吃了，但当着郭老师的面，男生不敢丢掉不吃，女生实在受不了，想倒掉，被郭老师发现后，"特许"女生把兔子肉倒在一个大盆里，他说留给他慢慢吃，不能浪费！

1994年的下半年，其时我正在硕士生求学阶段，某日郭老师给我指令，说他临时要参加学校的会议，让我代他参加闽南知名的侨商李引桐先生回乡省亲的欢迎仪式。当然，我的任务不是以他的身份享受教授的荣耀，而是充当摄影师的角色，把整个欢迎仪式的过程，用照相机记录下来。要知道，那时的照相机不像现在这么普及，我们使用的是当时最高档的"海鸥"牌照相机，需要使用胶卷，而且每拍一张，需要手动推进胶卷，我们当时买了可以连拍36张的彩色胶卷（不是黑白的）。行前，郭老师反复告诉我如何安放胶卷，如何选择角度拍照，如何抓拍最重要的"历史性的镜头"等等，不一而足。我嘴上连连应允，心里想这个还不简单，我还专门修过"考古摄影"课程，拍个照片，还不是很简单的事情。没有想到，我把这么简单的事情最后搞砸了。

重托在身，不敢懈怠。从厦门机场看到庞大的省亲团队走出出口的那一刻起，我就拼命跟拍，抓拍，生怕漏掉郭老师说的"历史性的镜头"。连续三天，我几乎出现在所有活动场所，拍完了带去的全部四卷胶卷，回到学校后，郭老师让我交给吴进通老师。吴老师是负责系里暗房和冲洗照片的，我至今还清楚地记得那是返回学校的第二天上午，吴进通老师打电话给我，告诉我说：你闯大祸了，郭胖子要"撕裂"你。我赶忙问，怎么回事？吴老师说：你拍的照片除了第一卷有成影，其余的三卷都没有！郭胖子说，你"把历史耽误了"！他要撕裂你。我当时马上就意识到了，我拍到的照片可能就是第一卷郭老师自己装好的胶卷，后面三卷我自己安装的根本就没有装进去，我看到转动的数字其实是空转的，胶卷本身就没有拉出来，结果我只拍到开始阶段"不重要的历史镜头"。

吴进通老师在电话里小心地告诉我说，你这几天不要来系里，碰到郭胖子就"死定了"。 我整整三天呆在凌云楼的研究生宿舍里，不敢到系里去，避免碰到郭老师。 到第四天，我觉得老是这么回避也不是办法，迟早要面对，于是决定先给郭老师打电话，先电话道歉，然后再去见他，负荆请罪。 电话接通后，我听到电话那头郭老师直喘初气，但语气语调明显没有想象中的可怕，只是无奈地轻声叹息，说"你是历史的罪人，这些镜头是无法补拍的"。 下午，我到系里去找吴进通老师，想看看究竟糟糕到什么程度，不想就在暗房边碰到了郭老师！ 他余怒未消，横眉冷对我这头"孺子牛"，大声训斥，我一直试图躲开他"愤怒的唾沫"，但他严厉地说：不要躲开，沾了我的唾沫，你就记住了这个教训，以后不会再犯同样的错了。

1997 年，我留校任教，原来的师生变成同事关系了，跟郭老师的交往除了学术上的继续求教，更多的是感受到他对厦门大学人类学系的拳拳之心。 当时学科调整，人类学系被"撤销"，割裂了厦门大学人类学系、所、馆三位一体的传统格局，郭老师被任命为人类学研究所的负责人，郭老师自嘲为"人类学的看门狗"，每天都去人类博物馆坐班，当然也随时不忘教诲我们这些小阿哥小阿妹们（郭老师一直喜欢用这个称呼年轻教师），要敬岗爱业，不要"被妖风"搞乱心境；要自我成长，勤看书写作；要有学术敬畏之心，谨慎发表。 记得我博士期间在《民族研究》上发表一篇文章后，他褒奖我说"功力深厚，修炼成精"，溢美之词，让我汗颜，不敢"外传"他的这个评价。 如今说出这段逸史，不为炫耀，只为追思！

2007 年，我转到浙江大学工作后，跟郭老师见面的机会越来越少，记得好像最后一次见到郭老师是 2011 年，我到赣南师范大学参加一个学术会，郭老师也与会，晚上陪同他在校园里散步，登上一座石桥时，他趔趄了一下，我连忙拉住郭老师，他笑说：廉颇老矣，顽石欺我！ 此后自己出国访学，东跑西跑，也很少回厦门大学，后来郭老师退休了，再后来郭老师的消息就只是在朋友的微信里出现：看到他的旧身影，听到他的新故事，倍感亲切。

如今郭老师仙逝，从此学术江湖只有徒留郭老师的传说了！ 我永远铭记郭老师留给我的教诲和怀念，但一时很难走出他离开后的伤感。 从课堂到田野，从学问到人生，他之于我那种极度表演性的"花式教育"背后，饱含的是他对我"恨铁不成钢"的殷切期待。 在他那气喘吁吁和横眉冷对的训斥中，我体会到了对学问的严谨、对学生的怜爱、对责任的担当、对人生的豁达。 遗憾的是，这一切都已成为永恒的记忆!

是为祭。

作者简介:刘朝晖,厦门大学人类学系 1988 级本科、1994 级硕士,中山大学人类学博士,现任浙江大学人类学研究所教授。

只留清气满乾坤

——悼恩师郭志超先生

◎ 王　逍

一、晴天霹雳

2019 年 3 月 23 日，是一个触目悲感、哀思如潮的日子。 春分刚过，天地间本是一派莺飞草长、岸柳青青、燕子北归的美好景致，恩师郭志超先生却毫无征兆地走了。 噩耗传来，已近午时。 当研究生复试工作结束，取回静音的手机，师弟们多个未接来电和"惊闻郭老师去世"的信息跳入眼帘，顿觉如晴天霹雳，转瞬大脑一片空白。 稍后强忍悲痛，与师弟们电话联络，预订次日清晨赴厦门的高铁票，交接好手头工作，机械地做着行前准备。 一下午，恍恍惚惚，凄凄彷徨，时间如世纪般漫长。 傍晚时分，伫立窗前，怅然南望，恩师音容笑貌历历在目，悲伤的思绪弥漫脑海。 原以为您至少还可以再活二十年，原以为来日方长，还有太多的话来不及说，还有太多的教诲想聆听，总以为时间还很多，转眼间却天人永隔，不觉泪眼迷离、凝噎无语，心如抽丝般疼痛……

夜色渐近，无心开灯，端坐书桌前，想着再也见不到您气宇轩昂的身影和亲切爽朗的笑容，再也听不到您洪亮浑厚的声音和精彩美妙的话语，再也收不到您春风化雨般的邮件和醍醐灌顶式的点拨，自己仿佛成了精神无依的弃儿。 伴随的还有内疚，平日里对老师健康的询问实在太少。 夜幕中悲不自胜、泪如泉涌。 奈何无语问苍天：导师这样一个高洁赤诚、智慧诗意、刚毅坚韧的灵魂，为何猝然匆匆而别？ 茫然中，"导师不在了"，"从此我没有导师了"这样凄惶的声音久久萦绕在我的脑际，撕扯着我的心灵。 恍惚间，四顾茫茫心惘然，青山不语水无情。 导师的突然辞世，做弟子的何以如此凄黯？ 因为那意味着心目中最近亲的精神殿堂的轰然倒塌，最温馨的精神家园的突然消逝，最明亮的指路灯塔的转瞬远去。 想到没有导师的往后年月，怎能不是精神世界的流浪儿？ 此种诀别之痛，难以言表；我心伤悲，莫知我哀！ 十七载师生缘，只能化作生命中刻骨铭心的记忆……

二、沛雨甘霖

十余年前，我曾在自己的博士论文后记中写道："回望求学之路，首先得益于我的导师郭志超教授的悉心引领。 先生为人为师为学，立意常在高处，其特立独行、明月清风般的品格，使我人生得到历练而倍感充实；其'不愤不启，不悱不发'式的教学，使我在学术迷茫与混沌中，因智慧之光的指引而蹒跚前行，能亲炙先生传道授业之润泽，此生幸甚！"这是当时的肺腑之言。 寥寥数语，言不尽导师的教诲育化之恩，但师恩点点滴滴一直铭记于心。 无论是厦大的求学时光，还是毕业后的学术历程，无不深切感受到导师的润物无声和殷殷期盼。 尤其是他那种"心中有丘壑，眉目作山河"的人生气度，让我看到这娑婆世界中的星辰大海和山高水长，生命因此而温暖、而充实、而美好。

最值得庆幸和铭感的，是自己人到中年时，那来之不易的求学缘和师生缘。 冥冥中似乎天意，本质上则是导师"桃李不言、下自成蹊"精神品格的无形牵引。 时光的记忆倒回至 2002 年，那时已是我从陕西师范大学历史学专业硕士毕业，于浙江师范大学工作的第十二个年头，已做过两届班主任，教学和科研基本步入良性发展轨道，孩子也已进入小学高段，遂开始复习英语备考，计划在"不惑"之年，一定要圆了自己的博士梦。同时还希望博士阶段就读一个与历史学相近的学科，试图寻求方法论的补充。 为此，自己还坚决放弃学院领导提议，去国外某大学从事中国文化教学的机会。 然而，我在寻觅导师和专业的过程中并不顺利，在网络不发达的年代，我手写了很多封自荐信，邮寄给诸多名校的相关博导，除了华中师范大学和苏州大学两位社会史方向的博导，热情洋溢地回复了我以外，其余均石沉大海。

寻寻觅觅到了 2003 年春。 正当自己一筹莫展之际，其时正在厦大攻读教育学博士的同仁好友鲍荣老师，给我传来好消息。 她告知，已将我引荐给厦大人类学研究所所长郭志超教授，并已获得郭教授的欣然同意，嘱我好好准备。 是年寒假，竟然收到了郭教授托她捎给我的厚厚一摞七八本人类学经典著作，还有一些历史人类学经典论文的复印件，以及厦大往年的博士生入学考试英语试卷等。 看着这些沉甸甸的资料，我喜出望外，而又感慨万端。 尤其还同时收到老师的手书一封，洋洋洒洒，满满两页，遒劲的笔迹、诚挚的话语、亲切的鼓励，感人肺腑。 老师还在信末附上电子邮箱，告知以后学习上有问必答。 那年整个冬天，我都被这位素昧平生的名校博导的无私大爱所温暖，并化为我前行的动力。 老师所赠予的珍贵资料，以及那封珍贵的手书，连同后来的录取通知书及成绩单等，一直被我珍藏，哪怕多次搬家亦保存完好。

如今睹物忆师恩，思绪绵绵。 还记得在2004年3月底赴厦门考试前夕，电子信箱里收到了老师写给我的《南下壮行诗》，并嘱咐考试完再见面。 这"壮行诗"实际上是老师得知我自参加硕士入学考试后，已有十五年没有上过考试的"战场"，而特地精心准备的鼓舞"士气"的锦囊。 阅后颇有从容自若、踔厉奋发之感。 那年直至博士生入学资格笔试结束后，我才在次日上午的面试会上，第一次见到这位心中的恩师。 面试结束后，次日清晨返家前，老师又特地亲自到我入住的邵逸夫宾馆大厅话别。 我们在宾馆大厅沙发落座，彼此交谈了十几分钟。 还记得您开门见山地对我说："我对你昨天的面试表现很满意，说明这与你多年的教师经历和副高职称是相符的，你已经给你的单位浙江师大加分了。"对于您这种直抒胸臆的点评风格，我是第一次领略，感觉既新奇，又惭愧。 尤其是您这种对后学不吝赞美的气魄，更是令人为之动容。 临别时您还真诚告知：无论这次能否考取，今后都乐意在学术上继续指导我。 听后感恩敬仰之心，难以名状，顿觉蓝天白云映衬下的厦大芙蓉湖，如轻纱般笼罩，格外温柔和静谧。 一个多月成绩出来后，有幸榜上有名，老师又亲自致电祝贺，并嘱咐学业发展等相关问题。 从此，厦门大学校园内那瑰丽绚烂的木棉花，永远在我心头绽放。

人生路上，"经师易得，人师难求"，能遇到导师这样的"人师"，何其有幸！ 这场来之不易的师生缘，何其珍贵！ 事后得知，鲍荣老师之所以结识郭老师并向其引荐我，是因为那年她正慕名来到郭老师的课堂，且在课后常向他请教而熟悉。 她及时了解到厦大人类学博士专业首次招生的信息，因而做了美丽的信使。 这种跨专业听课，在某种程度上与她导师的导师潘懋元先生倡导的开放式教育思想有关。 恰巧潘先生又是郭师中学时代就崇拜的教学名师，后来在厦大他俩又是亦师亦友的忘年交。 思忆至此，铭感人生路上有诸多贵人暗中相助和若干善缘的连接，如沛雨甘霖，福佑绵长。 正是这些善缘促成了日后我走入厦大，有幸成为郭志超先生门下第一届人类学博士弟子，我的博士研究生证上的"001"学号编码尾数，见证了这一段弥足珍贵的历史。

三、润物无声

在厦大求学的三年，是紧张而充实的。 承蒙导师不弃，引领我踏入别有洞天的历史人类学门槛，开启了我新的人生征程。 是您，让我在蹒跚前行的学术跋涉中，逐渐领略到知识殿堂中"理想人间、庄严国土，利乐有情"的至真至善至美境界；是您，让我在行走无疆的田野洗礼中，有幸领略多彩的学术风景和缤纷的文化世界；是您，对莘莘学子的大爱无疆和润物细无声，让我在日升日落的平凡岁月里，真切体验到生命的丰盈；尤其是您那孜孜不倦、锲而不舍的"净化自心、庄严自心"的理想主义激情与言传身教，让我精神得到洗涤，灵魂得到净化。

在厦大求学的三年，也是忙碌而愉快的。 我能够有幸近距离地感受导师淡泊名利的君子风范和"学高为师、身正为范"的知行合一。 忘不了您恬淡怡然、克己奉献的品格；铭感您对学生没有差等、没有门户的大爱。 常想起您在课堂上妙趣横生、激情四溢的授课风采，尤其是您那思想深处感性与理性的相互激荡和交相辉映。 也曾惊叹过您课堂上连续四个小时不喝水、不休息而精神饱满的功力。 记得您第一次上课结束，我曾向您一上午四小时不休息提出了"抗议"，您好像自言自语地回答："我的课从来不休息，如果你不习惯，就应该更加凶悍地折磨自己，不过中间你们想出去的可以悄悄地去，悄悄地回。"听罢，在座者不禁莞尔。 后来，我也逐渐习惯了这种"自我折磨"，整整一上午，思绪随着您的课堂飞舞。 一学年下来，我用双窗口的方式，记满了两大本笔记，如今这些都成了最珍贵的精神遗产。 当时我还感叹，您为何要如此这般受苦呢，如今想来这是您生命历程中不断锤炼的独特风采，无论是工作，还是生活，您始终在挑战自我和磨炼意志。 您总是以自强不息和厚德载物的精神，春风无痕地垂范和启迪学生。

一个好导师的标准，无非是从"为人"和"治学"两个维度来考量。事实上，您在这两个方面都做到了极致。您的人品有口皆碑，堪称冰清玉洁、高情远致。您在学术上，精益求精、高屋建瓴。我在厦大三年，除了第一学年您开设的两门博士专业课程和偶尔的府上面谈，以及若干次学术会议和田野调查以外，师生之间平时见面似乎并不是很多，但电子邮件交流却十分频繁。还记得刚入学不久，您发来的一封邮件："王道：历史人类学主要是通过文化透镜洞察历史；反之，又以这种洞察或历史研究来解析现实的文化（文化参与社会的运作，故也解析社会）。把握学科或理论需要精辟的简约，但也不能因简约而狭隘，因为任何的简约都是以牺牲全面为代价的（列宁对此有类似的阐明）。简言之，历史人类学视野中的'文化'，既要关注历史的深度，也要关注现实的向度。"此类邮件还有很多，往往阅后如醍醐灌顶。那一封封春风雨露般的邮件，无不凝结着老师的心血和智慧。

毕业后，您从没有停止过对我的学术指导，一直延续着在厦大时您所倡导的"师生之间最重要者莫过于道德文章"这一美好信念和默契。有关学术上的问题，我总是第一次时间通过邮件向您禀报和请教，而您从来都是有信必复，而且回复非常及时。倘若偶尔没有及时回复，则一定是您出差在外，事后必补复。邮件内容则言简意赅，且富有洞见和诗意盎然。若是拙文敬请您斧正，则往往惠赠画龙点睛之笔。尽管已毕业十余年，但因我仍然主要从事畲族研究，所以基本每年都能在闽、浙、粤等地的全国畲族学术会议上见到您。十七年来，我一直有幸亲沐您的教泽，耳闻目睹您在学术圈的清流风采，深切感受您的宅心仁厚和学贯中西，尤其深深铭感您如清源活水般，河润泽及广大学子和诸多同道友人。事实上，您对教育的爱，对学生的好，对这个世界的善，是难以用区区笔墨来形容的。我只能在万千思绪中摘取几个片段以管中窥豹，聊表哀思。

2004年秋冬之际，我首次随您分别参加了在武夷山市举办的中国百越民族史学会第十二次年会暨百越文化国际学术研讨会和在龙岩市举办的客家文化研究学术研讨会。其时，对于百越民族研究和客家研究，我是初学乍练，不甚了了。名义上合作的两篇参会论文，实际上绝大部分是您的心血结晶。但您为了引领我走入学术大门和表示我的参与度，嘱我反复修改初稿，并快速点评我的每一稿修改意见。如今想来我修改的只不过是细枝末节问题，但您总是热情洋溢地鼓励，旨在让我完全融入论文构思和写作细节中。 您这种云淡风轻式的提携后学的独特方式，不仅在当时降低了我的惭愧感，更重要的是在多次往返邮件中，我的学术思维也因您春风化雨式的点拨而逐渐开悟。 其实，您用这种论文"合作"的方式，鼓励和提携过无数的初学和后学者。 其中，既有本科生，也有更多的硕博生，甚至还有年轻教师、工人等，帮助对象没有门户等级之分，只有是否需要之别。 名利对于您而言，向来如浮云，而对于莘莘学子的成长，才是您最在意的。 您总是以君子成人之美的风范，站在后学者的立场，用授人以渔和甘为人梯的方式诠释着"好风凭借力，送我上青云"的人生哲理。

四、大爱无痕

您不仅在精神上和学术上呕心沥血地关爱所有学生们的成长，在物质上和生活上也是倾其所能地润泽学生。 也正是在武夷山和龙岩的两次学术会议上，我初次领略了您的无私和慷慨。 您带着人类学研究所的一大帮硕博生们，全程舐犊情深般呵护备至，不仅所有差旅费由您全包（大都属于您自掏腰包），而且准备了很多糕点以备不时之需。 您还不由分说地谢绝了我和其他同学对差旅费的分担。 其实，这只是您习以为常的为师风格之冰山一角，数十年来您总是为寒窗苦读的学子们带来精神和物质的双重惊喜与快乐。 即便当时我已工作多年，您也是一视同仁。 在厦大还有一件让我难以忘怀的事，每到期末我返家时，您都会打车去厦门老街，亲自购买两大盒新鲜出炉的老字号"阿吉仔"馅饼，让我带回去给小孩吃。 也忘不了 2005 年初夏，您带领我和周典恩同学去连江小沧畲族乡田野调查的情景，途经福州转车时，一下车您就轻车熟路地带着我俩去福州五福园品尝各种美味海鲜小吃，那种玉盘珍馐、人间至味的温暖，至今回味绵长。

您一生对物质名利极为淡然。 退休后，您似乎更忙了，继续学术耕耘，加倍无私奉献。 您坚决拒绝任何有偿特聘教授、兼职教授之类的头衔。 大约十年前，曾有某学校的负责人，多次找到我，让我帮忙说服您去特聘或兼职，时间灵活，条件优渥，您毫不犹豫地婉拒了，并告知有要事可协助，后来类似的事情还很多。 然而，对于捐款赞助、买书捐书之类的慈善之举，您却十分踊跃和慷慨。 对于学生的事情，抑或学界同仁朋友的求助，您总是有求必应。 但您从不要求学生或其他人为您付出一丁点，倘若别人为您做了点小事，您则一定会铭记于心，适时回馈。

我从厦大毕业十多年，您从未到过我和其他弟子的单位，哪怕到丽水参会已距离很近，哪怕多次邀请，您也不愿顺道而来。 您更不愿接受任何学生或其他熟人以讲学名义的专程邀请，因为您从不愿给任何人添麻烦。 至于一些您认为有必要友情援助的讲课讲学之类的邀请，则事先声明坚决不要报酬才会愉快接受。 还记得，2016 年在福建宁德举办的中国少数民族文学作家培训班，举办方邀请您做了一个讲座，但对于课时费却无法顺利发放给您，因为您既不提供身份证，也不会提供银行卡，更不会去签字。 后来举办方负责人请我力劝，否则所有专用经费无法发放。 我只好劝您不要"为难"经手人，"扰乱"市场规则之类云云，并擅自给对方提供了您的身份证号码。 您最后考虑到经手人不好交差才勉强收下，不过一转身您又会捐给社区贫困者。 至于我那些"扰乱"规则之类的托辞，实属"君子欺之以方"的无奈之举。 而您当时恍然大悟似的惊讶表情，恰如孟子所云："大人者，不失其赤子之心者也。"

还记得，2014 年秋，您到景宁参加中国畲族发展论坛会议，您因岳母身体欠佳，会后急着赶回厦门，但谢绝了会议举办方派车送回福建的建议。 您从早晨悄然出发，一路辗转倒车，因汽车衔接不好，到家后已是深夜。 2016 年春，我随您一起参加在宁德和福鼎两地的畲族会议及相关活动，为避免上次您在景宁回程的辗转辛劳，行前在我的反复恳切下，您才同意由我来给您规划行程并购票，这是我唯一替您做的一件区区小事，但您却记在心里。 就在那次太姥山田野考察中，大家途经一处茶馆休憩时，您特地购买了两饼福鼎白茶，将其中一饼放入我的手提包内。 返家后，您又发来邮件："此次行程极顺畅，铭感。"想起老师为我所做的一切，这简直微不足道。 您却如此谦谦君子，让我既感动，也惭愧。 我知道，其实您并非一定要喝那白茶，只是觉得茶农不易，随缘行善而已。那饼您馈赠的白茶，我一直珍藏着。

老师您一向不喜做酒祝寿之类的繁文缛节，坚决反对弟子们以任何形式给您过生日。 2009 年春，我们十几位博士弟子"密谋"，准备用先斩后奏的方式，计划在 10 月中下旬您 60 岁生日时，相约从各地齐聚厦门。恰逢全国畲族文化学术研讨会于 2009 年 10 月 22 日至 24 日在宁德召开，我从宁德与您开完畲族会议一道回厦门。 一路上您多次不解地问我，为何不直接回浙江，我一路搪塞过去。 待到厦门后，师门齐聚，木已成舟，您似乎已默认。 我们谁也没有提到是以您生日的名义来相聚的，只是说毕业后好久没回母校看看了。 那天我们只是陪您和师母一起爬了东坪山，在梅海岭一处农家乐餐厅用了一个非常简单的晚餐，师生之间其乐融融。 因为怕打扰，我们谁也没有到您厦大西村刚入住的新家去拜访，就匆匆而别。

2018 年 6 月，承蒙董建辉老师的邀请，我赴厦门参加海峡两岸民族乡论坛。 会后乘机到府上看望您。 临别时，您特地反复叮嘱我：一定转告所有博士同门，明年千万不要给您张罗七十寿诞，希望我这个大弟子带个好头。 我当时含糊答应，心里想着届时或许可以像十年前一样"如法炮制"，但还没来得及"密谋"，就再也没有机会了。 2019 年 3 月，我们却以另一种方式提前半年齐聚厦门，只为送别您而来，那种"物是人非事事休，欲语泪先流"的无力和悲伤，难以言表。 如今想来，您去年对我的叮嘱，实际是对十年前弟子们"密谋"行为的"耿耿于怀"和"警惕预防"，师心良苦，忆之悲切。

五、山高水长

师生结缘十七载，您从未严厉批评过我。 其实这并不因为我是女弟子的缘故，即便教育方式有性别差异，透过感性的表面，您骨子里是男女平等的。 相反，您那种金针度人与拭目以待，给我莫大的鞭策和动力。 我每一个细小的进步，都离不开您的点拨和鼓励。 您对教书育人的那份拳拳之心和殷殷之情，天地可鉴。 您不仅教我治学方法论，还有很多为人为师的智慧。 刚入学时，您曾谆谆告诫我：学术上要广拜名师，博采众家之长。 风格上"爬行"与"飞翔"可兼容并蓄。 做人方面，既要见贤思齐，也要如孟子所言，多养浩然之气。 您特别强调：学者应多练内功，功夫到，清风自来。 尤忌混圈子和攀龙附凤。 对此，您言传身教，身体力行。 弟子亦铭记于心，只是功力尚浅，还在修行的路上跋涉。

我对畲族经济问题的持续关注，源于您对少数民族民生问题的人文情怀和长期以来的悉心指导。 我在 2015 年出版的拙著《超越大山》的序言中，谈到畲族经济研究缘起时，曾写下如下文字，以表达自己的学术渊源和感恩之心。

2004 年寒假，我有幸随授课老师石奕龙教授的国家课题组成员，至浙江丽水老竹畲族镇沙溪村等地进行了为时半个月的田野调查，这可谓开启了我人类学意义上的"田野洗礼"，其意义非同寻常。2004 年那个寒冷的冬天，正当我在沙溪村忙于田野洗礼时，我的导师郭志超教授为了给我探寻理想的博士论文田野点，也为了考察田野点的研究主题和学术视角，竟然带着本所的年轻教师杨晋涛博士，冒着严寒从厦门辗转来到陌生的景宁畲族自治县敕木山村。其时景宁敕木山上天寒地冻，又临近年关，交通和接待十分不便，景宁民宗局一位畲族干部婉言谢绝前行，希望翌年春天再来。然而，导师向来藐视一切困难，也素来倾向绕过官方，直接扎入村落以寻找最大的田野本真。正是这种特立独行的田野方式，让他决定将首次敕木山村的田野考察当作纯民间行为，不惊动任何官方机构。导师二人从厦门乘火车，经福州转温州，再从温州换乘汽车至丽水，再从丽水至景宁，可谓昼夜兼程、马不停蹄，于第三天中午时分到达景宁县城。在匆忙午餐后，他们选购了数件生活用品，其中最醒目的是两床棉被。二人背着棉被，扛着行李，冒着风雪从景宁县城徒步走向敕木山山脚，再从山脚翻山越岭前往位于海拔 700 多米的敕木山村，并计划入住该村的"蓝文成村长"后裔家。

那天日暮时分，当两位来自厦门扛着被包的不速之客，突然降临在这个宁静的畲族小山村时，着实让当地畲民吃惊不小。当他们二人凭着直觉径直进入蓝村长当年的老宅院时（蓝文成故居现已被列为第六批古建筑类浙江省文物保护单位），蓝村长的曾孙女及其赘婿在短暂的惊愕之后，热情地接待了这两位真诚而又坚韧的远方来客。房东夫妻二人麻利地将当年德国学者史图博居住过的二楼木板房间收拾妥当，安置客人。这样师生二人在当年史图博居住过的地方生活了一周。但与史图博不同的是，他们的眼光不是集中在敕木山村一村之地，而是对敕木山村及周边的畲族村落，如惠明寺村、周湖村、东弄村等地进行了泛型的田野考察。导师敏锐地将学术眼光停留在景宁敕木山一带漫山遍野的惠明茶及其当地畲族村落的经济转型方面。

导师当年那次徒步敕木山村的田野场景，久久地萦绕于我的脑海中，深深铭感！更为重要的是，他为我开启了一扇畲族村落经济研究的大门，因其科学方法论的指导，让我的畲族学术之旅少走了很多弯路。

十七年师生缘，道不尽您的嘉言善行。惟德首善、乐善有恒、铮骨苍苍，是您一生最真实的写照。弟子被泽蒙麻，终身受益；山高水长，无以为报。您提出的具有前瞻意义的"畲学"构想，对畲族学界而言，任重而道远。晚学当自强，上下求索，愿来日，堪告慰。

如今，您已远行，再也听不到人间的呼唤。那天，您从雨中离去，抛弃了人世的喧腾。从此，这世间再也不能迷惑您，哪怕芙蓉湖畔树林里，您最喜爱的小松鼠，还有您阳台上怒放的三角梅。往后，五老峰下再也见不到您提着水壶浇灌树苗的矫健身影。但厦大人类学博物馆前您亲手栽种的那株大榕树，依然亭亭如盖，饱含着您对厦大人类学发展的深情和承前启后的不世之功。

您一生做过工，务过农，挖过煤，三尺讲台，碧血丹心数十载。您一生跨过无数沟沟坎坎和暗流缝隙，但一路风雨兼程，月地云阶。因为心中有大爱，您总是将无私奉献，视为守护心灵的法宝。因为心中有理想，您总能将衰草瑟瑟，变得斜阳无边。无论岁月如何，光阴几载，您始终秉承着理想主义者的光芒，照拂着跋涉前行的晚生和同道。时代洪流浩浩汤汤，但作为个体的人，终将不过是在明暗之间辗转穿梭的一个孤影，亦如白天在夜间奔驰。无疑，理想主义精神火焰的力量，具有拔山扛鼎之势，因其作作生芒而永恒不朽。如此，您将永远活着。

您从一病不起，到残红退尽，只不过一刹那。没有苍颜白发，没有老态龙钟。您书桌上茶杯里的茶水还是温热的，您阳台上才复印的十几本书籍，还来不及送给需要的年轻学子和一如既往的细细圈阅。您邮箱里还有好多封邮件来不及回复。您是真的太累了！尘世太辛劳，愿您来生化作鲲与鹏，可遨游五洋，可展翅青云……

作者简介：王逍，厦门大学2004级人类学博士，现为浙江师范大学国际学院教授、博士生导师。

侠骨柔情，赤子之心

——缅怀郭志超老师

◎ 丛云飞

2019 年 3 月 23 日上午，突然在微信中看到说郭老师走了，第一反应是不信。不敢相信，不愿相信。可是也明白，没人会拿这种严肃的事情开玩笑。正在地铁上的我僵在座位上呆呆盯着手机，周围的一切似乎都与我隔着一层，心里堵堵的，拒绝往那个不愿接受的可能性上去想，甚至抱着侥幸心理，该不会是离家出走的"走"吧。除了一遍又一遍的滑动那条消息，无法再做任何其他动作。直到另一人发微信消息："今早郭老师去世，你想加入追思群吗？"这才如被解穴般，从那种半凝滞状态中松懈下来，瞬间忍不住红了眼眶：郭老师这么好的一个人，怎么就走了呢！

由于个人原因，自打离开学校后，我很长一段时间都关闭手机，不看邮件，处于自我封闭状态。除了还有三两位好友坚持主动联系我之外，我的世界已经狭小得几乎只有家人。随着时间愈久，愈发不愿联系已经在正轨上越走越宽的大家。尤其自己没什么建树，因此更不敢跟各位老师们联系。虽然我的硕士导师曾经数次说过"没关系，要保持联络"，可我内心仍旧忐忑不安，龟缩于自己竖起的并不牢固的小世界中。直到最近一两年才渐渐缓解一些，打算找个时间回厦大看看。只是惯性的情怯，始终没有确定，未料却先听到郭老师离开人世的消息。

印象中的郭老师体格健壮，精力旺盛，博闻强记，心思细腻，目光犀利，这些都让我非常艳羡。许多同学说他"心有猛虎，细嗅蔷薇"，的确非常形象。他品性正直，是一个对后辈很好的人。

记得 2004 年 3 月，我从昆明辗转三天，坐火车经福州再到厦门参加博士生考试面试（那时昆明到厦门还没有直达车）。结束后先去看望我的导师石老师，然后去看望住在石老师隔壁的郭老师。当时聊了些什么已经记不清，只记得临走时郭老师送我几本书，还有一个红包。长这么大从没平白接过亲人之外的别人的钱物，第一反应是不要。可他坚持，最后拗不过，我只好收下，但心里总是不安。因为自小受的教育是不能拿别人的东西，更不要说钱了。"无功不受禄"，拿别人的总要有个理由，要么有对等的交换，要么有情感的积淀。可是我跟郭老师只是第一次正式见面聊天，就送我这些东西，我很是不知所措。虽然早就听说郭老师会送学生书籍，这我有心理准备，然而红包却是我从没遇到过的状况。长者赐，不可辞，到底心里不安，又打电话询问另外一位跟郭老师相熟的老师这种情况该怎么办，得到的答复是"你收着吧，郭老师做这种事很正常"。我这才放下心来，接下来居然也傻傻地以为这真的是正常的，然后把此事抛在一边。

现在想来，难道郭老师给我的是交通补贴？我家那会儿经济条件不好，但并没告诉过别人，妈妈当时的退休金才两百多元，郭老师给的红包就有三百元，而当时厦大老师们的工资似乎也才一两千吧。后来渐渐熟悉，知道郭老师如果遇到真正贫困的人，哪怕并不认识，也会给予一些钱财资助，而对于学生们更是会通过各种方式予以经济帮助。郭老师走后，听郭师母说，郭老师的钱"基本都他自己花了"，原来这个"他自己"里，我们都有份儿的。

郭老师跟后辈相处的原则大概就是绝不让对方吃亏。记得有一次男朋友从云南来看我，带了些普洱茶让我送老师。跟郭老师联系过后，他指定好时间地点。当我把普洱茶送给他时，居然收到他回赠的台湾高山茶和几本书。知道他风格的我很是无言，本来是出于对老师的敬爱，正巧有点小特产，就送他表达心意，却被他的回礼弄得很不是滋味儿。我只是机缘巧合随心而为的送点小东西，却累得郭老师还得花心思去考虑回些什么东西才不让我吃亏，实在不是我的初心。然而郭老师的脾气在那儿，我只能收下。

厦大人类学研究所每年都会主办或协办或参与一些研讨会，地点多在外地。时任所长的郭老师总是找机会让我们这些学生参加，接受学术会议氛围的熏陶，提高学术修养与见识，顺便践行"读万卷书行万里路"。参加会议的交通住宿等费用多由所里报销，这对于我们这些"穷学生"来说，真的是一件开心的事。所里尽量为我们学生减轻经济负担，郭老师在其中起到的作用不可忽视。之前一直以为这是正常的，以为这是厦门大学的常态，直到后来听一位在厦大法律系从本科读到博士的朋友说，她们出去参加会议，都是要自己出交通食宿费、自己找渠道才能成行，否则就没有机会去参加相关的学术会议，那时我才意识到我们多么受系所老师的眷顾。

刚到厦大人类学研究所的第一个学期就遇到一个研讨会在闽西召开，我们那一届的博士生大都去了。但我因为时间仓促没准备好文章，很是心虚。郭老师了解到我的纠结，大手一挥，"你们放心参加会议就是"。那一刻简直如奉纶音、如释重负，终于可以坦然参会。后来又有一次参加在武夷山召开的百越民族研讨会，提前一天到达，大家先自由活动，第二天再正式开会。当时有两位外地来的年纪较大的老师想去参观"一线天"景点，会务组的老师出于安全考虑，要找人陪着，正巧我在旁边，于是便陪他们去了。等晚上回来，听说郭老师下午自费带着一些同学去参观武夷山的著名景点大王峰，特意让同学找我这个从没来过武夷山的外地学生一起去，当然结果是没找到。虽然没去成这么个地标性景点挺遗憾，但郭老师的关心我收到了，心里很感谢。

郭老师对后辈的细心体贴不只是在物质上，还有精神心理方面。当年来复试面试时，我很紧张，紧张到只顾着自己表达而忘记周遭环境的变化。后来有次跟郭老师聊天，他说那天他担心我紧张，在我面试时特意避开，"就是想着只有你的导师石老师在，或许就不会那么紧张"。听他说起这事，我是真的没什么印象了，因为直到现在也只依稀记得好像当时是石老师和另外一位负责记录的老师在，不知道郭老师是一开始就没进来，还是途中离开的。但他对后辈的这种细致入微的关心，令我动容。只有真心实意地爱护，才会有如此细腻的举动。

郭老师对学生都很严格，但对男生女生的态度还是有差别的。听说最初对男女同学的态度也一样，只是后来有一届的一个女学生被他"准备开骂还没开骂"就开始掉眼泪，此后他对女生态度就温和很多。作为女生，等到我入学，直接承惠。话说回来，其实我似乎也没怎么亲眼见到过郭老师狠骂学生的情境（或许是我正巧每次都不在场），大都是听师弟们转述来的。至于我自己，记得有一次是郭老师上午的课，我没按时交出作业，解释说是所里楼下的打印室还没开门，所以没打印出来，没法交。郭老师盯着我运了运气，说："你不能提前写好昨天去打印吗！"能感觉得出来他很生气，但看到我有些噤若寒蝉的模样，仍强忍怒气压低声调，怕吓着我。 当时我只顾着歉疚了，现在想想郭老师还真可爱呀。

还有一次聊天，郭老师不知怎么看出那时我对自己的经济困窘有些闷气，宽慰我："钱有四条腿，人只有两条腿。 所以人追钱是怎么也追不到的，但是，如果钱来追人，人也跑不了。 我以前是人追钱，现在钱开始追我了。"看着他眉飞色舞地说着这些话，我不由莞尔。 虽然不知他是不是已经在被钱"追"，但我确实释然不少。 好在我本身是个物欲不强的人，又有他这句话"垫底儿"，很快就不再被这件事困扰了。 后来我也耳闻目睹，郭老师对金钱非常淡泊，甘于清贫、容易满足，知足常乐，他其实也没有真正体验过"钱追人"的状态。

郭老师跟我妈妈同龄，所以他的许多行为举止我都比较容易理解，甚至有种亲切感。 我听说他经常跟别人发火，很担心对他身体健康不好，担心他血压会高。 不料他说："不会。 我发完火，气就顺了，也不会往心里去，晚上正好睡个好觉。"如此率性，也是服气。

十多年过去，想到郭老师，能记起的都是他的好。 却没想到他这么一个怜贫惜弱，爱护后辈，同时又爱憎分明，嫉恶如仇的人这么早就走了！ 这世上又少了一个敢于对"恶"说"不"，也有一定能力对"恶"说"不"的好人！ 我至今都不愿接受这件事。

呜呼哀哉！ 郭老师一身侠骨柔情，拥有赤子之心。 如今他走了，惟愿他此后喜乐安泰，再无烦忧！

作者简介：丛云飞，厦门大学2004级人类学博士，现居昆明。

忆恩师郭志超先生

◎ 罗春寒

一、结　缘

2005 年 7 月中央民族大学博士毕业后，无意中在网站上浏览到厦门大学历史系招收历史学博士后的公告，遂萌生到厦门大学做博士后的想法。 于是我冒昧写了一封信附上自己的简历寄给郭志超先生，要求到厦门大学做他的博士后，此前我对郭先生的了解只是看过他写的一些学术文章而已。 信投出去后，我并不十分在意此事，说实话对于做博士后的事我没有抱多大希望，心想寄出去的信完全有可能石沉大海，毕竟与郭志超先生素昧平生，没有任何交情。 没想到一个多星期后，我突然接到一个区号是 0592 的座机电话，打电话正是郭志超先生（后来了解先生不惯用手机，电子邮件是最常用的联系方式）。 电话里郭先生操一口浓重的闽南普通话对我说很乐意担任我做博士后合作导师，并让我尽快跟厦门大学博士后流动站的罗俊峰老师联系具体进站手续事宜。 这样，我成了郭先生的博士后，我们师生间的缘分便由此开始了。

二、最初印象

记得那是 2005 年 8 月中旬的一天，我们一家三口一路风尘仆仆驱车 1800 公里从贵州来到被称为海上花园学府的厦门大学。 因为此前已告知行程，郭先生预先为我们订好了校园内华侨宾馆房间，免去了鞍马劳顿之后到处寻找旅店之苦。 意想不到的是，当天郭先生还在校园内的一家餐厅订好饭菜为我们一家接风。 还记得有一道菜是台湾风味的冰镇鸭肉（可惜记不住菜名），在烈日炎炎的夏季，大块朵颐这道冰凉可口、味道独特台湾风味菜，着实是一种享受。 席间，为满足我的好奇心，郭先生还向我谈起厦门大学台湾研究史学术界有关林惠祥、陈国强、陈碧笙、陈孔立、陈在正等诸位前辈的许多"掌故"，算是给上的第一堂生动的"博士后课"。 饭后，先生一本正经地对我说，今天你们先休息，明天我有空，我带你们一家去集美参观校主陈嘉庚故居和拜谒他的坟墓，既然来到厦门大学，就一定要去看看，不然就不是一名真正的厦大人。 由此足见先生对厦门大学的那份真情与挚爱。 饭后，我要去买单，郭先生无论如何坚决不同意只好作罢。 为这件事，我被夫人唠唠叨叨数落了好一阵子。

先生十分健谈，说起话来眉飞色舞，甚至手舞足蹈，每个话题都是那么的投入、严谨、认真，一丝不苟，关于台湾研究的话题，更是滔滔不绝，乐此不疲，如数家珍。 这是我对郭先生最初的印象。 转眼十四年过去，郭先生音容笑貌依然历历在目。 而今，先生突然驾鹤西去，确实让人无法接受。

三、我夫人工作安排

厦门大学做博士后的条件全国一流，每位博士后都可拎包入住一套二室一厅崭新的博士后公寓，空调、家具、锅碗瓢盆一应俱全。 报到后，夫人借调的工作岗位却迟迟无法落实，使我安居却无法乐业。

人生地不熟，无奈与无助之余，我只得厚起脸皮向郭先生求助。 我深知，此时先生已从人类学研究所所长职位退下来了，人走茶凉将意味着什么。 在先生家里，当我说明来意之后，先生沉思片刻随即起身亲自带我到图书馆找馆长陈明光先生。 陈先生与郭先生是研究生时的同窗，著名的中国经济史专家。 在陈先生办公室，郭先生开门见山，直接以不容商量的口气要求这位昔日同窗非要提供一个借调岗位不可。 陈馆长无法推托，只好说这事起码要容我开个馆长办公会研究再定。 果然第三天就接到图书馆电话，通知让我夫人报到上班。

此后，夫人在图书馆与同事们和谐相处，学会了闽南文化一绝工夫茶，结交了一群同事；女儿在演武小学插班就读，学有长进；我也静下心来读书学习。 在厦门大学学习、工作、生活的两年，虽说平淡与清贫，却又其乐融融，注定成为我们一家一段永久而美好的记忆。

四、与先生交往二三事

2007年6月6日我在博士后出站报告完成之际所写的后记中说道："首先要感谢的当然是我的合作导师郭志超先生。 没有他，我不可能来到厦门大学从事博士后研究，现在的一切也就无从谈起。 这就是我为什么要对郭先生永远深怀感恩之心的缘故。" 在厦门大学两年里，我常常到郭先生家做客，或请教研究疑惑；或交流心得感受；或畅谈人生理想……可谓无话不谈，毫无拘束。 郭先生学识渊博，记忆力惊人。 记得有一次我们谈到郁永河《裨海纪游》时，他说在大学时读过这本书，对郁永河在台湾行走的路线了如指掌，对问题往往有自己独到见解，观点常常让人耳目一新。 尤为可贵的是，郭先生从不把自己的观点强加于人，他跟我说过，学术观点就是自己的研究心得，要有个人见解，不能人云亦云，倘若个个如此，学术研究就没有任何价值可言了。

林惠祥先生是厦门大学台湾民族研究的开山鼻祖，也是我国著名的人类学家。 按先生的说法，陈国强先生是林惠祥的学生，先生自己是陈国强的学生，我们又是先生的学生，如此算来，我们属于厦门大学研究台湾民族历史的第四代学子。 一次交谈中，得知林惠祥先生的墓地就在厦门大学后山上，我提出找时间到林先生墓地看看。 郭先生立即竖起大拇指对我说，你是第一个向我打听林惠祥先生身后事的人，不容易，这个想法好。 他说很多人来厦门大学学习台湾历史文化，从不打听林惠祥的身后事确实让人遗憾，其实学这个专业的人都应该到林惠祥先生墓葬地拜谒，要缅怀和感恩林先生对台湾民族研究的贡献。 说到做到，第二天先生把他的在读博士生周典恩叫上，我们三人顶着烈日，一路挥汗如雨，沿着荆棘丛生的山路爬上位于厦大水库旁边的小山岗，拜谒了山顶上林惠祥先生的坟墓。 在林惠祥墓碑旁我们留影作纪念。 没想到这也是我与先生唯一的一张合影。

博士后出站后，我几经辗转来到凯里学院任教。 2010年6月22日，第九届人类学高级论坛暨首届原生态民族文化高峰论坛在凯里学院召开。会议邀请郭先生参会，师生再次见面。 紧张的会议结束后，学院邀请与会专家实地考察著名的西江千户苗寨，我全程陪同先生参观。 记得那天中午在苗寨阿侬苗家就餐，按照当地苗族习俗，着盛装的苗族姑娘唱歌敬酒是必不可少的待客方式。 可能是太高兴的原因，这天先生喝了不少酒，可以说是逢敬必喝，来者不拒，一口气喝了几大碗米酒。 担心出事，我暗地里劝先生少喝，告诉他米酒后劲大，可能会长醉不醒，但先生却不以为然，说这点酒不成问题，不必担心，可见他的性格之豪爽。 说实在的，与先生吃过几次饭，从未见他喝酒，更不知他的酒量很大。 后来他对我说，他酒能喝，烟也能抽，但能节制，不该喝、不该抽的时候他不会喝、不会抽，说明他非常克制。 第二天下午先生乘机回厦门，我开车送他到贵阳机场。 中午途经都匀，我中学同学安排郭先生吃饭，因为我开车不能喝酒，结果先生与我同学两人喝了一瓶茅台。 屈指算来，那时先生也年过花甲，53 度的白酒喝了半瓶，而且面不改色，心不跳，着实也让我这位同学领教了闽南人的酒量与豪放。

2014 年 11 月，我终于有机会回到阔别 7 年之久的厦门考察学习。 借此机会，我专程去拜访了先生，没想到这次见面竟是我与先生的最后一次。 离开厦门大学 7 年，校园还是那个熟悉的校园，先生却搬了新居。记得是在位于厦门大学医院附近的先生的新家里，我与先生交谈一个多小时。 房间虽然比以前宽敞很多，但到处堆满了书籍，家具还是原来的旧家具，摆设也没有多少变化，一如旧房风格，一切物品都是那样的简单而实用，但书房里弥漫着那种特有的书香味，却又让人不得不由衷敬佩这位老学者日常生活的节俭与朴素。 这次交谈话题，我印象最深的是关于养身，先生得知我有高血压后，告诉我一个从厦门大学医院一名老中医那里得到的秘方，每天用西洋参与三七粉冲温水喝，可收到降血压、疏通血管之效，进而防止中风与脑梗。 临别时，先生硬塞给我两盒西洋参片，让我回去试试效果。 送我进电梯时，先生更叮嘱我要加强锻炼，他说他年轻时下过乡，当过木工，身体一向很好，靠的是锻炼，学生时代还是系里的篮球选手，打起球身手敏捷，奔跑自如，让同龄人望尘莫及，即便现在退休了，每天都要抽时间或爬山或打篮球或徒步，虽然已六十五岁的老年人，身体还很棒，可以说是体壮如牛。 现在看来，或许是因为先生对自己身体状况过分的自信，以致耽误后来的糖尿病治疗而酿成不可挽回的悲剧。

2017 年 12 月底我又有一次到厦门出差的机会，这次与先生约好再次见面。 结果在预约时间的前一天突然收到先生电子邮件。

> 春寒：
>
> 老母中风，很危险，不能与你见面。
>
> 心里积下歉意！
>
> 　　　　　郭志超

错过这次见面，心中总有一种说不出的遗憾。

更没有想到的是，一年多时间过后，更让人难过的事发生了。 我清楚地记得，那是 2019 年 3 月 25 日凌晨，我在人类学网站上突然看到一则惊人消息，厦门大学郭志超教授去世。 实在太突然，太意外。 我连忙叫醒梦中的夫人，告诉她这个不幸的消息。 夫人也觉得难过。 她说郭先生对我们一家特别好，你最好还是飞厦门一趟，送别下郭先生。 遗憾的是，此时距遗体告别仪式仅仅几个小时，无论如何我都无法从贵州赶到厦门看看先生最后一眼。 因没有电话，没有其他联系方式，我甚至无法向先生家人表达哀悼心情。 这一切注定成为我一生的遗憾。

回想十五年前在厦门大学与先生交往的点点滴滴，怎能不令人感慨世事无常与生命的脆弱。 如今先生已作古，作为学生，我此刻最想的说的是，此生，我感激先生曾经对我的教诲和关心！ 对先生的恩情，我无以报答，现在写下这篇回忆先生的小文只能算是对先生的一种怀念吧。

作者简介：罗春寒，中央民族大学文学博士，2005 年厦门大学历史学博士后，现为黔东南民族职业技术学院教授、副院长。

郭志超教授带领人类学研究所师生给人类学家林惠祥先生扫墓（1999年清明节，厦大后山林惠祥墓前）

郭志超教授带领厦大人类学本科生田野调查时，与当地小学张老师合影（1990年10月，福建南靖县书洋乡塔下村宗祠前）

深切怀念郭老师

◎ 周雪香

2019 年 3 月 23 日，当我在微信上看到郭老师驾鹤西去的噩耗时，根本无法相信。这么突然！怎么可能？开学初在学校西门附近见到他，当时看他虽然比以前略为消瘦，但精神状态依然很好，像往常一样谈笑风生，怎么转瞬间竟成永别？遗憾的是，我因事未能去拜见郭老师最后一面，一直难以释怀。近日，我把郭老师生前发来的两百多封邮件重新拜读了一遍，撷取受教的若干片断，以志纪念！

我是 2005 年博士毕业的。我刚有留校任教意向时，业师陈支平教授即嘱咐我，如果能留成，今后要好好跟郭志超老师做研究。我想，陈老师是基于对郭老师为人和学识的充分了解，才会作此嘱咐，因而留校工作后，便不时向郭老师请教，而郭老师不管自己多么忙碌，总是耐心、细致地给予指导。

我博士论文答辩后不久，陈老师即嘱我对论文进行修改，争取出版。可是过了一年，仍然没有进展。这虽然部分由于教学工作花去了相当时间，但主要是我一直觉得无从下手。到了 2006 年 7 月，我把论文答辩录音反复听了几遍，对答辩委员提出的问题进行逐一整理，在此基础上，把自己的一些粗浅想法及困惑整理成文，发邮件向郭老师请教。郭老师对我所提的问题逐一回复，同时也对我的博士论文作了部分肯定，给了我很大的鼓舞。博士论文正式出版时，我在《后记》中写道："论文得以修改出版，还要感谢郭志超教授。郭教授不仅在我论文答辩过程中提出宝贵的建议，而且在我论文修改阶段，一直给予我热情的指导和帮助，不厌其烦地为我释疑解难，最后还审阅了部分书稿。"

与郭老师交谈时间最长的应是 2011 年的赣州、河源之行。当年 10

月，赣南师范学院（今赣南师范大学）举办第十届人类学高级论坛暨第二届客家文化高级论坛，郭老师和我都应邀参加。我们一起从厦门坐火车前往赣州，近9个小时的车程。会议安排到广东河源考察，然后从河源乘火车回厦门。一路上，交谈甚欢，郭老师的谆谆教诲，让我受益匪浅，成为我难以忘怀的一次经历！谈及今后的研究方向，郭老师说台湾的平埔族是学术研究的"富源"，建议我朝该方向努力。回到厦门后，他还特意送了我4本关于平埔族的复印资料。只是随后我从人文学院转归新成立的马克思主义学院，平埔族研究迟迟未能开展。

2012年上半年，在陈老师的指导、帮助下，我接受了"闽台缘丛书"中《血浓于水——闽台血缘》的撰写任务。写作提纲草就后，我曾发给郭老师，请他批评指正。郭老师提醒我要关注金门在大陆移民渡台中的重要性。受此启发，我专门撰写了一篇小论文《金门是福建移民台、澎的中转站》，请郭老师审阅。郭老师为了拙文中涉及的清代粤民渡台政策，特意去查阅李祖基老师的相关著作，并一一摘录发给我。这种锲而不舍的严谨治学精神，令我感动不已！闽台缘研究项目，自2013年4月起，省里要求每月汇报一次研究进展情况，一度使我倍感压力。我在给郭老师的一封邮件中写道："我感觉就像背后有只老虎在追着！"很快就收到郭老师的回信，是一首诗：

> 人生好像在跑驿，日行千里如骐骥。
>
> 欲生双翼成飞禽，即使只在想象里。
>
> 生活是真梦是幻，亦真亦幻气不喘。
>
> 挥戈顾曲睡得好，项目结题传捷报。

书稿正式出版时，我在《后记》中写道："我也要感谢郭志超教授。郭老师不仅对写作提纲提出宝贵的意见，还细致入微地审阅了部分前期研究成果。而当我因为研究进展缓慢而寝食难安时，郭老师一再嘱咐我要保持'挥戈顾曲睡得好'的平和心态。"

2015年11月，我校国学研究院与连城县委、连城县人民政府等单位联合举办"海丝客家·四堡雕版印刷与海上丝绸之路研讨会"。会议安排陈老师在开幕式发言，并主持大会发言和在闭幕式作大会总结。陈老师因临时有其他公务无法莅会，委托郭老师作开幕式发言，并主持大会发言，但郭老师因另有要事须提前离会赶回厦门，无法作大会总结，让我作总结。 在此之前，我尚未作过学术研讨会总结；而参加该研讨会的 60 多名海内外专家学者，有不少是我的师长、学界前辈，我倍感忐忑和惶恐。虽然在会前已作了准备，写了发言稿，但我还是有些不够自信。 会议报到当晚，尽管考虑到下午坐了 4 个多小时的汽车，郭老师已经有些劳累，我还是不得不在下榻的酒店向郭老师请教。 在郭老师耐心细致的指导下，第二天我终于顺利作了大会总结，没有在自己的家乡留下遗憾！

　　读着郭老师生前发来的一封封邮件，回想着十余年来受教的点点滴滴，觉得郭老师并未离去，他只是暂时去了一个较远的地方……

作者简介：周雪香，厦门大学历史学博士，现为厦门大学马克思主义学院教授。

老师，您一直都在

◎ 钟毅锋

> 我行走在滩涂
> 淤泥污损了我的鞋子
> 而我却走出一串脚印
> 我飞翔在天空
> 水雾弥漫着我的眼睛
> 而我却带出一缕清风

我用老师喜欢的风格，写一首小诗，作为题记。

老师，我从来没有想过有一天要写纪念您的文字。您离去已经50余天，尽管师姐一直催促，同学们也好奇和期待我能写出什么，我一如既往地"患着"拖延症，却每一天都在思考，都在想念您。我觉得我需要决定第一件事情，我要不要喝点酒，是在清醒还是迷糊的状态下来写文字。古代的关公可以不用麻醉的状态下谈笑风生地刮骨疗伤，我害怕我抑制不住痛苦。

此刻，您的样子浮现在我的面前，是哪一种画面我要想想。我忘记了那个具体时空场景，但我可以确认那年您59岁，您说："我有时候早上醒来，想想自己十几年以后就不在这个世界上了，我不由地紧张起来，于是我抓紧时间起来做事情。"您在说这句话的时候，像往常一样用诙谐的肢体语言演绎，令我记忆深刻，而今却一语成谶。

———

3月23日中午，当我接到您往生的消息时，我第一刻毫无反应，甚至觉得有些莫名其妙，过了半晌我有知觉起来，郭老师走了？ 一种手足无措的感觉包围了我。 看着同学们在微信群里大都用凡人的话语悼念着您，我突然有些着急，想起您私下里的经典话语："老子是七仙女，不食人间烟火。"

在回厦门的动车上，我麻木地坐着，全身毫无知觉，内心隐隐约约地觉得这是一件很重大的事情，仿佛闸门的水已经打开，而我却站在水里，不懂得叫，也不懂得跑。 我在微信群里向同学们讲着您的各种趣事，有时候还会面带微笑。 老师一生侠之大成，应是大江东去的豪迈，用悲戚戚的喃喃细语岂是老师的豪情，我当时这样想。

傍晚，我走在厦门的街头，三月的冷风吹的人无比彷徨，把我从一阵豪情吹落到冰冷的谷底。 尽管路上人来人往，我感觉却是一人独处让人害怕的静寂。 于是，我打电话呼朋引伴地约来厦门的朋友，告诉他们我发生了一件事情，我需要喝酒，然后大杯大杯地倒入厦门高粱。 老师走了，我如此没心没肺地饮酒，是难过？ 是悲伤？ 是害怕？ 是躲避？ 我说不出自己的心情。 酒醉的我一个人躺在床上，突然无意识地哭起来。

第二天醒来，和同学相约去看师母，一路上战战兢兢，像做错事的孩子。 走进老师的家，看到客厅的摆设，仿佛昨日我坐在矮板凳上，听对面坐在沙发上的老师在眉飞色舞地高谈阔论。 师母见到我说："哎呀，他骂你最多啊。"我木讷地笑，看见师母的气色表情，感觉有少许的放松和放心。

客厅里人们谈论着老师事迹，一致推荐我接受专程而来的记者采访。我坐在记者旁边，反应迟钝，不知从何谈起。 记者反复启发我，要求我尽量描述老师的亮点特征。 记者问问对老师熟悉吗，我坚定地说："当然，我是他带得最长的学生。"可是，我和老师的感情又岂是师生情能够概括，又岂是我能够在此场景说出。

同学们陆陆续续回来了，师兄弟们不管熟悉还是不熟悉，见面都一见如故，因为老师的纽带，我们紧紧在一起，筹划着怎么送别老师。 我已经没有昨天说老师趣事段子的从容，喉咙一点点的硬起来。 晚上，董建辉老师召集全国各地来的同学吃饭，素未谋面的杨翊师姐带着孩子从上海赶来，她突然语带哭腔失声地说："我一定要来送别。"我忍不住离开座位跑出包厢哭起来。 事情好像越来越明显，郭老师真的走了。

深夜，暴雨突然来了，没有任何的征兆，一直下到清晨。 我开车带着同学们早早地去天马山帮忙布置会场。 车快到门口时，正和同学交谈的我突然说你们不要说话了，我很难受。 我不停地干呕，流着眼泪，一下车直奔聚义厅，想见老师的样子，但大厅还是空着。

雨一直下，厅内外摆满了花圈，同学们默默地整理花带，人们陆续来到，大家互相点点头，无言致意。 追悼会开始以后，我不想挤在拥挤的人群中，躲在厅堂外面，抽烟、拭泪，和杨翊师姐以及她的孩子坐在外面，相看泪眼，竟无语凝噎。 告别仪式开始了，我知道最后永别的时候来了，站在人群最后，随着人群慢慢向厅里挪动，看着出来的人们红着眼眶。

我看见冰棺了，鲜花掩盖着冰棺，我挤开人群急着冲过去，下意识地跟着旁边的人鞠躬，突然哇一声哭起来，跪下来给老师磕头，然后急急爬起来，绕开鲜花，看见老师的遗容。 老师安详地躺在那里，一切都那么亲切，似乎还有淡淡的笑容，如同他经常遇见初识的人，抿着嘴唇微微地向人致意。 我凝住了悲伤，想和他说什么，我也臆想他回话我什么，师生隔着玻璃默默地交流，像从前夕阳西下的傍晚，我们打篮球累了，两个人坐在场边休息。 让时间停止吧，这一刻不是诀别，而是师生情的永恒。

同学们簇拥推着灵棺车送老师最后一程。 民间仪式上，孝子总是苦苦哀求人们盖棺慢一些，阻拦送棺路途，而当悲伤降临到我们身上，这根本不是仪式的需要，而是我们内心真实的表达。 然而一切都不能停止，在悲伤中终究老师要化烟而去。

清平乐·哀吾师志超

吾师志超

蒙天上感召

骑鹤西去归受了

得极哀荣焚烧

弟子千里迢迢

人心路上昭昭

谁说苍穹不老

无边落木萧萧

老师的仪式简朴简单，当日即安葬。 走出殡仪馆，居然雨停了，天蓝了，艳阳高照。 我并非想去附会什么天象异常以增加何种色彩，这确实是当时的天气，想要引导人们的心情。 师母在老师的安葬仪式上致辞，我笑笑地说："师母，您的口才比郭老师好。"

傍晚，回福州的动车上，我心里异常烦躁，又疲倦地无法动弹。 回到家里，我打开一瓶酒独自喝着，已经很多年没有独自喝酒了。 喝到一半，我又想起要为郭老师出文集的事情要找一位厦大的校友学长。 见到这位平时很让我尊敬的学长，我第一句话就是："学长，我要喝酒！ 我导师去世了，他是我们厦大一位受人尊敬老师。"

深夜回家时坐在朋友的车上。 大概在不久前我坐朋友车的时候曾向朋友推荐台湾歌手杨培安一首献给父亲的歌《你一直都在》，朋友无意间播放这首歌。 在乐曲中，我突然觉得歌词每一句都是为我而写，每一个字都是我想对郭老师想说的话，我终于感觉出来了，郭老师真的离开我们了！ 让悲伤尽情地来吧，让哭声尽情地宣泄吧，痛哭！ 痛哉！ 痛以当歌！ 歌词和着泪水，一直在萦绕在我的脑海，久久挥之不去。

你一直都在

不敢相信,你就这样的离去

就在那场滂沱的大雨里

无法忘记,那句简单的鼓励

多年以后还萦绕在心底

曾经我迷失自己,曾经我想过放弃

人生的路口怎么抉择,我看不清

后来我终于明白,理想它一直都在

只是恐惧不安逼着我去逃避

是你给我力量,让我能勇敢地站在舞台上

是你给我信仰,让我能找回信心不再彷徨

每一首歌,都有最真实的呼喊

你一直都在,你是我生命的太阳

是你给我希望让我在黑夜里看得见亮光

是你给我梦想让我在蓝天上面展翅飞翔

每一首歌都有最真实的呼喊

你一直都在,你是我心中那道最耀眼的光

窗外的风，缓缓摆动的风铃，是不是你在耳边低语

飘落的叶，翩翩飞舞的蜻蜓

会不会也是你的身影

或许我不够坚强，或许我不够努力

才会让自己一次又一次流泪叹息

现在我终于明白，理想还一直存在

我要连你未完的梦也一起努力

你一直都在，你是我心中那道最耀眼的光

二

老师走后，我们找到了很多老照片，很多都是老师年轻时候与他的同学朋友们的集体合照，大家纷纷猜测辨认哪一位是郭老师。 我不需要辨认，我在照片中众多人物里一眼便能和老师的眼神对视，或许这是长期形成的默契，或许这是老师祖上是泉州惠安百崎回族。 说起来我也有回族血统，我外婆的家族就是姓郭，外婆家估计就是阿拉伯人的后裔，所以外婆、舅舅等有中东阿拉伯长相特征。 再说一个题外话，我大学一位很重要的老师姓郭（也是百琦郭），硕博的导师姓郭，毕业后几位直接领导也姓郭，和郭姓也有冥冥之中注定的缘分。

郭老师中年以后的长相确实和年轻以前有很大不一样。 在其50岁以后，也就是大多数同学熟悉的样子，已经有很明显的阿拉伯人特征了，比如他的扬眉。 作为厦大子弟，我很小的时候就认识郭老师，但我却忘记了小时候是否清晰地认知他的长相，这需要好好地回忆。

虽然父亲的同事好友很多，但是郭老师是一位小朋友们很好认识的伯伯，因为他看见小朋友总是呈现心花怒放的表情，令人和蔼可亲。 但只有表情和善是不够的，给予小朋友美味的食物最能令人记忆深刻，尤其是我小时候食物还不能说是丰富。 因为师母在食品厂工作的关系，他总是不定期送我家蛋糕切块后剩下的边角料，一大袋一大袋的送来，虽然品相不好看，但在我童年时期是绝对的美味，能敞开吃蛋糕，换成是今天的孩子也是快乐的。 我那时候觉得师母在食品厂工作真好，能有那么多免费美味食品。 最近和郭航聊天才知道，那也是要用钱买的，只是价格相对便宜。

　　过去的年代，朋友们如有相聚，都是在家里聚餐。在我家聚餐时候，郭老师绝对是全桌主角，虽然是谈论大人的话题，他幽默自嘲的话语令孩童的我也能跟着笑起来。我还模糊记得那次聚餐，他带来一件礼物，是厦港卤鸭。他描述厦港卤鸭店生意的火爆，配方独特。卤鸭的美味得到了我们家一致认同，也是我们作为外地人第一次领略厦门菜的美味。从那次聚餐至今，我们家过年过节还保留着一定要买一只厦港卤鸭的传统，回想起来，竟然是郭老师功劳。

　　和蔼可亲、幽默搞笑的郭伯伯形象，到我24岁时候就嘎然而止，代替的是暴风骤雨、威风凛凛的郭老师出现了。2002年，我考进厦大人类学研究所，成为他的硕士生。

　　高中理科、大学工科的我进入人文社科学科，就像一只公牛进入瓷器店，百般不适应。我那时候总是认为人文社会科学很多问题总是杞人忧天，无病呻吟。特别是那个时期，西方理论非常时髦，理论来理论去，莫名奇妙的思维逻辑和晦涩难懂的文字语言系统——书本都是中文字，就是看不懂。时至今日我也理解不了，为什么西方的人文社科理论代表着前沿方向，可以站在高地俯瞰一切。在这种困境下，我面临着恐慌、迷茫、愤懑，莽撞地冲撞一切。面对我这样的学生，郭老师像一位马戏团的驯兽师，用电鞭抽打着野兽（郭老师原话）。

　　郭老师第一学期给我们上人类学的田野调查，是让人着迷的课程。记忆上的场景大都是这样的：他急匆匆地骑着自行车冲到博物馆门口，把自行车一扔快速跑入教室。我们迅速闭嘴收声，紧张地盯着他，他一屁股坐在椅子上，头发清洗梳理得油光发亮，脑袋歪在右侧，喘着气，突然发呆起来，想了一会儿缓缓地说："我小的时候啊……"我们面面相觑，非常困惑，不知道是他喃喃自语，还是在对我们说话，还是在讲上课的内容。然后在这样的开场白中，他逐渐苏醒过来，开始兴奋，开始手舞足蹈。他说他上课前不吃早餐，这样饥饿的状态才有激情和活力，饿虎才能扑食。厉害的是，他从早上8点讲到12点，也不怎么上厕所。有时候他宣布下课了，我们也进入半收拾书包状态中，在他说的再讲几句话中，又讲了半个小时。

　　老师走后我看他生前的演讲视频。当主持人邀请他上台演讲的时候，他迫不及待地走上讲台，这就是他。我们在这个场合要么是扭扭捏捏，要么是紧张过度。他不会，他就是有表演激情，他要讲话，人越多他越情绪高昂、出口成章。

人类学田野调查的课程集合了郭老师学术研究的精华，包含了他治学经验。在郭老师的教学中，基本上都是他个人经验之谈，如何建立问题导向、如何设定前提假设（大胆假设，小心求证）、如何寻找社区、如何进入社区、如何寻找报告人、如何与报告人交谈、如何发现线索、如何记录田野笔记、如何整理资料、如何撰写民族志，等等。这些教学时至今日对我帮助还很大，毕业后我派到乡镇工作，依靠老师教我的这些方法，迅速打开工作局面。

特别重要的是，老师的课程让我树立了学习的信心。我开始模模糊糊地感觉到人类学是那样的生动有趣，不像是满口西方理论那么索然无味。即使是教授西方理论的方法，郭老师也能用浅显的话语予以说明，比如斯纳姆的传播学，经验赋予符号予意义，什么是符号，什么是经验，什么是赋予，老师结合自己的学术经验一一展开。大道而至简，只要有高中文化的人，都可以听懂老师的课，听进去而又收获非凡。

做田野是那么的好玩，我当时想，我就从做田野开始进入人类学吧。老师已经为我打开了大门，我欣喜地重新打量着一切，仿佛我熟悉厦门的老街巷都能看出新门道，每天沉溺于所谓的田野，或者说打着做田野的旗号到处玩。老师幽默地说："钟毅锋，你阅尽人间春色，始终不见你的分礼。"什么？我没听清楚。老师急了说，你不要和我的厦门普通话较劲。哦，是婚礼。想了半天，明白了，老师说我到处做田野，也没看见我写出来文章或田野报告。

田野调查课程结束了，按照惯例，郭老师批阅完考卷，会给每个同学写一封信，总结他对每个人本学期课程的评价。我没有等到这封信，却等来了他直奔我家。他说，把你本学期的课堂笔记给我看看。我踌躇半天，又假装找了半天，只好告诉他我没有记笔记。愤怒由此爆发，我蔫着脑袋接受暴风骤雨的洗礼：你做一万次田野也不会有成果。

多年后我到省委组织部参加选调生面试，面试的题目是"看到笔记本想起"。我立刻疾笔写下郭老师当年对我教育的话语：看见笔记本我就想起我的导师教育我的话——好记性不如烂笔头。记笔记是一种态度，当我们在田野中，群众看到我们认真记录他们的话语，感受到我们对他们讲述的尊重；记笔记是一种方法，在记录的过程中，眼手心三管齐下，是调动身体所有机能思考的好办法；记笔记是一种历程，人生最美的旅行，不仅仅是目的地，而是沿途的风景以及看风景的心情。

研一结束后，我正式分配在郭老师名下进行专业学习研究。 郭老师有意引导我往畲族研究方向，在其指导下，我开始选择钟姓这个姓氏和畲族之间的关系作为课题研究方向，大胆猜测钟姓原为汉族，应是畲汉交融而形成偏向或呈现畲族文化特征的族群。 这种假设得到老师鼓励，并在其指导下，形成我的第一篇比较算论文样式的文章，参加了2003年的宁德畲族研讨会。

然而治学先欲养性，我张扬的个性让我难进入治学的状态。 记得有一次会议安排我，在一个下午向大会做论文发言，中午郭老师突然冲进我的房间要看我下午的发言提纲，我说我的文章已经烂熟于心，张口就来，郭老师自然又是大怒，一顿痛骂"老子是高手还要准备发言提纲"后扬长而去。 我却不服气，我历来对我的口才有信心，人越多越不怯场，下午做洋洋洒洒的发言，场面效果似乎不错，会议新闻报道还采用了我发言的标题和图片，让我陶醉飘飘然。

会议结束后不久，评审会组织评选编撰论文集的出版，我的文章被第一个枪毙，否决我文章的是一个在我的会议发言后，第一个站起来评论肯定我的专家。 大概是文章外的一些因素吧，我一直这么觉得，或许因为某些观点太有争议。 这让我觉得十分沮丧，因为全所参加学术研讨会的同学中就我一个人的文章没有被收录。 更难受的是，这又增添了郭老师教训我的案例。 我知道他虽然在我面前不断用这个事情来"嘲讽"我，但是在评审会的时候却帮我力争。

在这种严厉的状态下，我产生了严重的不适应反应，像马戏团的野兽在驯兽师的皮鞭下，一点点地投降驯服，却又不断地想逃逸，最终逃无可逃。 记得有一次，我俩和蓝炯熹老师、刘冬老师去闽东做畲族调查，在车上郭老师不停地训我，并在批评中疲倦地打起了呼噜。 我庆幸地说："睡着了。"郭老师突然睁开眼睛说："我睡着和你什么关系。"骂声又起。我最近和刘冬老师回忆这件事，哈哈大笑。

蓝炯熹老师怕我受不了，晚上独自到我房间说他已经提醒郭老师，要在公众场合注意学生的面子。 看来第一次见到我和郭老师相处的人会不适应。 我却慢慢成熟起来，这是郭老师对我特殊的培养。 工作以后，无论面对多大压力和什么类型的领导，我都能从容不迫。

郭老师去世后，基本上每一个人见到我的第一句话都是"郭老师骂你最多啊"。 是的, 郭老师批评我最多, 他对我的批评超越了一般的师生关系, 是完全父子之间恨铁不成钢的生气。 他针对我的个性特点, 采取锻打成钢的方法改造我, 有时候甚至是苛刻的, 毫不讲情面的。 他对我感情上是亲近的和信赖的, 责之甚, 爱之深。 而我对于他的批评责骂, 永远是不服气地抗争, 试图不断地证明自己, 幻想取得胜利。 这样两个男人之间的战斗, 不就是心理学家描述的父子的关系吗。

他对我的关心和忧虑印入他的内心最深处, 师母和郭航都告诉我, 郭老师在家里的饭桌上经常说起我, 或者余怒未消的讲述我的事情, 即使在我毕业很久以后。 很多师弟师妹从未见过我, 但是已经在郭老师的故事里听我千百回了。

毕业后, 郭老师曾给我写封邮件:

> 毅锋, 很高兴你进步了。你的进步, 给我带来欣慰, 让我引为光荣。对于过去对你不尊重之处(对我自己的孩子也是), 请多包涵。

重读邮件, 泪流满面。

此刻我写着文字, 下意识地惊恐地看着上下文, 生怕出现文字错误, 这是老师培养出来, 多年来一直挥之不去的习惯。 他对文字的态度, 用他自己的话来说是有严重的文字洁癖。 如果撰写关于他的追思文章出现了文字错误, 就是对他的最不敬了。 他曾给我写信:

> 多年来, 我积压着愤懑情绪。这种情绪缘于那些令人作呕的文字表述: 有的失却了自然语言的流畅, 文字犹如鞋匠在鞋楦上钉鞋帮, 如果读出声音, 真不是人话了; 有的对理论囫囵吞枣, 却动不动来个"建构"、"解构"、"记忆"、"边界"、"解读", 而一旦生冷地用几个词锁定, 从从容容、详详细细的话又不会说了。毛泽东哲学著作几乎不用马列词汇, 但却很马列。我们的许多学生除了用几羽雀毛装饰自己, 根本不知"化"为何意; 有的勉强作派, 鬼画符似地绕呀绕的, 简明线性语言变为错综复杂的乱线团了; ……对此, 我只好认命了, 认时运了(遇到不好的季节, 树上有密密麻麻的小虫子)。
>
> 长期以来, 我没有耐心给学生补中小学语文, 也没有耐心讲求真务实的写作态度(本不需要)。有几次, 对你文字发脾气, 当时我担心你误会, 特地找重要段落(比如你写军家人的第一段)为例。我曾窃想: 你的笔已经中了邪了, 等你祛魅了, 我也"老番癫"了, 既此就任其自然吧。

然而,近期发现你能写出简明的语句,甚至有恰到好处的文采(我从不奢望,尽管我有梦想),让我喜出望外。

读一读《共产党宣言》,尽管经过翻译,你仍会依稀能感受到马克思、恩格斯的语调。相信你能继续自然、轻松地写作。我不敢以自己为典型,但将上述转化为声音,你会有如晤的感觉,写作领悟也在其中了。当然,如果你如果能像上述那样:自然表现的精确性、逻辑性,我会更充满信心,就像这些本来没空写的文字所蕴藏的情绪。

郭老师对如何提高文字水平有一句精辟的总结:我手写我口,我口读我心。对于我这样入门级的菜鸟,他有三个法宝交给我。这三个法宝简单易行,却又是灵丹妙药,我工作多年受用至深,把这些观点和同事分享,许多人按此方法练习也直呼大有裨益:

1. 无论什么文字,写完用手指头点着逐字逐句念一遍,念得通畅,念得流利,就是好文字,至少是干净的文字。

2. 熟读唐诗三百首,不会作诗也会吟。多读好的文章,形成语感,最少也能依葫芦画瓢作得有模有样。例如公文写作,大量阅读公文文字材料,特别是重要文件,分析其思路框架和公文语言系统文字格式惯例,形成语感,自然下笔如有神。

3. 在文字的基础上,新手对于文章框架可采取"总—分—总"归纳演绎的逻辑结构,即提出观点、论证叙述过程、总结呼应观点三部分。逻辑结构的完善需要大量累积,才有开阔的视野搭建高屋建瓴的立意基础。我刚毕业的时候写材料,领导说我文字不错,但历练不足,说的就是这个。

这三条是老师教我的,是我在读书时写文章和毕业后公文写作中的要诀。我按照老师的教导锻炼自己文字水平,时间越久越深以为然。仿佛古代师傅教徒弟每日悬臂提水,伐木劈柴,徒弟不知不觉也练成了武功一般,我的文字水平逐渐提升起来。毕业后我参加工作,居然成为单位的笔杆,这确实让我也意想不到——从郭老师不停嘲笑的菜鸟,变成了人人夸赞的写手,有了翻身农奴把歌唱的喜悦。毕业多年后,郭老师来信和我探讨学术问题,表扬我"表述稳健,层次清晰,逐层推进,还考虑到社会变迁,文字大有进步",考虑到这是难得的郭老师对我文字的肯定,实在忍不住尾巴翘上天。

我必须要如实记述,报名博士考试的时候,我曾没有选择报考郭老师，这有点离经叛道的意味，但郭老师并没有对我有任何责备或是不满。但是我后来希望调剂给郭老师时，他仍然以宽阔的胸怀迎接了我的回归，同样没有怨言，只是和师母说：好不容易用三年把钟毅锋硕士带毕业，这下又要辛苦三年。 这也是我和老师命中注定的缘分，我成了他带得时间最长的弟子。

在我现在的工作中，许多人总是会夸赞我的学历。 每到这时，我总是要讲述我博士入学时老师和我的谈话。

记得博士入学，郭老师对我说："中国再穷的家庭也要供孩子读书，过去读中专的人都是出类拔萃的，现在一般都会尽量供上大学。 本科毕业后，有些人因为个人性格原因，更多是家庭原因，选择就业而未再考取研究生。 研究生毕业后就更是这种情况了。 你考取了博士，并不能证明你聪明，会读书，只能证明两点：一是你家庭条件不错，你 27 岁了你家里还能供你读书；二是你脸皮厚，你 27 岁了还不能赚钱供养父母，还要向父母拿钱。"

朋友们听完故事，纷纷提议敬一杯这位未见面的老师。

我的博士学习就在这样的开场白中开始了，这是郭老师为我量身定做的"钟毅锋培训法"，打压磨炼我的个性，让我"治学先养性"。 可是我已经不是研究生的菜鸟了，学术已经到了似是而非、懵懵懂懂的阶段，进入了学术的青少年叛逆期。 有时候甚至能够断章取义地选取他文章的观点来反驳他，甚至调侃。

郭老师还有一个特点，从不用手机。 2005 年，郭老师带我外出考察，因为时间计划的调整，他嘱咐我通知毛伟明天不用上课。 我用手机短信在一分钟内完成了通知事项，并向他反馈。 他惊讶地说：你就在我身边，是怎么通知的。 我说是短信。 我详细地解释了手机短信的使用功能，郭老师惊叹道："哎呀，这比过去发电报还快啊。"听说他走前三个月在大家劝说下开始使用手机，并开始了解微信。 我想如果他使用微信，就可以不断用朋友圈来向众人抒发他的感想，就如他当时学会使用电子邮件一样喜欢。

人们都说很难联系上郭老师，我却能轻易找到他，比用电子邮件还快。 只要傍晚的时候在篮球场最靠里边的场地，基本上都能看见他，他有一帮固定的球友。 我经常踢完足球经过篮球场的时候，他们还在打。郭老师篮球打得相当不错，有几招杀手锏很厉害，特别是球场左侧 45 度中投基本上是百发百中。 我不会打篮球，有些时候人手不够的时候凑个数。 和郭老师对抗的时候，我非常卖力，年纪小 30 岁的我，肯定体力占优势，他多有抱怨说我太凶悍了。

打完篮球，我们就坐在篮球边上，海阔天空的聊天，不仅仅是学术上的，也包括风土人情新闻热点。 有时候我们什么也不说，赤膊喘着气，静静地等待天黑。 篮球场边的交谈，是我们师生交融的重要渠道，也许大运动量后，郭老师没有力气生气骂我，我可以比较大胆的提一些看法。在这种场合下，我可以观察到郭老师更多面向，不仅仅是学者的，而是朋友的，生活俗世的。 时不时地用厦门话讲讲市井俚语。

一般来说，给郭老师发邮件，得到的回复期限不会超过一天。 博士一年级那个暑假，我遇到很多很苦闷的事情交织在一起，在一个酒醉的深夜给他写邮件叙述了我的苦恼。 邮件发出后，几天没有得到他的回复。一个炎热的下午，我与他在南校门相遇，他招手叫我过去。 他背着一个电脑包打开给我看，里面放着好多瓶矿泉水瓶装着的水："我在南普陀五老峰种植了很多小榕树，我定期去看它们，给它们浇水，人要热爱生活。"说完，他就走了，留下发怔的我。 似乎在用行动答复我应该如何面对挫折。

郭老师对我在学术上是极为严厉的，但是在很多事情上又让我很有依靠。 我经常会闹一下事情，标新立异讲几句怪话，闯一些祸。 我犯了那么多事情，我相信都会传到他的耳朵里，忐忑不安的等待他训示，他却从来没有加重讲过我一句话，只是提醒我不要太任性，要约束自己的言行。

老师，如今您已远行，我也步入中年了。 也许人生真不应该那么任性，但任性的人生，是那样的快意恩仇。

博士一年级暑假发生的事情，让我对学术心灰意冷，产生了将来毕业了不做学术工作的念头。 那个暑假我开始销售啤酒，冬天又到一家广告公司去兼职。 老师对于我校外的尝试都持鼓励态度。 我服务的公司在龙岩策划当地非物质文化遗产的商业开发利用，我邀请他指导，他欣然前往，于 2007 年元宵节在龙岩新罗区考察，当地新闻媒体还专门做了报道。

也就在龙岩兼职期间，我确立了把永定烟草历史文化研究作为我的博士论文选题。 漫长的田野过程中，我在永定游荡，迷茫焦虑，每天所费不菲，但却所获寥寥。 面对一个庞大的课题框架，不知道从何入手。 我定期向老师报告我的田野过程，得到他的指导和鼓励：

> 毅锋，男子汉要沉着、稳重、谦虚、谨慎、信实、坦率。有些你做得不错，有些要注意，做人好，事业顺。经济上要善于安排。你有一定火候了，我会助你。今年我劳累不堪，但奇迹逐步在创造出来。

郭老师多次警告我，博士的学习可不比研究生了，相关规定严格得多，不论别的，光发表两篇核心期刊文章获得博士论文答辩资格就够呛。他对我能否三年按期毕业非常忧虑。 我不服气，暗暗较劲，在未告知他的情况下偷偷地投稿，于 2007 年 1 月发表了第一篇核心期刊论文。 当我向他报告时，他喜上眉梢。 我也沾沾自喜，感觉自己赢了一次。 我一直认为这篇文章时我独立撰写的。 直至郭老师刚去世，我接受记者采访还是如此讲述。 但是最近郭航向我传输一些资料，我突然惊呆了，百感交集，羞愧难当——我看到了老师给我修改文章的记录，里面就有我发表的这篇文章早期习作的样子，里面有老师密密麻麻的修改痕迹。 我要为此忏悔：万丈高楼平地起，我的每一步都来自老师培养。

老师还有一个很大的优点，就是敢于承认自己的错误。 他有次问我，你父亲最近出了一本书，为何不送一本给我。 我争辩道，我有送啊，某年某月。 他大怒于我的争辩，也不愿意给我补送的机会。 他在电子邮件中写道：

> 毅锋：请转告你的父亲，我正在气头上，不要给我书。我其实不在意书，而在意感情和友谊的真实和不漫不经心。让我平静下来，忘掉不愉快的事，最好。我喜欢无言却能达意的春风。早些时候，一本书送来，不就是无言却能达意的春风吗？我正忙着，让我安静。

过了两天，我又接到他的邮件：

> 毅锋：我沉重和羞愧地宣布，书找出来了！你送交我的。在无地自容之时，只好寻找一点客观原因，让自己略微解脱，书是黄色封面加烫金书名。在我的藏书中，没有任何一本是黄色封面加烫金书名，顿时发生记忆错乱，并且定性下来。对不起！ 对不起！！

这就是老师的个性，那种直来直去但又光明磊落的性格。 也许换成我，我就不吱声，永远不说书已找到。 和他相处，你永远不需要过多担心人与人之间，世俗地揣摩，可予以真诚待之。

我的毕业论文历经他一年多反复修改终于成型，他事无巨细地指导我准备毕业论文答辩会事宜。 有一段时间他突然没有联系我，这使我焦虑，因为用人单位已经通知我7月中旬上班。 我把情况以邮件形式告知他，很快收到他的回复。 得知他这段时间生病住院。 并已与所里的其他老师商议，而且亲自快速地安排好了一切。 实际上，他是在身体还没有完全康复的情况下，筹备我的答辩事宜的，从而让我如期毕业，没有耽误找工作。

我能如期毕业，郭老师应该是比我还开心，他也"解脱了"。 怎么总结我们6年的师徒关系呢，还是引用我博士毕业论文《后记》中的文字吧：

> 我的导师郭志超栽培我6年，我得到他严父般的教导和慈父般的厚爱，我在自己硕士毕业论文的后记中说郭老师授人以渔，点石成金，雕顽石为玉器，化腐朽为神奇，三年过去了，我还没有思索出比这贴切的话来形容郭老师的教化能力，我虽非金玉，但历经导师的千锤百炼，也锻打成钢。

郭老师去世，我为什么这么难过？ 为什么如此悲伤？ 原因之一就是我陷入深深的自责——我毕业后和他联系得少，甚至没有见过几面。 我陷入深深地懊悔，甚至指责自己忘恩负义。 千百理由都掩盖不了一种心情：子欲养而亲不在。 是的，是这样的心情，撕心裂肺的痛苦。

这些年我在异地工作，10年换了9个工作单位，到处奔波，始终觉得自己无所成，没有好的消息来向老师报告。 我幻想有一天能欢喜地向他报喜，然后看他欢喜表情或文字，终究没有等到这一天。 我查阅了邮件的记录，更多的是他主动来联系我，探讨一些学术问题，甚至是以"请教"的方式，然后对我赞美，也委婉地提醒我张扬的个性，可能导致在行政工作上产生的问题。 我给他寄一些地方文史资料的书，或者托家人转送他一些礼物，他都会来信客气地表示感谢，写诗词散文表达对我所寄书的喜欢和感想。 这样相处模式，让我不适应地受宠若惊。 感觉是儿子长大了，父亲老了，他再也不能像过去一样随意的教训。 这种变化，又令人心酸。

毕业以后，郭老师多次和我说，要我将博士论文出版，我多次不从。我认为我的有限的学术生涯，已经以博士毕业论文展现我的学术成果。

况且我从事行政工作，当时认为博士头衔有点多余。再去出版书籍，岂不是又标新立异。老师依旧执着要求我劝我，甚至说只要我将电子文档给他，剩下一切事情他来办理。我想了很久，还是没有听从老师的建议。

师母告诉我，家里房子因为被郭老师图书资料占满了，去年曾做过一次清理，我的博士论文是少数被留下来的学生论文。老师走后，郭航把论文给了我。我带回家里，在一个深夜打开阅读，这是毕业后我第一次阅读自己的论文。打开扉页，心情即难平静：老师用铅笔、钢笔、红笔画线，写了密密麻麻的批注。我毕业后，他多次翻阅了我的论文，他翻阅一个作者自己也不看的论文。他在指导学生撰写毕业论文的时候倾注了大量心血，他在学生毕业后还不断阅改，世界上哪有这样的老师！他一定在等我答应出版，为此做好了充足准备。我有些懊悔了，那么多专家学者邀请他为书作序，或写书评，并以此为荣，而我却像纨绔子弟身在福中不知福。

2017年7月11日，我在乡镇防台风，大概是老师从新闻中看到了台风从我所在乡镇登陆，主动给我写信："愿黄岐镇度过风雨难关！愿钟毅锋工作顺利、逢险化夷！"而我像领导干部批示一样回复："感谢郭老师，现在在处理灾后重建。"（注：我工作的乡镇是黄岐半岛筱埕镇）

这是我和他最后一封电子邮件。

去年下半年，我发生很多事情，心情郁郁寡欢。数次想起来要和他写信，却又不知道说什么。郭老师走的前一个星期，我两次站在办公室发呆，电脑就在面前，想给他汇报一下大半年来的情况，又不知道什么事分神没写成。

人生没有后悔药。以后，想做什么要及时地去做。

三

郭老师走了，我们都在纪念他，讲述自己和他的故事，或是几十年的老友，或是萍水相逢，或是一面之交，甚至没有见面的笔友都写出了纪念文章。

就学术而言，郭老师是一位福建、闽台、东南地方文化研究的优秀学者。但如果只是这样，我们对这样的一位学者的学术纪念是可以穷尽的。 为什么人们如此的哀痛追思，是因为他的精神，具体说来是他一生对人的热心、热情，对人的正义、正直。 他秉持着他的人生信念，一生简单而丰富地活着，有趣而传奇地活着，他留下了许多感人的故事，他有着许多个性鲜明的段子，他给予每一个接触他的人予以深刻的印象。 他不是迷恋权贵的玉皇大帝，他曾是大闹天宫的孙悟空；他不是涂粉抹脂的贵千金，他是天界下凡的七仙女。 他对不平事金刚怒目，他对所爱者菩萨低眉，他对人间冷暖尼姑思凡，正是他的不同，才吸引我们，爱戴他。

一个人有仅有渊博的学识是不能称作老师的，因为不仅要学高为师，还要德高为范。 郭老师一生非常珍惜老师的荣誉，胜过鸟儿爱惜自己的羽毛。 在他的内心潜意识里，老师爱学生，是理所当然的，就像父母对孩子的爱一样是天性使然。 好为人师似乎是一个贬义词，但使用在郭老师身上却是一种形象的比拟——他时时想为学生做点什么，来体现自己作为一名老师的存在。 他没有门派之见，无论是否是他亲带弟子，均一视同仁。 他呕心沥血，认真解答回复每一位学生的困惑。 他认真地教学，认真批改每一份作业，期末考试以后给每一位同学手写信件（后改为电子邮件），点评其本学期的表现。 他热情地给每一位写信给厦大人类学研究所想报考研究生的同学回信，指导他们如何复习准备，那些同学忐忑写信时也没有想过有一位教授会如此热情回复。 郭老师热情接待他们面试复试，自费掏钱安排他们住宿，购买厦门当地的特产送他们返程。

我在网上搜索到一位浙江财经大学的教授的文章。 他 1990 年代就读华东师范大学国际金融专业，因对历史很感兴趣，想转学到厦门大学历史专业，因此给厦大写了一封信，并意外收到郭老师的回信。 他在博客里是这样回忆的：

> 退学不成，我又想转学。我向南京大学和厦门大学各写了一封信，要求转到他们那里的历史系。期末考试那会儿，我意外收到厦门大学一位系主任的亲笔信（至今我还记得这位系主任的名字叫郭志超，我只能在这里向他说声抱歉）。信上称：经他们系里讨论，一致同意我转到厦大考古学专业。

网上未能查出这位教授的姓名，他最后也没有转学到厦大。 我们听过很多同学讲过他们考研考博前写信得到郭老师回信的事情。 根据网上这则材料，我相信全国各地有很多后来没有考录到人类学研究所的同学也得到了他的回信。 师者，传道授业解惑也，郭老师畅快淋漓地尽到了一位老师的本分。

老师不但对学生给与关爱。 他对他生活中交往的每一位人都倾注热情。 我很喜欢他在公共场合处人待物的样子。 每当在社交场合，有人介绍专家学者大牛大咖时候，他总是含羞式微笑点点头，彬彬有礼说两个字"敬畏"、"仰慕"。 但是见着草根人物的时候，他总是热情地与人握手，自我解嘲说几个笑话，用夸张的表情去惊叹回应。

有一次我跟他一起坐电梯，在学校的嘉庚主楼碰到了朱校长。 朱校长走进电梯时，我赶紧点头哈腰致意。 朱校长下了电梯以后，郭老师对我说："对校长要尊敬，但不是这样卑躬屈膝，君子要举重若轻，沉稳有道。"

他对上矜持，但对社会中下基层群体总是充满关怀，他大学本科第一年学期的总自我结写道：

> 入学前，我在矿山工作多年。入学后，我继续保持吃苦耐劳的品质，在军训、劳动期间表现积极。我保持和矿里领导工人们的通信关系，关心那里的生产，多次向矿山生产提建议。自己没带走的家具也分送给几位生活有困难的老工人，这样本是应该的，但让我欣慰的是自己没有忘记自己曾经是工人阶级的一员。

老师一生都做到了没有忘记自己是普通一员。 他尊敬田野调查中每一位村民，不畏惧他们递过来的脏茶杯和脏毛巾。 他尊重司机的劳动，给派车司机倒酒夹菜，主动给雇佣司机小费。 他在台风天买下老妇人的所有的菜，叮嘱她早点回家。

我相信，在此次追思集中，对于郭老师对人的热心和帮助，大家都有大量的记述来追思回忆，我就不一一赘述，我想用一段文字说说俗的事情，关于钱，关于郭老师的金钱观。

不敢说老师是圣人，但是他有很强的自控力，对物质没有那么多诉求，追求自我的精神愉悦，因此生活清淡，为人俭朴，所以可以潇洒超脱，按照自己的精神意愿生活，而不是被生活所左右。 心无所求，方能心无所惧。

作为厦大的子弟，我深知厦大文科老师，特别是人类学这样专业老师有多清贫。 20 世纪 90 年代初市场经济刚刚开始起步，人们对于市场经济观念懵懵懂懂，于是一切往钱看，各院系各显身手办班搞课题赚钱。
1993年人类学系被撤销，据说其中一项原因就是人类学专业不能搞创收
挣钱。因此郭老师的收入在90年代绝对不高。1990年代末，各方面逐
步重视以后，大学老师收入逐步提高，文科老师的待遇也只是算体面而
已。这些年，我见识过很多其他专业老师办班、讲学、搞课题、开公司、
做投资，土话说赚得盆满钵满，我相信这样的事，人类学专业是没有的。
即使有，相信郭老师也不会有兴趣。要知道，他是泉州阿拉伯人后裔，
泉州回族天生善做生意在闽南都是有名的。

那时候家庭条件较好的，大都去读热门专业。我在人类学所6年，
前后上下见识9届学生，还没看见家庭条件特别优越的，同学大多来自农
村内地。读研读博一般都是大龄成年人，很多甚至还要养家糊口。人类
学所又不像理工科、经济类学科，跟着导师做课题至少能补贴个生活费。
尽管郭老师收入并不高，可以算是工薪阶层，师母又早退休，家庭负担不
轻。在这种情况下，郭老师倾尽他个人能力帮助资助学生，甚至不是他
门下的弟子，对学生的大方已经超出了师生的本分和情谊，就显得难能
可贵。

我想无论哪个年代的同学，都或多或少得到郭老师的慰藉。小到一
盒馅饼、几本书，大到现金和大额物品的赠与，无不如阳光普照，雨露均
沾，越是贫困同学，他越挂心。这些开支看似很小，长期地、大面积坚
持，绝对是经济负担。他这样做，没有礼尚往来，接受谁的回赠，或者
压根就没有想到回报。我看他打篮球都没有正规的球衣，买了一套40元
的廉价球衣送给，被他拒绝，他说："收学生送的衣服穿，我会感觉裸体
走在街上。"有一次田野中他皮鞋破了，我告诉他部队有一款皮鞋走山路
很适合，也很透气。皮鞋送他后他倒收了，但我买150元的皮鞋，非得
逼我收下300元。

每次出去做田野，他总是带领大家去当地品尝美食，购买门票，支付
各种旅费开支。节假日组织同学聚餐，一到学校招待所必点蟹虎、红鲟
等厦门名菜让学生品尝。有同学回忆说他带学生去集美游玩，买门票聚
餐一天花费数千元。

很多时候带学生外出，郭老师总是把钱交给我，叫我支付各种费用。
很多次费用我只要事后把明细告诉他一下，都是没有报销的。2003年，
在厦门新开张的美食汇综合体，他给每个学生发100元，让大家自由挑选

美食，我事后去追问同学还剩下多少退我这里，他阻止了我。

郭老师安葬后，我问同门师弟师妹，你们和老师这么多年，有帮老师做过贴发票去财务处报账吗？其实我是白问，我都没做过，他们更不可能。帮老师收集发票贴发票报账，是很多博士生研究生的常态，我却没福分帮老师干过这事。记得一学弟告诉我，有一次某同学论文答辩时，某外聘专家拿了不能报销的发票来报销，该同学不知道该怎么办，郭老师知道了，把发票拿去随手撕掉了发票，然后从口袋里拿出数千元，让同学说已经报好了。五一节期间，王逍师姐来厦门整理老师作品时，发现了一张 2005 年郭老师带学生去龙岩的差旅报销单，在"出差补贴"一栏写着："带学生教学实习，不用补贴。"这张不用补贴的报销单一直放在他家的书房，说明他干脆没有去报销，全程所有的差旅费都是他一个人掏腰包的。。

郭老师敬贤的家同学们都去过，多么俭朴装修，除了书还是书，家具都是他年轻时候做木工打的。大家在他家很少能见到他的孩子，因为他孩子搬出去住，家里实在太小了。他西村的新家，直到 2009 年才搬进去。厦门房价从 2003 年的单价 3000 元涨到现在 10 万元，全厦大老师都紧跟形势到处买房，也没看他着急过。老师去世后，我去看师母，才知道，他没有存款留下来，因为他的钱大都用在其他人身上。

我以上用最土的大白文字记录郭老师的关于钱的故事，因为我觉得这对于普通人很难做到。老师醉心于他的事业和职责，用他的一生坚持做到了。伟人说，一个人做一件好事不难，难的是一辈子做好事，老师做到了。如今他走了，留下了我们这些人感怀他，念他的好，这就是他的精神财富，远比他的学术成果更珍贵。

4 月 23 日，老师走一个月，我作诗一首：

月　思

先人已过三十日，一月分作上下弦。

五老峰顶垂须密，颂恩楼前思敬贤。

芙蓉湖畔念师母，演武池边度余年。

可恨无常夺情去，尚好有牍留人间。

老师走了，他种植在五老峰的那么多榕树已经不可寻觅了，但愿它们成林成荫。 老师走了，厦大校园依旧洋溢着青春的热情，傍晚的时候广播回荡在操场上。

老师，您就像一根蜡烛，点燃了自己，照亮了别人。

斯人已去，余者戚戚。 师恩难忘，永润我心！

作者简介：钟毅锋，厦门大学人类学研究所 2002 级硕士、2005 级博士，现工作于福州市马尾区城市管理局。

泽以长流乃及远，山因直上而成高

——忆恩师郭志超教授

◎ 蒋 俊

> 冰雪里有萌动的春，
>
> 寒风中有凛然的红。
>
> 你好，天际降临的新年，
>
> 你好，将要飞跃的艰险。
>
> ——摘自 2009 年 1 月 1 日郭师的新年祝福

在这个春季料峭的午后，我开始了漫长而艰难的回忆，无数零零落落的记忆碎片拼接成一幕幕影像从眼前回放，但却难以转换为文字，词穷语塞，烦躁懊恼。 而且我深深怀疑写下这些"万箭穿眼"的文字是否会扰乱郭师的清梦，可又多想通过这些能迎来他一声大笑、一个手势、一个眼神或一脸表情的反馈，甚至一封邮件，哪怕带着滚烫的批评，哪怕带着恨铁不成钢的怒意，只要有些许真实的触碰。

呆坐电脑前几近半天，屏幕闪着淡淡的白光，脑海中盘旋着始终是无法相信的现实：郭师不在了，真正的不在了！ 相互间已置于错位的时空！

一

2004 年，在硕士的最后阶段，我对学业的前途怀抱一定的希望与向往，期待能更上层楼，为自己的求学生涯画上圆满句号。 可当时除了满腔热情外，我毫无人脉与经验，只是循着自己最喜欢的"历史人类学"专业找学校。 当我将目光定格于东南那所著名的海滨高校——厦门大学时，在招生简章中寻找到"人类学研究所"有我心仪的这门专业，该专业的导师正是郭师，似乎与他在冥冥之中就注定会产生交集。

那时我与郭师未曾谋面更谈不上相识。直至那年秋决定报考后，才冒冒失失地给他写了信，信中表达了求学的意愿，并且很可笑地将自己写的两篇小文章附上，如今想来也不知当时怎么才鼓起这样的勇气。本来我没有抱太大希望，一切都是听天由命、顺其自然，但也不免忐忑和焦虑，最后迎来了郭师的回信。郭师在信中不仅欢迎报考，且大加鼓励，当时我还有些许自得，想着是不是郭师看到我的文章而赏识，有意要栽培我。后来才知道，如我般给郭师写信的不知凡几，且每个人都荣幸地得到热情洋溢的回信。足见郭师对于后辈学子的关怀和提携不是目的性和针对性的"滴灌"，而如春风化雨般的润泽。这应该是郭师仙逝后众多学子自发组织缅怀的重要因素。从实用主义角度来说，郭师作为一位知名学者，大可不必对四面八方涌来的求学、求教信件，每信必复。但郭师还是在工作极度繁忙的情况下没有"怠慢"任何一个求学者，耗费的时间和精力可想而知，若将心比心、以己推人便可知道这是何等不易。后来郭师儿子郭航在整理父亲邮箱时，发现竟有数万封与他人往来邮件，其中太多太多文字是凝聚郭师无数心血的答疑、解惑与授道，哪怕在病中，甚至在临逝世的前几天！

在给郭师的信中，其实我留了自己的邮箱以方便联系。当然我属于非常落后的互联网用户，2002 年开始接触网络，2003 年在朋友的"督促"下注册了人生第一个邮箱，即当时还算门户网站的 TOM 旗下的邮箱，给郭师留的正是它。本来郭师用邮件回复我，但在信中我估计邮箱地址写得不够周正明白，导致郭师发送失败，只能手写一封信回复并询问缘由，我才恍然修正。后来很长一段时间固定用这个邮箱与郭师联系，承载了网络空间很大部分师生情谊，邮件往来记录了长达数年师者/长辈治学、为人之授道；弟子求教、受教以及开悟欣喜之情状，可谓弥足珍贵。

说到这个 TOM 邮箱，它确实让我打开了通往外界的新大门，同时它又真是演绎了一个让人悲伤的故事：在 2012 年该邮箱系统大升级过程中，不知是误操作还是其他莫名原因，2009 年前所有邮件几乎全部丢失（仅剩 2008 年郭师两封指导毕业论文最后阶段修改的邮件）。在这个互联网蓬勃的时代，与郭师最重要的一部分记忆却物理性地消散于无形，怎能不令人欲哭无泪!

备考期间我曾向一位在厦大历史系读博的师兄打听到郭师家中电话,但尝试数次竟然从来没有打通过,只是当时更想不到的是,这种"电话占线"的状况一直无限延续到读博期间,迫使我后来自动放弃打电话的念头。 所以跟郭师的电话联系永远是一条单向通道,类似于地下党接头,充满组织布置任务的神秘和突然。 郭师打电话的细节也值得回味:一贯雷厉风行,绝不拖泥带水,所以基本不存在寒暄唠嗑,精准简练传递所要表达的信息,然后就以迅雷不及掩耳之势挂断电话。 最初时我甚至还会反应不及,跟不上节奏,后来次数多了就了然于胸,每当看到郭师的来电就排除杂念、气定神闲,以饱满姿态捕捉最有用的信息,以免思维赶不上趟。 不过总体来说,电话互动远远比不上邮件交往。

在厦大的考试按部就班、波澜不惊。 直到复试终于首次见到郭师"真人",一番接触后被郭师妙趣横生的语言、恣意洒脱的个性和丰富多彩的表情震撼到了,这不是武侠小说中经典的"老顽童"形象嘛。 当然,他正如"老顽童"那样有真本事,内力深厚、武功高强。 记得当时复试时,一位老师提问如何理解克利福德·格尔兹"文化解释"中的"深描",我根据自己的粗浅认识回答了这一问题,但自觉领悟得还比较生硬。 面试一结束,郭师又见缝插针地从"科学主义"与"人文主义"之间关系的视角,对"深描"进行了深入的阐释,令人醍醐灌顶和耳目一新。

复试的时间虽短暂,但于我而言,在这短暂时间里很迅速就认识了郭师:兼具学者的广博、师者的睿智以及长者的关爱与豁达。 总之是一种立体形象,完整、本真地呈现在我的面前,没有任何遮掩和修饰,这种印象一经建立,便挥之不去。 意外惊喜的是,郭师在所有考试流程结束后,邀请所有报考者会同师门学长一同游览鼓浪屿。 我本来也对鼓浪屿神往甚久,考虑复试完后再去一游,想不到竟以考生身份被郭师相邀前往,感动莫名。

郭师对厦门的历史和地方性知识如数家珍、顺手拈来,一路上谈笑风生。 时而为我们答疑解惑,时而通过生动的类比与学术研究紧密联系起来,短短数个小时每个人都受益匪浅。 游览结束,郭师定了包厢与我们共进晚餐,品尝闽南美食。 餐后告别时,郭师送我们厦门经典小吃——"阿吉仔"馅饼,这是我第一次品尝厦门馅饼;后来我才知道郭师眼中厦门最正宗的馅饼就是"阿吉仔"馅饼。 三年的求学生涯已记不清吃了多少盒郭师送的馅饼，与之逐渐培养了特殊的情感。 若有朋友去厦门游玩，顺带土特产问我意见时，我亦尽量推介"阿吉仔"，而不是比它更有名的"黄则和"和"日光岩"。 如今电商发达，阿吉仔在天猫上设有旗舰店，有时突然想起就会网购一些，一方面满足味蕾的需求，另一方面也有意回味郭师的情谊和温暖。 每当想起这段温馨的考博经历，就倍感荣幸！

二

正式拜入郭师门下求学的三年，是我人生承上启下最重要的时间节点，万幸一路有郭师的指导和教诲。 在这段说长不长、说短不短的时光里与郭师有颇多"线上"、"线下"的互动，无论是批评还是表扬，皆留下美好回忆。

线上互动大部分内容为学术指导，最主要的是指导论文修改；或转发一些富有"营养"的文章、诗歌供我们阅读参考，不仅有益于扩大视野，而且也能培养语感，增加文字的可读性；又或转发与他人互动时的心得与妙言。 只可惜绝大部分邮件已经散佚，遗憾至极！

我在准备博士论文选题时，"自作主张"研究广西土司制度，而不是郭师熟知的闽台社会与文化。 最初有很多幼稚的想法，比如当时深受美国学者孔飞力《叫魂》的影响，曾学着想把 1527 年王阳明平息广西"思田之乱"作为切入点，以此阐述帝国时代土司体系的运行逻辑及局限，并为论文起了一个自认为"拉风"的题目："帝国之痒：1527 年广西土司危机"。 跟郭师一番邮件沟通，具体的说辞记不清了，总之是给我浇了一盆冷水，让我清醒认识到论文写作脚踏实地、切忌好高骛远的重要性。 现在回想起来，如果按照这个题目写一章或许还行，用之写一篇博士论文的话估计很难完成，因为我搭建不起相应的理论与逻辑架构，也驾驭不了庞大复杂的史料。 最终确定论文题目《帝国边陲：桂西土司社会的历史人类学研究》后，郭师还曾表示过担忧，直到我将第一章的学术回顾、理论背景与研究思路等完成交给郭师过目，他对我说看我梳理了"历史人类学"理论背景才稍稍安心。

对于论文指导，郭师常常有高屋建瓴的宏观格局和理论视野，特别对我剖析"中心与边缘"的关系、结尾部分的理论升华都提出过宝贵意见。

以下为郭师的精彩观点：

> 历史、文化、行政、权力，是本文的基本范畴，要有意识地具体化。例如：在祖先追溯和民间信仰营造方面，无论是小传统对大传统的链接，或者是大传统演绎为小传统，都是文化对政治的亦步亦趋。反过来，正是边陲文化与中心文化的弥合，营造着边陲政治与国家政治的筋脉相连，直至构成密不可分的整体。这也是与结论的呼应。更确切地说，是主体内容分析的小结（复数），才有文末的总结！这方面，请举一反三、反十。此外，应注意到，土司社会观念形态的生产和再生产，是由土司统治阶层在支配，国家认同所产生的文化认同的诸多形式，采用自上而下的传播方式。土司的这种认同的庶民化结果，使这种认同在土司社会里普及为全面认同。另者，也须看到，家族神也是维系家族化的土司制度的神圣性。

在仅剩的两封邮件中，记录了郭师的看法：

> 印象中，局部的开头动不动就是以谁的话来开头，这是拙劣的行文格式。应该以自己的表述为引领，以他人的话为助言。一篇论文，就像过河。每一局部分析和归纳的观点，犹如一块块过河的石墩。不知你同意否。若此，请回望有无这清晰的景致。

> 在每一章节之首，应有"过河"的"蹬踏点"（小观点）。读者最需要这些蹬踏点"过河"。

郭师的点拨常令我有拨开云雾见天日之感，局限和狭隘的视角被牵引发散，引发更多元和深入的思考。

另外，对于文字，郭师有近乎"苛刻"的细致和要求。在具体的文章修改中，主要有如下几处印象深刻（括号内文字为郭师的修改意见），它们时刻提醒我要引以为戒，举一反三：

> 其身前的一切犹如"尘埃落定"，无论荣耀辉煌、抑或血腥罪恶，皆在新的政治环境与"革命"性话语体系下消融于历史。（这是一句落足语，也就是句号结束。应是：无论荣耀辉煌、抑或血腥罪恶，都已尘埃落定，并在新的政治环境与"革命"性话语体系下消融于历史。）

> 在某种意义上，我们不仅能从中领略帝国边缘别具一格的历史与文化风情，亦可参悟国家与地方互动机制下的历史意识（经验，"意识"

当然也可以，但后面又有与"意识"很接近的"理念"，会让阅读不舒服，觉得作者只是在操弄文字以掩饰蹩脚的思想。在最简练，类似玲珑别透的开篇中，有些语言还是有操弄或者玩弄的痕迹。）与文化理念，或许这就是王朝"大历史"的地方性延展，它是中国史不可或缺的部分。

　　如果以上述历史人类学的视角来理解土司制度，必须要超越传统制度史的层面，重新进行文化的解释。（这也是本文别于上述研究之所在。——上面介绍那么多研究，就是为了说出本文有何特别。如果是"重新进行文化的解释"，那么也就是别人已经这么做了，本人无非再一次这么做。"新"是自己的感觉，"又一次"这种重复，在数量上也有新的意味。如果是"重新进行文化的解释"，那么，你的文化解释与他人的文化解释有何不同，有何超越。诚恳地忠告你：为读者写作。常常要看明白了，又被一叶障目。在此就是一例。读兴因而趋于荡然。）

　　从这个角度来看，帝国边陲实乃由中原汉人通过"瘴"意向所表达出来的一种文化界定。（当然是，但本文侧重土司研究，应点明"化外"和开始纳入"化内"但又不怎么"化"的政治状态。类似这种文眼，"国家与边陲的政治关系"，会使局部与整体更密切起来。是不是这样：……既是文化的界定，更是政治的界定。）

　　基于这样的高压政策，土民被强制性地依附于土司，限制在其固定的区域之内，与流官区形成天然的分隔，难以轻易为患于朝廷。（土司区与流官区，"天然分隔"何谓"天然"？）这是平时不注意训练"言必由衷"，"言必如实"所致。上述引文并无这个意思，如果是你的意思，那么为什么"天然区隔"就难以为患。说不清楚，干脆不说。语焉不详，疑窦丛生，吃饭嚼砂。）

郭师的理解和分析大致依托一个最基本行文逻辑——"为读者写作"，有悖于此原则的文字就失去了应有的价值和意义，可谓精辟入里、大道至简。因此郭师目光如炬，在品评他人论文时，常常在很短的阅读时间内，就能寥寥数语切中要害。如今毕业已久，我仍不时翻看郭师的批语，常看常新，总能带来启发与灵感。当然很多时候可能由于自身的愚笨和固陋，还会犯同样的错误，实乃有愧。在此之所以自我"揭短"，一方面是为了忠实记录郭师的教诲，勿忘师恩；另外则是希望郭师"为读者写作"的精神永远伴随我前行，时刻鞭策我；同时也督促自己在指导学生时，把郭师的精神努力传递下去。唯有如此或许才是告慰郭师在天之灵的最好方式。

与郭师的"线下"接触最多的自然是上课时间。 郭师开设的课程为"历史人类学"专业课，需要阅读大量文献。 郭师看似粗犷，实则心细如丝，上课的材料都亲自为每位学生备好。 记得讲解黄向春老师的博士论文时（郭师对黄向春的博士论文比较推崇，上课时将之作为历史人类学研究的范例为大家讲解），给我们每人复印厚厚一大本论文，大家感动不已。 郭师记忆力强，口才极佳，富有感染力，讲课过程中常常迸发出很多"思想的灵光"，只要用心捕捉到就有可能带来启迪，他对很多司空见惯的问题突破思维惯性，从多角度再思考和再认识。 始终不忘在郭师狭小的书房内，众多学子如饥似渴求学的模样。

除了上课与约定的见面外，许多富有趣味的"偶遇"也值得回味。郭师酷爱运动，篮球应该是第一爱好，在厦大西操场几乎每天都能见到郭师挥汗如雨的矫健身影。 郭师打篮球的地方与我的住所不在同一方位，两人碰面的机会倒是不多；不过有一段时间因某些原因郭师不再去打篮球，改为登五老峰，偶遇的次数就多了起来，因为我居住的勤业六宿舍是登山的必经路口。 郭师并非纯粹登山，而是要为自己栽种的榕树浇水（郭师早年在人类博物馆前栽种一课榕树，在精心照护下早就开枝散叶、绿树成荫；他就把一些野发的小榕树移栽到五老峰上）。 于是每天傍晚就可以见到一道"靓丽"风景：一位老头戴一顶遮阳帽，单肩背着一个大袋子（里面是几个大可乐瓶装的自来水），挂一根木棍（据说是为了防蛇），在往来五老峰的路上健步如飞。 赵红梅同学说的那个"油条"段子确有其事，而且更确切的情景是，当时郭师一身行头很容易被炸油条的师傅误认其为"丐帮弟子"，所以才"馈赠"一根油条给他，当然炸油条的师傅，翌日也获得两盒馅饼的"回礼"。 这是与郭师某次偶遇时，他绘声绘色地描述给我听的，画面感十足！

印象最深的一次偶遇，每次回想起来都会忍俊不禁。 那天天已经擦黑，我从宿舍楼出来去勤业餐厅用晚餐，应该是在凌云餐厅前碰到郭师的。 想来当时郭师应该心情颇佳，见到我后站在那里便大聊特聊起来。平时见面交流过程中，郭师会使用大量金句和诗性语言以及千奇百怪的隐喻、比喻和类比（诸如七仙女、林妹妹、警犬与流浪狗、雄鹰与小鸟等等），讲得兴起伴随爽朗的笑声和夸张的表情。 其间我很难插得上话，基本上以倾听为主，慢慢也熟悉和享受这种对话方式。 不过这次的情况比较无厘头：我当时随意穿着 T 恤、大短裤和拖鞋，倒不是说影响校容校貌，尴尬处在于，此刻的我陷入蚊子的"包围圈"中。 对于我这样的"重度"招蚊体质来说，特别在将夜不夜、蚊子最活跃的时刻，身体裸露部分无疑是它们竞相追逐的天堂。 最初我不敢去拍打手臂上、腿上的蚊子，怕打断郭师的讲话，所以一边听，一边竭力控制瘙痒，身体都不自觉地抖动起来。 几分钟后，手上和腿上就"伤痕累累"，我实在忍不住了才使劲拍打与挠痒。 幸好郭师不久发现了我的窘境，留下"用肥皂擦拭蚊子叮咬部位"消肿消痒的妙法后，飘然离去。

如今，那位循循善诱、诲人不倦的郭师；那位篮球场上的运动健将；那位在五老峰为榕树幼苗浇水的老爷子真的飘然而去了！

三

一晃毕业已逾十年，因为工作或其他种种原因，期间仅与郭师见了四次面，遗憾至极。 本预想今年无论如何要去厦门一趟，却没有想到以这种方式跟郭师作最后告别，奈何天意弄人啊！

毕业后再次见到郭师，是 2009 年 10 月我们这些学生"秘密"筹划给郭师庆祝六十大寿而齐聚厦门。 本来郭师崇尚君子之交，超脱俗世的束缚，所以他很反感"做寿"此类的俗事。 但见弟子们纷纷前来探望，也不免高兴，愉快接受大家的祝福。 由于准备仓促，只是简单地以聚餐形式来庆祝郭师寿辰，好在师徒之间关系融洽、其乐融融。

2010 年 6 月，"人类学高级论坛"在凯里学院举行，借此平台师徒得以再次相聚。 该会议不仅让我重新领略郭师灵动的学术思维和语言魅力，而且弥补了一个不该有的缺憾。 由于素来对照相木讷和被动，读书期间跟郭师竟无一张单独合影，但这次会议期间逮住机会终得与郭师合影，虽然只有一张。 感谢王逍师姐记录下这珍贵的一刻！ 其实 2011 年本有机会赴赣南，再次参加海峡两岸"人类学高级论坛"，无奈自己所在单位也在同一时间主办会议，只能作罢，从而错失了与老师在赣南见面的机会。 我 2012 年前往非洲半年，2013 年为完成一个委托项目紧张了一年，所以这两年里很少外出参会，也未觅得机会拜访郭师。

2014 年 11 月，中国畲族发展论坛在浙江景宁畲族自治县召开。 王逍师姐是该论坛主旨发言人之一，会前将郭老师即将来景宁参会及相关信息告知了我，并邀约至景宁。 我几年未见到郭师，这次机会难得，欣然前往。 郭师在各种场合，只要他出现的地方都是全场焦点，风采依旧。 后来跟郭师在宾馆聊天，记得当时郭师传授我上课技巧与方法（郭师知道我口才极差，担心我的教学问题，当年博士论文答辩时就曾狠狠批评了我一顿）。 只可惜自己实乃愚笨，直到今日仍学不到万一。 相聚时光很短暂，第二天会议结束就要返程。 郭师不忍麻烦接待方接来送往，第二天一大早就独自乘坐班车辗转回厦门，我们如何劝说，他却执意如此，永远是那位高风亮节的"独行侠"风范。

2016 年五一期间，我前往厦门见到了郭师。 在久违的厦大校园内跟郭师散步，走过人类博物馆、走过嘉庚楼、走过芙蓉湖、走过勤业六宿舍，仿佛走过千山万水；跟往常一样，郭师对学术的理解有千言万语，对生活的领悟有道不完的嘱咐，我大部分时间依然聆听，感动而温暖。 这次见面郭师的精神状态和身体状况依常，完全看不出是一位年近七十的老爷子。

2018 年 8 月 19 日我从它处得知郭师因胃病住院，具体情况大家都语焉不详，赶忙给郭师写了一封邮件。 第二天郭师就予回复：

> 感受你的挂念。胃溃疡并出血。住院 40 天。现在我早睡了，熬夜的确不好。今年春节前还打篮球，春节后觉得腿发软，直到 6 月初出血才知道大事不好。现在静养、恢复中。

当时我正在赶急赶忙完成社科基金的书稿任务，时间非常紧迫（年底前必须提交），无暇他顾，听郭师说无大碍，就没做多想。 不过内心也下定了决心，来年必抽时间前往厦门探望郭师；王道师姐也有跟我讨论筹划过，计划今年同门们将再一次先斩后奏地悄悄赴厦门，为郭师庆祝七十大寿。 然后，却没有然后了……

2019 年 3 月 23 日上午 11 点多，我刚结束研究生复试工作，打开手机就看到一微信群里林宏杰师弟里转发白底黑字的讣告，异常醒目，仔细一看如遭雷击，简直不敢置信。 我连忙跟宏杰联系，随后跟董建辉老师联系，接着毛伟和和曹大明师弟都相继打来电话，确认了消息的真实性。 郭师就这么驾鹤西去了，如流星悄然划过天际，无声、无言、无语……

在庄严肃穆的殡仪馆，凝望郭师遗像和遗体的瞬间，再无法抑制内心巨大的悲痛和伤感，泪水止不住地留下来；馆外春雨如注，仿佛也如我般倾诉着什么强烈情感，也仿佛在诉说郭师的人生写照：把一切奉献给你、奉献给我、奉献给他、奉献给大地……

如今
回忆不过是
镜中花朵
虚无易碎
思念不过是
水中明月
缥缈游离

正如
高峰耸立
言语不足形容
其坚守的内涵
长河蜿蜒
文字难以描述
其奔流的力量

它们或用挺拔身躯
穿透云端
带着孤傲与刚毅
镌刻岁月沧桑
它们或用博大情怀
丈量世界
带着永恒和不朽
迈向无尽远方

作者简介：蒋俊，厦门大学2005级人类学博士，现为浙江师范大学非洲研究院副研究员。

郭志超教授在菲律宾雅典耀大学进修时深情眺望异域风情（1988 年春夏，雅典耀大学宿舍楼）。

郭志超教授在刚搬进厦大敬贤楼的新居阳台凝望厦大芙蓉楼群（1996 年秋，厦大敬贤楼三楼阳台）

流年不留人：怀念郭志超老师

◎ 赵红梅

郭志超老师走了，这世上再无郭老师。

那个瞪着圆眼睛、眉飞色舞、挥汗如雨的老爷子，还没活够中国人的平均寿命，就抛下一大片没指点完的江山，走了。 一座大山轰然倒下，伏地成土，尘烟四起，湮灭的不仅是一具曾经魁梧的身躯，还有恣意天真、亦师亦侠的个性魅力，迭宕起伏、谐趣横生的教学方式，以及酣畅淋漓、极尽夸张与想象的语言天赋。

郭老师因为做过知青、下过煤窑，干体力活从不惜力气，所以饭量较大，有一次在南光食堂聚餐，我偷偷数他添了几碗饭，大概至少有四五碗吧，对于他这样满腹经纶、智慧卓然的人，饭量大是可以用"饭饱文章见"的古语来形容的。 从得知郭老师过世的噩耗到现在，三十个小时过去了，脑海里一直在播放厦大校园的路、树、湖、馆……和一幕幕课堂、讲座、会议的场景。 郭老师桃李满蹊，在厦大人类学系，每个毕业远走的学生都和他有或多或少的交集，我把我的份额写出来，表达对郭老师的追思与谢意，以慰我们共同的集体记忆。

与大多数与时俱进的人相比，郭老师的人格版图里明显闪烁着"狷洁"的光芒。 2005 年，我初入学厦大，听说郭老师不用手机，不爱接电话，凡事以电子邮件联系，当时虽觉得他"落伍"且桀骜，但也欣然于这种异质性。 多年后我去美国访学，发现电子邮件是最普遍、最正式的工作与社交方式，郭老师很有先见地固守了这种有凭有据的沟通方式，无意间甩了我们这些科技菜鸟好几条街。 现在想来，他拒绝手机和电话，大概是在拒绝世界的某一部分，这个部分有险恶也有诱惑；又或者是在抵御某种时空压缩的趋势，这趋势有便利也有肤浅。 我一直想知道，他是用怎样的智慧与力量来保持这一对抗姿势，却一点都没有沽名钓誉的意思。

郭老师教我们"历史人类学"课程，他很快看出我是转专业的零基础学生，布置给我的作业字数要求是一千字，其他人三千字以上。 我有自知之明，晓得郭老师照顾的不单是学业，还有性别。 郭老师"重女轻男"有口皆碑，但男生不以为忤，他们认为郭老师是理论上重女，实际上重男，认为他把男学生看成口粮一样的稻谷在栽培，女生则是套种的蚕豆或菜花，关爱多于希冀。 其实，本质上他是"重男不轻女"。 男学生都很怕他，原因一半是他雷霆万钧，一半是他目光犀利，总能榨出皮袍下的"小"来。 有一次，我和蒋俊、毛伟路过郭、石、宋三位老师都曾住过的敬贤楼，我开玩笑喊了一声"郭老师"，"师"字还有余韵，他们二人已弹出 20 米开外。 不是吹牛，郭老师之威，光一个称呼符号就能震慑方圆数十米。 多年后重聚厦大，见他和旧日学生散步，执手而行，曾经的师道尊严化作语重心长、舐犊情深。

郭老师面相如张飞，心细不能过针。 他经常煞有介事地自喻为林黛玉，每次听到我都皱起眉头，想林黛玉无论如何不会答应这种南辕北辙的类比。 可他内心深处真的住着一缕林黛玉，无时不在细嗅蔷薇。 2006 年元旦，郭老师召集自己的学生吃饭，担心我一个人"孤苦零丁"，邀我列席，那情那景那心情，感怀至今。 说起来，那时我却是个心有猛虎的学生，毕业时忙乱着找工作，居然忘记把毕业论文发给郭老师这个答辩委员审阅，甚至在接收到郭老师的诸多暗示后，也没领悟到精髓，最后逼得他不得不明示，我才恍然大悟。 我写信向他道歉，报怨找工作之不易，他轻而易举宽宥了我，还要把我举荐到丽水学院，我赶忙婉谢不迭。 但他仍有歉意，觉得那些暗示增添了我的心理压力，非要当面说清。 那天很热，他约我在蒋俊的宿舍见面，请我们吃西瓜，他坐在小板凳上，两只裤脚各卷起一截，一边大口啃西瓜，一边抬手撩汗，一边大声解释。 吃完西瓜，送我们一人一盒素饼，打道回府。 在毕业论文的后记致谢中，我按上课顺序把郭老师排在石、宋老师之后，他看了很有意见，而且在答辩现场没忍住，说自己至少能排在宋老师前面。 我喜欢这种可爱的直率，一个在意学生评价的博导，身段何其柔软和纯粹，这与他对所有学生的付出是匹配的。 现在，我真希望自己是第一个写纪念文的学生，以弥补当年的无心之耿。

有那么几年的时间，郭老师爱往厦大后山上跑，听说是去给他种的榕树浇水。 我碰到过他好几回，穿着极为素俭，都是灰蓝灰白色系，背一个简陋的登山包，手里还拄一根棍子，一洗教授博导的铅华。 下山时路过勤业食堂后门，他会停下来，观摩食堂师傅炸油条，或许他是想从油条师傅那里悟出点什么学术道理，正如他经常所说的，学术要与生活打通。有一次，他看着看着，师傅就顺手夹了根油条给他，他大喜，翌日回赠师傅一盒素饼。 这件事是郭老师讲给蒋俊听，蒋俊又转述给我的，若有真实性问题，只能由蒋俊同学负责了。 但这是我偏爱的段子，因为它隐喻了人类学家田野工作的一个面相。

然而，郭老师留给我的最深记忆却是言辞。 他不是那种以频次给学生留下烙印的老师，一场答辩评说、一回校园邂逅、一封答疑回信、一次厉声呵斥，甚至一次次"听说"，就能勾勒出一个层次丰富的郭老师形象。 口才是李白式的，类比沟连，上冲云霄，下抵黄泉，往往是言者口若悬河、眉飞色舞，听者目眩神迷、忍俊不禁；文笔却是杜甫式的，言简意赅、爱憎分明、清浅高洁。 同学中，惟钟毅锋最爱模仿郭老师，手势、表情与语气，无不惟妙惟肖，郭老师骂他也最狠最奇，但钟毅锋从不记恨，人前人后地复述与再现，天造地设的一对师徒。

作者简介：赵红梅，厦门大学2005级人类学博士，现为云南师范大学旅游与地理科学学院教授。

天下谁人不识君：怀念郭老师

◎ 温春香

初识郭老师，是在读研的时候，他应邀去福建师大讲学，因着那次机会，和老师结缘，课后老师带着我们一起去连江小沧调查畲族，也是我第一次接触畲族，看到畲族祖图。 记忆深刻的还有，老师不但细心讲解，学识渊博，对畲族了如指掌，更送给随行的每一位学生一本复印的《天真的人类学家》和李亦园的《一个移植的市镇》，直到后来读老师的博士才知道，这样的送书，在老师那里司空见惯。 他没有门户之见，只觉得对谁可能有用，都会毫不吝啬地给予，不求回报。

在学业上，郭老师对学生是严苛的。 记得那时毛伟同学常说，郭老师最怕招女生，尤其是那种一骂就哭的女生，也许是这个原因，每次谈论文时我总感觉老师是压着惊涛的怒意的。 郭老师也有恨铁不成钢的骂我的时候，但为数不多，印象深刻的一次，是在他家楼下，我正经过去食堂吃饭，看到郭老师，被问及论文进展，调查情况，我异常忐忑地说了几个地方，但解释说因为主要处理历史问题，史料搜集工作做得多些，田野相对少一些，郭老师当场勃然大怒，骂我做闽粤赣交界区的族群问题，竟然没去上杭族谱馆，谈何研究。 记忆中，当时在场的有好几个人，经历了近一个小时的狂风骤雨，才突然打住，带着未尽的怒意离开。 此事过后好久，大概论文已答辩完，有次郭老师回忆起来，竟夸我有坚韧的意志，我心下歉然，大概是我没有当场哭出来吧。

在日常生活中，郭老师却是细心周到的。 记得来厦门考博时，郭老师特意交待同届待考的毛伟，将老师自己的校园卡转交给我，让我尽管使用，那时我是带着必上的决心考博，因为没有退路，但拿到卡的那刻，我更觉得，我确实是一定要考上的，因为不能辜负老师，而不是自己面临的那点困难。

读博期间，熬夜是常有的事，十二点之后睡觉再正常不过，有段时间甚至常常到凌晨两点多，这也导致不能起早床。记得有一次早上七点多，突然接到老师来电，意识还没怎么清醒，却本能地搓了把脸，强装镇定地接了电话，才知道是老师叫我立马到他家楼下，要送我台湾铜锣烧，说是有朋友开业，就帮着买点，回到宿舍时我在想，这些桩桩件件的"小事"，哪一件不是郭老师心中对我们的挂怀，时时刻刻对我们的在意。因为郭老师送的同安阿吉仔馅饼，我至今认为是厦门最地道的馅饼，毕业后每去厦门，也总爱捎点回家；郭老师送的一大碗杨梅，是我长那么大以来一次性吃得最多的，也是第一次品尝改良的杨梅品种；就连郭老师在鼓浪屿上给我们每人买的两大杯冰可乐，也成了追忆里最难忘的味道。

认识郭老师的人都知道他有几个显著的特点，不接电话是一个，因为怕被俗事所累，更讨厌虚与委蛇的人际交往，所以他沉浸在文字的世界里，不论是谁写给他的邮件，他都一一回复。他不喜欢每逢节日的程式化的贺卡与祝福语，觉得那些客套话了无生气，看不出真心，老师甚至转发来一封已毕业学长的邮件，大意是告诉郭老师他当时的具体工作进展，有职称晋升的好消息等，老师说，你们毕业后，也应这样来往，有实质内容，告诉老师你们的动态，就是对老师最好的回报。无论是在读期间，还是毕业后，我一直都很怕老师，而这个怕更多地源自于怕辜负老师。老师给我的信很多，而毕业后让我一直记着的，是一封信的末尾，老师语重心长地写道：你要更努力。每每想起这句话，我总觉得愧对老师，觉得毕业后的工作与生活与读博期间期望的不符，与之前计划和习惯朝九晚五泡图书馆的生活相去甚远。老师走后，我将邮件一一翻阅，才发现，原来那封信是我生完二宝，向老师汇报，老师的回信事实上是：你要更辛苦。在我的意识里，我一直觉得老师是一心希望我们在学术的道路上走得更远，在事业的发展上蒸蒸日上的，但回看邮件，一句你要更辛苦，却饱含着父亲般的宽慰与理解。从得知老师驾鹤西去的消息以来，我的心中一直积闷难消，我想，我心中的郁结大都是源自于对老师的愧疚吧。

记得那时同学们坐一起，说起郭老师，桩桩件件，都特立独行，却鲜活可爱，我常常觉得，其实最该做的，是出本郭氏趣闻录。把那个穿着一身口袋马夹，天天背水上山，开路种树的郭老师记下来；把那个无论多忙，在路边遇着了，总愿意花时间与你忘我交谈，眉飞色舞，却在某个时刻突然打住，翩然离去的郭老师记下来；把那个笑起来声音敞亮，怒起来雷霆万钧的郭老师记下来；把那个在权势面前铁骨铮铮，对天下苍生又温柔以待的郭老师记下来……师兄钟毅峰的一句话，堪称经典，他这样描写郭老师："他不是四平八稳的玉皇大帝，他是大闹天宫的孙悟空。 他不是涂粉抹脂的贵千金，他是天界下凡的七仙女。 他对不平事金刚怒目，他对所爱者菩萨低眉，他对人间春色尼姑思凡，正是他的不同，才吸引我们，爱戴他。"冒昧引用，实在是觉得贴切，虽然典出李敖，却是对老师的生动写照。

有过短暂的时间，我对文字是自信与迷恋的，但读研以来，发现做学术文章与写随笔之间，用文着墨，差距甚大。 而此后的工作都与文字打交道，文字却生生地成了我的弱点。 细细碎碎，难以成文，心中唯愿有生来生，都能做老师的弟子。

作者简介：温春香，厦门大学2006级人类学博士，现为赣南师范大学客家研究中心教授。

老师，您好

◎ 毛 伟

2019 年 3 月 23 日接完大明打过来的电话后，我静静地坐在窗前，看了看天，心中默默地念了一句：老师，您好！

一

第一次说"老师，您好"，是在电话里，那是一次偶然，也是我第一次与老师接触。 2003 年我报考厦大人类学专业，英语分不够，在打听到同年报考的其他几个同学英语分都不够的情况下，我向人类学研究所提出了破格复试的申请。 那时候对厦大人类学所完全不了解，于是拜托云南大学杨慧老师帮我跟厦大的老师沟通一下，杨老师问我，你是真想学嘛，那我就帮你，我肯定的答复说，想。 后来听杨老师说她给郭老师打过电话了，当时倒没在意，入学后了解到一些情况，想起杨老师能打通郭老师的电话，简直匪夷所思。 跟郭老师熟稔后，我跟老师提及此事，老师说他尊王筑生老师为他大哥，此时我才恍然大悟。 杨老师帮我联系之后第三天上午，我接到了人类学所潘丽珍老师电话，说需要我填表并且马上传真过去。 在确认传真发出之后，我打通了所办的电话，潘老师说她马上下楼去取传真，并提及郭老师正在办公室，让我自己跟郭老师通话。 这是第一次与老师通话，我有些紧张又满怀期待说了一声"老师，您好"。在听完我的自我介绍和絮叨之后，电话那头传来了一个浑厚的声音"你这是在教我做事嘛"，然后便挂掉了电话。 手握电话的我顿时陷入了惶恐，在焦虑忐忑中等待了一个多小时，我鼓起勇气把电话又打到了所办，潘丽珍老师在电话中告诉我，老师接完电话拿着传真就赶去了研究生院时，我的心才慢慢平静了下来。

说来也巧，我到厦大复试的当天，正好赶上人类学所每年的祭祖仪式。下午在山顶，我跟着师兄师姐们先到，就站在旁边，看着人类学所师生们陆陆续续地来。过一会，山下上来一个人，穿着灰色的西服，带着大黑框眼镜，行色匆匆。正军师兄跟我说，那是郭老师，你去打个招呼。我惴惴不安又有所期待地走上前说了句，郭老师好，我来参加复试。老师看了我一眼，嗯了一声，并未停下脚步，直奔林先生墓前而去。我错愕在那，手足无措。祭祖仪式开始，我站在队伍的最后面，现在已经完全不记得老师当年讲的内容，但老师在平缓的语调中语言的抒情、雅致却让我印象深刻。时隔很久才知道，当时老师看似行色匆匆，其实却在构思和推敲发言内容，而我贸然向前，打断了老师的思路。

仪式结束，我随着人群下山，走到马路边的时候，郭老师正在马路对面跟其他人谈话，看到我下山，招呼我等他一下。过一会老师说完话，我走了过去，眼睛注视着老师，平静地说老师好！除了个人情况和来厦行程之外，老师并没有问我太多，就从祭拜林先生开始，一路下山一路聊，大多都是老师在说，我静静地听。走到山下勤业餐厅路口的时候，老师说，你好好休息，明天早点去体检，说完就大步流星而去，留下我站在路边，"老师再见"也还未说出口。

二

再次见到郭老师是正式入学之后的新生见面会，那时候人类学所师生总数不多，还能在博物馆一楼会议室济济一堂。老师在新生见面会上说他最近每天三顿地瓜粥，正军师兄在旁边小声说道，去年我们进来的时候郭老师还是每天两顿，看来现在郭老师的生活改善很多。听完我和正军相视一笑。那年刚开学就是中秋，新生见面会结束，就赶上所里学生组织的"博饼"活动，第一次在博物馆三楼体验了厦门特有的民俗。博饼结束，所里学生集体到海洋三所旁边的小饭馆聚餐，因为刚进校，跟师兄师姐们还不熟悉，我更多时候都是静静地坐着，听师兄师姐们谈论着所里的林林总总，发现最热络的话题都与郭老师有关，也第一次听说了中国字"一"和阿拉伯数字"1"的故事。虽然还不太明白他们讲的内容，但看着师兄师姐们谈及老师时笑逐颜开的样子，我在心里嘀咕，这是我之前见到的那个老师嘛？ 事实上，谈论关于郭老师的一切，是人类学所学生聚会时最有共鸣的话题，这种被分享又不断传播、演绎的故事，成为我们学生时代最重要的集体记忆之一。

正式上课后，老师主讲田野调查与民族志文本。 他精力旺盛，每次上课走进教室总是大步流星，边走边开始讲。 一上午的课，他能始终保持高昂的热情。 在椅子上坐下之后，老师会从书包里掏出课程讲义放在面前，上面密密麻麻、五颜六色。 因为上课的地方没有黑板，老师会用中国字的一、阿拉伯数字1、括号的（1）、小圈的①等作为区分章节、要点的顺序来方便学生记笔记。 原来这就是之前听到的"中国字一"和"阿拉伯数字1"故事的来源。 老师上课总喜欢将复杂的道理用最直观、形象的语言表达出来，讲解中往往夹杂着老师多年的研究心得和感悟，可惜那时的我难以领略其中的精髓。 同班的高昌洙是韩国人，年龄较大，中文读写和理解能力较差，期末考试的时候老师安排我笔试，高昌洙用口试作答。 写完两个多小时的答卷后，我走出会议室，老师和高昌洙正坐在博物馆一楼的走廊里"口试"，我交完卷就站在旁边，发现老师一直在给高昌洙讲解，讲解结束之后还会问高昌洙"你还有什么问题问我吗？"我才恍然大悟，原来教室外进行的口试是高昌洙提问，老师作答。 尽管当时的我曾暗暗"抱怨"老师的"不公"，但对待不同学生采用不同方式方法的有教无类的观念却已深入我心，也深刻影响了我现在的工作以及对待学生的态度。

老师酷爱运动，尤其是篮球，几乎每天下午都能在演武球场见到他。老师的球友很多都是校外的离退休人员，他们都对老师的平易近人赞不绝口，当他们得知我是老师的学生时，都称赞我有福气。 老师打球喜欢埋伏在靠近底线右侧30度角的位置，有一手擦板投篮的绝活，命中率极高。 有时候老师也会聊发少年狂，带球突破直冲篮下，因为体重原因，每次上篮结束老师因为惯性和自我保护的需要都习惯倒着身子往后退，直到球场边线位置才会停止。 观察一段时间后，我会在老师突破上篮下落时，双手伸出托住老师直到落地。 过了一段日子后，有次打完球坐在场边聊天时，老师告诉我有时候落地不用再缓冲那么远的时候，我为自己的"小伎俩"暗自得意。 每次打球结束，在昏暗的路灯下，我和老师坐在球场边的石条上聊一会。 球场边聊天，话题并不局限于学习，大多数时候都是老师想到什么就讲点什么，他总会在他的思维与我们的思维之间找到契合点。 这里的聊天也不是上课那般严肃,老师也变身为慈祥的长者,似父子间的轻声细语,润物无声。 我有一个严厉的父亲,从小养成很少主动与父亲交流的习惯,所以每次跟老师在一起的时候都是他说得多,我讲得少。 到后来读博时有一次跟老师坐在华侨之家旁路边的石栏上聊天,老师说你有时候很像郭航,表面看把我的意见都认认真真听进去了,但实际上总是有自己的主意。 我心中一惊,暗自思忖着原来老师早已洞察一切,却让我自由驰骋。 2003 级人类学研究所的国内学生只有我一个,所里并没有按照往年的习惯,在研一时给我分配指导老师。 老师曾经在球场边提及此事,说不着急给我安排,是因为要让我做孤儿,学会吃百家饭,求学也应如此,博采众长。"孤儿"理论后来也被我用来教育自己的学生,让他们不要拘泥于制度或习俗的安排。

2004 年 6 月,老师告诉我,过几天跟他去漳州做调查,让我做好准备,并未告诉我具体的出发时间。 几天后的早上 7 点 50 分,手机突然响起,我伸手从枕头底下掏出手机放在耳边,喂了一声之后话筒里传来"今天去漳州,十分钟后到我楼下等我",之后电话就挂断了。 迷迷糊糊之中我把手机又放回枕头下接着睡去。 不多时便猛醒坐起,脑中闪过念头:"刚才谁给我电话,郭老师?"我赶紧伸手再掏出手机查看来电号码,回忆通话内容。"十分钟!"此时已经过去两三分钟,我睡意顿消,赶紧洗漱,随手抓了两件衣服扔到背包,从芙蓉五出来一路飞奔。 刚到敬贤一楼下开始张大口喘粗气时,一抬头,老师拎着两个大箱子正往楼下走,我赶紧上前,从老师手里接过来,提起之后才发现挺沉。

到了大巴车上,老师告诉我两个大箱子都是书,准备出去送人。 老师喜欢送书,不仅会给每个上课的学生准备需要阅读的书和资料,而且每次都会提前复印好并亲自交到学生手中。 在华安、芗城、漳浦和龙海的调研过程中,无论是华安的高山族,还是漳浦、龙海的畲族,老师每到一地,总是先仔细聆听当地人的介绍,就自己的兴趣与疑问求教于东道主,之后便会就文献中的记述与田野现场进行比较,让文献在田野中鲜活起来;同时他还就地取材,从历史的变迁到文化的多元,通过深描人物、事件等进行多维透视,在田野现场进行了生动的人类学教学。

从漳浦返回厦门的前一天中午,我和杨晋涛老师午睡结束准备出门时,碰上老师扛着一大堆工具回宾馆,仔细一看,有刨子、木锉刀、凿子、木工锯等,他告诉我们,中午吃完饭他去漳浦老城逛街,看到有售卖木工工具的，便买了两套。 老师年轻时曾下乡劳动，学习了木工，等到返城之后依然热爱这种生活。 家里的家具很多都出自老师之手，即使搬到西村的新家也依然在使用。 如今不知道在天堂是否会有一个工具间，让老师重拾木工的乐趣。

对学生而言，学习是一个不断提升的过程，读研时很多课程设置与本科时有重叠之处，教学内容难免有交叉，虽然上课的时候只有一两个学生，我也偶尔偷懒。 经过一年的学习，在不断的看书与上课之间，知识储备有了更多积累，但总感觉自己对理论的学习，仍然缺乏举一反三、融会贯通的能力。 2004 年年底，在龙岩召开了客家文化研讨会，对于几篇论题完全不同的论文，作为会议点评嘉宾的老师，借用通俗易懂的毛泽东理论来点评、分析几篇论文的优劣，让我眼前一亮。 选择用毛泽东理论对论文做评价，首先是几篇论文的作者并非都是专职研究者，对于西方来的人类学理论等未必都了解，其次是这几篇论文的作者年龄大多与老师相差无几，生命历程相似，对于毛泽东理论都熟知和了解。 因此老师避谈人类学，而借用毛泽东理论去点评论文，可以让论文作者更快接受。 这对于我一个青年学生而言，有茅塞顿开之妙，当理论得以融会贯通，真可以"放之四海而皆准"，可以遍地开花、结果。

三

2006 年，经过一些小波折之后，我如愿以偿跟随老师读博。 老师的研究专长是东南民族史、福建地方社会和闽台区域文化，我并没有追寻老师研究的内容，"离经叛道"地选择了家乡四川进行研究，对于其中的隐患老师直言不讳。 在得知我对毕业论文的初步设想之后，他虽未阻止，却担心我论据材料不足。 在得知我对资料有初步的掌握之后，老师邮件回复我："欣悉！！！ 有资料就好办。 我是历史学出身，视资料缺乏猛于虎。"

博士论文从构思到完成，是一个从混沌到清晰，从散乱到有序的思维过程，完成这个过程，除了学生自己努力学习提升自己之外，尤为重要的便是指导教师从宏观与微观层面对学生进行指导和帮助。 在得知我对论文的初步构想、研究计划和理论准备之后，老师便常常与我谈及对论文的意见。 2007 年，由于身体原因，老师傍晚的活动由篮球改为爬山。 我俩经常并肩坐在华侨之家路旁石栏上，老师时而抓着我的手，时而揽着我的肩，常常就一个问题讨论很久。 厦门是亚热带海洋季风气候，傍晚时分气温略降，偶尔有风拂过，体感清凉；老师的谈话时而一针见血，时而画龙点睛，时而鞭辟入里，时而攻过箴阙，常常让我醍醐灌顶、引我深思，也暖我心灵。

博一结束，我返回老家做田野，前后历时半年。 田野期间与老师联系不多，偶尔发几封邮件给老师汇报情况，问候老师，老师的回信总是及时而又温馨。 2008 年 1 月，田野结束返校开始完成毕业论文，这是一段苦闷而又难熬的日子，尤其是思维常常陷入混沌、停滞，我常常把写作过程当中的问题发给老师，老师总在第一时间回复我。 也是从写论文开始，我与老师的路边交谈基本完全集中到了一个话题，如何写好论文。随着时间的流逝，论文也逐渐在往来邮件，路边谈话等师生交流中，显得轮廓分明。

2009 年 6 月，我顺利通过论文答辩之后，我开始着手收拾行李，准备离开厦门。 卫红师姐提议请老师师母和我到集美一游，老师欣然应允。曾经听老师说过他第一次去广州，害怕游玩耽误时间，所以买了一张广州地图，就当作是在游玩广州了。 我知道老师总是忙碌的，即使是退休之后也依然笔耕不辍，直到过世前也还在赶稿，这次却因为陪伴学生做"毕业旅行"来到集美。 从早上 8 点出发到下午三点多回到学校，七月初的厦门正是最热的时候，尽管如此炎热，老师却一直保持高昂的热情，给我讲陈嘉庚先生与厦门、集美的典故。 与老师来集美，这不是第一次，之前大多是下午过来集美。 在集美的行程也大多是先到茶铺喝喝茶，然后吹着海风吃个晚饭再回学校，夕阳西下伴着海风，气温也开始下降，人大多感觉都是凉爽的。 这次毕业旅行正值午间，温度不仅高而且是逐渐上升，老师体态偏胖且易出汗，看着老师额头不断渗出的汗水以及湿漉漉的后背，我的心中感慨万千。

四

毕业之后，与老师见面次数不多，更多是通过邮件与老师联系，也会从其他同门的交流中获悉老师的信息。

第一次返回厦门是 2009 年 10 月，适逢老师 60 岁生日之时，博士同门相约回厦门与老师一聚。 老师生性不喜各类聚会，但常常因为"盛情难却"而出席。 酒桌上的老师豪放，逢人来敬酒便是一口闷，不管杯中酒的量大量小，这份洒脱和自在，我见过几次，也因为老师的"豪饮"而担心他的身体。 这种豪爽基本只表现在酒桌，平日里老师极度自制，只有去过老师家，走进过老师书房的人才知道，老师每晚工作时都是浓茶香烟相伴，但在其他场合老师都是喝白水、不抽烟。 这次的聚会很仓促，大家一起跟老师师母一起爬爬东坪山，在一个农家乐吃了一顿饭后就各自散去。 同学们都知道老师的脾性，所以给老师敬酒之时都会"拦阻"老师的"豪饮"。 老师走之后，我们去老师家看望师母，听师母说说老师生前最后的时光。 师母说老师身体一直有恙，从1月开始因为惦念去泉州开会而耽误治疗时机，从泉州返回之后病情便加重。 我想到老师去泉州，脑中又浮现老师"豪饮"的样子，这大概是老师生前最后一次吧。 同学们常说老师有"侠"之豪放，我相信即使在最后的日子里老师的那份豪气依然如故。

第二次回厦门是2011年7月，一次半公半私的行程。 2010年秋，学院的人类学专业刚刚招了第一届本科生，院领导说去厦大人类学系学习一下办学经验，于是安排我联系老师。 我给郭老师发了邮件，老师欣然应允，在座谈会上也是侃侃而谈。 公事结束之后，我并未跟随同事一起返回沈阳，私下去探望老师。 老师带着我在厦大四处游走，边走边聊，像父母带着许久未曾回家的孩子到处看看家的样子和变化。 太阳西下时，我和老师坐在上弦场的台阶上，促膝而谈，时光仿佛又回到了在校读书时。 老师不再是以前的样子，具有洞察力的思维表达转变成了慈父般的叮嘱。 夕阳洒在老师身上，那样温馨那样慈祥。

第三次回厦门是2016年五一时，这次回厦门跟老师见了三次。 到厦门之前，我打听了老师每天早上会去东苑球场打球。 到厦门的第二天一早，我就去东苑球场找老师，还是那熟悉的身影，还是那熟悉的擦板投篮。 我快步上前，"老师好"。 老师见到我，诧异之后变得很激动，拉着我的手在球场边坐了下来，嘘寒问暖谈了一个多小时，我跟老师约好第二天上午去老师家拜访。 按照约定的时间，我来到老师家，门依旧虚掩着（老师的习惯是只要约好的时间，他会提前把门打开，留一条缝，我们到了不必敲门可以直接进去），我径直推门而入，老师听到脚步声，迎了出来，跟老师在家聊了大半天。 临走时我说老师，我想跟你自拍一张。 老师欣然应允，摘下眼镜，留下了我和老师唯一的自拍合影。 回沈阳的前一天，我去跟老师辞别，卫红师姐把老师、师母以及我和我的爱人载到集美。 饭桌上我和老师比邻而坐，老师又一次对我叮嘱良久，谈到兴奋处，找来一支笔，在纸上画图给我讲解论文写作如何拟定框架结构——菱形结构。 这也是老师生前我最后一次见到老师，也是老师最后一次给我上课。

五

没想到毕业后第四次回厦门便是去跟老师告别。

大明打电话告诉我老师走了的时候，我愣住了。 这几年断断续续曾听说老师身体不好，但这个消息还是让我很震惊，老师走得太早了，也太快了。 简单收拾了行李，我直奔机场，小背包里带了一本小说。 沈阳直飞厦门需 3 个半小时，如果没有小说转移注意力，我怕我抑制不住内心汹涌的波涛会在飞机上哭出来，我强迫着自己读下去。

到厦门之后，我在老师家楼下等师姐师兄来，一起上楼去看师母。师母看着我们进来，一一跟我们打招呼，握着我的手说，这么远你也来，我哽咽着说不出话，只是轻轻点点头。 我们围坐在茶几旁，听师母讲讲老师最后的时光。 我一边听师母讲，一边又打量了老师的家，看着熟悉的场景，仿佛三年前我与老师在这里并肩而坐的样子又浮现在眼前。 我又想起跟老师之间那张自拍，老师的眉毛依然翘立，他还特意拨了拨头发，摘下眼镜，笑眯眯地看着镜头。 谁曾想这竟是我与老师在他家中的最后一面。

第二天一大早，我跟同学们到殡仪馆帮杨晋涛老师整理花圈名单的排列。 不一会，以前的老师同学陆陆续续而来，看着这些熟悉的面孔，人丛中再难寻觅老师的身影，我怅然若失地站着，遥望着追思厅内老师的遗像，据说是 2019 年春节所拍，身形明显比以前瘦削很多，眼神却依然犀利，看着远方。 如今我们已经都在各自选择的方向上飞翔，但不管我们飞得多高多远，我们也一直会在你期待的目光里，我相信您还在注视着您的雏鹰。

随着不断前行的人群，我最后一次凝视了您的面容，您好安静，眼闭着，不再圆睁；眉立着，不再扬起；嘴角合着，不再翘起；头躺着，不再

45 度斜上沉思。

后一个仪式开始，听着郭航在前面讲述父亲时，一直压抑在我眼眶中的眼泪再也忍不住流了下来。 老师，您走得好快！

六

我的人类学之路起步于云南大学。 1998 年高考填报人类学绝对是无心插柳甚至是抓阄的结果，所以大一大二我对专业课有些意兴阑珊，更谈不上认真二字，虽然我从小爱好读书，也喜欢文史类知识。 2001 年春节，我第一次去文山州做田野，半个月的时间让我兴致盎然，流连忘返。尽管这种兴致大多是贪玩所致，但初入田野的兴奋激发了我对专业课学习的极大兴趣，成绩自然也水涨船高，也有了深造的想法。 2002 年第一次考研失利，并没有阻止我继续学习的念头，第二年我选择厦大作为奋斗目标。 进入厦大的历程带有很大的偶然性，郭老师当时帮我申请破格之恩难忘。 当老师欣然应允，我去报考他的博士研究生之时，我深知这一次的有意栽花又将是我人生最重要的决定之一。

老师所有的博士弟子当中，我是离厦门最远的。 由厦返沈的飞机上，我想起 2009 年 10 月，老师给我发的邮件："腾空穿雾几万里，云路迢迢师心沉。"走出桃仙机场，我面向南方，对着天空说了句：老师，您好！ 下辈子我还想做您的学生。

作者简介：毛伟，厦门大学 2003 级人类学硕士，2006 级人类学博士，现任教于沈阳师范大学社会学学院。

宠爱学生的郭老师

◎ 罗正副

2019 年 3 月 23 日，厦门大学社会与人类学院成立，无论如何，作为人类学系毕业的学生，真是件令人兴奋的事情。 然而，就在同一天，郭志超老师去世的消息传来，作为郭老师曾经宠过的学生，这是多么令人悲恸的事情。 接触过郭老师的人都知道，他的身体很好，他才退休几年，怎么突然就走了呢！ 在新的社会与人类学院成立的当天，这是巧合还是有什么因缘？ 我不得而知。 但可以肯定的是，无论生前还是逝后，郭老师都将与人类学系一起，永远并存长久。

人类学系与郭老师有交往的学生，都是他宠爱的对象。 倾听你的苦衷，分解你的忧愁，梳理你的迷惑，指引你的出路，最后侃侃而谈他的理想行动，然后哈哈大笑，扬长而去。 你呆立原地没有回神，郭老师已经跨上自行车，滑走了好远；你神不附体般，恍惚的在校园踱步，慢慢回味与郭老师的交谈，才发现，郭老师将你置于中心位置，你是主角，他是配角，一直托着你，衬着你，让你很有尊严，很自在，自得，甚至自满。 他能用他所有的激情、快乐和豁达感染你，让你不禁产生由衷的愉悦感，而且使你的困惑难题也释然解除。 即使被郭老师暴口大骂的同学（听说确有其事），事后聊起来也"沾沾自喜"，回味起来更是老师亲炙的"受宠若惊"。

我不例外，也是郭老师宠过的学生。

第一件受宠的事，是在历史人类学理论与方法的课程。 上了几周之后的一次课堂，郭老师一进教室就开始天马行空地聊开，"教育部强调研究生教育要因材施教，特别是博士生，我自己受益于因材施教"。 顿了顿，眉毛扬了扬，轻轻地说："葛、罗，不必交作业，要想交就写论文吧，给我看是很乐意的。"又停了停说："我是一个很爱了解对象的人，我很爱看学生的东西。"然后就谈自己如何看别人的论文的经验。 在同时期来往的邮件里，郭老师正式地提及："我特许你们不必再交作业，只要课堂有发言就可以，有时间就写论文发表。"信函末尾特别强调，"不必谦虚，而应配合教师的因材施教的教学法"。 他在给周典恩师兄的信件里也从旁谈及我们班的事："本学期，一年级博士生学历史人类学，兴趣盎然，常有新见，甚至卓见，教学相长，令我教学兴趣大增。"这是郭老师特意转发他给周师兄的邮件予我，才得知的。

郭老师曾说："我都是找高手对决，不找一般的。"在他眼里，学问是有高下之分的。 集中体现在他将学术的创新划分为三个层次：发现创新，综合创新和理论创新。 所谓发现创新就是事实，天底下就存在的事实，大家没有觉察，没有发现，你来发现。 人类学的民族志，历史学的新材料，用语言逻辑贯通起来，告知天下就是发现创新。 在诸多的发现创新的前提下，要有人具备更高的眼光来综合创新。 一点一点的研究成果是分散的，整合起来就成了一个流派，一个学科，如对《论语》的研究，历朝各代不绝，论语学的建立，就是综合创新。 同样的《诗》《书》《礼》《易》《乐》《春秋》等经书很多，经学，经学史，就是综合创新。 但是这些学问都还不够，最高境界的学术创新是理论创新。 人类学的功能主义，结构主义，象征主义等理论流派，就是帮助我们从功能、结构、象征的角度来看世界，看人类文化，看人类社会，那就是理论创新。 作为年轻的学生，要朝最高的学术目标看齐，最终的研究就是理论创新。 郭老师还认为，理论创新是非常非常难的，但是，我们要知道有最高的境界，为之不懈的奋斗，即使"虽不能至"，也要"心向往之"啊。 并解释说，知道了最高境界，朝最高目标努力，哪怕最终不能实现，其实成果也不会太差。

将学生宠到学术创新的最顶端，是郭老师对学生的殷切希望。"具体的博士论文要有事实的发现，这是科学事实，民族志要能说明一个道理，这个道理不是一般的道理。"郭老师所说的不是一般的道理，"没有对错"。 用他简练归纳的说法，就是"由虚而实，立足事实，探索理论"。

我在完成硕士学位论文过程中，考察布依族的"送宁"仪式时，得到实践记忆这个概念。 论文答辩委员张羽琼老师曾问，实践记忆是什么意思？ 如何界定？ 我当时回答不作界定，是因为一界定就有局限为由答辩搪塞。 张老师宽宏大量，不但没有责难，还特别勉励我要继续做下去。答辩主席杨庭硕老师也如此鼓励。 我在厦大求学时，将上述心心念念的情况如实跟郭老师说。 郭老师听了直摇头，身体向前倾，俯身贴到我的眼前，与我平视，将手搭着抓着我的手臂，联发珠炮似的对我说："记忆在人类学视野中可变性很大，它不是凝固的记忆，像流淌的河流，还与人的行为有关。 新词出现要展开引介，如新同学相互介绍一样。 命名，就像起一个艺名，引起注意。 有商榷，才有讨论，那样激发你的思考。 科研一直被修正，被改进，概念也需要明晰的界定，以后再修正。（实践）记忆的建构是记忆河流的样态，用几句贴近命题的观点表达出来。 写作方式能与葛荣玲同学的方式结合，有概念，加支撑，既有概念，再支撑，注意抽象的提升，文章就更深入。 这就是表达的艺术。 格尔兹的动态精微的符号人类学，也是用学术的'鞭子'抽出来的，建立在民族志的真伪性的拷问上，对传统科学民族志的反思，如此才见到了科学研究，哲学研究，人类学研究的前进之花。"他条分缕析，抑扬顿挫，又洋洋洒洒，深入浅出，且眉飞色舞，绘声绘色地点拨疏导。 我当年的课堂笔记本里，在郭老师这些激情四溢的演说话语后面，用方框着重框出一句话"要写一篇实践记忆概念吧！"翻检笔记日期，那是发生在 2007 年 4 月 4 日，星期三"东南民族研究"的课堂上。

郭老师总是如此这般，以宽宏的胸襟，渊博的知识，艺术的表达，激情的感染，将学生置于重要地位，宠成小皇帝一样地高高在上，又用他宽厚的双肩，稳稳地托起学生。

第一次上郭老师的课，他像平时一样背着大包，课堂就从分发每人一份参考文献开始。 没有寒暄，没有解释，没有说明，仿佛老师给学生复印阅读文献，是自然而然理所当然的事情。 近十人，每人几本，一学期讨论的课程文献，一并分发。 每个同学喜笑颜开，除了嘴里说谢谢之外，心里的感激、惊喜之情，根本就无法表达，因为这种宠幸，大家都不曾经历，不曾经验。

> 连一株枯草也珍惜，
> 定然有慈爱的情怀；
> 洞见草籽新的生命，
> 正是科学家的眼光。

　　这是郭老师在一次爬山之后，以日常的"路边看点"为题，给我分享的一封他的诗作邮件。 郭老师连枯草都珍惜，博大慈爱之心，自然明明彰显；他以科学家的眼光和情怀，洞见草籽孕育着新的生命，怎么不宠幸宠爱身边的一个个新生呢！

　　我庆幸在成长过程中，获益于郭老师处甚多，特别怀念在他身边受宠的日子。 我们都悲恸郭老师走得过于突然，格外令人痛心。 但以我对郭老师的了解和认知，他是一位心怀人类世界、宇宙万物的人，早已洞悉死生运命，更不愿给亲朋诸生带来丝毫苦痛。 如果我的认识不错，郭老师惟愿每位亲朋友生，甚至每位不曾相识的人，都能像他一样豁达开朗，做好自己。

　　　　　　　作者简介：罗正副，厦门大学
2006 级人类学博士，现为贵州大学历
史与民族文化学院教授。

相见是缘别时难

◎ 曹大明

　　今生相见就是缘。 我与恩师郭志超先生的师生缘，缘于赣南师范大学的读研。 那时，或许是受地缘、学缘的影响，我的硕导及授课老师在日常的教学研究多有谈及厦门大学人类学系的老师及他们的研究。 在硕导潜移默化的引导之下，桀骜不驯的我，研二居然萌生了"读博"的冲动。 研三上学期提前完成毕业论文答辩后，我于 2006 年 11 月 20 日，早上怀着志忑不安的心情，冒昧给先生写了一封电子邮件，向先生介绍了自己的履历、专业、硕士学位论文，表达了报考先生博士研究生的心愿。次日早上，先生不计我的冒昧之举回复了邮件："大明同学，你好！ 来信和附件已阅。 联系较慢，尽管如此，你还是可以报考。 考什么专业？"我当天下午通过电子邮件向先生表达了报考历史人类学专业的想法。 先生下午很快回复了我，还详细告知报考他两个方向博士的人数、专业课的参考书，叮嘱我要特别准备外语。 晚上，先生又谆谆教导我如何做事、做人："做事有谱的人，自然会有较多的机会。 希望对方对自己有较多的了解（简历写得不错），也就相应让对方打开'柴扉'"，并鼓励我"近几年决定你一生，下功夫攀登吧！"

　　随后的三四个月时间，对我这样一个考博"八字还没一撇"的学生，先生时常发一些图文抒发心得感想，教我如何与人沟通，如何提高科研素质。 有一次，先生问我江西省是否出版有《江西省畬族志》，我告诉先生江西没有专门出版，只在江西省地方志办公室出版的《江西方志》中有一定的记载。 先生马上电邮告知我，一定要培养严谨的习惯，及时回复他人邮件，告诉他人出版物时，务必告知对方作者、书名、出版商、出版时间。 还有一次，我向先生请教历史人类学学科属性。 先生说，科研是一个不断探索的过程，"包括你我共有的一些理解，不见得对。 这么说体现了探索中的弹性态度和看法，是可取的。 既然还在探索中，就应百家争鸣，而不必以某一说为马首是瞻。"

2007 年 4 月 13 日，博士入学成绩出来后，先生表现出一贯"想学生所想，急学生之所急"的作风和态度。 一方面为我在历史人类学和民族史考生中总分排名第一高兴，另一方面又为我英语只考 56 分表示担忧。先生说："听说你在历史人类学和民族史的考生中，总分第一！ 你为母校争了光！ 就看英语线了。 我希望我们有缘分！ 为你祈祷。"复试线公布后，先生特别高兴，同时鼓励我积极准备复试。 复试后，先生到厦门大学研究生院又为我额外争取了公费指标，并说："时下，愿意额外承诺的人，已经在世风日下中绝种了。 即使还有愿意承诺者，但他们看不清雾中的远山。"正式录取结果公布后，先生又第一时间告知我："飞报大捷：曹大明金榜题名！"

在先生的关心、爱护下，我有幸成了他的弟子。 随后的岁月，先生用他独特的培养模式塑造了我，用他特有的人格魅力和大爱感染、影响了我。

"师者，传道授业解惑也"。 先生的博士生培养，真正做到了"传道"与"授业解惑"。 报考博士时，先生不断教我一些为人处事之道及科研工作者的基本素养。 入门后，先生更是利用各种场合和机会教我如何为人处事、如何从事科研工作。 博一下学期，先生给硕士研究生讲授"历史人类学"课程。 我一边随堂学习，一边做他的助教。 以前早有耳闻，先生课堂生动有趣，又有启发性。 一学期下来，我切身感受到，先生不仅是一位课讲得好的老师，而且是一位一切为学生着想、特别关爱学生的老师。 先生的课堂，充满激情，讲到生动之处，"眉飞色舞"，"手舞足蹈"。 先生的课堂，富有学理，又浅显易懂。 很多晦涩难理解的学术理论，先生化之于无形，然后用生动形象的语言表达出来，让学生听的过程甘之如饴，听后恍然大悟！ 记得有一次讲授如何寻找论文的选题，先生说：论文的选题，如同猎人狩猎。 猎人出去打猎，首先要根据既往猎人打猎的情况选择将要前往打猎的山林，然后根据实际确定将要猎杀的动物，接着配备相关的工具，最后才能进山打猎。 课程结束时，我根据赣南的田野调查向先生汇报了博士论文选题的方向以及具体想法。 先生听后高兴地说："敏悟！ 看着小猫钓鱼既专注又有感觉，老猫欣慰。 具体研究与理论结合，鱼翔浅底，又鹰击长空，绝妙境界。"

　　先生的课堂，见证了他对学生无私的关爱。为了提高学生的科研表达能力，先生要求学生课堂上的专题研究讲解必须脱稿介绍。有次我拿着稿子讲话，先生怒斥说："你拿稿子讲话，就是没有很好地理解这些理论，没有将他人的东西转化成自己的。"为了减少学生查找、借阅课程参考书的麻烦，先生经常拿自己的工资，复印相关的资料，然后汗流浃背将书背到教室分发给所有选课的学生，没有任何门户之见。对于自己名下的弟子，先生的要求更多、更严厉，同时又"柔情似水"。有一次，我向先生借阅《广东畲族古籍资料汇编》，他不悦地说："我不是你的书童。"但是第二天，先生又复印好该书，将其送给我，并说："你要自己学会找书，这也是研究人员必备的素养。"

　　爬山是先生主要的运动方式之一，也是我与先生接触最好的机会。只要天公作美或者没有出差，先生一个星期至少爬两次厦大后面的植物园。先生常说："爬山既可锻炼身体，也可让我远离尘嚣，沉醉于山林。"爬山前，先生一般会电邮联系我，让我在勤业餐厅旁边的路上等他，陪他一起爬山。爬山时，先生经常戴一个圆边、灰色休闲帽，背个布袋子，拄着一根拐杖。布袋经常装着花草、树木的幼苗、两三瓶装满自来水的百事可乐或可口可乐瓶子、一把种植花草的小锄头。我们师生二人边爬山边聊天，话题无所不包，有对时世的点评，也有先生读书的心得，还有先生知青下乡的经历，等等。每爬到一处适合种植花草或树苗的地方，先生都先"东张西望"一番，然后快速挥舞他那健壮有力的手，挖好小坑，种下花草或树苗，浇灌水，疾速离开现场。我对此表示好奇，先生解释说："我在植物园种植或移栽不少花草、树苗。有时，植物园管理员和路人以此为奇，视我为'怪物'。为免他人狐疑，我经常在植物园偷偷种植花草、树木。"为了方便厦大师生抄小道进入植物园，先生经常从山下扛石头，沿途筑路。遇到沟壑，则找寻木料搭建简便的木桥。植物园管理人员出于入园管理的需要，多次掀翻先生搭的木桥。先生则从家里拿来钢筋，深深地钉入地下，固定木桥，不让植物园管理人员轻易破坏他搭建的木桥。就这样，先生爬山所走的不是路的路，越走越宽，两边的花草也越种越多，成了植物园未开门时厦大师生爬山的"郭道"。也就是在那时，我喜欢上了爬山，也通过爬山感悟了先生所讲的"登临脚力尽，奋斗苦后甜"的道理。

爬山中的所为，以及"郭道"的形成是先生为人的体现。爬山如此，生活中的点滴更是这样。有一次先生身体有恙，我们几个学生想去看他。他断然拒绝，"真病着，来看我，可了你们心愿。但对于病者是一种干扰。做事设身处地，仁智者之为。"病愈后，为了体谅学生，先生又让我们去他家匆匆看望一下他。让我永生难忘的是，2010年6月29日，离开厦门到工作单位湖北三峡大学，报到的前一天晚上，先生约我在敬贤楼下见面，赠送我《汉书》《后汉书》，深情地嘱咐我到工作岗位后要继续学习，多读《史记》，多翻《说文解字》《中国历史地图集》，并说："你很有讲课的才能，今后至少会成为教学高手，非常适合在高校任职。如果注意清澈如泉的文字风格，将来不可限量。"同时告诫我要学会反思，"读书时，我是暴风骤雨式地批评你们。工作后，没有人会批评了，自己要学会批评自己"；要慎言敏行，"我是藏獒，叫两声，路人会说叫得好听。你是野狗，不要乱叫，否则会挨打"；成功者，尽可能少给他人压力，"大任者不拘细小，前行者遥望远方。"这就是先生对一个临行学生的嘱托和殷切希望！

相见是缘别时难。毕业后，我谨遵先生的教导，惜能力有限，辜负了先生的期望。毕业后，我和先生虽多有邮件来往，但见面甚少，一次是2013年参加人类学高级论坛，一次是2018年9月26日我从台湾政治大学访学归来路经厦门。2018年相聚时，先生虽经历了胃出血的大病，但精气神不错，身体还算康健。没想到2019年3月23日，天降噩耗，先生骤然离世！2018年我与先生的小聚竟然成了永别，我邀先生莅临三峡大学的讲学，也成了无法兑现的"诺言"！先生西去，不才的我，唯有传承先生无私奉献的精神，才能报答先生的知遇之恩，才能告慰先生的在天之灵！

作者简介：曹大明，厦门大学2007级人类学博士，现为三峡大学民族学院教授。

郭志超教授促膝访谈景宁敕木山村畲族村民蓝培发（2005年1月，景宁畲族自治县惠明寺村通往塔坑自然村连接县城的山间陡峭石阶小道旁凉亭内）

郭志超教授深入访谈闽东地方畲族学者蓝振河先生（20世纪90年代中期，福建省宁德市福鼎某畲村）

郭师与我的二三事

◎ 李凌霞

　　距离郭老师过世已经过去了七七四十九天。 初听闻恩师去世，一直到今天都难以置信，往时神采飞扬、精神矍铄的他，就这样毫无预兆地永远离开了我们。 然而，于我而言，他一直都还在。 他的鞭策如言在耳，他指引进入的台湾少数民族研究，我仍然在继续着……

　　回想与郭师第一次会面是在 2004 年，保送人类学所研究生复试之时，那时我怀着忐忑不安的心情，和同班同学吴永强一起，进入会议室，见到了神采奕奕的郭老师，郭老师当时是人类学研究所所长。 名为面试，但是郭老师并不严厉，反而和颜悦色，他询问了我们本科在历史系的学习情况，我说自己并没有掌握什么学习方法，仿佛整日上课就是记笔记、复习考试时又背诵笔记，他只说来日方长，也并不苛责。

　　硕士阶段进入人类学系之后，选修了多位老师的课程，受益匪浅。郭师的课程让人记忆犹新，他讲课总是激情澎湃，慷慨激昂，妙语连珠，至少点燃了我对于人类学的热情和兴趣。 课上研读了李亦园的《移植的市镇》一书，我第一次试着用自己的语言表达了对于该书的认知，用横向和纵向的线索将书的内容梳理清楚，加入了自己的一些评议。 书评作为课程作业提交上去之后，得到了较好的鼓励和回馈，郭师给我打了九十分。 这大大激励了我的学术热情，相信自己只要在人类学领域好好钻研，大胆地表达自己的所思所想，即使它彼时可能幼稚、漏洞百出，但总有闪光点。 郭师的评语是，有思想的火花闪现，便是好的。 至此之后，我的学习模式彻底改变，从本科阶段的被动地记忆和复述，转向了独立思考，特别是书评式的读书法，使得我在硕士阶段知识面和理论储备得到了扩展和提升。 于是当继续在学术之路前行时，我希望郭师能成为我的引路人。

博士阶段顺利进入郭师门下，但是自己却陷入了迷惘。未来三年将研究什么，是那段时间令我困扰非常的问题，硕士阶段以家乡的农民工现象为主题，因此仍然希望能够继续这一研究，但似乎再进行拓展却显得异常艰难。此时郭师暗示台湾高山族的研究未来将大有前景，但是我却一时无所适从。于是自己便开始借阅有关台湾原住民的书籍，试图沉浸其中，找到一些感觉。有一次抱着一本《宫中档奏折台湾史料选编》路遇郭师，寒暄了几句之后，便受到了批评，郭师说我的研究方法非常有问题，不从研究现状入手，反而从浩如烟海的史料着手，无异于大海捞针，没有办法快速找到切入点，言辞较为严厉，使我备受打击。最百思不得其解的是，以往没有拜入郭师门下，他的教导如和风细雨，令人如沐春风；而真正进入郭师门下后，遭受的批评却如此严厉。后来的经历让我了解到，这只是刚刚开始，真正不留情面的批评还在后面。

记得第一次战战兢兢地提交了开题报告给郭师之后，便遭到严厉的批评。当时开题报告的初稿题目是"帝国规训下土著的文化策略"，老师说文字润色是后期工作，不要没谈清楚实质问题，就用一些好像很新式的词汇来绘五花脸。我当时还试图辩解，向他解释这些词汇，"规训"是什么、"文化策略"是什么，不曾想遭到更严厉痛斥，隔着电脑屏幕，透过邮件的字句都能感受到老师的怒火："不要以为用了'帝国'就很新式，用福柯的'规训'更新式。规训，古汉语就有。问题是论题有'规训'，提要无展开，鬼才知道你是择用福柯或柯福的界定。可以肯定地说，你至今还写不好提要，还不清楚用直白的文字告诉别人，你的想法。别以为用几个新词或怪词就是博士。不用'迷思'就无法表达？是不是神话？是不是新人类认识的迷惘？不用那些词汇表达就不会说话，此为背书。问题是想告诉我什么！不然你自己对话去。"

虽然以上言辞有些难以让人消化，但是至少让我及时纠正了自己的语言，那就是必须尽量朴实。这对我后来的工作有着非常深远的影响，我会试着从听众的角度去思考说话的方式，而不是偏执地任由自己的喜好。后来从其他师兄师姐那里了解到，其实这都还算程度较轻的批评了，那是因为郭老师曾经毫不留情面地批评过女学生，让对方当场痛哭流涕，尔后老师便不再苛责女生，只是对男生的批评和责备仍然维持了原来的严厉程度。

临近毕业，我还没有发表学位要求的 CSSCI 论文，不免心急如焚，自己也写了一两篇投出去，奈何石沉大海。 想求郭老师帮忙，又不好意思开口，眼见快到毕业，只好暗示老师我还没有完成发表文章的任务，不曾想老师云淡风轻地告诉我：《厦门大学学报》较为重视台湾原住民方面的研究，你可以往往这方面努力。 我不够自信地将写好的一篇关于台湾原住民土地问题的论文投到厦大学报，还真想不到后来文章的发表过程相对顺利。 当然，我的这篇文章和分析思路也是在郭老师一次次不厌其烦的锤炼之下，得以脱胎换骨。 待到文章见刊，郭师评价说，至此我拿到了学术圈的入场券。 后来，郭师怕我在找工作之时，文章太少，还把自己写好的初稿，让我象征性地修改了几遍，最后完全以我的名义发表。 但他却在任何时候都不愿意，让我的文章带上他的名字，尽管他本人花了很多心血修改。 郭老师对学生爱护和鼓励之情的难能可贵，几乎可以说是绝无仅有，因为学术界截然相反的现象并不鲜见。 到目前为止，《厦门大学学报》仍然是我发表学术论文级别最高的刊物，虽然最近已经在努力超越。

我毕业找工作并不顺利，虽然曾经接到中央民族大学、华东师范大学的面试邀请，但是老师认为按我目前的状况我只是去充当"陪练"，虽然我也不抱太大希望，但还是准备一试。 当我向老师报告前往面试，他仍然很用心地约我谈面试技巧，特别是在公众场合讲话要注意什么。 正如他所预料的，我在这两个学校面试都遭遇了强劲的对手。 在中央民族大学面试时，我面对的是两位本科为中央民族大学、硕博都是北京大学的竞争对手，而自己也是第一次上讲台，紧张得手足无措，甚至当面试老师问及最基本的问题——台湾什么时候建省，都无法回答。 汇报给郭师，自然又是一顿责备，这在他看来是非常不可思议的失误。 最后尘埃落定的面试是云南大学，虽然当时知道被云大录用非常开心，但是隐隐也担心由于发文时间较晚，而无法正常毕业拿到学位证书前往学校入职报到。 果不其然，由于拿到刊物太晚，甚至只能赶上 2010 年 12 月份的学位申请，还要经过三个月的公示，眼见马上要落空，郭老师建议我直接向学校校长写信，申请绿色通道尽快拿到学位证。

在郭师的支持之下，我写了封信往朱崇实校长办公室的门缝塞了进去。 等了几天之后，果然有学生处的老师找到我，试图帮我解决这个问题，他们说会向学校学术委员会提出，或者学校可以出示公函证明我具备拿到学位证的资格，也就是学位证明。而且学校的博士学位公示期最终缩短为1个月，这使我重燃希望，并前往云南大学进行沟通，但是对方学校并不接受这个学位证明的效力，强调要办理入职手续，还是必须要有学位证书，入职最迟只能拖到2010年12月份。就这样，我最终与云南大学失之交臂，但我还是非常感谢老师为我的付出，以及朱校长的关爱。

我在毕业之后，由于错过了云南大学，第二年就业变得异常被动，好在最后还是找到一份专业对口的工作。离开厦大之后，跟老师的交流变得没那么频繁了，但是偶尔有向他抱怨初入职场的各种不如意，他回复说"有时起，有时落，即使不赢也要稳住"，"如果不做庸人，就没有平庸的想法"……他曾经说过的很多话仍然激励着我前行，特别是要想摆脱平庸就不要放弃自己。后来曾经两次返回母校面见老师，老师似乎褪去了"严师"的形象，他会面授各种讲课、申请课题的技巧和方法，言语仍然那么形象生动，比如申请国家课题犹如"打虎三部曲"，要像猎人一样，先找到老虎出没的踪迹如脚印等，然后看看别人都在哪里见过老虎，之后证明具备打虎的能力，比如打过豹子之类的猛兽，最后制作打虎工具。如今我重新整装待发，也真的打到了"老虎"，却再也没有机会收到老师"欣悉"的回复。

回顾我的学术入门及成长之路，离不开郭老师的悉心教导和反复锤炼。生活方面，老师的关怀恰似春雨，润物细无声。他时刻希望能够帮我们学生多负担一些费用。外出参加学术会议，自不必说，只要是老师带领我们出去，他都会承担所有学生的差旅费用。在博士入学后不久，老师便希望帮我申请做他课程的助教，增加一些生活补贴，只是后来由于研究生课程的人数达不到设置助教的数额，才无法最终达成。博士临近毕业那一年，我因为着急撰写毕业论文，没有回家过年，老师便邀请我到家里吃饭，印象最深刻的是，师母炖的鸡汤有家的味道。

郭老师人品高洁，在待人接物、为人处世方面堪称典范，言行更似世外高人，虽已离我们而去，但是在我心中，他尚未远离。他的很多话语，仍如指路灯，引领我继续前行……

补　记

恩师过世的时候，我正在美国哥伦比亚大学访学，在大洋彼岸听闻噩耗，却不能亲往送他最后一程，心中惭愧至极，只能通过师门同学发布的照片缅怀。 回国后也一直在处理工作调动事宜，千头万绪，在 10 月才料理清楚，便借着 10 月 12 日厦大社会与人类学院的世界民族论坛的机会，前往厦门，在蒋俊师兄的帮助和陪同之下，去厦门薛岭山墓园祭拜了恩师。 凝望存放着老师骨灰的那一方格子，思绪万千。 自己仍然庸庸碌碌，为生计、为课题奔忙，陷于俗世，困于欲望，对于学术的热情往往被一些不知所谓的人和事浇灭，而恩师一生清贫，却永远有一腔热血。 回想起老师自诩为"七仙女下凡"的言语，彼时常常忍俊不禁，实则因为老师体态壮如虎，却自比为纤细轻盈的仙女，现在想来，老师的境界正如九天仙女一般，超凡脱俗，我穷其一生都无法企及。

作者简介：李凌霞，厦门大学 2007 级人类学博士，现任职于贵州大学公共管理学院。

咏怀郭老师

◎ 吴兴帜

与我而言，
近而立之年，
叩响了厦大之门，
这里有山，有水，有人。

与您擦肩而遇，
让我醍醐灌顶，
五老峰上，

师徒二人。
夕阳拉长影子，
钟声涤荡林间，
教诲与聆听，
智慧与反思。

暮色降临，
您如侠客，豪气云天，
我如随者，亦步亦趋，
会当凌云，高山仰止。

不曾忘记，
历史、事件、结构与意义，
无法抹去，
扬眉、撇嘴、挥手与瞠目。

斜挎包，
手中杖，
揽，天地万物于心，
护，莘莘学子于身。

吾师，侠者也
仗义执言
吾师，仁者也
心系众生。

作者简介：吴兴帜，厦门大学
2007级人类学博士，现为云南民
族大学云南省民族研究所教授。

义难忘，情长存
——怀念郭志超老师

◎ 邵媛媛

生命的离去，总是猝不及防。 2019 年 3 月 23 日，在厦门大学社会与人类学院成立之时，人类学与民族学系却痛失一位重要学人、一位好老师。 敬爱的郭志超老师溘然长逝了。 闻讯半晌，实难接受。 那飞扬的神采、魁伟的身姿分明还在眼前晃动，那俊逸的文字、鼓励的话语分明还在脑海萦绕……回想与郭老师交往的点滴，一时情难自抑，不禁泪流满面。 在这世间，我又失去了一位无私给予关爱的长辈。

郭老师学史出身，一向治学严谨，也是难得的忠于教学的好老师。 2007 年，我进入厦大读博，从此与郭老师结缘。 就学时，我的历史人类学和族群理论知识便来自于郭老师的课堂。 课程两周一次，其间读书、写报告，课上人人要发言。 因为没法滥竽充数，所以每本书都研读得格外仔细。 为了显得很"学术"，同学们一开始都绞尽脑汁尽量把词句写得"炫"一些。 然而，郭老师指出，那些佶屈聱牙，将人"绕晕"的句子并不代表学问的高深，反而说明作者本人对所言之事也未必明白。 真正的"懂"和"通"是理论咀嚼后能够用朴素练达的语言传达深奥的含义。 洞悉之深刻令人闻之如醍醐灌顶，为学至今，铭记于心。

记得一次分享过读书报告后，郭老师评价说我的思维细致绵长，但缺少"一剑封喉"的穿透力，此话正中肯綮。 记忆中，郭老师从不缺课，常伴随铃声立定于讲台，以一首自创的诗歌启幕，激情将午后的困倦驱散，他却已不知不觉拐入正题。 出于对学生阅读劳动的尊重，郭老师坚持出席课程的所有人发言完毕且得到点评、指导后方才下课，因此每课耗时很长，后程已是饥肠辘辘。 同学笑言：上郭老师的课，中午要多吃些。 的确，郭老师的课要求严格，很难蒙混，但却是扎实而吸引人的。 因他浪漫洋溢的诗情开篇、眉飞色舞的生动讲解、入木三分的中肯点评和忍俊不禁的可爱表情，灰暗枯燥的理论知识在分秒里化作七彩，美妙绝伦。

郭老师是有些出世的，对于其脱俗品性的最初体悟源于一次拜年后的小故事。入学第二年春节，我发邮件向郭老师拜年，大概写了些吉祥、如意之类的俗话。几日后在校园偶遇，他提及此事，拉着我和同学坤冰在路边说开来。他声称人生哪会总是"如意"，生活本也没有"十全十美"，而那些预祝"升官发财"的话则更令人生厌。高知女博士应出言不俗，不可同流。大讲特讲一番后，他戛然而止，说还有事，一阵风似地消失了，剩下我们愣愣地消化着他的教导。从此，每至问候，我都要字斟句酌，再不敢"套路"。

郭老师爽直、率真，对学生爱护有加。毕业论文被我写得拉拉杂杂又缺少理论升华，但郭老师却欣赏。他认为民族志能围绕主题形成连贯的叙述即可，恰如其分的理论创新则是锦上添花。答辩会上，他直言我书写的是一个平凡村庄转型的史诗，意义深远。对于一位老师的提问，他知道我已在后文有所呈现，未及我作答便抢先一步替我回应，对论文内容的熟悉不亚于我本人，可见阅读之细致。答辩结束后，郭老师神采奕奕地对我说，一个女孩子选了个"硬"题目，没想到做下来了，还做得很不错，不容易。郭老师就是这样的性情中人，爱直抒胸臆、难隐藏好恶，好的不吝赞扬，错的定会纠正。我想，他的拍案而起、他的仗义执言，无关其他，只是因珍视某种东西而选择站在正确的一边。郭老师向来以文识人，这篇论文好像引发了他对我的重新审视，毕业宴上我竟以29岁的高龄被他老夸为亭亭玉立。

郭老师似孩童般天真善良，天旱季节每日负杖汲水爬上南普陀照看他的小花小树，爱健身的男同学常能与他在途中相遇、畅聊，偏得许多。我与郭老师在课堂外的互动不多且多为片段式的。不成想，这份清淡如水的交往毕业后得以一直延续且愈加甘醇。郭老师有意疏离日新月异的现代社交媒体，最常使用的通信工具是电子邮件。每年教师节和春节我都以邮件送去问候和祝福，有时是张电子贺卡，有时则会谈些近期的调查研究、思考感悟或疑问困惑，每次都会得到真诚的回复。郭老师曾在邮件中三次提及我做田野的地方——厦门湖里后埔社区。三封信分别为："枝桠如戟，梅的身姿。后埔调查，留有此影。北国的梅，闽南的韵。田野重生，还魂学林"；"小寒坐BRT第一次到洪文看望一兵团战友。洪文，原称洪山柄，离后埔仅数里。（刘五店往）五通——洪山柄——金鸡亭——莲坂——市区，是驿道。 东北雪雁曾到此，后埔至今有余韵"；"厦门连着金门，高崎寨望着集美故垒，挽着蔡塘和后埔是忠伦花园，25 路公交是厦港与后埔的飞梭。 月球映着地球成就月份，地球绕日一周迎来新年!"因一个人关注一个地方，因一个地方想起一个人，所含挂念、肯定与鼓励已无须多言。

郭老师爱随信附寄或转发资料文章，有的是书籍的电子版，有的是他新写的小文。 资料是他觉得可以开阔视野，研究中用得上的；分享的书序、回忆或随感也非任意为之，而是针对不同的收件人有一定之用的。郭老师的文字有古风，永远那样简洁雅致，与他孔武健硕的外表和风风火火的脾气对比鲜明，令人艳羡却不能及。 虽然郭老师曾告知：转发和附件不必回复（这实乃老师的体贴和君子风范），但有些读后感还是要一吐为快，于是一来一往，形成了些关于当代社会话题的讨论。 2019 年春节，郭老师寄来他最新的叙事散文《从山乡走出的优秀工匠》，记述的是汽车维修行业中秉持"工匠精神"的上杭知青吴永康的故事。 读后，我结合当时的热播剧《大江大河》思考着时代与代际特质的变化：激情澎湃年代矢志前行的 40、50 一代和"过劳"社会中逐渐变得"佛系"与"丧"的 80、90 一代。 郭老师则认为，1980 年代末是一个时代的转折，社会风气突变。 然正邪之中，他独善其身，"继续完成着鼠辈到松鼠的进化"。不论时代之"名"如何变幻，他希望我能保持个人的"实"，追求卓越、内心脱俗。 不受外界影响，郭老师一直用他自己的步伐、他自己的姿态，书写着他的生命。

开始带硕士生后，我才真正体会到"为师"的不易。 想象中导师应该是高屋建瓴、指点江山的，可现实里我却无奈地扮演着苦口婆心地劝学者、论文选题的寻找者、结构框架的梳理者、田野调查的补救者、高中语文老师等多重角色。 2018 年教师节，我在邮件中向郭老师讲述了指导基础较为薄弱学生的一些状态。 郭老师回复：对于学生，尽到责任，就内心平安。 在培养学生方面，郭老师始终保持着高度的责任感，如春蚕吐丝般耗尽心力。 无论嫡亲弟子与否，郭老师都会适时予以指点、有问必应，用他的"一指禅"认认真真地敲出成千上万封充满关爱的邮件。 学养深厚、诲人不倦、高蹈自守、正气凛然，郭老师宛若这浊世间的一股清流，令人敬畏却不断想要亲近。 他用一生诠释了何谓"学高为师，身正为范"，境界所至，高山仰止。 上过他课、受过他教诲、扶助与鼓励的学生无不交口称赞。 他辞世时，学生们深沉的情感从四面八方汇聚于追思群中，思念成河。 如今，那些"当时只道是寻常"的通信日子，一去不返，我再也没有机会给老师写邮件了，这份空落感不知要怎样抚平。 在那个手机不擅拍照的年代，我竟没有留下一张与郭老师的单独合影。 他留给我的书信、留给所有人的书信便是最好的纪念遗产。

有生之年，有幸相识。 从丁亥年到己亥年，已有十二载，想来也算作一个轮回。 未来，我将开启与老师的另一种联结方式。 师生之间最深层的情谊莫过于精神相契、衣钵相承。 他的高洁品格、他的上下求索，他的不言之教，他的为师之道，唯永刻心版、薪火相传，方为报答。 云山苍苍，江水泱泱，先生之风，山高水长。

作者简介：邵媛媛，厦门大学2007级人类学博士，现为云南民族大学云南省民族研究所副研究员。

严慈相济的良师益友
——忆恩师郭志超先生二三事

◎ 平　锋

　　2019 年 3 月，恩师郭志超先生溘然长逝，因事发突然，收到噩耗后，我怅然若失，恍惚许久。待回厦门参加完追悼会回来，我在追思群里看到各位前辈和师兄师姐的追思文章和点滴回忆，我才知晓先生年轻时练过拳术，为习武之人。以前，先生虽然曾在邮件里提及过其武术朋友，但我还不知道他本人也是"练家子"。基于先生早期的这一经历，我也就不难理解他过往表现出来的诸种行为和性格特征了。

　　我是在博士二年级之初转入先生门下的，算是先生的关门弟子了，但我跟先生的初次见面和打交道，则是在博士一年级下学期，上他讲授的"历史人类学"课程期间。一个学期的课程，先生不仅给我们班十个同学复印每次上课的阅读材料——都是整本的复印，自掏腰包付复印费，而且还在每次上课时，将这十本复印书亲手搬到教室给我们。每周一次，十余本书，一个学期总共十多周，由一位年近六旬的长者，从家中徒手背负至教室，不仅出钱，还出力，这是多么的爽直、仗义和不容易！他这样的行为在全国范围内也应该没有多少人能与之相比。

　　在课程阅读和作业方面，先生仅要求我们对于每本书要有自己的心得和真知灼见，至于作业的字数，则无限定，哪怕是短短的三五百字，亦可。这样的要求看似不高，但却颇为不易。其实，先生只是想要学生给他一个实实在在的由自己阅读和思考得来的一己之见，而非复制别人的说法。我记得在整个学期的课堂发言和讨论中，仅有那么一两次，我的发言受到了先生的认同和赞赏。先生对所有学生都施以爱和真诚，同时也希望我们对他回之以真诚，而不是虚假的东西，包括知识也一样。仅仅从其在这门课程期间的付出和对我们的要求来看，就可看出先生为人之实在、豪爽和纯粹。现在回过头来看，这也颇为符合他作为习武之人对于侠义之士和侠肝义胆的身份认同与追求。同时，这些片段也可看作其这一生为人处世态度的一个缩影。

最开始，我给先生的印象其实也就一般，也许可能还差一点，因为我当时留的是一种近乎光头，而有点新新人类模样的发型，在先生这样比较传统的人看来，我可能就显得有点另类了，所以，第一印象也许不会太好。只是随着时间的推移，他可能才开始逐渐了解我，并有了一些好感。在先生给我们人类学与民族学系 2008 级博士班讲授"历史人类学"课程的那个学期的中后期，我有那么一两次的课堂发言，让他逐渐注意到了我，他对我的发言也当场给予了肯定。有一次，在上完先生的课后，我在勤业餐厅匆匆吃完晚饭，正要去图书馆，在他家楼下的大马路上碰到了他。先生问我去哪里，在听说我要去图书馆后，他夸我真勤奋，然后还关心地问了一句"图书馆现在还有位置吗"，我回答应该还有的。想来，在我与先生交往的十年时间里，这可算是他仅有的几次当面夸我中的一次。

还有一次，是在我刚进入师门后不久，适逢先生六十岁大寿，已经毕业的诸位师兄师姐在事先未告知先生的情况下，悄悄回到厦门来看望他，为他祝寿。那天下午，大家走在山路上，交谈中先生不知怎么就提到毕业的师兄此前给他发的节日问候邮件，虽脸上仍带着笑意，但却语带颇有几分批评意味：四个字、四个字，整整齐齐排列，都是套语，冷冰冰的，缺乏温度，小学生的水平。一点面子都没有给师兄留。接着先生转向另一边的我，说我给他发的邮件就显得比较热烈。在听到其对我的肯定后，虽感到舒心，但结合刚才先生对师兄邮件的批评，我又感到有一丝尴尬。后来，在另一次只有我和先生俩人的场合，先生又进一步谈了他对于四个字祝福语的态度。先生说，每年新年和春节，都有学生或弟子给他发"新年快乐"之类的祝福问候语，他对此颇为不以为然地表示："人间苦难那么深重，本人每日心忧天下沧桑，我是人又不是动物，为什么要快乐？特别是过年过节，我一想到天下还有那么多受苦受难的人，怎么快乐得起来？"可见，其心直口快、快意恩仇的真性情和心忧天下的济世情怀，一览无遗，其境界也足以让我们弟子后辈仰望。

在校期间，随着与先生往来增多，我的表现有时也让他感到不满意，批评就在所难免，有时甚至还是狂风暴雨式的厉声呵斥。记忆中，我首次受到先生的厉声批评，应该是在博三学年秋季学期。 11月份的一天，我接到学院辅导员的电话通知，要求我们在次日前，必须填写好研究生教学管理系统中的毕业生推荐表信息。 其中有一栏为导师评语，需自己联系导师来帮忙拟写，再由自己填到在线系统中。 于是，我马上给先生发邮件，请他帮我写一下评语。 由于时间较紧，我在匆忙中忘记告诉了他截止时间。 心细如发的他收到邮件后，发现这一疏漏，马上回复邮件批评我"根本没有时间概念"。 为此，我再复邮件告诉他事件的具体经过和截止时间，并向他保证今后定要避免出现类似问题，邮件要仔细检查后再发给他。 博士论文开题时，我当时在现场的语言表达，显得颇为感性，用了一个在他看来不是恰当的比喻，当场就遭到他的厉声斥责，也没有给我丝毫面子。

其实，在此之前，可能就有一件事已经让先生对我耿耿于怀了。2010年7月中旬，博士二年级暑假期间，先生发邮件给我，说他近日和武术馆朋友要在海沧新垵相聚，庆祝新垵武术馆授匾为"闽南文化生态保护试验区传习基地"，武术馆朋友对刘朝晖老师撰写的《超越乡土社会》(写新垵和另一个村子)一书颇感兴趣，请我帮他网购5册，但在最后又附上"不急"二字。 收到邮件后，我立马到网上书店去搜索，发现这本出版于2005年的书，各大网上书店已没有存货在售。 为此，我就在有关网站上做了预订登记，并发邮件告诉他结果，说只能先等一段时间再看看。 期间，先生还将他对师姐的博士论文修改意见转发给我学习，并在邮件正文中补上一句，说我不习惯先概述再展开叙述的论文习惯很致命，而他的这一批评的话是为了让我注意并引起警觉。

接下来的一段时间，他又连续给我发了十来封邮件，有对师姐博士论文修改和指导意见的转发，也有他写的短文以及为某著撰写的序，还有一些杂文，并体贴地说道："假期读读闲文，放松放松。"就在收阅这些邮件后某天，我突然意识到关于购买《超越乡土社会》那本书的事情还一直悬着。 当时已是8月下旬，我在网上已做预登记的《超越乡土社会》一书，各大书店仍然显示为缺货，我这才确定该书已经脱销，于是我迅速写邮件告诉他关于我的这一判断结果。 当他收到邮件后，他在邮件中的语气很平和，安慰我道："书已脱销，不必在意。"同时，先生还在该封邮件中表扬了2007级博士班的邵媛媛师姐："像邵媛媛同学，田野很深入，材料充足，取舍时左右逢源。 我很欣赏其论文。"这应该也是先生对我博士论文的某种期待吧。 事件至此，好像先生都没有对我表示过任何不满或不快。 但在后来某天，不记得是因为什么事了，先生把这次购书失败的事件提了出来，厉声批评我没有及早回复他，让他对武术朋友的赠书承诺落空，很是丢面子。 想来，这事我确实做得不到位。 虽然该书脱销是事实，但我没能把握好时间，及时做出已脱销的判断，延误了时机，导致他的赠书承诺没实现，故没能及时告知武术朋友，让他失信于人，这让一向言出必行的先生感到颇为尴尬。

事实上，恩师对我们学生一向关爱有加，态度温和的时候更多，因此我们之间相处还是非常融洽的。 当初，我刚入师门，先生第一时间就造访了我位于勤业 6-808 的寝室，与我交谈良久，并对我进行了初次指导。 在此之前，他已阅读完我发给他的硕士论文。 到来之后，他主要指出了我硕士论文在写作方面存在的不足，并针对性地给予了相关建议。 临走时，先生还塞给我 500 元，说是师兄也有，让我不要推辞，于是我就接受了。 当时，500 元还是比较值钱的，差不多可以抵得上我在学校食堂就餐一个月所需的伙食费。 接着，过了没几天，先生又邀请曹大明师兄和我一起到他家里吃饭。 去时，先生和师母已经准备了厦港烤鸭等一桌子的佳肴。 先生告诉我们，由于自己有痛风等身体疾患，平日师母对他饮食看得紧，许多他爱吃的食物都受到限制，但这次是因为请我们吃饭，师母对他"网开一面"，所以他也跟着沾光，可以一饱口福。 我俩却知道，这是先生为缓解当时我们拘束紧张的说辞。

在校期间，先生偶尔还会送给我一些像"阿吉仔"馅饼等这类好吃的地方特色小吃。 还有一次，先生特地送我一包新出的绿茶，虽然是普通塑料袋包装，但茶叶嫩绿，滋味鲜醇，汤色绿而清澈，应是上品。 这也是先生关爱学生和细心周到的一种表现，即有好东西都会拿出来与我们分享。 我从田野回来时，也顺带地捎了一点当地的辣椒酱和干果给他。 先生时常告诫我们，不要为他花钱去商场购买那种包装精致的商品，也不需要送什么贵重的礼物。 相对那些比较昂贵而包装漂亮的商品，他对于这类不怎么花钱却有温度的地方土产品更有好感。 这也是先生为人真诚和实在之处。

平日里，先生通常会在下午约曹大明师兄和我一起到学校后面的植物园爬山，曹师兄毕业后，爬山的就是我和先生二人。 其实，先生约我们爬山并不只是单纯为锻炼而来。 博二那年爬山，先生总是背着几瓶自来水，带给山上干渴的小树苗，顺便给予我们学术点拨和指导。 每次，他都用好几个大容量的矿泉水瓶从家中装满自来水，然后用一个布袋子背着，一只手还挂着一根木棍，当作拐杖。 那年厦门干旱了很长时间，许多树都几近干死，五老峰上还有一大片树林被烧了，据说就是因为太干枯，某位早锻炼的人士扔了一个烟头，就烧掉了一大片。 为此，那年有连续好几个月的时间，先生都这样持续背水上山，给干渴而又逢骄阳的小树苗浇水。 每看到一根因为干旱而奄奄一息的小树苗，先生都颇为怜惜，同时他还会指出哪一根树苗是他以前栽的。 在爬山浇树的过程中，先生也顺便聊一点历史掌故，但更多的还是有关论文写作和田野调查方面的心得与经验。

除了电子邮件往来以外，先生对我们进行的学术指导，主要来就自于像这样爬山和散步过程中的现场举例和现身说法。 在我从田野回来后和撰写毕业论文期间，先生也是在与我一起爬山和散步的过程中，不断对我进行点拨和指导。 那时，山上山下、芙蓉湖边、思源谷旁、校道边等校园各处都留下了先生指导我的身影。 先生对我的指导和影响还是比较深刻的，记得在毕业论文答辩现场，有答辩委员在答辩开始就特别提到我论文的表述，赞赏我的论文颇有几分先生的写作风格，先生听后虽然没有说话，但却表现出一种欣慰的神情。

毕业后，我一直通过电子邮件与先生保持联系，每当在工作中或学术上遇到什么疑惑，我都会第一时间发邮件请教他。 先生收到后都能立马回复，并站在我的角度，切身地给予我建议和指导，基本上都是鼓励。 每年元旦，既是一年的开始，也是上一年的结束，我都会发邮件向先生汇报我这一年在工作和学术方面的得失。 其间，我也返回或经过厦门好几次，并到家中看望了他。 每次去之前，我都还是跟在校期间一样，提前两天给他发电子邮件约好时间。 等去到他家中，先生早已准备好茶，待我一坐下，他就帮我斟上，然后我们就开始交谈，一坐就是好几个小时。起初，先生会聊我的博士论文以及我要申报的科研项目，再由此延伸到教学方面，后来也会谈他最近作为答辩委员所看到的某篇博士论文。 实际上，先生是希望在这非常短暂的相聚时间里，尽可能多地向我传授他的教学经验和科研心得，供我学习参考，助我成长。 尽管我们常常一坐就是两三个小时，但每次我都感到时间过得太快，相聚时间太短，以至我每次从先生家中离开时都感到意犹未尽。

　　记得在我博士毕业后的第二年暑假，当我回厦门看望先生时，我和他在家中坐着聊了很久，后来他要去厦大人类学博物馆拿一点东西，他就建议我一起去，路上继续聊。于是，我就跟着先生下楼去，边走边聊，路上碰到学校体育专业的一位老教师骑车经过，先生还特地向对方介绍我，说是自己已毕业的博士生，这次回学校来看望他，语气中还透着一点骄傲。待对方走远后，先生告诉我，那位老师是经常一起打篮球的球友，已相熟很多年了，但彼此并不知道对方的姓名，但这也没有丝毫妨碍，建议我在日常生活中也可以结识一些这样的朋友。

　　2015年初，小女在厦门出生，我第一时间发邮件给先生报喜，并谈到取名的事，请他给一点建议，他很快回复了我。当年3月，在我从厦门出发去美国访问之前，我特地到先生家中与之道别，顺便也听听他的建议，我们又坐着聊了很久。临出门，先生硬塞给我一个红包，说是给我刚出生不久的小女的，我只好代小女收下了，内心满满的感动。从美国访学回来，我的首站目的地又是厦门，我立马就去家中看望了他，这次还特地带上内子和蹒跚学步的小女。师徒二人在客厅中聊天，聊起小女的日常趣事，先生和师母听后哈哈大笑。才一岁多的小女，对陌生和新奇的地方充满好奇，领着内子到处转，几乎把先生家中每一个角落都逛遍了，师母则在旁边陪着她们。同时，我还向先生讲述了我在美的见闻，尤其谈到了我在加州大学洛杉矶分校一年的访问经历和参与观察基础上所获得的感受，他听后表示，这就是他梦想中的大学。作别时，先生和师母又拿出一个红包递给小女，我和内子推辞，但先生和师母还是坚持让我们收下了，我一直被这种父亲般的慈爱温暖着。

　　先生是本系毕业生，毕业后也一直留校工作，对厦大和厦大人类学系有着非常深厚的感情。在他的心中和口中，林惠祥和陈国强两位先生，分别作为厦大人类学的开创者和弘扬者，最受其敬仰和追念。对于本系其他导师的学生，先生一向也是以同根生的自己学生来看待，只要其人品和性格与之投缘，先生就会对其青睐有加，偏爱程度甚至超过我们这些名下弟子，当时我们难免心生几分羡慕和嫉妒。比如，先生曾经在给予我同班的赵晋同学（邓晓华老师的博士生）的邮件中写道："赵晋：耐心介绍情况，流露了你的真情和细心。我所指导的若干学生，他们可没有这么耐心，我曾调侃他们：试图对我隐瞒什么，或者认为我和许多人一样只在意自己而忽略别人。我曾相当给力地指导他（她）们写出论文，但他们发表后多无意告诉我。 这就是 80 年后的素质。 优秀者从来都有别于所属群体的某些卓然，并以这些卓然获得人们的注目，甚至另眼相看。……我也很喜欢袁理（曾少聪老师的 2009 级博士生）的耐心和细心。"其中，袁理和赵晋虽非先生所带的博士生，但他毫不掩饰对他们二人的赏识，并非常耐心无私地指导他们。

在此之前，赵晋收到了先生赠送给他的著作《畲族文化述论》，书是由我转交的，为此，赵晋特地给先生发了一封邮件表示感谢，并报告了自己在藏区的田野工作和正在做的开题准备工作，以及拟开题时间。《畲族文化述论》这本书被先生自己认定为其代表作，书一出版，他就赠送给了部分学生，我们班当时好像只有赵晋收到了他的赠书，连我都没有收到。先生在托我把书转交给赵晋时曾告诉我，后面会给我一本，但最后他忘记了这个事，这可能是先生仅有的一次对我"爽约"的行为。 从上述邮件内容和整个事件的过程来看，在先生的心里，事实上存在着一个对于周围人认同度的"差序格局"，这种差序体现了他对不同人的欣赏和认同程度，而其评判标准则是其在邮件中所说的"细心和耐心"这类特质。 同时，从中也可以看到先生为人率直的一面，以及其对于弟子未能做到与之同声相应、同气相求时表现出来的些许失落。 当然，更多的是反映出先生的大气和大爱，没有门户之见，只有君子之交。

2010 年暑假，2007 级博士班的李凌霞师姐与艾比师兄（石奕龙老师弟子）毕业后尚未离校，于是，先生特地邀请他们俩，还有我和袁理二人，一起去集美游览鳌园，拜谒陈嘉庚纪念馆，瞻仰校主陈嘉庚，了解其作为"华侨旗帜，民族光辉"的伟大生平。 参观完展馆后，先生便当场考测了我和袁理一番，询问我们参观后的感受和心得，并要求我们用一句话表达出来。 于是，我们就按先生的要求做了，他听后也比较满意。 这也可以算是先生的一种风格吧，就是无论什么时候——经常是在散步中，当他看到或想到什么时，就会突然转过来身来问你，考你一下，让你猝不及防。 记得有一次，当我和先生正走在凌云宿舍后面通往植物园的山路上时，先生边走边考我，其中一个问题是，当前的新一代博物馆有什么特征，让我至少说出一两点来。 我对博物馆实在是没有什么研究，只是多次到本系的人类博物馆展馆参观，但却并未感觉到其有何新的特征，但迫于当时的形势，我不得不说出一两点来，要不过不了他这一关。 急忙中，我联想到当前科技发展及其提供的诸多便利，脱口而出"立体性"和

"互动性"这两点，也不知道对错，心中实在没底。先生听后，微微地笑了笑说道："哦，还行，可以值一块钱。"就是这句"可以值一块钱"的话，让我对这一场景记忆深刻，其中，先生喜欢考测人的习惯也显而易见，其实这也是先生指导和训练学生的一种方式。

恩师为人与为教的态度，就体现在这些日常小事中。每一个曾与之有过交往的人，都会被其身上表现出来的对细节的关注和耐心所感染，这也是他治学态度的一种折射和延伸体现。先生对我们的指导和要求，通常也是从细节着手。在日常交往和学术研究方面，先生都会从细节上了要求我们。先生生前对细节的执着，俨然已成为一种"洁癖"，而其爽直、干脆的性格，又让他不会以含蓄和委婉的方式来表达其态度，而是公开地表示欣赏或给予当头棒喝。但无论是欣赏还是棒喝，我们都可以感受到先生深厚的爱。

先生之风，山高水长，您永远活在我们心里。

作者简介：平锋，厦门大学 2008
级人类学博士，现为广西艺术学院人
文学院副教授。

追忆郭志超老师

◎ 粮艳玲

3月23日，一个永远定格的日子，惊闻导师驾鹤西去，弟子不才，实在无法用语言形容我的悲痛。 老师在我的心目中，身材魁梧，体质强健，怎么会突然去了呢，实在无法相信！ 后来听到说是因为参加会议耽误了最佳治疗时间，但还是想不通，现在的医疗条件怎么就没有办法了呢，怎么这么快呢？ 谁能回答我的问题！ 我还是不愿意相信这一事实！追忆导师的点点滴滴，既有导师对我那几年身体不适的关心，也有对我的论文的悉心指导，一封封邮件勾起了一幕幕的往事。 例如，郭老师知道我身体不好时，怕我操心论文，发来邮件说："艳玲，凡事从实际出发。注意情绪放松。 艳玲，至少保持热身状态，很好。 适当的锻炼，哪怕有一定运动量的散步，大益身心。 艳玲，康健来自遗传、保健、锻炼和诊治。 祈祷早日康复！ 郭志超"

梳理了一下我的邮箱，当然更多邮件是郭老师对我论文的反复打磨和指导，挑选了几封邮件，以此缅怀导师对我论文的呕心沥血：

艳玲：

你的博士论文初稿存在的问题是：

一、以文化自觉为依托，协调文化旅游的开发与保护的关系，其中包括民众参与、文化前后台等。这个论文的主观点，缺乏创新或新意。

二、结论（心虚的中国研究生总爱写作"结语"，此言不针对你）本是正文各部分"渗出泉水"的总汇。你的结语则是无泉之"汇"。也就是说，你的结语完全与正文脱节了。甚至可以这么说，没有正文，你仍可以写出这样的"结语"。

三、结语之所以出现这样的问题,就在正文各部分没有小节。而小节也不是在章尾来一个"天上掉下一个林妹妹",而是章节中渗出泉滴甚至是露水的小汇。

没有小汇就无总汇。这就是问题之所在。

四、科学的创新出自基于对事实的分析、概括之归纳。要什么什么,这是胡总书记的思式和语式。不是不可以讲"要",而是少讲为好。

在即将进入"赛场"之前,教练不会说运动员的成绩和苦劳,而是念念不忘存在问题。

不要因为一提问题就缺乏信心,导师心系你业。若时间将至,导师就与你"冲关"。

自暑期后,事务不断。明日将往浙江参加中国畲族博物馆的改版布展工作,一周后返。

出差前,抓紧书此。凭印象而言,意在说出心里话。但印象肯定不够准确,供你参考。

祝你进步!

郭志超

艳玲:

刀越打越像,文亦然。

论文的写作的一般过程是:搜集了一定资料后,产生或明确或隐约的有新意甚至创新的观点。

而后,以这种观点(即待论证的假设)反求于研究对象,即围绕假设进一步搜集资料,形成系统性;运用分析、概括,达成对观点的论证。从局部(各章)和全文,皆然。

论文都有结论(中国有些研究生想擦边,爱用结语),但他们的写的英文目录,结语仍是 conclusion(结论)。

结论哪里来?就是从正文的各部分的小结(论)而来,conclusion 的"con-"就是"总"的意思。

你的论文基本是:正文各章事实描述,结论来个"天上掉个林妹妹",也就是结论与正文脱节。

当然,你也意识到这点,并开始体现于修改。但结论与正文脱节的问题仍明显存在。

这种存在,甚至是作者竟着意要提醒阅读者自身的这一毛病:结论就是作者的结论，但作者还在扯谈别的地方如何、某学者说什么……这些理应在有关章出现的。甚至又有某小学的具体事实和照片，这些具体事实出现在结论中！你细想一下，应懂得如何改正这种低级的失误。

以上谈的是突出的基本问题。我还顾虑提得过多，致使你懵了。你应记得邓晓华老师在你开题报告时的一针见血吧。他说，学术研究不是政府部门的工作报告。

论文观点来自对事实的分析概括，而不是政府报告经常出现的"要什么什么"的。当然，在做了对事实的分析概括后，再说些"要什么"倒也可以。

郭老师指出我论文的最大问题是每章没有小结，结论好像是从天而降。他说博士论文注重学术水平和探讨深度，少扯具体应用。其实结论是各章小结的汇总，并加以适当的凝练，不然怎么叫结论。同理，小结也是本章论述的汇总。按理，所演示的小结，某些要述也应来自前述的综合。并说论文不要顾忌平庸，不怕有争议争鸣。

郭老师怕我不会写每章的小结，还亲自就第三章帮我写了一个小结作为模板，具体如下：

小结（第三章）

沙湾的宗族文化极具特色，不仅涵盖了中国宗族的优秀传统，而且凸显出清末民初以后历史大变局中难能可贵的文化自觉。沙湾堪为经典的宗族文化博览，成为旅游开发的丰沛资源。

沙湾有何、王、黎、李四大宗族，其先于南宋宝庆年（1225—1227）以后的数十年间先后肇基此地。沙湾是番禺的一个乡镇。番禺秦时是南海郡的首县，且是知名港市，当时辖区比现在广袤得多。就以现在小得多的番禺辖区来说，有一半耕地是开发珠江泥沙沉积的沙田。沙湾的沙田比例更甚。由此而观，隶属番禺的沙湾的历史积淀是深厚的，并且凭借江流泥沙形成的沙坦而开发的沙田是不断增加的，也就是说沙湾是一个不断"膨胀"的乡镇。尽管何、王、历、李四姓迁入迟至南宋，但他们的农业发展空间是巨大的。何氏等宗族还利用"沙骨"（蛎壳）固沙法以加速沙坦的堆积。只要申报承耕沙坦得到官府的审批给照，获得土地的成本就比较低，容易大幅度扩展耕地面积。至上世纪 40 年代末，仅何氏宗族的族田就有 56575 亩，租谷折合白银 60 万两。沙田给何氏等族带来的丰裕,在明中叶以后开始显著。

儒家崇尚的耕读文化,首先要解决"耕",然后才宜"读"。何氏等宗族的耕业有力地支撑起学业。明代(?)何氏宗族的何子海是早期的捐田者,他献田 15 亩给何氏总祠留耕堂作"书田",并希望族中有力者继续增广之。不断增加的族田促进办学奖学,清代族塾多至近十所(?),族中适龄子弟免费入学。何氏还办社学。社学通常官办,也有些是官办民助,也就是民间出资金。何氏宗族所办的多所社学,即属此类。入社学者一般不分族姓,予以免费。何姓还在广州办书院,以方便赴考学子食宿,甚至还办武馆,文武兼举。黎氏宗族也兴办族塾,对外姓入学者,廉收学费。

耕读促进了宗族整体的文化繁荣,极大地增强了宗族的凝聚力。读书明理,增进文明。沙湾宗族的睦族,不仅指族内也指族际,上述的族塾兼收外姓子弟、社学学童不分姓氏即是表现。沙湾诸族还以共同信仰乃至组成北帝祭祀圈以营造和谐的乡族关系。

北帝亦水神。在河网纵横、借重傍水沙田的沙湾诸族,很早就流行北帝信仰,明代中期,沙湾人在本乡之东的员峤山下建玉虚宫敬奉北帝。此时正是沙田显著扩展时期,沙田农业与北帝信仰的关系更加紧密,乡人倍崇北帝,由北帝被称为"村主"可见其普及程度。建宫祀北帝以后,沙湾诸族组成北帝祭祀圈。所采用的轮流奉祀于祠堂的"值祭"制度,以及定期的庙会游神方式,协调和通融了北帝信仰圈内的族际关系,使诸姓因共同的信仰和共同参与的祭祀活动而结成一个乡族共同体。历史上,沙湾诸宗族几乎没有发生对抗性的冲突事件,这与北帝信仰及其祭祀圈制度起着族际认同和通融的作用有着密切关系。

以姑嫂墓为象征的女性崇拜是沙湾宗族特异的文化现象。何氏宗族每年清明(?)要举行宗族性的墓祭活动,祭拜姑嫂墓的重视程度甚至超过祭拜始祖墓。从地方更早的文化源头去追溯古越族的母系文化残余不无道理,但不同版本的故事共同指向姑嫂懿德义行对于家庭的骨干作用,进而成为宗族的文化偶像。这使得在封建铁幕阴影下的妇女,在文化昌盛的何氏宗族的祖先神坛上却别样地绽放光彩。拂去这种崇拜的封建礼教尘埃,何氏宗族的姑嫂崇拜至少提升了妇女地位,高扬了妇女对家庭、家族乃至宗族的重要奉献。较之封建制度对妇女的普遍歧视和轻视,姑嫂崇拜至少具有异类的价值和意义,甚至可视为对歧视妇女的封建制度而萌发的朦胧反思和反叛。以较直白的释义而言,嫂是异姓融入本姓,姑是嫂夫之妹,原是本姓迟早泼出去的水。这种外来和即将内出的异姓家庭成员的情同手足,传播着家庭、家族和宗族的温馨亲情,是宗族倡睦的绝好教材。当她们进入祖先信仰层面,更有感染力。

文化自觉是源远流长的。在各个时代,文化的每次蜕变,都有朴素的文化反思和颠覆的意识蕴涵其中。从宗族排外到兼有与外姓和睦,从歧视妇女到敬重妇女,具体体现在族塾兼纳外姓子弟、社学广收异姓学子、祭祀圈轮值不论族之大小,以及姑嫂崇拜,这些是沙湾宗族文化绽放的文明花朵,也像寥落的星光闪烁在沙湾的夜空。可以说,这就是沙湾宗族文化中出现的或明显或朦胧的文化自觉。文化自觉不是惟有出现在现当代社会,在任何时代都有相对于蒙昧的文化自为而出现的文化自觉。从哲学的角度而观,任何事物都是从朦胧到清晰,从涓滴到成流。以为文化自觉是华屋突然而起、美苑从天而降,那是乌托邦的想象。

如果说,上述文化的自觉还是星光寥落,那么在清末民初以后,尤其在抗日战争民族觉醒中,沙湾的文化自觉多少有些星汉灿烂了。清末停废科举,民国初年沙湾何氏宗族从族产中拨出资金,保送适龄子弟往广州的中学就读,将族办的"象贤家塾"改为新式学校,后又设多所分校。何氏宗族在社会转型中新旧教育交替之际,具有敏锐的文化反思和欣赏新文化的能力,体现出与时俱进的文化自觉。

抗日战争期间,番禺沦陷,何氏族人还成立了"建设救济委员会",把树本堂宗祠改办为医院,在追远堂宗祠办起贫儿教养院,凡乡中孤儿均可入院接受安排食宿和文化教育。"建设救济委员会"主要成员的何端,筹款接办了德明学校,先后易名表正小学和沙湾学校,继而增设初中而为中学,成为沙湾历史上第一所初级中学,很快又增办高中。办学经费名义上由"沙湾建设委员会"拨给,实质是由何氏祖祠"留耕堂"每年田租支付,对学生不分姓氏全部免费入学并发课本及校服。抗战胜利后,该中学由留耕堂拨出 40 项田租之值永作学校经费。

清末民初的社会转型和抗日战争的民族觉醒中,以何姓为代表的沙湾宗族所表现的文化自觉是沙湾宝贵的文化遗产,也让对宗族固存偏见的人们刮目相看。这说明,宗族不是苟延残喘的老朽之物,它可以随社会进步和民族觉醒而获得新生,成为推动社会的进步力量。

在沙湾的旅游开发和运营中,宗族文化成为核心的文化旅游资源。反过来,旅游的发展将进一步开发出隐没的宗族文化。宗族文化的展示不能偏倚于物质层面或图像文字的静态展示,而应有精神文化的动态表现。何氏有大小一百多座祠堂,不用说每年的春冬二祭,就是每月也有朔望两天的点香燃烛,四时有小型的"时令尝鲜"祭祀。旅游刺激着文化的记忆和呈现,但文化远不只是旅游商品,。就是没搞旅游开发,保护和发掘优秀的传统文化,也是每一地方的天职。文化让人们有可归依的精神家园。从过去的私塾、学堂演变而来的学校,有些迄今尚存,沙湾这类学校普遍开展追溯校史、弘扬传统的业绩,值得赞许。

以上小结的"模板",凝结了老师太多的心血,那些括号中的问号,是希望我着重注意和查证的。对此,我深深地感动。对于我论文的每一点进步,郭老师都及时表扬,如我写了《百越文化的遗风:自梳女的真实历史形貌考察》一文,郭老师建议我往核心期刊投稿,并建议我把题目改为"关于自梳女研究新的资料和分析——以番禺沙湾镇为中心"。他说:"改题,意在凸现本文的贡献。文字要干净利落。即使不改题,不够凝练的摘要也要重写。发前,认真修改,要有正规军的派头,不要让人小看。"

对于我博士论文的点滴进步,郭老师也及时地肯定,如他说第三章关于宗族历史文化,写得不错。听说我要来厦大谈论文,他赶紧发邮件给我,告诫我来时不要带东西,要带有准备的思想。论文可以有若干分观点,但要有基本观点统帅。

后来的几封邮件已隐约透漏出郭老师身体的不适,如下:

艳玲:

　　身体欠安(见下)。回复延迟。

郭志超

艳玲:

　　年内赶晋江古籍整理的校注稿。此后,头不时发昏,阅读你稿缓滞。

　　我将完成,免你久等。

　　新年好!

郭志超

　　这些细致的点评，凝聚了导师多少的智慧和关爱啊。 导师离开了我们，我邮箱里再也收不到他的邮件了，再也不会有人这么用心地给我修改论文了，我会永远铭记着他的无私奉献和谆谆教诲的。 这样一位有大爱的师长，必定会进入荣美的天堂。 祝愿天堂永远没有疾病，永远没有伤痛！ 愿郭老师一路走好，愿在天之灵仍然关心着我们，保佑我们弟子们化悲思为力量，相亲相爱，互相帮助，互相提携！ 沿着导师前进的方向，继续前行！

　　　　　　　　作者简介：粮艳玲，厦门大学2008级人类学博士，现为广州番禺职业技术学院副教授。

以生命影响生命：缅怀郭老师

◎ 杨明华

　　一个普通的周六下午，我在班级群里看到同学转发的讣告，印象中身体一向健朗的郭老师竟突然仙逝了。 这消息实在令人难以置信。 我赶紧电话联系转发信息的同学，追问信息是否属实，没想到同学证实郭老师真的离我们远去了。 悲伤的情绪顿时笼罩了我。

　　我毕业后再没有见过郭老师，没想到此后再无聆听郭老师教诲的机会。 我近年从事社会工作专业的教学工作。 社会工作专业人士在帮助他人解决问题时，倡导"以生命影响生命"、"助人自助"的理念。 回忆郭老师昔日教导和关爱学生的点滴往事，我想郭老师虽从未声称自己是一位助人的社工，却是一位将"以生命影响生命"理念转化为实际行动，尽力帮助所有他所能帮的人的助人者。

　　郭老师当年给我们上课的情景仍历历在目。 讲台上的郭老师总是神采飞扬，气势如虹，滔滔不绝，讲到高兴处还情不自禁地手之舞之，足之蹈之。 为深入浅出地向学生讲解一些深奥的理论或术语，郭老师常常别出心裁地自创一些新奇的比喻。 有的比喻让不熟悉郭老师风格的人，乍一听不解其意，待回味时才慢慢领悟。 印象深刻的是郭老师曾用"像鹰一样在天空自由飞翔"的比喻，让我们领会如何驾驭文字、直抒胸臆的感觉。 郭老师给我们上课时，还会扛来建议我们阅读的复印书籍，分发给我们人手一册。 分发完后，郭老师还轻描淡写地说"这些书是以前你们师兄师姐上课时复印多了的，找出来给你们。"其实我们知道，无论是师兄师姐们，还是我们手上所拿的书，都是郭老师自掏腰包帮我们复印的。

　　课堂之外，郭老师也热情洋溢地鼓励、引导我们，犹如春风化雨。例如，有一年的谱牒会议，学校里有多位同学参加。 其中一位同学在此之前与郭老师并不相识，向郭老师作自我介绍时第一句说的是："我是某某老师的学生"。 寒暄之后，郭老师语重心长地提醒该同学及旁观的我们："以后自我介绍时首先要大胆地说出自己的名字。"鼓励我们适时地表现自己。 那次会议，我提交了一篇小文，由于行文仓促，自我感觉写得并不好。 郭老师却给予我鼓励，最后竟也将那篇文字收录进由他主编的该次会议的论文集中。 也许在郭老师眼中，学生的点滴努力都值得肯定。

我并非郭老师门下弟子，但我个人也得到他老人家诸多博爱无私的帮助和鼓励。 我在厦大求学期间，有一段时间非常苦闷，不知如何是好。我斗胆联系了郭老师，请他为我指点迷津。 郭老师听了我的顾虑后，立刻表态以后如果有需要他发声帮我讲话时，他一定会出手相助。 随后郭老师急学生之所急，立刻问我毕业论文想写什么题目。 这番话引导我从空想的焦虑转向务实的实际行动。 郭老师还语重心长地勉励我，只有"强大自己才能帮助别人"。 我翻看旧日回复郭老师邮件时曾许诺："要向您学习，努力学做一个生命力旺盛，从容笑对生活的人。"重读昔日的承诺，我再一次感受到郭老师热情洋溢的激励。

郭老师参加了我的论文开题和毕业答辩，给予了许多具体的指导意见和帮助。 郭老师为专注工作，据说只在他自己需要打电话时才连接上电话线。 但他却随时在电脑前与学生保持联系，以回复邮件快而著称。 犹记当年我将论文开题报告电子版通过邮箱发给郭老师时，曾问郭老师是否需要将打印稿送给他以便过目。 郭老师立刻回复："我的视力和记忆很好，不用打印稿。"我的开题结束后，郭老师指出我当时选题的最大问题是："犹如很高海拔的尖峰（理论聚焦），与山麓丛生草木（实证资料），如何连接？"虽未直接告诉我如何去调整，却也为我指引了方向。 我后来因个人原因推迟毕业，甚至将毕业论文题目也换了。 我的论文初稿完成后，发给郭老师求指点。 当时郭老师非常忙，回信时用了"自顾不暇"一词形容他的状态，但他在这样的情况下还是优先考虑学生的需求，肯定我至少论文字数已达标。 我的毕业论文答辩几经波折，学院的多位老师都曾对我鼎力相助。 郭老师除对我表示支持和鼓励外，在答辩时还很严格地指出我论文中引用的一句话有硬伤，他说："说古代中国没有阶级对立的论文，绝对不及格！"建议我改为"尽管有职业分化但行行都可以做得出色。"答辩结束当晚，郭老师还说："出席答辩就是为护送我毕业。"

郭老师对我如此厚爱，让我感动万分。

记忆中郭老师处处为学生着想的例子不计其数。例如，我需要将毕业论文打印稿送给郭老师时，郭老师让我放在学院他的邮箱中他自取，他宁愿自己专门跑一趟，也不愿让学生多跑路。有一次郭老师听到一位他指导的学生反馈学院补贴的答辩经费不够开销时，二话不说就自掏腰包给该次答辩的同学补足差额。郭老师还常常送学生馅饼，且这馅饼是郭老师当天一大早亲自去购买，送到人手上都还带着余温。

书不成字，纸短情长。谨以此文缅怀郭老师！愿郭老师在另一个世界安息！

作者简介：杨明华，厦门大学2008级人类学博士，现任职于西华大学社会发展学院。

郭志超教授深入东南海岛渔村采访惠安女(20世纪90年代初期,福建惠安县崇武镇大岞村)

郭志超教授给福建师范大学硕士生现场指导田野调查方法(2005年春,福建连江小沧畲族乡半岭村)

浩荡离愁忆恩师
——写于郭师仙逝头七

◎ 方　明

3月28日如往常一样休息，但总是难以入眠，凌晨1:40起来，写完这篇追思文，天亮了。因不忍再读，却又受时间逼迫，于9月14日改定。

3月23日，第五届河阳论坛如期在缙云县召开，丽水市瓯江文化研究中心与丽水学院民族学院是承办方。我是他们的成员，再次参加本届论坛。在嘉宾主旨发言时，坐在台下的我掏出手机刷屏，不经意间看到范可老师在"人类学百人团"微信群里发出郭志超老师去世的消息，后面立即有几位老师说些郭老师千古之类的话语。我@范老师，问他情况是否属实。现在想来，这是一个多么愚蠢的问题。以范老师与郭老师的交情，及其学识与人格魅力，是断然不会开这样的玩笑的。我不相信是因为，在3月11日郭老师还回复了我的邮件，而且我怎么能相信会武术、喜欢打篮球、爱生如子的郭老师会不声不响地离开我们？！

我立即通过短信发给曹大明师兄与王逍师姐。大明回复说在联系中，而我加入中国人类学与民族学的几个群里充溢悼念之声。上午的会议终于在近12：30时结束，我也终于电话确认，并不得不接受郭师仙逝的事实。因下午1点我要在论坛汇报，胡乱吃了几口快餐后将PPT拷到电脑上。其实，我发言的主题是景宁环敕木山畲村的乡村振兴，早在10多年前郭师曾经调研过其中的几个村寨。一想到这，我不禁悲从心生，发言也是逻辑不清，表述不明。发言完毕，坐在主席台上的我立即查看手机信息。王逍师姐说她请蒋俊师弟已一同购票，将乘3月24日9点高铁，从金华去厦门送别郭师。我也立即买了3月24日8：54从丽水到厦门的高铁。我们约定到厦门北站后一起乘车去厦大西村郭师家中，看望师母。 再看群里的信息，尤其是厦大人类学系同学们的追思，想起郭师对我的教导与帮助，泪眼朦胧，借故揉揉眼睛掩饰自己在台上的失态。

我确实记不清第一次与郭师相遇的场景，但在厦大授业恩师中，他确实是我人生中浓墨重彩的一位。 他为我们 2009 级博士生讲授"历史人类学"课程，每次他都将讲授的著作复印好，赠予我们学习。 至今，《华夏边缘》《逝去的繁荣》与《田野中的族群关系与民族认同》等摆放在家中书架上的醒目位置，翻开一看，郭师的阅读心得与批注赫然在目，而妙笔生花、口若悬河的郭师却已凋零逝去……

我的博士生导师是余光弘教授。 在报考他的博士生时，他就提出至少读 5 年才能毕业。 我的家境很差，昆明与厦门的往返都是乘坐火车硬座，我毫不犹豫地接受，但想到已读小学的儿子连早餐的牛奶都难以保证时，作为父亲的我内心很煎熬。 年迈的母亲想回安徽老家与亲戚朋友一起度过春节，而我却难以支付往返的车费，让她极度失望，作为儿子的我是多么的无地自容。 迫于生活压力，我想努力 3 年就能毕业。 我去找过余老师，谈了我的想法。 儒雅的他很温和地问我 3 年的学习能得到人类学几成的功力？ 是否配得上博士的头衔？ 未入人类学门径的我，灰溜溜地逃离了他的办公室——人类学博物馆 316 室。 那晚，我独自绕着芙蓉湖不知徘徊了多少圈，挣扎于继续求学与平静生活。 日子就在纠结中悄然流逝。 当同级同学们都在准备开题报告时，我噤若寒蝉地询问余师我是否也可以参加，没曾想他居然同意了。 在汇报时，老师们给予我很多指导，尤其是郭师在会后还事无巨细地教导我如何悬置理论、进入田野、收集资料，再提炼主题。 从此，郭师在我心目中的地位与印象绝对高大上。

2012 年 9 月，我从云南蒙自回厦大开始毕业论文的写作，顺带送给郭师一大束莽人朋友从原始森林中挖来的兰花。 他满心欢喜，连声感谢，并眉飞色舞地向我长篇大论他的养花心经。 几天后，他通过邮件联系我，约定 5 点在华侨之家见面，一起爬山。 这次与其说是爬山，不如说是我们相拥而行。 我们从华侨之家到厦大水库再返回居然耗时约 1 个半小时。 一路上，他总是走在道路的外侧。 要么厚实的右手握住我的左手，我能直接感受他掌心太阳般的温暖；要么搂着我，边走边聊，我能听到他如牛的喘息与雄壮的心跳。 很多同学说，郭师重女轻男。 我深不以为然。 我很自豪地说，女生能够享受这种高规格的待遇吗？ 在我的记忆中，我的父辈从未拥抱过我。 我贪恋这种感觉，并因此常常主动借故相约郭师爬山。 2013 年 1 月的某天，郭师在邮件中询问我何时回云南，并约我一起爬山。 在我们往厦大后山的途中，他不仅为我的博士论文指点迷津，而且对我的生活情况嘘寒问暖。 分别时，郭师从随身挎包中拿出一盒果脯与一盒茶叶，吩咐我带回家给母亲、妻子与儿子尝尝。 我接受果脯，但婉拒茶叶。 他温柔细语地说："家里茶叶太多，这是处理品，你帮我腾出放书的空间！"春节期间，为数不多的朋友来我家串门，我拿出郭师馈赠的礼物与大家分享。 茶香满屋、脯甜心田，这是我们家当年最珍贵的饮食物品。 当朋友们得知是老师赠送时，他们在惊讶之余无不流露艳羡的眼神。

郭师一如既往地"任性"，不使用微信，甚至电话。 我来浙江丽水工作后，仅在节假日通过 E-mail 送去问候，并向他报告我的工作、生活、科研等情况。 他总是不吝赞美，大加肯定，并不时指点一二。 2014 年 12 月 18 日，郭师受我校某位领导邀请为师生传经送宝，主题是田野调查与学术研究，大家为他的精彩讲演赞不绝口。 我偕妻子拜见郭师，并赠送礼物，略表心意。 他数次婉拒，并说："不要让我感觉太沉重。"之后，我们赴景宁共同参加首届中国畲族发展论坛。 第二天晚饭后，他叫我去他入住宾馆的房间，说是因不便携带，请我帮他"处理"一盒精装的举岩贡茶。 我执意不收，但在他假装发怒的威严下，我勉为其难地收下了，又转送给同来参会的石奕龙老师，完成了"礼物的流动"。 不久前，与王逍师姐闲聊，谈起这件事，得知茶叶是她特意从金华带给郭师的。

因我为我校民族学专业本科生授课"畲族文化"，选用郭师大作《畲族文化述论》为教材。 除了告知他该书已脱销，是否考虑再版，还向他请教一些畲族研究问题。 他总是及时回复，并赠与他参与编纂的《中国各民族神话：高山族 黎族 畲族》，于 2018 年 2 月 21 日电邮告知我书已寄出，一周后我再度收获了老师的沉甸甸的厚礼，这已是老师司空见惯的馈赠了。 同年底，浙江省民族宗教事务委员会委托我为畲族文化漫画书写脚本，我基本采用郭师《畲族文化述论》为蓝本进行改写，因为略有稿酬，因此请他将银行卡号发给我，待对方付款后转给他。 2019 年 3 月 11 日，郭师回复："你的'卡号说'很离谱，盼不再提起。"3 月 14 日，我写信给郭师，从此再也没有收到他的回信。

2019 年 3 月 25 日，我们众多学生来到厦门集美福泽园思义厅，送敬爱的郭师最后一程。 看到他安详平静地躺在玻璃棺中，面容消瘦、双眸紧闭，从此阴阳两隔，不禁泪眼迷蒙；想起他激情澎湃的上课、神采飞扬的讲演、画龙点睛的评点，不禁长叹命运的不公；念及他对我的无私关爱、尽心提携却无以回报，不禁极度自责，在他生前未曾为他做点什么。或许唯一能做的就是参加上午的送别，瞻仰郭师遗容、鞠躬谢师教诲！11 点，我们护送郭师灵柩火化，并送至薛岭山怀恩堂安息。

告别师母与郭航，再与其他师兄师姐们话别，我就与王逍、蒋俊、温春香等师姐师兄一起到厦门北站。 我们各自话别，带着对老师的缅怀和不舍。 通过这次生命的"过渡礼仪"，希望师母与郭航等家人尽快从郭师仙逝的忧伤中走出来，开启人生新的篇章。 而我也将竭尽所能，学习郭师教书育人平凡又伟大之处，在浙西南的丽水学院撒播人类学与民族学的种子。

郭师悄悄地来，如盛夏的繁花生得端庄；又悄悄地走，如深秋的落叶逝得潇洒。 他留给厦大人类学系的不仅是人类学博物馆旁的那株苍翠欲滴的榕树，留给学生的不仅有人类学民族学的学术思想，还有爱的力量、奉献的精神，正如他的回信标签"汇聚爱的力量，希望与你同行"。

作者简介：方明，厦门大学 2009 级人类学博士，现为丽水学院民族学院教授。

追忆郭志超老师二三事

◎ 袁 理

敬爱的郭志超老师离开我们已经有一个月的时间了。 尽管之前脑海中不断浮现出郭老师教诲的点滴；但直到最近，我才静下心来，借助往来邮件，仔细回忆郭老师帮助和教导我的情形，并努力将这些久远而清晰的记忆小心翼翼地化成文字，以此纪念敬爱的郭老师。 之所以是小心翼翼地，是因为郭老师生前向来不喜欢这些俗套；同时，笔头过于生疏，害怕我这蹩脚的文字难入郭老师的法眼。

惊闻噩耗

3 月 23 日是星期六，中午时分，突然在方明同学的微信朋友圈中看到"郭老师一路走好"的字眼，几乎不敢相信，因为郭老师在我们心目中总是生机勃勃、"气壮如牛"的模样。 但我知道没有一个学生会拿这种事情开玩笑，于是赶紧打电话了解情况；随后也接到了大明师兄和几位同学的电话，也在朋友圈中看到了讣告。

想起 3 月 1 日，刚向温春香师姐打听过郭老师的近况，而在上周的历史学科教育的课程之上，我也列举了郭老师如何训练教学语言的方法。但噩耗居然就这样毫无征兆地出现了，让大家猝不及防。 最让我愧疚的则是毕业后和郭老师的联系几乎中断了，而如今已再没有机会聆听他老人家的教诲了。

初见郭老师

初闻郭老师的大名是源于硕士师兄曹大明考上了郭老师的博士生，此后就时常能听到郭老师的各种奇闻轶事。 两年之后，我去厦门大学参加博士入学考试，第一次在厦大华侨之家门前见到了郭老师。 彼时，只觉郭老师体格魁梧、声如洪钟，倔强而飞扬的眉毛也给我留下了深刻印象。当时还不知道能否考上人类学系，我和郭老师并无互动交流。 不久之后的九月，我非常幸运地进入人类学系学习，得以见证郭老师的各种神奇。在翌年的春季学期，我选修了郭老师的课程，和郭老师的往来互动也逐渐增多。

语言艺术的魅力

进入厦门大学人类学系学习后，在一些学术会议中，有幸得以聆听郭老师的讲话，而他的发言总是无一例外地会让全场师生忍俊不禁，这源于郭老师那诗情画意、抑扬顿挫且极富感染力的语言艺术，他善于借助丰富的形象思维将枯燥的科研语言转化成生动活泼的艺术话语。 无论是学术会议的发言、课堂讲授，还是平时的交流互动，郭老师的表达都洋溢着语言艺术的魅力。

郭老师曾向我们传授其训练语言表达能力的方法——每天清晨大声诵读《古文观止》，他认为诵读文言文最能训练口头表达能力，只要持之以恒，效果非常显著。 我在毕业之后也果断地按照郭老师的教导购买了这套书，但可惜从来没有认真诵读训练过。

我们很难将柔情似水这样的特征与健壮的郭老师联系起来。 但正如其他师长的回忆所说，郭老师热爱生活，他在五老峰种植小树苗，并且背水上山浇水。 他也曾经抖着眉毛对我说："我每天起床，都充满了惊喜。嘻，你听，小鸟在对我歌唱！"他也曾经向我们描绘他如何在篮球场上健步如飞、弹跳惊人。

对待学生的拳拳之心

作为一名教师，郭老师对待学生是一片赤诚，事无巨细，处处为学生着想。正如朱家麟老师所说，郭老师喜欢的学生，"肉刮给你吃都可以"。其中几件事情让我感触颇深。

第一件事情是论文答辩。博士学位论文答辩是博士生们最重要的"通过仪式"，博士生们自然也是小心翼翼，万分紧张；但我发现只要郭老师是答辩委员会成员，学生们一般要安心和安全很多。

首先是郭老师生动活泼，诗情画意的语言往往会让答辩现场紧张的气氛舒缓下来。其次，郭老师总是善于发现学生论文的优点，他经常说："博士论文是你写的，这个田野点的状况，你是专家，你最有发言权，答辩委员会的老师也没有你清楚，要有自信心。"在博士生被答辩委员"刁难"，在无法自圆其说的危难时刻，总是听到平地一声惊雷，郭老师声如洪钟，快马加鞭赶来拔刀相助，帮答辩学生将难题都给回答了。这样精彩绝伦的场景，总是会赢得观众席上学生们的一片掌声，当然，他平时对学生是很严厉的。

郭老师曾经对我说过，无论是毕业论文的开题还是论文答辩，老师们不能仅仅发现学生的问题和不足，更重要的是要帮助学生思考解决问题的对策。因而在答辩现场，帮助学生出谋划策成了郭老师的一项重要"使命"，仿佛不是博士生们在答辩，而是郭老师在答辩。

倘若是郭老师自己的学生要参加答辩，郭老师更是把答辩秘书要做的工作都安排好了。郭老师曾经两次安排我为他的博士生做答辩秘书，郭老师会在邮件中告知，去找教务秘书取录音笔和会议记录本即可，届时准时到场，其他事情全部由他准备好。

第二件事情是郭老师安排事情考虑周详，很多原本应由学生完成的事情都由他老人家代劳了。

2010年春季学期，我们几位同学选修了郭老师的"历史人类学"课程，第一次上课，郭老师把复印好的参考书就带来了，每位同学一本；从那以后，这门课程所需的所有资料都由郭老师包办了。我们几位学生都说让我们自己来复印，被郭老师坚决拒绝。

还有一次，学姐和学长答辩结束后，郭老师约好带我们去游览集美鳌园。 郭老师在邮件中写道："7 日早上 7：00 在厦大北村公交站点乘车往集美，参观鳌园、陈嘉庚纪念馆，经过集美学村，到味友用餐，而后返回。"郭老师将所有的行程安排都已考虑周详了。 因要错开上班的高峰期，郭老师又来邮件，将出发时间提前了 20 分钟。 郭老师一路为我们讲解鳌园的历史掌故和校主陈嘉庚先生的光辉事迹，我获益匪浅，终生难忘。

第三件事情是帮我写推荐信，并指导我应聘试讲。 2012 年 5 月毕业之际，我拟前往吉首大学历史与文化学院应聘，郭老师听闻之后，"主动谨此荐言"给院长写了一封推荐信，信中说"（袁理）不是我指导的学生，但我们相互很了解。 我乐于作其担保人"。 因应聘要进行二三十分钟的试讲，郭老师为了提高我的授课水平，特别和我约定时间，来我的宿舍听我试讲，并从授课技巧、教学语言表达和教学内容的设计各方面提出了有针对性的建议（参见附录），这些建议至今仍被我奉为教学和科研工作的圭臬，受用无穷。

科学研究的艺术

不仅是美需要有善于发现的眼睛，科研工作也需要有善于发现的眼睛。 在郭老师《历史人类学》课堂上所受到的一次小小的鼓励，至今还激励着我在科研的道路上继续"猎奇"。

2010 年春季学期的《历史人类学》课堂之上，郭老师以某位人类学大师的著作为范本，为我们分析历史人类学中的"文化图式"，对该著作的赞许之情也溢于言表。 在分析该著作的构架时，郭老师也特别指出作者的问题意识不够聚焦和明确，在绪论部分的处理上存在若干不足。 授课结束之后，郭老师让我们提问。 学术根底薄弱，向来不善思考的我第一次举手提出了一个问题，"某某是人类学界的大师，是我们所敬仰的学术前辈，他怎么会在的学术著作（似乎还是他的博士论文）中犯这么普通的错误，似乎不可理解，原因是什么？"话音刚好，郭老师立即说，"这是一个好问题"，并娓娓道来缘由。 郭老师解释说，这位大师学贯中西，学术天赋很高，他在很年轻的时候就去国外求学，将很多西方人类学的理论介绍到中国来，可以说是人类学界的"小唐僧"，他"西天取经"对我们人类学界的贡献很大。 但就因为他在很年轻的时候就去国外求学，反而没有机会学习一些最基本的规范，而在国外也没有老师来教他这个内容，所以会导致他的著作存在一些在我们看来很普通的缺陷。但是瑕不掩瑜，他的著作仍对我们年轻学子有极大的学习价值。

随后在 5 月 23 日的电邮中，郭老师还特别来信说，这次课有些同学没来上可惜了，并且很高兴地发现我的学术敏感：学术大师修炼那么高，怎么会有这等弱点？郭老师特别指出，大师的著作犹如絮絮叨叨的夜游者；我们在阅读的时候，不仅要了解研究者和研究对象，也要研究自身。

在之后的学习中，郭老师极力向我推荐了贝弗里奇所著《科学研究的艺术》与《发现的种子》，希望我们学习其中的治学之道。正是有郭老师多次的鼓励和教导，愚笨如我者，才能坚持在学术研究的道路上蹒跚前行至今。

3 月 23 日这一天，厦门大学社会与人类学院成立，在这样一个特殊的日子，郭老师不幸驾鹤西去，我不知道这是否昭示着厦大人类学系一个时代的远去，另一个时代的开始。但这两个时代是前后相继、紧密关联的，郭老师为厦大人类学学科的发展，是具有承前启后之功的，他的无私奉献的精神是不朽的。

斯人已逝，我们当要继承郭老师对待后辈学子的赤子之心，坦诚待人，尽力育人，在人类学教学和研究的道路上继续前行。

附录一：郭老师来信中的教学与治学之道

在厦大人类学系求学的几年时间中，我与郭老师邮件往来求教甚多。我按照时间顺序，整理摘录出部分邮件的内容，以记录郭老师有关教学、治学之用心和人生智慧，以此作为最好的缅怀和铭记。

2010 年 3 月 19 日星期五郭老师回信

最好是以历史逻辑（时间）概述总的学术史，而后分专题，专题仍以历史逻辑来叙述。疍民研究不多，故不分专题。

2010 年 4 月 1 日星期四郭老师回信

关于一，完成时好。集体记忆既可指历史记忆也可指实践记忆（如重复进行的仪式）。侧重于后者，更有运用效能。关于二，远水难救近火，故有近忧。关于三，你的理解有意思。近一二十年来，厦门原住民声称外地人抢工抢妻，排斥情绪甚强烈。 关于四，"层垒（累）说"确是对历史的不断解构，这种解构是意义与时俱进、与时俱适。 顾颉刚以实证而疑古，我过去很欣赏，接受了"解构"理念，有了新视野。

"华夷/内外"的文化图式，天变而道变。 晚清之前，"天朝/天下"观，外夷与帝国的贸易是朝贡关系。 晚清以后，天外有天，"天下"裂变为内天下、外天下，"夷"有内夷、外夷之别，"外天下"的外夷，由"番"变为"鬼"。

2010年4月2日星期五郭老师进一步补充4月1日的回信

"历史层垒"既有建构，也有解构。 如果没有添加新的内容，而只是对结构的重新调整（中译本爱用"消解"，而且不言明"消解"后又有"重构"，令人不好理解），使被压抑的内容及其意义释放出来，那就是纯粹的解构。

2010年4月4日星期日郭老师回信

我原想让你们腾出更多时间聚力于你们的方向，故设法让你们适当应付本门课。 有压抑不住的思想，那就喜出望外了。 作业不必长。 从事汉族人类学研究，一般会涉及区域方言群，这也是族群。 你可考虑在这方面提挑战性的问题。 例如，区域方言群可以再分亚区域方言群，这些亚区域方言群，以客位而观之，是族群，但从主位来看，有时是隐性的，当外在压力（比如族群紧张时，像清代台湾）提高时，隐性就变为显性，或者说无意识变为有意识。 这些问题的深入和细化思考，会产生新思想的。 这些问题，对其他同学也甚有益。

2010年9与2日星期四郭老师来信

博士生三年很短，主攻论文。 语言文字，只是砍柴后的磨刀，费时要省。 论文的文采是很内蕴的，像我的书评即是。 你们没那么多时间，偶尔为之，让人眼睛一亮即可。 在文的头尾，可作这种略施粉黛的技巧。 论文让人读时清爽，学术产品就畅销。

2012年6月2日星期六郭老师来信

本科生、研究生、博士生，一路风尘仆仆，很少有人留意科学之道。

饶宗颐大师知道许多博士生写论文是想个题目，列出提纲，填塞材料后，忍俊不禁。

他说：科学研究是对研究对象的融会贯通，得出新颖感悟，而后进一步收集资料、分析资料，以证实感悟（也可能证伪，而后发展新感悟）。论文，是将证明后的感悟精致化为理论（郭注：观点即属理论范畴；蕴藏着逻辑的事实陈述，属于理论研究的初级层次），并在资料的逐层分析归纳中，彰显体系式的理论。

所发的璧山之文，当然不是论文。只是应邀给深沪镇民俗学会通讯《深沪湾》供稿。正因为不是论文，恰好对论文写作之前的感悟提供例举。

六一前夕，红学大师周汝昌逝世。以下是他的有关评论：

"《红楼别样红》的内容与《红楼夺目红》相差不远，都是重读芹书的新领受、新思量，而且又都是以感悟为主的新收获。红学的研究不单靠什么资料，即所谓"证据"，读芹书者而有所会心的都识此理；所谓"考证"，其实也是边考边悟，边悟边考；悟中有考，考中有悟。假若有人想要打出"有一份证据说一份话"的牌子来，那就连自然科学也不懂得是怎么发生的了。牛顿明白地心吸力是"上帝"给他留下"史料""档案"为"据"的事情吗？同样，富兰克林发现电之存在，也只是从放风筝上得力于一个"悟"字，这都是小学生的常识嘛！别拿什么可贻笑大方的陈言来吓唬三岁孩儿，多学点真知灼见。古今中外的大思想家、大科学家们都是先有感悟，以朴素的"猜想"作为开步，进而取得伟大的成就，不是可以令人作一番深长思吗？当然，有的人连感悟是怎么回事也没法理解，他没有这个能力和经验，所以就会有对牛弹琴之叹了。"

2012年6月5日星期二郭老师来信

转发给你意在提示方向。如果你受到砥砺的感觉，那我的用意就达到了。

现在论文不少缺少思想和缺乏隐约着些许灵性的行文。不少学者和博士生以为将某些外来理论"强暴"一下事实就是论文了，缺乏情意，缺乏温柔。

思想是论文的核心，理论方法是思想的工具。

提供阅读为的是让信息尽可能充分到达读者的感官。文字呆板，很难引起注意，信息即使不错，达到感官就大打折扣了。

因此，传播的第一原则就是引起注意。 引起兴趣就是一种引起注意的手段。

2012 年 6 月 16 日星期六上午郭老师来信

磨刀不误砍柴工。 春节烦拜年，于是就浏览我以前只读过一遍的《尚书》，朗诵舒婷的《祖国，我亲爱的祖国》和《致橡树》，看几篇《古文观止》。

功夫在画外，"语言是万学之渊"。 另外，多一些幽默和笑容。

一个人，有良心，再有善心，是一个幸福的人。 我儿子认为：还要有强大的内心（钝感、抗打击）。

学院同事的课题，适时融入。 满头苦干，少计较得失，酝酿于黑暗，喷薄于灰色的地平线。

2012 年 6 月 16 日星期六下午郭老师来信

当还细嫩时，凡事持静为要。

领导很忙，不主动惊扰，就是恭敬。 中央警卫局总是交代一波又一波的新同志：和首长心亲近而远距离，心有千言而言木讷。

到学院报到后，将博士论文一本放在院办请转院长。 届时院长最好不在，才像转。

好好科研，勤奋工作，就是最好的表示。

可持续，请好好体会，凡事皆然。

附言：

文字的意见，主要是着眼于未来。 现阶段，主要是准确。

……

即使我的"部下"有错，也应给予机会，改过革新。 就是妖怪也还可以还善为童子和坐骑呢。 这就是佛心，宽大的天地之心。 当然，这只是我理性的真实表达。 作为生活的个人，我红尘远去，畏忌与人交往，将自己囚禁在桃花源，囚禁在我想象的缪斯山林。 但只要不得不走进现实世界，就尽量可能收敛不良言行，彰显那耶稣圣心，表达一些公正和友善。 在答辩会上，我顺着语境，自然而轻柔地散落着理性兼诗兴的语言花朵，那是常居仙境花园者的顺手携带。 顺便说，和你们畅饮美酒后的话语，那是仙女走光后的村姑俗态。

人间苦海无边，于是有了各种希望。天堂、救世主、救星、基督、佛祖……让世界兼容并蓄吧，不要让苦难的人们连精神的企盼和安慰也被剥夺吧。

你送纳静安同学，就是增一点光亮，哪怕是萤火。

2012 年 7 月 9 日星期一郭老师来信

我从小受基督教的熏陶，认定人降生于世，就是来受苦受难的。

而恰恰是这一观念，使我在人生体验中，充满快乐和幸福感。

每一个人可以有不同的信仰追求，但不断历练提升自己却是天赋的需要。

2012 年 7 月 17 日星期二郭老师来信

文字，万学之渊。

古代科举的诗文考试，在于检验文字能力。

论文写作涉及文字灵性。有羡鱼的兴味，也会生发一些文字灵性。

我们读你们的论文是工作驱使，编辑和读者要不要读你们的论文，那就看你们论文的吸引力了。

附：写诗贵炼意。这和论文的观点提炼类似。

2013 年 1 月 16 日星期三郭老师来信

经常讲跨学科，但践行者少。

人类学这理论那理论，我学了传播学，一目了然！解释人类学，不过是符号传播的繁复化而已。由传播学再涉略符号哲学，仪式理论是一座小丘。

人类学理论新派，很多是对原有的加以改装。萨林斯历史人类学的文化模式，就是变身自法国年鉴学派（历史学派）布罗代尔的历史深层结构理论（从心理解释历史）。但萨氏隐秘不提。

见多识广，信然。

我暇时就翻翻十卷本的《中国通史》，翻翻一百多万字的《福建史稿》。一个民族的发展，是中国历史的一道溪流。只陷在单一民族，坐井观天罢了。

由于分工渐细，较之以前的大学者，现在的学人差不多是小虫子。当然，小虫子对一片叶子很了解。

不仅中国官员，就是草民，也应该了解中国近代史、现代史。基此，便有当代、当下的眼光。

在高校，教学比科研宽广，自然得很。没有教学，高校就"瓜菜代"了。不少老师，只知拿薪，不知分担、分忧。我很早就有教学责任感，自愿投身其中。没有被迫，感情就来了，兴趣也油然而生。基此，教学对我，越来越轻松。像鸟儿越过山林，比那些被驱赶的羊群，既快捷又快乐。

当然，这也不是一蹴而就的。

我二十九岁才上大学。如果年轻十岁，我多想成为庞大的山体，承受更多的雨水，流出更多的清泉。

附言：

论文是你写的，可你答辩在介绍时，还在背自己的书。看你眼神就知道。讲稿是彩排，讲课是演出，而且是再次创作。我称之为"熟米生做"。如此，眼神有思考的光彩。

上述的文字，你可以感觉有很强的口语感。听众也会这感觉，那就亲切了、轻松了，当然也就不烦了。讲课不是折磨人的，自己轻松、兴趣，人家也才有同样心情。

附录二：郭志超老师指导试讲的记录

2012 年 5 月 19 日，我即将前往吉首大学应聘试讲，郭志超老师和我预约时间，在我的宿舍听我预演讲授博士论文——《堤垸与疫病：荆江流域水利的生态人类学研究》，并提出一系列关于教学和科研的意见，附录于后，以希望记录下郭老师教学和治学的用心，并对青年学子有所助益。

（一）授课技巧的建议

1.要避免背诵的痕迹和嫌疑。

2.授课者应该有丰富的表情、眼神，并通过大家感兴趣的信息的传递来引起听众的注意。

3.重要的信息应该放慢速度，节奏感；教学语言用口语、用短语。

4.避免空洞乏物的文字表达，譬如，产生了影响，具体是何影响，应该找到关键词予以说明。

5.尽量避免章节顺序的呆板的表达方式，而可以通过承前启后的关键语言来传递章节信息。

6.注意信息表达的前后呼应和关照，特别是开头和结尾；开场表明研究意识，结果表明研究的观点或结论。

7.要力图将所表达的内容丰富化和精致化。

8.可以用我的研究来代替"我的博士学位论文"。

9.介绍内容，应让听者清楚基本事实和基本观点。应假设自己是听者进行感受。反过来，再检查一下：基本事实和基本观点是哪些表述。如果没有浓缩性的基本事实和基本观点的概述，再加上用第一章、第二章……这种碎化介绍，听者是很难了然于心的。

10.介绍如果还要看文字，就说明自己的思路还不够清晰，胸无成竹。主要改进介绍的方法，没有什么不能讲清楚乃至讲透彻的。

如果论文在考察对象后，还不能较有力地攀升到观点层面，最好不要发简要提纲，因为对于优秀学者来说，可能造成平淡无奇的印象。让他们竖着耳朵听，可能较有魅力。对方要求用传统的教学方法。若发提纲，实际上是变相的PPT。

(二)授课内容方面的建议

1.导入：研究的问题意识：生态环境与疫病的关系提供了一个汉民族与少数民族可供比较、借鉴和相互关照的经验。

2.眼睛在思想的前面，思想在眼睛的前面：在田野调查之前，要有充分的资料准备，这就是"眼睛在思想的前面"；但在具体开始田野调查之前，调查者应该有一个初步的"理论或观点的假设"，然后在具体的田野调查中去验证、推翻或者修正这个观点，这就是所谓的"思想在眼睛的前面"。

3.论文核心的理论价值：

人与环境的动态和有限度的适应模式，相对稳定、相对平衡；但是在发生生态灾变时，这种实践模式就会做出较大的调整。几千年来长江中游围垸地区对环境的改造和适应模式就在不断地调整中。一个关键是有限度的，一个关键是动态的。

4.长江三峡库区对生态环境的改变引起人们适应模式的调整，提出了对长江中游水稻灌区生态适应策略调整的思考。 历史经验将会关照我们今日生态系统的变迁，将引起我们对适应模式调整的注意。

5.对生态的变迁研究要做纵向的历史观察，和横向的研究；注重历史经验以资参考，注意变化中的动态经验的提炼。

6.我们将从尊重自然规律的轨迹中汲取适应自然的基本原则。

7.围垸农业在带来巨大经济效益的同时也产生了潜在的威胁，"福祸之辨"，环境开发的"双刃剑"，最危险的地方的收益最高。 农业生产的目标就是要将利益最大化而将环境开发的弊端最小化。

8.在围垸的生产中，由于堤垸修防和生产是需要，就会形成一定的组织，首先是宗族组织不够发达；因此，在宗族组织之外，形成了堤垸的社会组织结构。

9.一套生态适应模式的思想在本质上是要顺应自然，我们在应对策略中是发现和利用自然界的规律，通过模拟自然来抑制自然界的不利一面，实质上是彰显了自然的威力。

10.人在改造自然的同时，自然也在改造人类自身。 当这类改造活动控制在适度的范围内的时候，这种生态适应模式就是稳定的，没有失范就可以续存；反之当过度时，环境和人类均无法承受。 在适应模式的调整中，我们一方面要基础先民的历史经验，一方面也要积极探索新的实践模式。

11.当学位论文还没有高度的人类学理论时，我们可以说民族学理论的低度研究（观点、观念）

12.何种影响要清晰地表达出来，而不能言之无物、言之乏物。

13.地方性知识上升为区域性知识的可能性，局部经验对全局（区域）的适用度。 而大区域的变动对小地方的环境变迁也会产生影响。

14.广义的人化环境（自然）和狭义的人化环境（自然）。

15.掌握一门学科的三要素：学科史、学科理论和学科方法。

16."一花一世界"，人文社会科学研究和自然科学研究相似，也要寻找社会的一般性规律，由地方性知识性上升为区域的普遍性，由特殊上升为一般。

作者简介：袁理，厦门大学 2009 级人类学博士，现为吉首大学历史与文化学院副教授。

送别敬爱的郭老师

◎ 史艳兰

2019 年 3 月 25 日上午 10 点，各路师友在厦门集美，送别我们的老师——郭志超教授。很多学生因为工作或其他原因，没有办法亲自前往，与老师做最后的道别，但我们都为老师过早的离去而伤感和惋惜。郭老师离世后，厦大人类学与民族学系的师兄、师姐建了一个追思群。于学术，我们追忆一位才华横溢，口才超群，文字功力卓尔不凡的学者；于生活，我们回忆一个可爱的、直爽的、热爱生活的、有爱心的老顽童。他用自己简单又厚实的双手，撑起了一批又一批学生的成长和成才之路。并一直记挂，敦促前行。

其实，我与郭老师的关系，犹如这场送别一样，感情深厚，但又有距离。原因有如郭老师一生给予他自己名下，但更多不是他名下的学生太多的教导和关爱，但却一再婉拒学生们对老师的深情。于是，有师兄说："我初一给打电话，却被老师呵斥了一顿，我一年就只有这一天跟老母亲相处的时间，你却要来打扰我！"其实，郭老师最不在乎形式，讨厌俗套。真要问候，发封电子邮件，报告一下自己的近况即可。

我对老师深厚的感情源于以下几点：

2010 年，我考入厦门大学念人类学博士，那个时候刚刚深刻感受到自己与同学的差距，一进校门就抓住各种机会吸取知识。我最先旁听了郭老师给硕士班开设的"人类学研究方法"课程。在课堂上，既被老师卓然的口才深深吸引，也折服于老师严谨的知识体系，其间还贯穿着对厦大历史上各知名学者入木三分的评介。这门课程给我的第一个启发是人类学研究在郭老师那里有他自成一格的知识体系，可以称为郭氏独门武功秘笈，这门秘笈除了教会你做研究，还是今后怎样开展大学课堂教学的殿堂级范本。 那时，听到激动处，我曾闪现过这样的念头，有没有人想过把郭老师的教学用影像记录下来，这将是厦大众多人文教学中的一种典范和类型，更会是后辈学习的珍贵资料。 这门课给我的第二个影响是郭老师讲课的形式。 其实，表达、写作与研究在郭老师那里同样自成一格。他说，讲话要真诚，要做到感自己于心，动别人以情；他说，不论在学校里还是在社会上，能者为师。 作为学生，我们要锻造自己的能力，才有资格为师。 他还说，读书人要心系社会，要心系国家建设，要学有所用。 这些话，对于那个特定阶段的我而言，是最为直接的激励和鼓舞。

第二年博士课程，郭老师为我们开设了"民族志写作"。 整个课程围绕着怎样选题，怎样设计博士论文框架以及怎样完成一本合格的、优秀的博士论文进行拆分讲解。 每一次课堂，他都有认真备课的教案，每一次课堂，他都挥汗如雨。 可以看出他的投入、认真、激情与严谨。 有一天上课，郭老师扛着十几本复印的书飞奔进教室，那一天他给我们推荐一本经典民族志，自掏腰包复印，自己扛进来，至今仍然清晰地记得 60 多岁的他，扛书飞奔进教室的轻快和喜悦。 老师是一个有爱的人，是一个充满了生活情趣的人。 我们 2010 级博士班的每一个同学都非常喜欢郭老师，课程结束，同学们主动商量要给老师送礼物，感谢师恩。 可是到了约定那一天，我们的谢师变成了老师带领大家郊游。 老师带我们全班十几个同学去了集美博物馆，为我们买门票，请我们吃了最负盛名的老字号餐厅。 那样一天，我们可能花了老师近 2000 元。 其实，到 2010 届时，郭老师已是返聘的教授，退休工资并不高，但却常常帮助和体恤一切需要帮助的人。 据说有一次来台风，老师在街头看见一位老汉卖番薯，他买下了老汉所有的番薯，督促对方赶紧回家。

当然，老师在我心中，并不是十全十美的人。 比如聊天，他常常忘记了时间，一讲就是一两个小时，比如他也有小情绪，比如他的嘲讽等等。 但也因为这些，老师才显得完整而鲜活。 毕业以后，在我的科研和教学路上，离不开老师教导的身影。 但也有深深的惋惜，我是一个对老师有深厚感情又站在远处的学生，所以在知晓他生病后，第一时间表达了担心，但只是托同学打听消息，在老师回信说，只是简单抱恙后，我居然信以为真，忘记了这是一位不愿意给学生添麻烦的老师。 得知老师过世，看过学长们部分截图后，我更有深深的遗憾，为什么在这么长的时间里，我居然没有一次主动想起来问候老师。 带着这份遗憾，与老师送别，带着老师留下的财富，争做一名合格的大学教师。

作者简介：史艳兰，厦门大学2010级人类学博士，现为云南财经大学社会与经济行为研究中心副教授。

追思郭志超老师

◎ 刘　涛

　　"逝者渐渐远去，却常萦绕心头，甚至可以化作河源的冰盖，永远滋润着我们的心田。"这是郭老师追忆自己的导师陈国强老师文章的第一句话，用在这里，最能表达我对郭老师的思念之情。跟郭老师站三个小时聊天的日子，已然远去，却还是那么亲切和记忆犹新。

　　2019 年 3 月 23 日，我还在美国波士顿大学人类学系访学，早上睁开眼，看到王道师姐发来微信，说郭老师走了，我流下了伤心的泪水，闭上眼睛，根本不愿相信这一事实，与老师的往事历历在目，仿佛他在给我们上课，在厦大球场打球……

　　2011 年春季学期，郭老师给我们 2010 级博士班开设"田野调查与文本写作"课程，那是我与郭老师故事的开始。老师上课，学生买课本或者资料是理所应当的事情，但是郭老师的课却不一样，整个课程下来，郭老师给班上选课的同学每人赠送课程资料——四大本复印的书籍。这是我第一次遇到这样的老师。我们当时执意给老师复印费，被郭老师狠狠批评了一顿。课程中，郭老师最为经典的"菱形结构"文本写作法，我到现在还用，每次写作都想到郭老师教的菱形结构，形成基本的写作框架和思路之后，填充血肉，使之丰盈起来，灵动起来。

　　当然，让我最受教益的是郭老师的一言一行、一举一动教我做人的道理。

　　"做一个好人"。郭老师上课给我们赠送书籍就罢了，课程快结束，还带全班同学去集美学村去考察，去了鳌园，郭老师一路给我们做导游讲解校主陈嘉庚的故事，考察结束后，去集美一家很出名的闽南餐厅吃饭。车费、鳌园门票和吃饭所有的花销都是郭老师出钱，一路上花费不菲。

我们都很过意不去，但郭老师说，你们还是学生，还没有收入，不应该你们出。 在郭老师去世后，厦大师友在聊起郭老师时，一位老师感叹，郭老师一辈子下来，几乎没有什么积蓄，除掉简单的生活费，他的收入都以各种形式用在贫困的学生和其他社区贫困者身上，有现金、有书籍、衣食等物品。 在当今物欲横流的社会，一位著名的大学教授一辈子没有积蓄，这是多么不可思议的事情。 郭老师的心如同金子一般金灿灿的，照亮着世界。

"做一个侠客"。 郭老师喜欢早上打篮球，一般是 4 对 4 的半场比赛。 2013 年 5 月，我博士论文答辩结束后，每天早上 6 点起床去篮球场找郭老师一起打球，郭老师那时已经 64 岁，经常还做一些高难度动作，如滞空投球、篮下回头望月式勾手投球。 投罢，郭老师也不看是否进球，潇洒走开，那一刻如同球星一般自信。 我乐意与郭老师一队，因为他喜欢配合，给队友创造很多投球的机会，有时我给他创造机会，他不但不投球，还把球重新传给我，让我进攻投球。 打球结束后，老师用他那厚厚的大手紧紧握着我的手，他先讲今天打球的具体情况，如何配合，如何进攻，有哪些进步等等。 然后讲人生。 他用父亲般的眼神和口气对我说："要做一个侠客，像鹰一样翱翔在空中，走出鸡窝。"那时我的感受：温暖、踏实、甚至是享受和骄傲。 郭老师会安慰我说："虽然你暂时还没有走出鸡窝，但只要不断努力，你迟早就是真正的雄鹰。"老师讲话，我基本插不上话。 但他的话，意味深长，催我努力奋进。 有时他一讲起来，就忘了时间，可能会讲到很迟，我怕老师挨饿，就提示说："老师，您饿了吗？"听罢，老师就会立即停止讲话，示意回家吧，丝毫不拖泥带水，扭头就走，头也不回，侠客一样，急冲冲赶路。

"做一个温柔的人"。 我后来进入高校参加工作，前年的一个暑假，自己带一个班的学生去厦门进行短暂的调查。 去前，我给老师发电子邮件交代行程，还请求他给我的学生讲一节课，也让我的学生们领略下著名学者的风采。 老师很爽快地答应了，并给出半个小时的时间。 我当时就想半个小时也行，在这段时间里，郭老师肯定能让学生受益匪浅的。 然后，我就带学生去了老师家里面，二十多个学生一起挤在老师家客厅。郭老师讲课时间远超原定的半小时，学生们听得聚精会神。 暑假的厦门是非常炎热的，老师家里没有开空调，可能他习惯了自然朴素的生活吧。老师讲了一个半小时后，汗流浃背，但丝毫没有停下来的意思。 我怕老师太辛苦，不得已起身告别。 当我们离开郭老师家时，郭老师赠送给我们两大袋早就准备好的同安素饼。 袋子沉甸甸的，一个男生提不动，实际上他是给每位同学都准备好了一盒，同学们当时都惊呆了，感动不已。而我却知道这是老师一贯体恤后辈的做法，不知多少次郭老师不辞辛劳专门跑到岛外买素饼送给我，哪怕路途遥远，郭老师外表看似刚毅，内心却那么温柔细腻。 这份温暖和感动一直珍藏在我和学生们的心里。

"做一个有良知的学者"。 今天查看邮箱，发现我与郭老师的信件来往有 600 多封，内容大部分是关于如何治学，老师对我真的是春风化雨、润物无声。 如老师在信中写道："把简单化为复杂，如同画家几笔如枪如戟，再泼墨似地晕染为绿意的梦幻，那是文学，甚至是人文的方法。"老师看到好的文章或教育后辈或与同辈论道的邮件也会转发给我。 郭老师在给儿子的信中写道："是晨曦就会喷薄。 这个世界最可靠的是你的品才。"翻阅与老师来往邮件，感慨万千，用郭老师的话来说是："旧事新知犹如群鸽蜂拥而出，翱翔蓝天。 无论远近，皆若比邻。"最重要的是，郭老师强调学品，作为一个学者要有良知，要有根据，不能瞎忽悠。 他的教导，我将永远铭记在心中，成为我人生道路上的指路明灯。

我思念郭老师，思念他的德、思念他的才、思念他的人！ 愿老师在天堂快乐安息！

为了感恩郭老师对我博士论文写作的帮助和指导，特挑选 2011 年 5 月，前后相差一天的两封邮件，附录于后，以此深切缅怀！

刘涛：

古文，今文之根。根深叶茂，道理甚明。

况古文适当揉入今文，可形成张、弛之节奏。

另者，古文修养有文句浓缩功力。总述和提炼观点时尤其有效。

沧桑感是一种别致的审美。缺乏古文熏陶者，文字稚嫩轻飘飘，难入法眼。

你现在，神往之即可，大致注意即可。

郭志超

2011 年 11 月 26 日

刘涛：

假定海外华人的研究方向是可行的话，那我就进一步让大师灵魂附体，说一下"神谕"。

（1）选题是通过较多的文献浏览和阅读，了解拟研究的对象的状况和研究状况，从而掂量自己将进行的研究的可行性、价值和意义。

（2）选题确定的根据是有无引起自己研究兴趣的问题意识。

（3）这一问题意识将酝酿出假设（即初步观点。有理论追求的，也可以称理论预设）。如果暂时未形成假设，也可以带着问题意识进入下一步。

（4）而后，进入田野。你目前的状况胸无成竹地圈定某个山头，准备围猎。一言以蔽之，盲目。

尽管我对海外华人非常生疏，但仍有这样的印象：除了"中国城"（华人街区，即 China Town）华人在城乡居住皆非常分散，更也无方言群（诸如客家人、闽南人）的聚居。这就意味极难进行社区研究。

不是说，不能进行你初步设想的研究，而是帮你醒脑。

郭志超

2011 年 5 月 28 日

作者简介：刘涛，厦门大学 2010 级人类学博士，现为杭州电子科技大学法学院社会学系副教授。

郭志超教授打完篮球后殷殷教诲博士毕业学子刘涛同学（2013 年 6 月 21 日，厦门大学群贤楼前）

郭志超教授在一块南极石前流连忘返（2015 年 12 月，集美大学航海学院）

真善美的化身

——纪念郭志超老师

◎ 于　漪

　　"感时花溅泪，恨别鸟惊心。"郭老师曾经告诉我，只有到了一定的年龄，有了阅历，才能感受到杜甫的诗好，因为言之有物。看到郭老师离去的消息，我一连几天锁紧门窗，任何一点声响，都能让我惊恐万分。一年之后老师的"周年祭日"，我才敢真正开始面对郭老师已经逝去的事实，带着难以磨灭的感伤，记录与郭老师相识的点滴片段。

　　郭老师的真诚，能够打动每一个与他相识的人。第一次上郭老师的课，是我与刘涛、杨春燕、史艳兰一起去旁听为研究生开的"论文写作"。这门课光是课名就已经深深地吸引了我们，虽然已经考上了博士，对于什么是论文写作这个最基本的问题也是懵懵懂懂。铃声响起，一位身形胖胖的老师大步流星上了讲台，却用像歌剧一样温柔、婉转的语言称自己是七仙女，逗得我们哈哈大笑。郭老师讲课之时神采飞扬，时而飞速写着板书，时而表演，时而歌唱，一堂课下来，大汗淋漓。我们就像观看精彩绝妙的戏剧一般，目不转睛，时时给予掌声。下课之时，大家激动得冲向讲台，将郭老师团团围住，问个不停。郭老师有问必答，细心讲解，什么是学问，什么是理论，什么是研究，我第一次知道这些问题的答案都是在郭老师的课上，如醍醐灌顶。"什么是科研？恩格斯曾经说，如果自然科学在思维着，它的发展形式就是假说。""研究就像瞎子摸象，每个人都只能看到一个侧面，但是综合起来就是整体。""论文是几个单元节的组成，形状就像一串糖葫芦，每个单元节都是一颗独立的糖葫芦。"郭老师讲话风趣幽默，总能将种种深奥的理论转化为形象的表述，引人入胜。一次放假，我回云南大学看望硕导马翀炜教授，津津有味地讲起郭老师上课的种种情景，引得同样热爱教学的马老师赞叹不已，交代我整理好笔记，下次带来。 贵州大学杨志强教授在听我描述郭老师的种种感人事迹之后，每次见面都说，真想去厦大见见你们郭志超教授！ 郭老师早早离去，全国各地许多素未谋面的老师们都感到颇为惋惜，当然这已经成为了后话。

记得第二次上课之时，每人手中已经有了学习资料（黄向春老师的博士毕业论文），我们旁听的同学同样人手一份。 当时已经六十几岁的郭老师自己去复印，再将资料带到教室中分发给大家，三十几份，厚厚两叠，堆在桌上一尺多高，真不敢想有多少重量！ 第二学期，学院开"历史人类学"博士课程，我们终于又和郭老师见面，课是一如既往的精彩，老师仍然每次扛着几十份资料分发给大家。 我们于心不忍，强烈要求自己复印资料，郭老师仍是不肯，每次都复印好，再约我和刘涛在克立楼门前见面，转交与大家提前预习。 一次天空飞雨，我和刘涛远远看着老师将资料扛在左肩上，在雨中大步前行，赶紧冲上去为老师打伞，将书本垫在石椅上让座，却遭到郭老师的呵斥："人不要那么矫情，我淋点雨，就坐在石头上能怕什么呢！ 我带着书来是为了大家节省时间，方便大家而已！"厦门大学著名教授的名号原本让我们有敬畏之心，真诚而质朴的郭老师却让我们感觉可亲可敬。

郭老师总是带着善意和爱意看待一切生命。"我们要怜惜生命，哪怕是一颗小草。 路边小狗向你汪汪叫，你也要看着他觉得很可爱呢。"郭老师爱好园艺，好几次清晨七点左右碰到老师，都是他已经种花归来，种花的园地却并非自家的花园，而是无人看管的公共山坡。 郭老师适时教导："你们要多干体力活，只有劳动才能有健康的身心，不要鄙视劳动者。"对于社会的不公，郭老师却总是嫉恶如仇，挺身而出："现在有的不良媒体称贫困人口居住的地方为'都市牛皮癣'，这和以前歧视疍民有什么分别？ 虽然已经是现代社会，城市管理者却还有着华夷之辨的思维！"看到学生的困难，郭老师最为痛心："我看见食堂里面有同学打了饭没有钱打菜，现在的贫富差距真是让人心痛！"因此，郭老师对于欺人仗势者总是横眉冷对，对于弱者却是慷慨解囊，尽心相助。

知易行难，如果心中无大爱，估计谁都难以无私，更难以几十年如一日地坚持严于律己，宽于待人，坚持对社会公正的追求。 我在临近离校的半年时间里，庆幸有机会每日与老师交谈，常常感受到心灵的触碰，感受到仁爱的温暖。 当时的我，遇到困难却无处倾诉，极度压抑，于是冒然发邮件给郭老师。 郭老师不仅回信，并且约我去逸夫楼宾馆大厅的咖啡厅见面，平时憎恨矫情的老师面对支支吾吾的我却十分关爱，耐心开导我："你要暴露病症啊，我能治病，不怕看到病症。"此后的多日，老师都约我在逸夫楼咖啡厅不断对我进行开导，让我放下沉重的心理包袱，不要计较自身的恩怨得失，要看到社会的光明一面。 郭老师讲起过自己年少时社会大众的贫苦与社会的艰难进步："我小时候家里开着皮革作坊，几岁时我就什么事情都做。 高一结束之后就停学回家学木工，不久下乡到闽西农村插队落户，后又到农业建设兵团，接着在邵武煤矿干了六年，那些艰难的岁月如同寒冬，但是春天终将突破冰封的关隘，1977 年我参加高考考上了厦门大学，功夫在手无论早晚。"郭老师还对我讲起，中国早期革命的艰难，和平社会的来之不易："你们现在遇到这点个人困难算什么呀！ 井冈山时期，条件艰苦到没有任何药品，战士受伤之后只能涂抹点石灰消毒，很多战士在伤口感染的痛苦中牺牲，那时的革命还根本看不到曙光。"

郭老师多次和我讲到十几年来查阅马克思与恩格斯手稿的感悟："看了马克思、恩格斯手稿，才能知道什么是伟大！ 好几个孩子死于饥饿，出身贵族家庭的妻子燕妮重病无法医治，马克思失去了家人，仍然坚持自己的信仰。"虽然从来不用手机，但是郭老师对于新闻时事的了解绝对可以精确到天，时常针砭时弊，讲起对各种社会问题的担忧，例如房地产泡沫经济问题和恩格尔系数增长问题等等。 但是，郭老师对于未来的社会发展却总是充满期待。 2014 年秋天郭老师赋诗一首："中秋刚过月仍清，凋尽芳菲菊有情。 莫道金温人世冷，依稀拙序看礼明。"发邮件分享给大家。 我在回信中写下，是否是让大家坚持信念？ 郭老师回复："你的回答深得我心！"郭老师的大爱来源于对"天下为公"的信仰，坚持知识分子的担当，并且把这份责任实践到了具体的每一个人，每一件事上。

现实的社会总是不完美，常常看不到好人一生平安的结局，敬爱的郭老师早早离开了我们，我只能哭诉上天的不公。 郭老师曾经写下："文明不断挣脱禁锢，这让我就想起穿山破石的江河。 黄河蕴藉着曲折苦难，蕴藉着坚韧朝东，也和着我们不息的脉动。"只有一代又一代的人将真、善、美作为信仰，持续践行才能看得到社会进步，"勤于治学，坚持信念，期待光明，不畏惧黑暗"，或许是老师留给我们最好的精神遗产。

没想到毕业时在厦大的告别是和老师的永别，只能珍惜这段短暂而美好的记忆。 此生有缘遇到如此好的老师，是我的福分！ 郭老师离开我们已整整一年了，但他的音容笑貌和大爱仁慈还历历在目，郭老师对我的厚爱、鼓励，以及无私帮助，我将永远铭记在心底，永远缅怀他，努力弘扬他的精神，愿老师在天堂快乐安息!

作者简介：于游，厦门大学 2010 级人类学博士，现为贵州大学旅游与文化产业学院副教授。

心有猛虎，细嗅蔷薇

——怀念郭志超老师

◎ 杨　翊

　　"蚊子那么小，明明你用手指就能按住它，可是打蚊子为什么要用整个手掌？　结果把自己也打疼？"这是我第一次在他敬贤的家里见到郭老师时他问我们的问题。　1997年初夏，我和生花同学从北京去厦大进行研究生复试。　郭老师声音洪亮，眼睛炯炯有神，说话时还伴着丰富的面部表情。　说到打蚊子，他伸出手，大大的手掌拍在自己脸上，逗得我和生花哈哈大笑。"因为有时候看来笨的办法反倒有效，因为手掌大，打到蚊子的可能性就增加，虽然你自己也被打疼……"那天他和我们聊了很多，只有这个蚊子的问题我记住了，我想他应该是在给我们讲"笨鸟先飞"的道理。　郭老师头脑里有很多道理，他乐于跟学生们分享这些道理。　在厦大的时候，随时随地遇到郭老师都可能有一场醍醐灌顶的授课。

　　我们硕士生上课的地点在人类学研究所楼上。　教室里一张长长的会议桌，占用了大部分的空间。　那张桌子因为年代久远，原本的涂漆已经斑驳。　上课的时候，隔着桌子，郭老师坐在我们对面。　他上课即兴的时候多，有时想到一个问题，他眼睛看向门外很久，一动不动。　我们一度以为他是睁着眼睛睡着了。

　　在我看来，郭老师是个非常可爱的人。　他思想深刻而又犀利，但这并不妨碍他有孩子般的赤诚和纯净。　他早年经历坎坷，有次他说起下乡时期在某地等着过路的车载他一程的情形。　大概是偏僻的乡下路段，不常有汽车经过。　长久的等待之后，远远地看到一辆汽车开过来，心里充满了希望。　车开近了，他笑脸迎向司机，司机一口唾沫吐到他脸上扬长而去。　我们听着只觉得骇然。　他却很平静地说："想打那司机他已经跑了，有什么办法？　把唾沫擦去继续等喽。"

　　郭老师身材高大魁梧，从他民族成分看来或许有早年泉州阿拉伯裔血统。我想即便和他只有一面之缘的人，也一定对他浓密的眉眼留有印象。这般浓密的眉眼使人觉得他是一个威严而不近人情的人。事实的情形却截然相反，在我看来，他非常善解人意，非常细致入微。还记得当年复试结束后，第二天他安排我们参观厦大，跟我们约好早上七点见面，我们疑惑为什么这么早？他说这个时间太阳的光线刚刚好，照相会把你们照得更美。还是那次跟他聊天的时候无意中说起厦门这里的香蕉比北京便宜，我俩一口气吃了好多。临走之前，他让我俩去他家一趟，我们以为是要给北京的朋友带书信什么的，没想到他已经装好了满满一口袋的香蕉说给我们在路上吃。那一路大概有两天时间，我们真的吃了很多香蕉。装香蕉的是个浅蓝色碎花的布袋子，后来被生花同学悉心收藏了。

　　如果说郭老师真有"不近人情"之处，则是在学术上。他做学问有自己的原则，并且一生为之坚持。在这方面他是一个眼里揉不得沙子的人。"心有猛虎，细嗅蔷薇"，在他心里既有猛虎的无畏，也有细嗅蔷薇的柔软。

　　说到生死，我记得他曾在厦大芙蓉湖边上的话。那是个草长莺飞，万物复苏的季节。"这个季节新旧交替，自然规律，生死都只是平常"。如今他在这个季节离开了我们，看似也是平常，照理说我该释然。当年因为招生名额的问题，我和生花能去厦大读研颇费了一番周折，如果不是郭老师的奔走和坚持，我自己的命运完全有可能在此转入别的轨道。待我研究生即将毕业，有天在三家村遇到他，他特地从自行车上下来，笑容满面的跟我说："你的毕业论文写得很好，我很欣赏。"郭老师给我的论文评语我一直收藏，他洋洋洒洒对论文尽是溢美之词，现在读来除了惭愧就是想跟他说声感谢，连同当时他为我们入学时的奔走。可是这感谢竟再也没有机会说出来了，想到这，我就止不住的难过，我想这难过在今后的日子里应该会伴随我很久了。

　　那天大雨滂沱，我们众多的学生，从全国各地赶来为您送行，好像天空也在哭泣。当我们十几位师兄姐弟们和师母及您的儿子一行人，静静地"送"您到薛岭墓园时，天空已经放晴。愿老师在天堂安息，您永远活在我们心里。

　　　　　　　　　　作者简介：杨翊，1997 级人类学
硕士，主要从事少儿英语培训、博物馆
策展规划等工作，现居上海。

生命摆渡人

——怀念郭志超老师

◎ 吴建梅

2019 年 3 月 23 日 11 时 50 分，我正准备开车，师弟峰文给我发来一条微信："刚听说郭老师去世了"。 我回一句，"哪个郭老师"，师弟回复，"郭志超老师啊"，我顿时心一阵紧痛，赶紧双向紧握方向盘，打电话到系办公室，对方除了安慰我，没有说更多的消息。

挂断电话，潸然泪下。 郭老师从我模糊的泪眼中，徐徐而来。"没有更多的消息"也就是不给任何人添一丝麻烦，质本洁来还洁去，这是郭老师为人为师最高尚的一面，是喧嚣尘世的一股清流，春去秋来，郭老师默默地做了一辈子的摆渡人，摆渡了一届又一届的人类学学子，把他们送往知识的彼岸，挥一挥衣袖，除了家里那个伴随他一辈子"218"开头的电话外，只给学生电邮的联系方式。 可是当你需要帮助时，郭老师却能及时给你帮助。 我 2002 年毕业留校在学生处，家里跟郭老师住处也相隔很近，由于郭老师那种只求耕耘不求收获的性格，作为弟子的我们，却没给老师过一个生日，没给郭老师有过一次节日的问好，就是郭老师重病几次，我们也都不曾知道，郭老师不愿给任何人更多的消息，不愿给每一个他帮助过关心过的人，任何人情负担。

每每在上班路上遇见郭老师，他都要在万忙之中抽出时间鼓励我多读书多写文章，每一次谈话至少都以一个上课时段为限，毕业 17 年了，我已经放弃了自己，可老师一直没放弃我，给我邮箱不断地发文章，在 2006 年，郭老师还把我这个已经转行从事辅导员职业的硕士论文送去参评全国优秀硕士论文，并获奖。 直至 2013 年，他还在修改我的论文并为论文写提要（昨晚王逍师姐在整理老师的文件发我，我才知道老师默默地在为我付出），他希望我哪一天想通了，再坐到教室去好好继续学习。 老师自始至终没有给我更多他对我的期望的消息，只是时不时地在路上遇到时鼓励我，鞭策我，不管我再怎么不争气，他都是和颜悦色地鼓励我，慢慢等待我。我总是在心里说，郭老师，等我有时间了再去学习，然后老天再也不给我机会了。郭老师，我工作 17 年，您一直都在关注我的成长，然而，17 年来，我什么都没回报您。

回首往事，历历在目，老师就如大山一般在默默地扶持我。记得当初刚到所里去听课，一切都很陌生，一年级没分导师，想着老师也不会关注我们，我们还有点沉浸在大学时代的那种懵懂，上课听课，下课就欢欣鼓舞地跑到教室外面那张乒乓球桌围起来打球。没想到有一个老师在众多老师中与众不同，那就是郭老师，他一直在默默关注着每一个学生。记得有一天他叫我过去，很严肃地问了我一个问题，"为什么你的自行车篮子里，早上来是两本书，中午回去就变成了一筐菜"。我那时很怕老师，不敢告诉他我家里经常来很多客人（因为当时我丈夫留校于厦大工作，我就从湖南老家考研究生过来读书），低着头不敢说话，后来，郭老师可能感觉到了我的害怕，立马转为和颜悦色地说："赶紧回去吧。"没想到几天之后，郭老师打电话到我家里来了，在电话里他听出了许多嘈杂的声音，就批评我，家里环境这么糟糕怎么把书读好。原来郭老师在上课的时候，已经敏锐地捕捉到我上课一副疲态的原因，有一天竟然还亲自到我家里来看我读书的环境，也就是做家访，跟我讲了许多语重心长的话，交代我做学问不能在如此嘈杂的环境里进行。后来我去听课，再也不敢让郭老师看到我自行车篮筐里的菜，听课我一般都选正对着郭老师的那个位置坐下。在其他同学还在害怕郭老师时，我因为被郭老师批评过两次，更早了解郭老师严肃的外表下，有一颗对学生无限关爱的柔软的心，也就不再害怕了。后来我听所里的老师说，郭老师还特意关照我在这边打工的亲戚。当时我很震惊，一个大学教授，竟然能关心学生，关心到骨子里去了，他不但关心学生本人，而且关心到影响学生的周边的一切人和事。只要是所里的学生，他从不分别，是不是他的挂名弟子，他都像对自己的儿女一样对待我们，关心我们，引导我们，帮助我们。郭老师，您这推己及人，悲天悯人的高洁的灵魂，怎么能说离去就离去呢？

郭老师待学生如待子，每次学生出去田野，郭老师都必定亲自送去并交代房东。因为我们去田野，吃住都是在当地农民家。记得我去做硕士学位论文田野时，郭老师带着我和蓝达居老师，从厦门坐大巴车到崇武，再从崇武换行中巴车去大岞村。刚到村里，我怯怯地跟在郭老师身后，看着郭老师老远就会跟阿婆阿伯们打招呼，这自然是郭老师为我们人类学所研究生学生做田野调查准备好的基地。到快晚饭时间，我们到了房东家，一进门，郭老师就像自家的亲戚一样，把他带过来的馅饼等礼物放在桌子上，就跟房东用闽南话聊起来。 我听不懂闽南话，只是感觉他中间用眼睛看了看我，应该是跟房东在说我要到这边做田野的情况。 说完就带我到村子里到处熟悉一遍，然后郭老师想了一下，问房东的女儿住在哪里，因为房东女儿出嫁了，房东家里没有与我年龄相仿的女性，他又马不停蹄地带我去房东女儿阿静家。 见到阿静，我心里安定许多，毕竟我们女孩子之间相处会好些。 熟悉完后，我们回到房东家，已是傍晚时分，房东已经煮好地瓜粥等着我们，郭老师有滋有味地喝了几大碗。 大热天喝着热粥，郭老师顾不得满头大汗，交代完房东后，自己去村里住招待所去了。 看着郭老师高大的背影，当时我百感交集，孤单感、落寞感、好奇感等等，一起涌上心头。 但最终还是在老师临走时的安慰以及如父般的关怀让我安心下来。 我的田野调查，断断续续维持了半年，在郭老师的精心指导下，顺利完成了毕业论文。

郭老师作为教授，真正地做到了传道授业解惑；作为导师，给我们传播了知识和道德，诊疗了人世伤痛。 您作为人类学研究所的所长，把所里每一个学生当作您的孩子，关怀备至，把我们摆渡到知识的彼岸。 您从来都是在默默无闻地奉献，您从来都没忘记您的初心，从不让岁月的冲刷而斑驳失色，郭老师自己曾经说过："入学前，我在矿山工作多年，入学后，我继续保持吃苦耐劳的品质，在军训、劳动期间表现积极，我保持和矿里领导工人们的通信关系，关心那里的生产，多次向矿山生产提建议。 考上大学后，自己没带走的家具也分送给几位生活有困难的老工人，这样本是应该的，但让我欣慰的是自己没有忘记自己曾经是工人阶级的一员。"足可见老师自始至终保持本色。 老师就像自己亲手种植在校园各个角落的树苗，无私地，默默地为每一个需要他帮助的人遮阴挡雨。您虽然走了，但每当我步行到人类学所旁边，抬头仰望您从墙缝里拔来栽种的小树苗，如今长成郁郁葱葱的参天大树，总感觉您在守护着人类学所，守护着您想守护的人。 您对人世间的深情和大爱，无论是挂名，还是没有挂名的众多弟子们，一定会薪火相传，隽永绵长！

作者简介：吴建梅，厦门大学1999级人类学硕士，现就职于厦门大学学生处。

永远的怀念：忆恩师郭志超先生

◎ 雷秋玉

　　研究生毕业后离开厦门大学已经十七载，但是由于竭尽全力而未能堪以担当恩师郭志超先生寄望的那份人生成就，以至于竭力隐藏自己的行踪，愧于直面先生。猛然听闻先生驾鹤西去，内心震惊不已。原本以为此生还有机会向先生当面直陈思念之情、感恩之意，未想到人生无常、世事难料，以致心意难圆。

　　1999年，我从湖南师范大学法理学专业，转入厦门大学人类学研究所读研究生。那年8月，走入闷热多雨、蝉声呱噪的这所闽南大学校园后，有很多琐细的事情还在等着我去办理。在人类学研究所办公室报到之后，被告知郭志超教授将亲自带我去研究生院办理相关的入学手续。

　　与先生初次的晤见印象，如今在记忆中只剩下了一些零星的片断，可是这些片断经历过时光的淘洗后，却愈发显得清晰。

　　当先生高大魁梧的身影从办公室略显低矮的门洞出现的时候，我的心猛然一紧，心想会不会是一位严肃的先生。但是先生面容是亲切的，略微上翘的粗黑短眉显得十分灵动，说话的语气简洁而热烈，我紧绷的心一下子就舒展开了。之后先生就带我去研究生院办手续，手续的细节已然在记忆中模糊不清。事情办完后，我和先生站在研究生院古式的拱形门廊下，此时空中已然飘起雨丝。先生把一个硕大的黑色书包转到胸前，从里面摸出一把雨伞，说书包不能小，越大越好，可以装很多东西。又瞧了瞧我空手的样子，用开玩笑的语气说我下雨不带伞，好大的胆。又嘱咐我说，闽南地区多雨，出门要时刻记得带着一把雨伞，淋湿了很容易感冒。说完之后，先生从书包里掏出一本人类学的教科书，嘱我好好学习，又再次开玩笑式地说，有借有还，再借不难，要我在看完此书后记得还他。 在此之后，我究竟是一个人冒雨跑回了宿舍，还是先生撑伞护着我回宿舍的，也已经记不清楚了。 总之，先生是亲切的、轻松的，我就放心了。 记忆阀门很有意思地把与某一特定意义有关的印象片断截住了，却滤掉了其他无关的一切。

入学之后，鉴于我特殊的求学经历和生活经历，先生对我的管理显得特别宽松，对待我的态度也犹如熟人朋友一般，从不吝啬对我的夸赞，让我有宾至如归之感。 在我也成为研究生导师之后，心里便将先生当年待我的标准作为评价自己对学生言行的标准。 先生的学术品行犹如大江大河一般，让我只能仰望追随。

先生对我是充分信任的，除去必上的课程外，并不更多地布置以其他额外的学业任务，这使我有充足的时间去发展个人的爱好和补足自己知识上的缺陷。 那个时候，如同其他的导师一样，先生也给我开出了密密麻麻的论文和必读书的文献目录，但是先生却从不检查，而是任我由自作主张。 就此而言，我对先生是心怀愧疚的。 我任凭个人兴趣疯狂发展，读了很多不在先生所开文献目录之内的书籍，甚至于对先生指定的文献无暇顾及。 我后来完全按照自己的兴趣选择了法律人类学的研习，爱上了梁漱溟、哈耶克、朱苏力、梁治平等人的著述，走向了与先生的研究兴趣完全不一样的路途。 对此，先生从未加以责备，而是宽容有加，支持有加。 他常常挂在口头上的一句话是，人类学是一个框架、一种方法，并不限定研究的范围和对象。 先生的这种自由开放、兼容并包的态度，让我此生受益无穷。 日后我能够在生活困顿之际，开辟出另一条人生坦途，实为先生所恩赐。

先生并无老师的架子，对于学生辈几乎持平等的态度。 我在 20 世纪 90 年代末到厦门大学读研究生，刚刚脱去乡村教师的身份，心里常多惶愧。 虽说年岁已经渐长，但心智并不成熟，见到师长常常忸怩不安，甚至想要躲避。 先生对此十分宽容，每在路上或者他处见到，都主动向我打招呼，亲切地与我并肩而行，或者驻足长谈，如同同侪朋友。 这让我很快摆脱了天性的束缚，得以较快地融入了人类学研究所的大家庭之中，渐渐如鱼得水。

记得有一次去先生家看望，先生十分热情地开门揖客。 我向来讷于言语，先生见我局促，便点着一根烟，并问我要不要同吸。 我当时鬼迷心窍，居然就在先生的居室里吞云吐雾起来。 先生乘机领我参观了他的

书房，介绍自己的研究风格和生活作息习惯，就如同老朋友一般披肝沥胆，令我耳目一新，心生敬意。由此我得以知道，先生属于夜猫子一类，研究工作经常持续到凌晨以后，困累之际，常以特殊方法提振精神，武术即属其中的一种。先生此种作息习惯，在我以后的人生中亦曾模仿，但是随着人生经验的积累，知此种习惯不易坚持。近来我常以先生对待学生的态度而比较我与学生相处的方式，始知先生的这种平等、和蔼的精神乃是出自本性，并不是简单的模仿即可习得。

先生的自由宽容和平等相处，让我得以在学业上也快速精进。我虽非以人类学专业考入厦门大学，但是不到一年，我与其他同学之间的专业学识上的差距已然大大缩小。先生看在眼里，一旦有机会便予以赞扬、勉励。记得有一年先生给我们开了一门人类学田野调查方法的课程，期末考试的时候，出了三道论述题，选做两道。我提起笔来几乎句不加点，一气呵成。又一日与先生在人类学研究所相遇，先生便喜不自禁、眉飞色舞地对我说，最喜欢我写的那些小字了，虽然字小也有些潦草，但是并不碍于他阅卷。他表扬我说，我的文字功底非常好，对于理论知识的剖析十分到位，有自己的观点，将来完全有资格从事学术研究工作。我当时有些不好意思，觉得自己难承先生的赞扬，就略表了几句谦辞。不想先生并不喜欢，他说我仍未摆脱乡村教师的角色，说我该谦虚的时候就谦虚，不该谦虚的时候就要大胆表达。先生的夸赞，坚定了我学习的信心，之后我在学业上更是不断取得进步，为未来的学术人生奠定了基础。

三年研究生学习时间说长也短，转瞬之间已到毕业季。那段时间非常忙，主要是外出找工作，与先生的接触明显少了许多。正式的见面，是毕业论文答辩的时候。论文答辩时，平时和蔼的老师们都显得十分严肃，气氛有些紧张。我若记得不错的话，当时除了先生之外，彭兆荣老师、石奕龙老师、李明欢老师、蓝达居老师等均在场。各位老师都提了一些问题，大部分问题我能够应付自如，但是学术功底毕竟还是有些欠缺，一碰到疑难问题，就很难即时应对。例如，那时我对于国家与市民社会理论有些认识，但并不深入，在论文中虽然进行了运用，一旦真要就此进行真刀实枪的论辩，功力显然不足。受益于那个时候的论文答辩制度，先生可以为我巧妙地圆场。在我的答辩结束之后，先生对论文进行了简短的评价，其中有几句话让我终生难忘，坚定了我走学术之路的信念

与决心，其大意如此：如果厦门大学还可以让学生留校的话，那么某同学有资格作为教师而不是学生坐在答辩席上。先生谬赞了，这是出于对学生的由衷鼓励。即便是现在，我也不敢认为自己有资格可以坐上厦门大学人类学研究所的教席。在即将离开厦门大学远行的那段日子里，我也从未玩味过这些话。但是多年以后，当我经历了人生的种种挫折，决定重返大学校园深造学习时，先生的这些话给予了我巨大的前进动力，鞭策着我奋勇前行。即便是今日，在经过不懈努力取得了一些微不足道的学术成就后，我依然经常以先生的这一席话自勉。

四十多年人生中，我遇到过不少对我有巨大帮助的人：有小学时候的启蒙老师、大学时期的班主任、研究生阶段友爱的同学、工作之后的诤友，当然更有先生。除父母外，先生对我的帮助，是远超世俗的，也是最为深远的。我现在也是一名大学教师，肩负着传道、授业、解惑的职责，在今后的人生路途中，只有继续追随先生的精神并身体力行之，才能对得起先生的苦心孤诣的教育，才能将先生的精神发扬光大。我手头上有一本圣经，是当年厦门大学邹老师所手赠，扉页上有邹老师两句赠语，用来评价先生较为贴切："你的话，是我脚前的灯，是我路上的光！"

作者简介：雷秋玉，厦门大学1999级人类学硕士，中国社科院法学博士，现为昆明理工大学法学院教授。

深情缘于浓浓的爱
——忆敬爱的郭志超老师

◎ 罗先智

  2019 年 3 月 20 日，我从福建省泉州市某大学辞职后赴新单位——广东石油化工学院报到。在办理新入职手续过程中，我暂住在学校旁一个城市快捷酒店。3 月 23 日，我吃过午饭回到房间，当我打开微信，看到一个"郭志超老师追思"微信群映入眼帘，我不愿相信这是真的。但看到厦门大学人类学与民族学系发布讣告："厦门大学退休干部，原厦门大学人类学与民族学系教授郭志超同志，于 2019 年 3 月 23 日 8 时 30 分辞世，享年 71 岁……"时，我确信这终归是事实。惊悉印象中健壮魁梧、不知疲倦的郭老师溘然长逝，我的心情十分沉痛，至今难以接受。因工作单位异动，不能前往厦门送郭老师最后一程，我只能写下一些文字，悼念我们敬爱的郭老师。

  第一次接触郭老师是在 2000 年 5 月份，那是我报考厦门大学人类学研究所硕士研究生入学考试笔试成绩通过后，按要求来学校面试的时候。我在考研的道路上并不顺利，前两次报考经管类专业硕士皆因数学成绩不过关而名落孙山。2000 年准备第三次冲刺经管类专业，但是其时要求考数学三了，比前两年的难度加大不少。我多次做模拟试题，很难突破 60 分大关。如果执意报考经管类专业，我想再战一年估计还是"陪太子读书"——败下阵来。考虑再三，加上身边朋友建议，为了避开数学，决定报考厦门大学人类学专业。之后，借来陈国强、石奕龙主编的《简明文化人类学词典》与黄淑娉、龚佩华合著的《文化人类学理论方法研究》等资料。并给人类学所每一位具有硕导资格的老师写了一封信，大意是我对人类学有着深厚的兴趣，立志成为一名人类学学者，但在备考过程中学习不得要领，希望老师能给我指点迷津。记忆中只有石奕龙老师回信，

他说专业课搞清楚基本概念、基本理论、基本方法就能够应付考试，关键是英语要下大气力，因为人类学属于法学，历年来划线都比较高。

幸运的是，2000 年我以笔试总分第一的好成绩通过了初试，五一节过后来厦大面试。 面试时，有关人类学基本概念的提问我都能从容应对，比较专业的问题要么不会、要么牵强附会。 当问到我读大学时专修的是什么专业时，我说是"林学"，从事的工作是在林场种树、种花、薅草、伐木等，属于跨专业报考。 一位老师说如果是"灵学"，就跟人类学有点沾边了。 言罢，老师们哈哈大笑。 总之，面试表现不够理想。 面试结束后，郭老师叫我留下来，他有话对我说。 我知道他是人类学研究所所长，但不知道他要对我讲什么。 特别担心是不是自己表现不佳，面试没有通过，故十分忐忑不安。 随后，迎来了我与郭老师人生第一次面对面的互动，深深地感受到他关心人的方式别具一格。 他说，先智此次笔试成绩不错，旋即问我一个问题："考试前你曾给我写信，我印象深刻，知道为什么我不回信吗？"我说不知道。 他继续道："你自己有工作单位，为什么写'湖北省麻城市石油宾馆郭维转罗先智收？'我猜测你是不是在单位表现不好已被除名，或者是犯罪被劳改刚刚释放？"我迫不及待地解释说：郭老师，我没有您想象的那么坏，我的工作单位叫做麻城市五脑山林场，离市区约 15 里路，没有通公交车、没有通邮，单位也只有领导办公室装有电话。 比较重要的信件往来，我都是通过石油宾馆这个朋友中转，我会不定期地骑自行车去他那里串门。 我还告诉他我所在的林业系统效益不好，连工资都发不出来。 为了谋生，我 1996 年办理停薪留职来到厦门杏林台商投资区正新轮胎厂做了一名流水线上的产业工人。工作三班倒，劳动强度大，很是吃力和不适，因为考研又回到林场工作。林场收入很低，每月才 289 元。 并且，我已结婚，妻子怀有身孕，她没有上班。 我的家庭和单位条件都不好，故妻子"长住娘家"。 我考研还有一个重要原因，那就是希望通过读书深造改变个人命运、改善家人生活。郭老师听得很认真，最后他嗯了一声，并告诉我上午的面试结果，说我被录取了。 回去后要多看书学习。

幸福的日子总是过得很快，在女儿出生一周后就开学了。 我的寝室安排在凌云宿舍。 入学后约一学期，郭老师通知我搬到人类博物馆值班室居住，负责晚上的值班工作，并亲自交待任务。 我很是诧异，心想自己是学生，怎么安排我晚上值班呢？ 他似乎看出了我的疑虑，十分轻松

地说："我让你来人类博物馆值班室居住，名义上是值班，实际上我想给你提供一点点帮助。值班室两人，所里每个月给180元的值班费，每人每月90元，法定节假日每人另外补贴200元。当然，这是杯水车薪啦。其实，这里的值班工作也很简单，白天你照常去上课，该干什么就干什么。早上负责开铁门，晚上负责关铁门。博物馆内陈设了一些展品和出土的文物，馆内白天有工作人员，晚上也十分安全，你只要锁上铁门，并打开红外线报警器就可以了。"接着他非常风趣地说："万一晚上有歹徒翻墙而入，报警器会立马响起。我告诉你哦，你千万不要冲出去作无谓的牺牲。首先要把房门紧锁，然后在房门后面加塞一张大桌子以确保安全，最后拿起电话打110报警，你的任务到此为止。"郭老师对我说，钱虽然不多，但花国家的钱是要有名目的，故美其名曰"值班"。这些经费还是通过他的努力，把本应该上交学校的博物馆门票收入争取留在人类学研究所的。他对学校讲，这点门票收入还不够买扫把、拖把。学校遂同意了这笔钱归人类学研究所支配、使用。他又对人类学研究所办公室的同志说，要尽量用这一点钱资助有困难的学生。钱花了不要紧，就像天上下毛毛雨，今年雨下了，明年还要下嘛。他曾对我说，他只管这些经费如何花，并不亲自管钱。原因是他的数学不好，有时候500元的支出他经常算错，说完自嘲般地哈哈大笑。后来知道他的数学并不差，高考时数学总分100分他考了97分，差点考了满分呢。此后我在人类学所值班室生活得十分愉快，除了以学业为重，平时对人类学所及老师交待的任务与事情，我都尽心尽力、尽职尽责地完成。郭老师对我也很满意，他有时自掏腰包买一大堆古龙罐头送给我们，里面包括红烧肉、果蔬、豆豉、豆酱等罐头与调味品。

人类学所里只要有锻炼学生的机会，郭老师就会想到我。有一次，日本来了两位学者做"闽台民间宗教比较研究"，需要去厦门的曾厝垵和泉州市区各庙宇做田野调查，郭老师就让我去当向导。他首先严肃地告诉那两个日本学者，让学生带他们去作调查是要付费的，并让他们每天付给我200元的报酬。然后，郭老师郑重其事地对我讲，日本是一个曾给中国带来深重灾难的国家，现在虽然是和平年代，但跟外国人打交道是有纪律的，特别是要注意民族气节，不卑不亢，应让他们在中国境内按市场原则消费。短短数语，让我第一次领略到了郭老师身上有着一种中华儿女浓浓的民族情怀。

除了在生活中对我无微不至的关怀以外，郭老师严谨的治学态度与诲人不倦的精神同样令我终生不忘。 第一学期，郭老师给我们讲授的课程是"田野调查方法"。 每次上课，他总是充满激情与活力，总有讲不完理论与知识，不时地跟我们互动，并鼓励大家提问。 我们那一届只有舒萍、孙晟和我三位同学，舒萍是厦门大学历史系保送过来的，基础相对较好；孙晟对文史知识颇感兴趣，也读过不少文史书籍；而我原来是读理科的，对于人类学就是零基础。 坦率地说，刚开始听人类学课程就像是听天书，觉得一点乐趣也没有。 舒萍和孙晟两位同学上课时比较活跃，我每节课脑子一片空白，根本没有办法跟老师互动，更提不出问题来，只得像哑巴一样静静地坐在课堂上一言不发。

大约过了一个月，郭老师让我们写一篇小论文，并很快对我们三人课堂上一个月以来的表现与论文写作情况以书面的形式逐一作了点评。 他说，我在课堂上存在的问题主要是没有问题意识，提不出问题说明对所讲授的内容没有思考，课前准备也不充分。 对于我的写作，他指出的问题较多，主要有以下几个方面：一是论文结构不完整。 论文一般应该包括标题、摘要、关键词、正文、结论、参考文献等，而我的论文没有摘要、关键词、结论与参考文献。 这本是做学术的基本常识，可那时我还是一个十足的门外汉。 他特别谈到参考文献，除非百分百的原创，参考文献是论文不可缺少的组成部分，反映了论文工作中取材的广博程度，也反映了严谨程度。 写作时要持之有据，是别人的成果，一定要规范地标示出来。 二是观点提炼不够。 郭老师说，读我的文章很累。 行文了半天，犹抱琵琶半遮面，找不到作者的观点。 材料的堆砌如果没有观点作统领，就像散兵游勇没有统帅、没有灵魂。 写作和说话一样，要讲究"开合"技巧，先总说，再分说，后总说，即采用"总分总"或"总分"结构。 一般要在每个段落句首表明作者的观点，这个句子就是英语中的"topic sentence"。 三是语言表达能力有待提高。 他说我的语言表达与组织能力还没过关，这也是不少学生存在的通病。 如果你写的东西读起来形同嚼蜡、枯燥无味，就如枯木朽株毫无生气、毫无灵气。 语言表达能力差的主要原因是阅读量不够，掌握的词汇与成语有限。 他强调语汇是表达作者思想的基本工具与重要载体。 他说自己虽然五十多岁了，但是天天仍然坚持翻阅和记忆《现代汉语词典》与成语词典。 睡觉前，阅读大量的文献资料，让脑海处于饱和的状态。 郭老师就是这样不厌其烦地像教小学生一样，无论对什么样的学生都能做到因材施教、循循善诱，逐渐地把我们引向学术的殿堂，至今十分受用。

因为在人类学研究所值班的缘故，我有更多的机会接触和了解郭老师，发现他还是一个悲天悯人、心地善良的学者。有一次，郭老师在大街上发现城管暴力驱赶以摆地摊谋生的老人时，他立马冲上前去进行制止，并掏出自己的厦门市政协委员证表明身份，严肃批评和阻止了他们的粗暴执法。郭老师虽然是大学教授，毕竟是工薪一族，但他常常慷慨解囊资助有困难的学生，以实际言行影响、激励、帮助身边的人们，让人感觉世间还有温暖。对于一些冷漠、贪婪之徒不择手段巧取豪夺，他表现出鄙夷与愤怒，偶尔流露出自己曲高和寡的孤独与寂寞。他对别人很大方，自己却十分节俭，物质生活极易满足。他与师母曾经因家庭生活开支有过"分歧"，他认为一天的生活费 20 元，一个月的生活费 600 元就足够了，师母却不同意他的说法。他说买来猪皮煮熟，再拌了豆瓣酱，猪皮富含胶原蛋白与营养，豆瓣酱美味可口，配上米饭百吃不厌。师母听到他的说辞后，十分生气地对他说："郭志超，如果每个人都像你这样，商店都关门了！要不，你来亲自安排一下一天的生活试试？"郭老师笑着告诉我，实践证明他错了，师母对了。

近些年来，由于国家的快速发展，人民生活水平不断改善，大学教师也不时地增加工资。按常理讲，郭老师应该是高兴的，但他不无忧虑说，我们教授的工资待遇已经不错了，社会上还有不少人很困难，甚至为一日三餐而发愁。郭老师不仅对基层民众、弱势群体富有同情心，而且对不能说话的植物也葆有童心。他喜欢植树的故事在师生中早已传为美谈。南方有一种名叫榕树的树种生命力极强，一粒种子落在地上，甚至在墙缝里也能生根发芽。郭老师发现这些细小的生命后，在有空的时候会小心翼翼地把它们连根拔起，生怕伤到了根系与树皮，然后带到学校的后山空旷一点的地方进行移栽，数年如一日地背上重重的一大瓶水上山浇水养护。我有幸同他一起在人类学研究所门前种植了一棵榕树，如今已是枝繁叶茂、郁郁葱葱。郭老师在工作中洞悉事物时有着雕眉豹眼般的敏锐与犀利，而在生活中，他却是心怀苍生、满眼都是温柔。

时光荏苒，不知不觉中临近硕士毕业。郭老师了解到我还没找到工作单位后，主动为我推荐工作。其时，正好厦门大学学生处招收辅导员。郭老师欣然提笔给学校有关领导写推荐信，并抄送给我一份，这份推荐信我视为珍宝，迄今保留。他在信中写道：

尊敬的学生处处长辜芳昭同志：

我所硕士生罗先智同学，今夏毕业，现竞聘校辅导员。罗同学是一位全面发展的优秀学生，近三年来其表现吸引了我的关注，尤其是其良好的心理素质，肃然且温的风格、谦虚谨慎的作风，令其鹤立于我的学生群中。他在一年级下至三年级上，负责人类博物馆的夜值保卫工作（三年级下因调查和写论文终止这项工作），是一个让领导放得下心的好同志。

我曾被评为校教书育人积极分子，省优秀教师，对教书育人的素质有相当的敏感力，我多么盼望我所热爱的厦门大学能录用罗同学这样的育人之材！

致敬！

人类学所郭志超敬

2003 年 4 月 22 日

郭老师还诙谐地给我解释推荐信中"令其鹤立于我的学生群中"这一句话是他的创新创造，系"鹤立鸡群"的变种。他说其他学生也很优秀，他们不是"鸡"也是"鹤"呀，不能因为突出你而贬低其他学生。我知道郭老师自尊心强，一般不会轻易向他人俯首称臣，更不会为了自己的利益低三下四求助他人。可是，他为了学生的就业放低身段，以自己的身名、人格、信用为学生背书。每当我回忆这段往事，感激不已。

也正是在这段时间，人类学研究所的蓝达居老师引荐我报考中共福建省南平市委办公室的公务员，并顺利通过笔试与面试。南平市委办表示，如果我同意去那里工作，一入职就给副科级职务，并提供两房一厅的福利分房。或许是因为生活压力过大，急于给家人提供基本的生活条件；或许是对于成为厦门大学的老师没有信心。我告诉郭老师我不想去竞聘厦门大学的辅导员了。原因是我既不会说，也不会写，当老师恐怕难以胜任。郭老师听后十分生气，他毫不客气地说："哪有天生会说会写的？你的想法非常愚蠢！那好，我尊重你的选择。厦门大学这边我就不再努力了。"我担心郭老师是不是以为我不懂他的良苦用心、不领他情？就在毕业离校的前几天，郭老师突然找到我，说他买了一卷柯达胶卷，专门给我照相留作纪念。为了做学问，郭老师平时惜时如金。可是那天他特意抽出一上午时间，带着我从学校南大门、图书馆、凌云楼后山沿途拍过去，背景有学校大门、大榕树、凤凰木、标志性建筑等。他还从他随身带的背包里拿出一支包装精美的英雄牌钢笔送给我。他叮嘱我去党委机关工作，公文写作非常重要。平时要服从领导安排，多琢磨，吃透上情、了解下情，勤于积累，多些付出，不怕吃亏。他说，在机关单位工作，干得好也是有出息的，他就有几个厦大的同学因为会做会写，已在政府部门担任要职。最后，他语重心长地告诉我，去新单位后要勤勉工作，困难是暂时的，日子一定会好起来的。

与郭老师的相处有太多甜美的回忆，每份记忆都是感动，斯人已去，此情长存。他爱国爱教，忠于教育事业；他视学术为生命，著作等身；他爱生如子，诲人不倦；他心怀苍生，有菩萨心肠；他关爱他人，不遗余力；他追求真理，实事求是；他爱岗敬业，鞠躬尽瘁；他重情重义，温暖人间；他志趣高洁，不愿流俗。我常想，是什么赋予了郭老师这么多优美的人格特质？与其说是他的天赋，倒不如说是他的深情。闻一多有一句名言："诗人主要的天赋是爱，爱他的祖国，爱他的人民。"我以为，郭老师的深情，缘于他对祖国、对人民、对学生、对事业、对身边的人与物那份浓浓的爱！

作者简介：罗先智，厦门大学2000级人类学硕士、2007级经济学博士，现为广东石油化工学院经济管理学院副教授。

老师，后会有期

◎ 陈　赟

　　2019 年 3 月 23 日星期六上午 11 时许，在微信群刷到了老师的消息；愣怔了几分钟之后同事有电话进来，方才能够辨识那短短一行消息，之后一列整齐的合什表情和文字回复一遍又一遍地确认了这个消息。 半小时内，群内发出了讣告，便如一记重锤夯实了确定性，也粉碎了其他可能性，那上面计算错误的享年特别刺目扎心。 同门迅速为老师建立起追思群，文字图片承载着回忆喷薄而出，一时间满群笑泪。 静静旁观群内师友的记忆相互印证、补充，恩师如在，恩师如新。 社交网络系统令情感和情绪的表达更容易，也免去词不达意的尴尬和言不尽意的愤懑，于是借助网络以图文替代咽哑无力的声音与迟滞艰涩的行动，用七七四十九日的时光回忆、再记忆，帮助自己接受与渡过。

　　和老师主要以文字沟通，但第一时间浮现的却是虎的形象，于是满网络地找到汤文选先生的泼墨卧虎聊慰心情。 老师曾以虎自况，授课间歇的谈笑片断累积起来，便足以勾勒出他虎踞篮下、虎目圆睁、万夫莫当的球场形象，我虽然从未亲见，但描述之生动胜如亲见。 平时会看看篮球赛，所以能判断老师所言不止于叙事与抒怀，他不仅有胜擅修辞的诗人特质，更具备严谨精确的分析素养。 老师那时正当知命之年，经验与战略更胜体力与技术，篮下既是得分区，也是攻守转换的枢纽，专注并控制篮下是最优体力分配之下的制胜策略。 可惜我那时只能将这些 “看似闲聊” 当作一般人生经验来增广见闻，只看到老师纵情恣意地挥洒观点表达自我，浑不见他基于规定情境对自己的文字、语言与行为长期不断地砥砺。 或者说，我只能也只愿见到虎形虎威，心生仰慕，但止于仰慕，认为那是天赋资质，从未想过钻研方法去学而效之。

我是跨专业考入人类学所，基础一塌糊涂，但对专业问题有着自以为是的热情和感悟。考研之前，根据攻略壮胆写了数页纸的长信向老师"套磁"，满满全是自诩的专业见解和问题。老师很快回信，但只有一页半纸，令我既欣喜又失落。读了两遍，终于认全字迹，并确定中心思想是叫我"先考上再说"。这让我郁闷了好几天，宁愿他没有给我回信。其实老师对我的弱点一击即中，我向来无视规则程序、不讲策略方法，全凭兴趣直入主题、追求所谓本真。入学后即修读他的人类学研究方法课程，仍然浑浑噩噩，听个囫囵，仿佛懂了。老师曾说过自然科学志在说明，社会科学力求解释，而人文学科意在理解。作为社会科学的门外汉，比较容易接受自然科学式的确定标准，偏好人文学科式的自在主体。入门后刮蹭了一点知识社会学之灰，明白科学知识也是社会建构，"说明"其实是一种"解释"。但由于完全没有田野经验，社会阅历更是浅薄，无从领会社会科学知识需要方法来达成并保证其合理性，而非任由个体信马由缰、自说自话。直到自己当了老师有了些教学相长的感受，才渐渐明白当年闲聊透露的学术相关性和学术圈规则。甚至于某一天悚然而悟老师曾对我说过一句话：文章是写给别人看的，翻译成研究方法教材中的说法，便是社会科学研究的公共性与情境约束。老师的遽然去世令我生出"中年失怙"的惶恐，再没有精准的指点和稳妥的依靠了，我的问题可能会成为毕生的病灶。

同门们在群里商议送别仪式，我有课程无法成行，心底稍释重负：未告别便不会永别。第二日去看早就预订好的展览，余德耀美术馆漆黑的小放映厅播放谢素梅的视频作品《安棲之槲寄生乐章》，一列笔直的枯树上缠着一团团枯蓬样的槲寄生，构成一段乐谱的形象，艺术家顺势配上沉郁顿挫的大提琴曲。金枝在印欧文化中的寓意触动人心，但并不能跨文化地生效。放映厅外展出的是旧物装置《和爸爸聊天才是正经事》，其中一幅大型油画《杯中兰》尤为瞩目，表现的是艺术家的父亲——一位退休的美术老师，穿着蓝色短袖衬衫坐在靠背椅上看书，两鬓已白，在休闲时光中依然保持着端正坐姿和阅读习惯，一盆吊兰将花影投映在玻璃杯中。已有十年我未曾亲见老师的模样，或许同这幅画差不多吧。展览主题明晃晃地写道"多聊聊才是正经事"，不啻直戳软肋的锐器。老师的表达生动活泼，看似随心而发之语，究其内容非常严谨周密，是以学生只敢在课后嬉笑模仿，面谈总是三思才敢言，期待能够举重若轻与他侃侃而谈。

而如今，"聊天"这等正经事再也无从做起了。

记得第一次课上老师便要求学必有疑，提问成为必修功课。每次课上都要挖空心思酝酿问题、斟酌表达，生怕说了废话蠢话，久之便讷言了。也常常立誓要写出论文与老师笔谈，最终仍然为了完成作业和发表要求而草草收兵。论文开题后，定期去老师家里汇报进度。三记敲门声后，老师便会在屋内以闽南普通话高喊一声：门开着，进来。走进书房，问候过后，老师抬手一指桌上一杯师母榨好的橙汁示意饮用，自己则继续手边的事情。其实他是留给我时间喘口气、整理一下心绪和思路。橙汁时光最为轻松，可以尽情打量他亲手打造的书架，浏览一下新书名目，想看的即刻借阅；也不妨稍微喝慢一点。老师总能精确控制节奏，无须我着意推动进程；大小事情，我想得到、想不到的桩桩件件，细节嘱咐清楚，道理阐述明白，不过只说一遍。记得申请博士时请老师写推荐信，待我到得书房，他才当面将信纸折好封缄，骑缝签章，然后同我讲述推荐信的大意，以及处理正式文件的注意事项。待议题、困惑与要求都谈完，老师会主动表示他还有事，我可以走了，把客套压制到完全没有现身之机。有好几次的结束语是评价我们不懂挑水果，然后推出一大袋各色水果让我带走自行学习挑选标准。数次之后，舍友会期待地问：你什么时候再去郭老师家？

2003 年春在广东做田野时，正逢"非典"，平生第一次遭遇全国性的公共卫生事件，对其严重程度完全没有概念，公报的疫情起起伏伏也没放在心上。三月份再次下田野，跟老师说只待半个月，不想教育部通告禁止学生跨区域流动。我那时正在最偏远的乡下，手机信号未覆盖，不想所里竟然辗转将电话打到村里，转告我不要急着返校，身边的牧长教友们连忙为我祷告。我辗转了多个偏僻村庄，天知道老师拼凑连缀了多少信息才找到我。隔日回到县城，手机有了信号，老师的电话亦至。知我信息不畅，为免不必要的慌乱，只说由于不可抗力打乱计划，要我在田野多待一段时间，所里会汇款给我补贴。老师是借官方名义让我安心接纳他的资助罢了。他这样帮助过学生也不知凡几。当然，我最终也没能推掉这笔钱，便决心写出令他满意的论文，至少使得钱尽其用。然而这个心愿始终未能完成。唯一敢于主动向他汇报的便只有找到教职这一件事，隔着屏幕都能感受到他的欣喜。接着，老师在欣喜之后再一次精准命中我的核心问题，他要我在教学工作做足本份的基础上，对科研也不能忽略，教学与科研本就可以相互促进、相得益彰。 可惜我只顾随心所欲地生活，又一次错失了他的教诲。 总是期待自己准备充分了再与老师畅谈，但总是长进乏力，于是一次次地辜负老师的信任与期待，以至于堕入无可挽回的境地。

一直能够鲜明地感受到老师在培养学生过程中遵循着两个纲领，最高纲领当然是学术标准与为人原则，最低纲领则是制度化的学业要求。 回忆与老师相处的点滴，他从来没有直接敲打我的空疏迂阔和刚愎自用，而是提供支持与机会暗暗推着我完成必要程序、及至走向更高远之处。 他给我留足了自我成长和反思的空间，把建议和指点都置于我随手可得之处，见我实在冥顽不灵之时才会出声提醒。 就像那杯提前备好的橙汁，富有营养但低调平常，一杯入喉，涓滴入心。 自负且愚钝如我，要在阅历多年之后方能咂摸出精华之味。 记得某次随他开会，议程中有地方文人的报告。 那时见识短浅，听不出门道，只觉无趣。 老师是评议人，粗朴的见闻与经验经过他的妙语润泽与问题意识的加持，顿时绽出神采，顺势为我敲开了一点"学术之窍"。 老师这一番评议塑造了我的学术审美基本框架：对研究议题极尽开放、对学术表达极尽精确，对问题意识极尽追索。 我唯一的自信源于老师助我确立的"取法乎上"，尽管我只能得乎其下，却始终有广阔天地在前。

3月25日一早，师长与同门冒着倾盆大雨往天马山送别老师。 是日农历二月十九日，观音诞，是殊胜吉日。 我在微信群里同步消息，却发现"Emmanuel"才适配此次告别仪式的文化类型。 老师现身说法，将族群身份、个体认同与历史变迁之间的关系解说得妙趣而通透。 原本以为这种既能尊重传统去芜存精，又能支持个体慎思笃行的态度与行为将成为演进的趋势，不想历史总以其复杂性逼迫理想低头顺从现实。 清明当日到薛岭山福泽园拜谒老师，与唯一的同学李文一道。 另外挚友怡然也嘱我为她带一束花给老师。 怡然那时是人口所研究生，听我分享课堂见闻，也被老师的风趣和逻辑吸引，旁听过他的课，甚至请教过论文。 怀恩堂整肃清静，我俩鞠躬默祷，伫立良久，捧着花不知下一步该做什么。回转身发现一个花架，摆了好久却没能将花束安放妥帖，不觉悲从中来，奔出堂外，相对痛哭。 我在"单位"里长大，身边是各地来的移民，对于习俗礼仪全无经验。

2002年清明，第一次随老师祭拜林惠祥先生，完完整整塑造了我的礼仪观。 我们清扫墓园、摆好鲜花果品后，老师在墓前致辞祝祷，师生行鞠躬礼，然后众人畅谈，共享果品。 氛围集庄重与亲和为一体，祖先如在，后辈共飨，礼节备至又不至负担。 于是很自然地想要学效老师祭拜祖师的方式，未曾想到空间格局根本令人无从施展！ 从未想过用任何一种文化形式来定义老师，但我实在需要一套身体仪式来表达和平复心绪。 同李文返回学校，找到老师手植榕树凭吊一番，又上山拜过祖师，方觉稍尽学生本分。

最终平复心境的是一程高铁田野。 从厦门返程时选了一条途经站较多的线路，从龙岩发车，经漳厦泉福，再沿海由浙入沪，重温老师课堂上提及的研究和田野。 2001 年 12 月，老师曾带领进行崇武、惠安与泉州三地的简单田野旅行，意在提点观察地方社会的维度和细节，也就是老师常说的"见微知著"的具体方法。 行前老师给每人发放三瓶纯水、两盒素饼和三只大橘子；车行途中不断提点各种田野细节和安全经验，其中拳拳之心、切切之意，每每回想起来，都觉得暖如鹭岛风日。 那是我人生中第一次简单田野，最初的印象只留下了山水、名胜、和美食，但后来居然不断有阅读、生活或研究经验与之印证，期待有一日能从"盲人摸象"精进至"见微知著"。

自行仪式化地过完了七七四十九日，慢慢将老师的学术文章和日常随笔细细读过，虽不能再见，不能讨论与聊天，但对话可以进行。 老师曾说：要学会与自己对话。 那么，郭老师，后会有期啦！

作者简介：陈贇，厦门大学 2001 级人类学硕士，香港城市大学亚洲及国际研究系博士，现就职于华东师范大学社会发展学院人类学研究所。

　　郭志超教授与随行人员交谈分析那匹用了二十多年的牛皮鼓长出牛毛的"传闻"(参见2006年5月央视《走近科学》节目《"鼓"惑人心》(2015年8月22日,福建上杭县中都镇田背村云霄阁二楼)

　　郭志超教授与闽西客家地区古民居修缮人员现场交流(2015年8月21日,福建长汀县古城镇丁黄村丁屋岭自然村)

忆恩师郭志超先生

◎ 杨正军

得知恩师离去已半月有余，原想早点写些文字，却因情绪低落、工作繁忙而迟迟未能动笔。 一晃十几天过去了，忙乱的工作、生活之余，脑袋里浮现的全是他的身影及在厦大读书、学习时的点点滴滴。 我是2002年到厦门读书，面试时是带着父亲一同前往。 记得面试前曾与父亲在校园散步，忽见老师骑着自行车向校园北门驶去，没等我们反应过来，原已走远的他又折返回来。 老师认出了我们，过来打招呼。 寒暄几句后，塞给我几百块钱，说要我带父亲先去鼓浪屿转转，不枉家人白来厦门一趟。 感动之余，似与老师一见如故：感觉他不像南方人，他的举止行为很像我们西北的回民。 起初的印象大抵如此。 没曾想，他后来竟成为我的业师，伴我一路成长，也支持、鼓励和教导我度过了厦门三年的美好时光。

我是被调剂到厦大读书，上学需要缴费，那年又逢母亲生病，经济上着实困难。 老师深知我的处境，早早把我安排在博物馆值班：一来可省去住宿费用，二来每月还可领取勤工助学补贴，缓解经济上的压力。 因在博物馆值班，与老师也有了更多相处的机会。 早期的印象是模糊的，只记得他会不时来博物馆转悠，悄悄地来又悄悄地走，也不进屋，像是在暗暗做着什么重要事情。 后来听到动静我会主动相迎，才发现他来博物馆是为打理树木、花草；再到后来，才知道不止我们人类博物馆，校园不少地方都有他移植的花木；再到后来，也才知道许多他呵护的小苗业已长成参天大树。

老师热爱篮球，经常会在博物馆附近球场打球，挥汗如雨后也常来值班室与我们闲聊。 谈话总是他主动，我们只是乖乖聆听，插不上嘴，就不住点头、频频说是。他经常讲，"说几句就走，不必须臾客套"，不过往往一聊就是个把钟头。谈话的内容很多，具体我也不太记得。只记得他说话时的神情：抑扬顿挫、眉飞色舞，动情处会哈哈大笑，投入时偶尔还会戳你、搂你一下，来一次亲密的身体接触。他像一个久经风霜的老人，更像一个自我陶醉的顽童；他有讲不完的故事、谈不完的话题，也有取之不尽、用之不竭的精力和体力。结尾也常令人始料不及。往往某个话题还未讲完，脑袋会突然一顿，像是耽误了什么重要事情、抑或想起了什么未尽事宜，之后便迅速起身、驾着二八自行车匆匆离去，等我们追出大门相送时，却只看到一个高大、刚毅的背影。

老师不用手机，更无短信、微信。他主张动笔，用文字表达思想、宣泄情感。与学生联系多用邮件，每每课程结束后，他还会给听他课的每位学生写一封亲笔信。记得那年他的"田野调查方法"课程结束后，照例给我们寄来了书信。我的因年代日久，已不知所踪，不过大体内容却始终记得："我知道你父亲在煤矿工作，辛苦，收入不是很高；不要有什么压力，我也曾当过煤矿工，匍匐在矿井底挖煤……每个人都有困难的时候，要相信努力就有收获，奋斗才能有所改变……从你课堂发言看，确是在认真读书，且是精读，有自己的理论语言；不过以后注意精读和泛读要相互结合，没那么多时间和精力都去细读，有时间要勤练笔，争取早日发文……"

老师是个风趣幽默的人。读书时常听他把自己比作七仙女，聪明、伶俐且又叛逆；上课时他也常将自己比作苍鹰，说我们这些小鸡要快快成长，以早日翱翔天空与他正面对话，而不总要他俯下身来与我们低语。老师的座驾是极具年代感的二八自行车，外表虽显老旧，实则皮实、耐用。在新款迭出的时代，别人的单车换了又换，他却始终不为所动。后座除缠上载货用的麻绳，他似乎有意多拴了几条破布，使原已落伍的单车显得又格外破旧。一段时间，校园自行车被盗事件频出，新款、时髦、值钱的单车大多被偷，他的"坐骑"小偷瞧不上眼，反而屹立不动。老师为失窃者惋惜，同时也不忘调侃一句："看，还是我有先见之明！"

他风趣幽默却不失深刻与敏锐。我们2002级硕士班有八位同学，四男四女，来自天南地北。其中有位女生很有才气，读书非常用功，平时穿着打扮也很时尚，经常见她染着不同颜色的头发，颇具时代气息。 记得某次老师带我们出游，期间休息时师生曾围坐一起闲聊。 彼时，班里颇爱打趣的男生想逗一下老师，指着女生："老师你看她头发！"老师瞄了一眼，若有所思，随后来了一句："新事物的诞生，总是面目狰狞。"

他生活上自由洒脱，学术上却上极为严谨。 传说某前辈系友留学海外，学成归来后出了新书。 老师读后甚感欣慰，觉得新书视野开阔、理论宏伟，不过仔细阅读发现书中一些细节还有不妥和待商榷之处。 他按捺不住，竟然专程从厦门飞往北京，面见系友，分享阅读后的体会和感受，并就个人的一些观点、意见和建议与作者进行了深入交流。 系友极为感慨，为老师的激情所感动，也为他学术上孜孜以求的精神所折服。

老师对我们晚辈的严格更多体现在论文指导的细节上。 我硕士关注的是厦门外来穆斯林。 此前原想做西北老家的研究，但因选题敏感、资料收集困难不得不放弃。 后来干脆转做厦门的研究。 然而，中途换题，时间很紧！ 老师替我着急，压不住怒火用邮件发来两句："现在换题目，时间来得及？ 做厦门穆斯林，材料够？"阅后胆战心惊，吓得我很长时间没敢和他联系！ 老师知我胆儿小、怕他，一边委托杨晋涛老师帮我，一边在背后默默关注着我的进度。 幸好，后来的调查、写作还算顺利，在老师的关怀下总算是完成了初稿。 文字是幼稚的，材料也很单薄。 老师没有过多地苛责，而是耐心细致地修改我的论文。 一个细节我至今记忆犹新。 记得论文的导言部分有这样一句描述："苦于找不到合适的视角，我的这个想法只能长期埋藏于心，而一直未能付诸行动。"老师在"一直"下画了横线，作了批注："一直未能付诸行动，那你的论文从何而来？改为'迟迟'或'久久'更为合理。"惭愧至极，老师修改我的论文远比我自己还要用心！

美好的时光总是短暂的！ 厦大毕业后，我又到中山大学继续深造；拿到博士学位后，又顺理成章进入云南高校工作，走上了科研、教学的工作道路。 学术研究无疑是辛苦的，不仅需要有惊鸿一瞥的灵感，更需要坚持不懈的努力和源源不断的时间与精力上的投入。 回想近些年所走过的路，虽不乏发文时的喜悦，但也总会遇到疲惫、困惑和焦躁难安的时候。 不过，每每遇到困难想要逃避、抑或面对挫折想要放弃时，我也时常会想起老师对我的鼓励，想起他在信中所说的那些话。 这些点滴的记忆就像一股无形的力量，不时在提醒我、鞭策我，每当失落、疲惫时都会推我一下或拉我一把。 我的精神往往会为之一振，虽不至于"满血复活"，却总能给予我力量，提升我战胜困难的信心和面对挫折的勇气。

老师走了，但音容犹在、记忆长存：在课堂上，在榕树边，在每一个他帮助过的人的心中。 想念恩师，感念他给予我的支持、鼓励和帮助！

作者简介：杨正军，厦门大学2002级人类学硕士，中山大学人类学博士，现任职于云南民族大学云南省民族研究所。

感念恩师

◎ 王晓萌

忽闻恩师噩耗，心里十分感伤，月余前还与郭老师于西校门相遇，如今想起恍如隔世。当时他身体依旧硬朗，目光依旧犀利，与我谈起一篇关于畲族研究的习作，谆谆教导之情尤胜当年。习作已是十五年前读书时所作，他竟仍然记得，他说那篇习作再修改一下当是一篇好文。当时我正在市里挂职，匆匆见面就要分别，郭老师还再三叮嘱我好好修改文章发 Email 给他，不想此后竟是永诀！

自毕业以后进入行政系统工作，我与学术已没有什么交集，然则每每在校园遇到郭老师，都令我再次重温求学时的感觉。郭老师对学术研究和教书育人是有着执念的，这也是我敬佩他的原因。师者，传道授业解惑，郭老师在几方面堪称楷模。我是 2002 年由历史系保送进入人类学所的，当时人类学所很小，我们这一级有 8 个人，人数之多超过往年。所里就像是一个小家庭，而作为时任所长的郭老师更像是一个大家长，对我们教导严厉也极为爱护，每每授课之余与我们谈论理想人生，关心我们的前途和发展。有一次，他因为课程排的不够量发了很大的火，他说这些学生来到我们这里，我们就要对他们负责，如果学不到东西，怎么负责？如此云云，让我感受到了一个师者强烈使命感和责任感。郭老师每年坚持清明带我们上山祭拜林惠祥先生，这个活动仪式感很强，就像宗族的祭拜，郭老师自然就是德高望重的"族长"，只是联系我们的不是血缘而是学缘，每每想起郭老师提起林先生时那高山仰止的表情，心中似有一丝明悟，这就是学术的传承吧，将来当后人提起郭老师时也会是这样的表情吧。

此时再回想起郭老师给我们修改论文，带我们参加学术研讨会，教我们如何答辩，点点滴滴，润物无声，音容笑貌，犹记于心，只是先生仙逝，内心沉痛，无法自抑，谨以此文纪念先生，愿先生在天堂安息。

作者简介：王晓萌，厦门大学2002级人类学硕士，现任职于厦门大学组织部。

一片冰心在玉壶
——追念一位真正的师者

◎ 徐义强

    2019 年 3 月 23 日中午，好友宏杰发来微信，告知郭老师离世了，我顿时懵了。 郭老师年仅 71 岁，身体一向很棒，他经常打篮球、爬五老峰、练武，活得很健康。 我无论如何不会相信，这样一位身体壮硕，孔武有力的人会突然走了，在我的印象里，郭老师是一位声音洪亮，热情而强大的英雄，他是不会那样脆弱的！

    很快，学生们发起了郭老师追思群，人数近百，除了郭老师入门弟子，大多数都是曾经受教于他的学生，还有一些老师的同事朋友等。 群里分享了很多各自与老师的点点往昔，郭老师像一棵大树，把阴凉撒给每一个人，而我们用揉碎的回忆又拼起了一个立体丰满的老师。 对老师的怀念夹杂着难舍与感恩，有的情绪伤感，有的段子又让人捧腹。 然而，到了 3 月 25 日，老师的送别日子，群里一一转发了送别的现场照片，弟子们一一分享了每一个花圈。 无论如何我也没有想到我的名字会以这样的方式和老师名字放在一起，无论如何我也没有想到有一天会看到老师的相片是这样地立在花丛之中，一刹那，我眼眶湿润了，眼泪不住地在眼眶里打转，鼻涕不争气地往下流，只有哽咽着去卫生间洗了又洗。 正好这天厦门磅礴大雨，老天也终于忍不住了。

    2007 年毕业之后，我离开厦门，只和郭老师断断续续有一些邮件往来，没有去登门拜访。 我知道，郭老师最不喜欢形式主义，如果没有实质内容，没有什么想法需要交流，贸然地打扰，对他而言就是浪费时间。更重要的，我总想着还有时间，还有机会。 然而，现在，我将不再收到郭老师的来信，将不再听到他那抑扬顿挫的话语。 老师终究是：事了拂衣去，深藏功与名。

这是一位真正的师者。

一一翻看老师写给我的邮件，往事太多，暂且从头说。 我最早和郭老师接触是在来厦门参加研究生复试前夕，2004年春夏的一天晚上，我忐忑不安地联系了郭老师，请教一些关于考试的事，那时候人类学系还没有恢复，他是人类学研究所所长。 电话里，他热情地聊起来，从读过的书到复试具体事项，从李亦园到费孝通，传授了不少经验，并说了很多鼓励的话，打消了我很多的顾虑。 复试之后，我坐了30多小时火车，晕晕乎乎回学校了，一进宿舍，就有室友说有厦大老师打电话过来，那时还没有手机。 我赶忙跑去回给郭老师，果然是他。 他说："你的复试过程很好，总分排第一，我最有印象的是觉得你有自己的想法，你在消化东西，而不是背书式的照本宣科。"

等我进了厦大之后，我就常常在所里和路上遇见他，很多次，我在校园里迎面遇见推着大杠永久自行车的郭老师，一停下来就滔滔不绝地说上很久，眉飞色舞，引得路人侧目。 他一说就直接切入学术主题。 从不绕弯子，从不废话。 他特别告诫我读书要融入自己的体会，要把看的东西"化"进去，对于那些乱堆术语特别反感。 要形成自己的想法，他提醒我，作为新人应该多看看大师级别的李亦园和费孝通的文章。

转眼到了2004年年底，他告诉我，寒假不要浪费，应该收集一下资料，准备写一篇小论文，他即将出版一个论文集。 我说对民间信仰有兴趣，于是他告诉我：既然对民间信仰，小传统和风俗感兴趣，可考虑研究王爷崇拜。 王爷崇拜是闽台最具特色的民间信仰。 你查一查文献，我适时介绍有关文献。 过了几天，他专门交给我几篇王爷信仰的论文，让我好好读读。 之后我写了一个小东西，虽然有很多硬伤，但毕竟开始了一些研究的尝试，也许他觉得这是最具意义之处。

现在想想，今天之所以还对民间宗教有一些心得，真的是来源于他，我从郭老师这得到最初的信念和最大的信心。

一年级下学期，所里安排选导师，郭老师有意带我，但当时已经有第一届博士生了，因此所里的意见是教授博导不再带硕士了，也因此，我最终没有成为郭老师入门弟子。 当然也因为这些因素，我后来与他的直接联系减少了好些。 研究生毕业之际，对于我的考博选择，他曾在信里坦率地指出："我很有招你的心愿，但你困于短时段的世俗陋习（面子），其实，有的小竹枝节的尴尬转瞬即逝。"我想，郭老师自己就是特别不拘泥于俗气的。 终于，我确定了即将到云南工作，临走之前，他专门让我去他家取书，并说了很多惜别之语。

很多人都觉得郭老师身上有一种独特气质，仔细想想，这便是侠气。郭老师乃习武之人，嫉恶如仇，他看不起低俗自私的人，痛骂过一些不良风气，但对学生永远最好最包容！ 学生需要帮助，修改论文也好，讨教问题也好，求写推荐信也好，凡是求助与他，皆义不容辞。 他自己多次说他就是一只老母鸡，对学生随时展开翅膀，尽心保护。

厦大之中，太多的学生从郭老师这里获得温暖，汲取力量。 记得我们研一报到后就是中秋，他就托陈碧给我们班九人分发了精美的月饼，缓解了刚刚入学的思乡之苦。 研一上完他的研究方法课程，不久每个人都收到了一张手写的评语，是洋洋洒洒一满张。 在毕业的时候，他为未能参加我们的答辩表示歉意，但专门写信祝福我们。

在送别仪式现场照片上，我看到除了官方的追悼会后，还有一个特别的基督徒安息仪式。 老师从小出生于基督世家，但他一直刻苦治学，无暇亲近。 我一直在想郭老师对学生的这种爱护之心发源于何处，从哪里来。 现在看来，老师是不愿意把宗教信仰挂在嘴边的，但他何尝不是把耶稣的博爱用实际行动说出来了呢，他行的是真真切切的爱之道。 同时，他也是以宽广的胸怀和文化的理性，来看待不同类型的文化，崇奉一切真善美。

他是一位真正的师者，他有不少头衔，但他最得意的恐怕是曾荣获福建省优秀教师。 有一年教师节，他和我说起教师这个行业，很直率地说："不少大学教师把学生视为饭碗和工具，这是社会的堕落，有些教师玷污了师德的神圣和尊严，不是所有的教师可以分享此日的荣誉！"在如何做一个老师的问题上，郭老师给我们树立了一个榜样，善于启发、鼓励学生，以及一颗愿意分享的爱心。 在如何做一个卓越的研究者的问题上，郭老师也给我们树立了一个榜样，勤于笔耕，勇于辩论。

他的侠气还体现在对不同的人上，对于领导上级，他从不会卑躬屈膝讨好。 但对待弱者下级却爱护有加。 我依稀还记得他说起过一件事，就是家乡的普通村民，因征地拆迁而受到不公平对待，他很勇敢地站起来，旗帜鲜明地支持。

他是很丰满的一个人，是情绪饱满的，是热情似火的，有幸在一次学术会议听到他对某学者的评论，堪称一绝，要的就是直接，来的就是一剑封喉。 在今天这个过度标准化、平面化的时代，大多数人都是没有个性，像他这样的人太少了。 也因此，我们难以忘记他。 在有限的时间长河里，郭老师已经精彩地演绎了人生，活得既有深度也有厚度，更有温度。

对于他的纪念，我想全是精神层面的，全是他的个人魅力。 受教于郭老师的不少学生，现在也都是教书育人，也许我们回报郭老师最好的方法就是，把那份对学生的热爱薪火相传。 他和我们聊天的时候，也经常随口说那句：一片冰心在玉壶。 只不过，他的闽南话发音每次都让我忍俊不禁。

2005 年 10 月 17 日，巴金去世，我在网上看到后就随手转发邮件转告郭老师，他回复说："小学时我就看过《家》《春》《秋》，百岁老人，事业寿命双全，肯定有奥妙其中。 做学问的人，会因文坛巨星的陨落而在心里产生颤抖。"如今，我们却又因郭老师的突然离世而心里颤抖。

这样的突然，当然也像极了郭老师的率性洒脱性格，大手一挥，大叫道：诸位，别了，我先走了！

作者简介：徐义强，厦门大学 2004 级人类学硕士，中山大学人类学博士，现为云南师范大学人类学研究所副教授。

感恩生命中的贵人：怀念郭志超老师

◎ 陈　碧

2019 年 3 月 23 日，春雨肆意飘洒的时节，消息从厦门传到四面八方，我们最敬爱的郭老师，驾鹤西归了。

从 23 日到 25 日，在刚刚组建的微信追思群里，学长学弟学妹们一起回忆郭老师的音容笑貌、趣闻轶事，大家都说怎么也不敢相信这个事是真的。 我抱着手机刷屏，一遍遍地点击毅锋师兄发在群里的邮件截屏图，在脑海里慢慢地描摹郭老师的一笑一颦，眼泪啪嗒啪嗒的掉。 义强说自己从来也没有想到有一天看到郭老师的照片放在花丛中，凌霞说我们可以铭记着郭老师的鞭策继续前行，飞凤说我们虽然私下称其为老爷子，可从来不觉得老师老，甚至从没想过老师有一天也会老去……太多的不舍！

我是 2004 年入读厦大人类学所的。 那时，我已经 27 周岁，工作五年，是一个两岁孩子的妈。 从读硕到读博，到 2010 年毕业离校，我在厦大呆足六年，期间一直和郭老师保持着邮件联系。 工作后走上大学的讲台，相熟的同学曾经调侃我脱贫致富啦，导师也说我是学习改变命运。然而，我心里时刻清醒，如果说学习改变了我的后半生命运，那么前进路上得遇贵人则是我最大的福气。 郭老师，就是我的贵人。

2003 年，时年已经在乡下中学工作四年的我，结婚生娃，调动进城无望，再次生发考研的强烈渴望。 偶然间得知老同学飞凤已经入读厦大，我也决定试一试。 打听到厦大人类学研究所的所长叫郭志超，我伏在乡下中学的办公桌上手写了一封信极其冒失地把它寄到厦大给郭老师。 那时已有电邮伊妹儿这东西，可惜我在乡下有电脑没网络，只好选择手写。大约是半个月后，我收到了郭老师的回信。 坦率地说，我当时的想法不过是毛遂自荐，只求刷个存在感罢了。 我心虽然向往，但真的不敢也没有太大的期望郭老师会给我回信啊。 结果非常美好，用欣喜若狂来形容我的心情也毫不为过。 抱着斗胆再试的想法，我又写了一封信给他，谈及我在阅读专业书籍时的困惑，小心翼翼地说列维·斯特劳斯之类的书我还看不太懂。 意料之中，我很快收到郭老师的第二封回信。 信中郭老师用他天马行空的语言与我谈理想和现实，提到更要注意复习的是英语。 我的忐忑竟然奇迹般的被抚平，积极进入复习状态。 那个时候的想法很简单，有这么好的老师，不考到厦大见见他，我也太亏了。 然而，惊喜之外的惊喜是，笔试前我再次收到郭老师的来信。 似乎这一次是专门给我打气的。 两封换三封，在湖南乡下的寒冬里，我内心火热地怀揣着郭老师的三封手写信，凭着一股孤勇杀出重围，考入厦大。 后来这些信在屡次搬家中，被我放在老家束之高阁。 老实说，此刻我已经不记得信件的具体内容，但那种被鼓舞的昂扬斗志，犹如黑暗行进中突遇光明，至今令我欣喜和感动。 可以这么说，没有郭老师的鼓励，也就不会有我后来的厦大求学经历。 得师如此，何其幸也！

2004级的硕士班共有9个同学，那个时候我们都是老师的宝贝。 郭老师不是导师，胜似导师。 入学后，像保护小鸡仔的老母鸡一样，郭老师全方位地关心我们，从学习到生活。 常常听到同学说，跟老师去做田野啦，某天在演武场路遇老师挨说啦等等。 而我自己，也有两事历历在目。 其一，2004年冬天某个傍晚，我一人在嘉庚像附近碰见郭老师，打过招呼后，被郭老师"说"了一大通。 其时，郭老师满头大汗，手里端着篮球，看清是我后，劈头就问"知道什么是谷歌吧"？ 在我尚来不及回复时，又由近及远地谈了一通。 我当时愚钝，甚是一头雾水，惟有点头再点头，回到宿舍赶紧 Google。 后来写作业查资料时，才反应过来，可能是郭老师察觉到我的文献功底薄弱，未雨绸缪提前指导啦。 其二，第一个学期的专业课上讲到台湾李亦园先生的经典之作《一个移殖的市镇》，坐在博物馆三楼的小教室里，我们每个人面前都摆着蓝色书皮的复印本。 在那个复印还需要两毛多的年代，一本二百七十几页的书，每本至少也得五十几块。 事前没有任何的风声，复印、结算、搬运，我们完全没有参与。 事后郭老师也没有半句提及这书是他自掏腰包复印送给我们的，淡然得很，仿佛那书来就是我们的。 现在想来仍是汗颜，当年我们理直气壮地收下，所倚仗的不过是老师的爱和付出啊。 此刻，执书在手，看着郭老师留下的批注，叫我如何不思念他？

2007年，我跨系考入厦大哲学系读博。 同时，继续与人类学同级同学一起选修郭老师的课程，在南强楼里聆听郭老师或轻言慢语或激荡感慨，他挥舞着手臂，谈笑间将学理条分缕析。 2008年4月，我收到郭老师的邮件，言明"一个会议供你参考"，建议我参加晋江市谱牒研究会组织的谱牒研究与五缘文化研讨会，提醒我在原来硕士论文的基础上讨论陈埭丁文化建设及其与侨、台的宗亲关系。 连参会文章思路都帮我考虑清楚，既照顾我原来的研究基础，又关照我博士就读期间的研究主题。 被记住，被指导，被期待，被提携，心内感动满满。 稿件发送后，郭老师又给我写过几封邮件，内容都是诸如登记住宿的身份证号码、开会出发时间、论文集出来后放在哪里方便我领取等，细致而不拖沓，点到即止。读硕士时，课堂上经常听到郭老师说"想当年我读小学四年级时"之类的回忆，听的时候多少有几分不以为然，至此方能打心眼里敬佩郭老师。把每个学生放入眼里记在心里，又何尝只是记忆力好呢？

博士毕业后，我到广西工作，头三年仍然厚着脸皮跟郭老师保持邮件联系。 教师节的问候邮件，郭老师仍然有信必回，有一次还回赠我一篇散文以资鼓励。 关于到新加坡再次田野工作的事，郭老师曾经给出非常明确的方法指导。 2013 年，我亦曾在评职称发不了核心刊物论文的苦恼中给郭老师写了邮件。 郭老师的回复是"论文的特质在于创新"。 读完，我羞愧不已。 继而想到老师早已退休，似乎不该再如此莽撞的打扰老师。 于是，不再写邮件骚扰他。 我以为，还有很多机会可以见到老师，我也曾相信，只要再厚着脸皮仍然能够收到来自老师的邮件。 然而……我再也不能如此"自以为是"，我再也收不到郭老师的邮件了。 此刻想来，毅锋师兄一封一封的贴着郭老师的邮件截屏图，该是如何的痛彻心扉。 我们，竟然在不知不觉中，痛失了最敬爱的老师。

人到中年，本应见惯世间百态宠辱不惊。 然而，因为有了郭老师，我愿相信世间仍有千般美好万般真情。 除了传授我们学识，郭老师更多的是在身体力行，告诉我们如何做人做事，如何做一个真正的师者。 如今，自己也身为人师，自问多年来一直没有做到像郭老师一样超然、真诚与可爱。 但我不曾放弃，必将努力践行，希望像郭老师一样，带给学生多一点点光和亮，但求不负师恩。

那个眉目飞扬的郭老师啊，他永远活在我们心里。

作者简介：陈碧，厦门大学 2004 级人类学硕士，2007 级哲学博士，现为玉林师范学院副教授。

师者楷模：缅怀恩师郭志超教授

◎ 李　虎

　　2019 年 3 月 23 日，我在午休前接到三峡大学曹大明师兄的电话，大明师兄开口第一句话便是"郭志超老师去世了，你知道吗？"听到这一消息，我第一反应是听错了，因为我知道郭老师一直都非常注意锻炼身体，经常打篮球和爬山，虽然偶尔身体有些许小病，但并无大碍。在我看来郭老师应该是能活到八九十岁，甚至超过百岁的人。然而，当再次确认消息后，我不得不相信最尊敬的郭老师已经离我而去。这一噩耗令我手足无措，在随后的电话中不知所云，却坚定了回厦门送别郭老师的决心。挂断电话后，我睡意全无，在书房中呆坐在电脑前查询从万州到厦门的机票，脑海中尽是这些年来郭老师对我的种种关照和指点，眼泪不自觉地往下流。

　　郭志超老师在大家眼中是非常有个性的人。例如，他基本不用手机，也不接听电话，要找他只能通过邮件联系；路上偶遇郭老师，他能够拉着你热聊半个小时以上；上课时眉飞色舞，声色并茂，声调忽高忽低，抑扬顿挫，异常投入，甚至经常忘记下课时间；他表达直接，在指导学生（尤其是男生）时甚至当面大声呵斥，令诸多学生心生畏惧却又十分敬重，因为大家知道这是郭老师表达重视和喜爱的独特方式。在我眼中，郭志超老师更是一位博学、严谨、细心又心胸宽广的学者。

　　我在厦门大学读书期间，无论是硕士研究生阶段，还是博士研究生阶段，都无缘成为郭志超老师门下的弟子。然而，老师待我如己出，从我硕士研究生阶段到考博失利赴重庆三峡学院工作，再到重考回厦大读博，都有郭老师对我的点滴关怀和悉心指导。可以说，郭老师与我虽无师徒之名，却有师徒之实，郭老师对我的厚爱，以及我对郭老师的敬重，使很多人都误认为我的导师就是郭志超教授。 其实，我当时是多么希望自己能成为郭老师门下弟子，却每次与老师失之交臂。 当然，我后来成为李明欢老师的博士弟子，也是非常幸运的。 我同时拥有两个优秀导师的指导。

往事历历在目。 2004 年，我在兰州大学读本科期间，确立了报考厦门大学人类学研究所民族学专业硕士的目标，始与郭老师结缘。 当年 10 月，得徐庆红师姐（厦大人类学 2004 级研究生）的指点，我怀忐忑不安之心给时任人类学研究所所长郭志超教授写信一封。

信件内容大致是介绍自己的基本情况，表明自己报考厦大民族学专业的决心、当时的复习状况，以及请求老师进行专业指点等。 10 月底在期盼中收到郭老师的回信，内容不多，但提到两点建议：一是注意英语，往年考生不能录取者几乎都倒在英语上；二是参考书中条理清楚的地方要多多留意。 收到老师回信后，我便喜悦地投入紧张的考研复习中，不久后又收到一张来自郭老师的明信片，除了基本的问候还有关切问询回信收到与否。 此时，我才知道郭老师是多么心细的人，他除了给我回信外，还一直关注自己的信件是否已寄到学生手里。 而我却只是在一来一回中理所当然的没有再给老师回信。 于是，我带着内疚的心理给老师回复了一封信，11 月底再次收到老师的回信。 至今，这些信件历经十余年依然珍藏于我的书柜中，成为追忆郭老师的难得实物。

2005 年初考研结果出来后，我虽然获得 391 分的高分成绩，却是以英语 55 分（当年厦大单科分数线为 55 分）踩线幸运地考取了厦门大学的硕士研究生。 我第一次与郭志超老师见面是在 2005 年 3 月赴厦参加研究生复试期间，因兰大徐黎丽老师委托我带几本书送给郭老师，所以得幸与老师面试前先行会面。 当时郭老师回复邮件，约我在人类博物馆门前相见。 我如约来到人类博物馆门口等待，后来见到郭老师骑着一辆二八式的自行车前来。 老师给我的第一印象是身材魁梧，声音洪亮，非常朴素。 后来郭老师与我谈起第一次见面时对我的印象也是朴实，这也是后来郭老师喜欢我的原因之一。 或许是因为老师有要事在身，又或许是面试前的避嫌，这次会面郭老师并没有说太多，只是简单交流几句后便道别说：我们来日方长，以后慢慢聊。

硕士研究生期间，因为我是人类学研究所 2005 级研究生中的唯一男生，所以被大家推选为班长。 由于班级事务，加上个人学习上的求教，与郭老师常有邮件往来。 郭老师是一位很直接、很坦诚的谦谦君子，他可以用闽南俚语训斥你，也可以用很直白言语表达对你的欣赏和喜爱。有一次，与同学路上偶遇郭老师，他拉着我们畅聊起来，然后当着大家的面说："李虎是个好人，心细又善良，我很喜欢，但是李虎这个人好到没有个性，这样是很难有所作为的，所以我要帮他，因为这是在帮一个好人。"我知道我并没有郭老师认为的那么好，除了做事比较细心，更多的是毛伟、徐庆红等谙熟郭老师品性的师兄师姐们给我出谋划策，才能使我在老师面前更多展示令他印象较好又深刻的一面。 在研究生二年级遴选硕士生导师时，虽然我有意追随郭志超老师，但当时系里基于学生少、导师多的现实，内部规定博导不带硕士，于是我成为郭氏门下弟子的愿望无从实现。

2007年初，我立志报考郭老师的博士，并发去邮件表明心迹。 郭老师欣然应允，表达了招收我作为关门弟子的意愿，并嘱咐我好好准备考试。 期间，郭老师或许是为了进一步了解我的文字功底，让我帮忙校对《闽南宗族社会》一书的部分章节。 后来，当这本书出版印刷后，我才知道虽然我只是帮忙简单校对，老师却将其中一章的作者挂于我名下，可见他对我的用心提携和帮助。 当老师知道我春节期间留校复习考博时，邀请我到他家谈话，并赠与我两盒馅饼和一个红包，令我感动不已。 然而，2008年底考博成绩出来时，我因英语成绩没能上线，再次失去成为郭氏门下弟子的机会。 当我内疚地在厦大篮球场面见郭老师时，他说："你没能考好，我非常难过，不是因为我招不到关门弟子，而是因为我觉得你很好，我很喜欢你这个学生。 如果我不喜欢你，你爱考上不上，跟我何干？ 这样的结果只能说明我们之间没有缘分了。"郭老师当面严厉批评过很多人，有些是我的师兄师姐，有些甚至是我的老师。 当然，这些被郭老师批过的人对他并无怨言，谈论到郭老师时只有感恩，因为大家知道只有郭老师看上的人，才会有这样的机会。 荣幸的是，我成为其中的特例。 郭老师曾数次表达对我的喜爱，却从没有开口骂过我，即使是在我考博失利导致他当年险些招不到博士生时，他都未曾当面骂我半句。

2008年7月，我到重庆三峡学院民族学系工作后，郭老师也从未放弃对我的关心、指导，一直都不遗余力地给予我帮助。 作为职场新手，难免碰上困难，因而我时常通过邮件向郭老师请教学习和工作方面的问题。对此，郭老师有问必答，用心至极，常常直接批评或赞誉，高兴时吟诗作赋，有时富含哲理，虽当时不解其意，多年后却受用无穷。 郭老师曾经给我回过一封邮件说："惦记着你。 今后写论文，我还想帮你把脉。"老师主动表达想帮学生，这是对我多么难得的厚爱，又是多么难得的师者精神；邮件表达的内容那么直接，也就是郭老师的风格。 总之，郭老师对我的好，令我为之动容。 2009 年 8 月当我再次立志报考厦门大学博士研究生时，郭老师几近退休不再招收博士生，于是我转而报考社会学与社会工作系同样治学严谨的李明欢教授，并请求郭老师为我撰写推荐信。 对此，郭老师爽快答应，并详细教导我给李老师写信时应该注意的细节。

2010 年 9 月我如愿考取厦门大学社会学与社会工作系人类学专业的博士研究生，成为李明欢老师门下的弟子。 期间我时常到人类学与民族学系旁听郭老师的课程，同样受到老师的关照，细致到指点我记笔记的方式，他说："你自己是大学老师，笔记记好了，记细致了，以后甚至可以作为自己的讲课教案直接使用。"有一次，郭老师利用周末带人类学系 2010级博士班的同学到集美参观，并约我同行。 在路上，郭老师当着全班同学的面说："我是以前约过李虎要带他去，所以这次才顺便把你们一起带出来了。"郭老师细心如斯，或许是他确实曾经许诺于我，并一直惦记着，又或许是老师觉得我作为社会学系的学生来参加这次集体活动会有点放不开。 曾有一次，郭老师发邮件约我一同爬山，在爬到山的那一头后，老师将我带到一个五星级酒店，随身掏出 2 张餐券说："有人送我两张自助餐券，不能浪费，于是我就想到你，约你一同出来。"也是在那一次，我知道郭老师经常爬山，且在山上种下很多树，供人遮阴乘凉，还在山道上修路搭桥，便利他人行走。

我攻读博士学位期间，在专业知识的学习、小论文的思考和毕业论文和写作中，除了得到导师李明欢教授的指导，还有郭老师的关怀和指点。郭老师数次约我一同爬五老峰，探讨治学之道，悉心指点我毕业论文的选题、资料整理以及论文写作。 2013 年 4 月我把博士论文写完后，忐忑不安地将 30 多万字的文稿发给郭老师，并向他征求修改意见。 数日后，郭老师回邮件约我在华侨之家路口见面，他说："我这几天感冒，但是我除了吃饭和睡觉，就是在逐字逐句地审阅你的论文。 论文总体质量比我想象中的要好，可见你读博期间还是努力了，进步明显，令我欣慰……"当郭老师说到这里，我除了感动，悬着的心才终于放下。 因为我知道郭老师治学严谨，他虽非我的导师，但他认可的论文，答辩通过应该问题不大。 当然,郭老师除了肯定论文质量,还在一些细节上对我进行指导,把握理论提升的方向。 在博士毕业论文的致谢中,我有感而发地写道:"人类学系的郭志超教授,不弃学生愚钝,视如己出,数度传授科研方法和写作技巧,甚至带病逐字阅读三十万字的'闲言啐语',他慧眼如炬,洞察丝毫,在思想深度和提升方向上给予指导。"我知道,虽然自己不争气,未能成为郭老师门下弟子,但老师对我未曾放弃,一直都是百般关照和呵护。 正如我在给他的一封邮件中发自肺腑地说道:"没能真正成为您的弟子是我的遗憾,但还是很荣幸一直得到您胜待弟子般的照顾和关怀。"

博士研究生毕业后,我重新回到重庆三峡学院工作,经历着结婚生子、评职称等人生众多重要事件,也时常给老师发去邮件问候和汇报自己的情况,但都未能抽空回厦门拜见老师。 2019 年 3 月初,当我修改和完善博士毕业论文准备出版时,想起郭老师对我论文给予的指导,曾打算给老师发一封问候邮件,然而并未付诸实践。 而再次听到郭老师的消息时,已经是老师离我而去的噩耗,怎能不令我悲痛欲绝?

当我赶回厦门参加郭老师的追思会时,看到那么多回去追悼的厦大师兄弟姐妹,以及在微信群里众人在悼念郭老师时,大家对他所言所行的追忆,我才知道郭老师将很多精力和心思都花费在对待他人,尤其是对学生的教学和指导上。 在郭老师心中,对待所有的学生都没有任何门户偏见和专业之别,全都有求必应,诚心相待,悉心指导。 此时,我突然惭愧于自己过去经常在各种小事上麻烦郭老师,无端耗费着老师的精力,增加了老师的身体和精神负担。

郭老师,您虽离我远去,但您的关爱我一直心怀感恩,您的为师之道和治学精神我将永远铭记,并努力延续。

作者简介:李虎,厦门大学 2005 级人类学硕士,2010 级人类学博士,现为重庆三峡学院公共管理学院教授。

致敬，郭志超老师

◎ 哈斯其木格

　　3月23日下午，厦大同学群里突然跳出信息"郭老师走了，我们一起送花圈吧"。 大家觉得很意外，郭老师一直身体硬朗，经常看到他在校园里打篮球、骑着二八自行车来来往往，怎么会突然就走了。

　　因工作难脱身，我没能到现场，但是看着追悼仪式图片，特别是听他的儿子讲述父亲时，说了一件小事，有一次台风来袭他回家时看到有位老妇人还在卖番薯，他买了全部番薯后催促老妇人回家。 那些番薯估计家人要吃很久，可他这样的善举却少有人知，听到这里我忍不住泪如雨下。我总是想，那么好的人为什么走得那么早？ 举行郭老师举行送别仪式时，雨下得很大，可到中午逐渐放晴，感觉他去了天堂。

　　我们2008届入学时博导不带硕士，所以郭老师只给我们班上课，他在课堂上滔滔不绝眉飞色舞地讲到下课，把我们这些人听得云雾缭绕，有时还真跟不上他的节奏。 入学后不久便听说了系里每位老师的八卦新闻，得知郭老师属有个性，喜欢训学生的导师。 我们同届他的一位博士生弟子常说郭老师对男生很严厉，不过对女生很好。 我想他那么善良的人即便再凶，估计无法抵挡女生梨花细雨的委屈吧。

　　毕业后我几乎每年逢年过节会问候一下厦大的老师们，郭老师总是及时回复邮件。 即便向他吐槽种种不如意时，也会循循善诱地劝导。 2019年我因年底忙考核、忙着回老家过年，没有给老师写邮件问候。 想着等稍微闲下来时再说，可惜如今"郭老师的邮箱"已变成了纪念。

　　送别郭老师的人很多，而且是从祖国各地不辞辛苦地赶过来，还有一些无法赶过来的纷纷写文章表示纪念，他的弟子们还建了"郭志超老师追思"微信群。 在群里展示郭老师曾经的谆谆教导和鲜为人知的趣事，并且发出追思郭老师征文的公告。 有些人可能不太了解硕士、博士与导师之间的感情。 无论在校读多久，导师们都会时不时通过各种方式指导、教育自己的本门弟子，也不遗余力地为他们争取更多的资源和好的成绩。郭老师虽然对弟子们严厉，可那些毕业后的学生对老师却感激不尽，因为"严师出高徒"，弟子们如今已成为栋梁之才，老师当年的严厉现今得到了回报。

有时想，如果有一天我们凋零时，还会有几人会风尘仆仆地赶来送别，又有谁写无数纪念文怀念你呢，至少我不会有此殊荣。 所以说郭老师是幸福的，他在天堂看到弟子们的汇集，看到这么多人的想念，虽然当年不少人被他训得 不知所措。 最近我无聊时追看《2019 歌手》，"声入人心男团"一首歌比较适合表达心境。 虽然这首歌是表达爱情的，可师生之间"爱"也是永世相随的。

因为有"爱"，老师对所有学生视如己出，不辞劳苦地教育我们学做人、学做事、学做学术；因为有"爱"，弟子视老师如严父，认真地学做学术、学做事、学做人。

作者简介:哈斯其木格,厦门大学2005级人类学硕士,现在厦门从事企业管理工作。

经历老山战火的生生死死
经历军事法庭的风风雨雨
经历转业创业的坎坎坷坷
经历摄影生涯的晨晨昏昏
一个朴实顽强真诚热情的退伍兵
一个敢于追求蕴含诗意感恩？
从红阳河畔来？
从启东农村定居？
六十三年人生，有多少？
一个甲子岁月，有多少？
值得开讲，值得让我们一？

图书馆 厦门知青文化？

郭志超教授在"思明开讲——一个退伍老兵（施建初）的自叙"演讲会上激情四溢地做嘉宾点评（2015年8月8日，厦门市思明图书馆）

郭志超教授传

◎ 王　逍

引　言

　　郭志超教授的一生是丰富而多彩，奋发而明亮的。 他青年时代学过木工和泥工等技艺，也下过乡、插过队，做过兵团农垦战士，还多年下井采过煤，更于三尺讲台辛勤耕耘数十载，学术造诣深厚、成就卓然，一路风雨兼程，砥砺前行。 郭师一生传奇，其传记或许并非我这不才学生所能充分胜任。 然而，完整梳理郭师的生命史是众多亲朋、同仁和晚辈翘首以盼之心愿，若早日顺利完成，比席珍待聘更重要，故本人不揣谫陋，妄提拙见，仓促成文，尚祈方家雅正。

　　本文虽不拘体例，不拘文风，但谨遵人物传记写作相关要求，以真实性为原则，力求"修辞立其诚"，重在立体展现人物形象，突出人物特点和精神风貌，旨在留存记忆、传承精神、弘扬美德、传递智慧、启迪人生。 本文素材源自相关文献研读、深度访谈、参与观察等，尤其大量阅读郭师本人的诗歌、散文、随笔、邮件，并适量引用，见字如面、音容宛在，以佐证其观点，洞悉其思想，增加文本的温度和深度。

　　本文结构以郭师人生发展阶段为经线，以其主要人生节点为纬线，以其具体人生历程为内容，以客观事实为评判依据，其间也包含着笔者的理解与阐释，以及"理解的理解"与"阐释的阐释"。

诞生与幼年：溪头卧剥莲蓬

（一）悠悠祖先

吾师，姓郭，名志超，泉州籍回族，1949 年 10 月 17 日，厦门解放那天，诞生于厦门市古城西路墙顶巷一个皮革手工业作坊主家庭。 郭师祖籍地为福建省泉州市惠安县百崎回族乡田吟村（今属里春行政村，乡政府驻地）。 百崎回族乡地处惠安县东南海滨，依山傍海，辖白奇、里春、莲埭、下埭、后海等五个行政村。 百崎郭姓回民人口现已逾 1.6 万人，占全乡总人口数的近百分之九十，因而该乡过去有"九乡郭"、"百崎郭"之称。 从百崎分衍出去的海内外郭姓族人，据粗略估计，现已逾十万。

百崎郭姓先祖为阿拉伯人或波斯人，大约于宋元时期通过海上丝绸之路来华从事商贸活动而定居于我国东南沿海港市，并不断与当地人通婚而逐渐形成一个新的族群，如今被识别为"回族"。 据相关文献资料记载：郭姓入泉始祖为"德广公"，其阿拉伯译名为"伊本·库斯·德广贡"，"库斯"与"郭氏"谐音，后遂改为汉姓"郭"，名"德广"①。 德广公祖上数代定居于杭州富阳郭家村，他本人授元朝太常寺卿、宣慰使②，于元武宗至大年间（1308—1311），"奉命督糈来泉供应，于是时干戈扰攘，弗克还朝，即纳室于泉，卜居行春门外，后改迁法石，依例占籍。"③德广公，婚配汉族女子吴氏，生三子，存一子，名子洪。 子洪公，婚配汉族女子翁氏，生三子。 其中长房和卿公，分支江西；次房仲远公，开基百崎；三房季渊公，仍居法石。

---

① 参阅福建省泉州海外交通史博物馆编：《泉州伊斯兰教石刻》，宁夏人民出版社与福建人民出版社共同出版，1984 年，第 57 页；还参考了百崎郭姓族谱源流及墓葬研究等相关文献资料。

② 德广公被百崎郭姓族裔尊为"宣慰公"，现百崎回族乡郭氏家庙正厅上方悬挂着"宣慰府"的匾额。

③ 参见《惠安百崎·郭氏族谱》，该族谱原存于福建省图书馆，源自明正统元年（1436）郭萌纂修，清嘉庆十三年（1808）郭肇汾续修，今人苏惠莹整理。 本文有关百崎郭姓历史资料大都出自该文献，并参照其他分支流传的版本，内容略有差异。"法石"元代为晋江坡庭，现为泉州东郊的法石社区，俗称"石头街"，该地沉淀着悠久丰厚的海上丝绸之路历史文化遗产。

　　明初洪武九年（1376），三十岁的仲远公为寻求广阔安定的生存空间，携妻子陈氏和三个年幼的儿子，驾一叶扁舟顺晋江而下至螺阳二十三都（百崎）开基立业，后又生二子。百崎地貌以丘陵剥蚀台地为主，可垦地极少，农业发展有限，但海域发展十分广阔。最初仲远公租李姓财主空地一块，搭寮养鸭，不久即购地发展滩涂鱼虾类养殖，而后转向造船海运商贸。经仲远公四十余年的励精图治，五个儿子成家立业，人丁日渐兴旺，家有余庆。仲远公不仅克勤克俭、持家有道，还具有乐善好施、扶危济困等美德。

　　据百崎郭氏族谱中的《毅轩公行实》记载："郭氏，讳仲远，字毅轩，其别号也……公居家勤俭，待物宽宏，铢积寸累而底有成，乃择地筑室于本县二十三都奇山之下，轮焕一新。公生平喜吟咏而尝著作，不浮靡，好施与，而或困乏不责其偿。地连海埭，不时垫溺，公则捐金珠而造石桥，以济人之涉者。自佣砌石路约三百余步，以利人之行者。乡邻死无所归，公则施以棺木而殡殓之。暇则优游泉石而构轩于别业，匾其轩曰'毅轩'，遂以为号，人亦以其号而号之。"仲远公善举享誉十里八乡。相传明代永乐十五年（1417）郑和第五次下西洋时，途径泉州，因感其德，而与其结为莫逆之交。至今，百崎乡还保留当年迎接郑和的"接官亭"一座。

　　仲远公还制定了严格的家规家训，教导后人讲信修睦、善待乡邻等儒家礼法。在其言传身教影响下，百崎郭姓家风世代淳良，回汉民族关系十分融洽。始建于明朝宣德七年（1432），构筑典丽的郭氏家庙[1]为典型的闽南汉族古厝木石结构建筑风格，但郭姓族裔祭祀祖先又带有明显的伊斯兰教遗俗。郭氏家庙、族规族训等宗族文化形态，象征着回汉民族结构上的文化互嵌。正是在以"从善"和"开拓"为核心的家风精神涵养下，郭姓族人枝繁叶茂、瓜瓞绵绵，仲远公一脉，分属"仁、义、礼、智、信"五房，家族兴旺，人才辈出[2]。

----

　　① 百崎郭氏家庙现已列为福建省第九批省级文物保护单位。
　　② 现位于百崎回族乡下埭村、里春村的"百崎郭氏墓群"是郭氏一至七世祖墓。该墓葬群是数万百崎郭氏后裔的精神依托，也是中华文化与阿拉伯文化交流和中国回汉民族文化交融的产物，象征着中、阿民族的友谊和文化艺术的交流，也是研究回汉文化互动和对外文化交流的实物资料。2019年10月7日，"百崎郭氏墓群"被国务院核定并公布为"第八批全国重点文物保护单位"。

据悉，时至明代中后期，百崎郭姓回民拥有运输海船逾百艘，航海商贸已较为发达，至今郭姓家族还保留着明代的航海图、针路簿、罗盘等航海器具。 清代至民国年间，航海贩货、运货已是郭姓回民的主业，货殖者众。 百崎郭姓回民善航海商贸，喜开拓进取的传统延续至今。 移居海峡对岸的郭姓宗亲数量众多，他们桑梓情深，20 世纪 80 年代末即开始回乡投资，并逐渐带动了其他台商来百崎投资的热潮。 2010 年 3 月 25 日，百崎回族乡改制为"福建省泉州市台商投资区百崎回族乡"。

至于百崎郭姓回民的阿拉伯人或波斯人血统，早在 20 世纪 80 年代初已得到复旦大学生物人类学和体质人类学的科学测量所证实。 得出"眉毛发育度较汉族明显，眼裂较宽，鼻根较高，倾向于印欧人种"①等结论。 此外，百崎郭姓回民在饮食丧葬等传统习俗和伊斯兰教长期隐形存在等文化特征，也提供了文化人类学的佐证。 郭师的阿拉伯人或波斯人父系血统至迟可以上溯至宋元时期。 根据遗传学规律，回汉通婚后裔每传递一代，获得父方基因的可能性就会减少一半。 但郭师本人仍有一定的"阿拉伯人或波斯人"体质特征，虽不至于"眼瞳闪烁，其光晶晶，眉颅峭耸，其骨棱棱"②，然"目光炯炯，眉飞色舞"为常态，且年龄愈大愈明显，其明显的异域先祖体质遗传特征，在其八兄妹中独一无二，他自己和家人也曾对此啧啧称奇。

郭师属百崎郭姓田吟义房（二房）派下，据郭氏宗谱昭穆诗，其行第为十八世"修"字辈③，其祖厝在当地被称为"田吟歪大门"④，其祖上十几代均以海上行船为生，因自小飞鸿戏海，鲜有读书者。 数百年后，郭师作为大学者的"横空出世"，想必在某种程度上为二房族人"光耀门楣"了吧。 此外，郭师乐于奉献的品质，与其开基先祖仲远公的乐善好施，可谓一脉相承，颇有弘扬祖德、传承家风的意味。 或许正是这种身上烙刻着遥远的阿拉伯人或波斯人的基因密码，日后无声牵引着他眷念百

---

① 参见郭志超：《白奇回族历史文化的若干问题》，载《泉南文化》，1991 年第 2 期。

② 参见《仁庵府君像赞》，载泉州历史研究会编：《泉州回族谱牒资料选编》，1980 年油印本，第 14 页。

③ 现今百崎郭姓回族已传至第二十四世，"笃"字辈。

④ 所谓"歪大门"，并不是大门歪了，而是祖厝大门的位置整体偏西，不是通常的位处正中间。 之所以偏西，据悉有可能当时受土地资源或地形制约。

崎祖地之根和深耕东南民族研究，尽管他四五岁时，才第一次从厦门回百崎祖母家，但悠悠祖先的力量是神奇而深远的。

(二)春晖寸草

郭师祖父常年在海上从事船运，祖母为勤劳朴实的惠安女，常年风雨无阻地在海边劳作，诸如捞海菜、收渔网、挑淤泥等。据悉，20 世纪 20 年代初，其年轻的祖母脸部被外力误伤，常发炎化脓，久医无效，后被当地基督教教会医院治愈。伤愈后，其祖母又生育多名子女，并成功养活两男三女，一改数代单传和家中人口不旺景象，于是全家改信基督教。两名男丁被祖父命名为"主宝"和"主耀"，意即"主保佑"和"荣耀主"之意，分别为郭师的父亲和叔叔（"主保"的学名后来音变为"子葆"），这也是郭师回民家庭演变为基督教世家的朴素由来。

20 世纪 30 年代初，郭师父亲十四岁跟随族人从百崎来到厦门闯荡谋生，进入鼓浪屿内厝沃一家由族人开办的皮革手工作坊当学徒，由于肯吃苦，且聪明好学，手艺日益精进，生意门道亦谙熟于心。其父经过八九年的努力，有了一定积蓄后，在厦门成家立业。1943 年，其父二十五岁时，在厦门古城西路墙顶巷自家院内开设了一家小型皮革作坊，自己承担所有的原料采购和销售及技术工作，其母管理账目，家中雇有数名小工，因注重口碑，生意稳定，积有余庆。

郭师外祖母厦门人，外祖父为年轻时闯南洋的菲律宾华侨，20 世纪 60 年代才返回厦门养老。郭师母亲姓陈，名玉燕，聪颖贤淑，能歌善舞。1938 年初，才十三岁的她，就参加了鼓浪屿抗日组织"青年抗敌服务团"（简称"青抗团"，后并入"厦门青年战时服务团"，简称"厦青团"），为全团年龄最小者。她活跃在鼓浪屿和厦门市街头巷尾，跟其他成员一起，给青少年教唱抗日歌曲和民谣，给码头工人读报宣传抗日，参加慰劳抗日军等活动，其事迹载入厦门市委党史研究资料①。老人一生宅心仁厚，博闻强记，智者乐，仁者寿，2018 年 95 岁高龄仙逝。郭师一生受母亲影响极深，十分敬重她，生前常将"贤母"二字挂于嘴边。

---

① 参见刘角夫:《鼓浪屿青年抗敌服务团》，载中共厦门市委党史研究室编:《钢铁的一群——厦门青少年抗日群体的回忆与史料》，中共党史出版社，2004 年，第 313~ 322 页。

　　郭师出生时，上面已有两个哥哥（大哥名志强、二哥名志达），后陆续又有了五个弟妹，依次为大妹白惠、二妹白芬、大弟志鹏、小弟志恒、小妹白芳，兄妹共八人，他排行第三。　虽然兄弟姐妹较多，但郭师读小学前，家境尚殷实。　家中的皮革作坊能轻松自如地应付一家人的衣食住行，还略有盈余。　尤其是因制革需要，其父隔三差五就要定点进回一批新鲜牛皮，除了顺带捎回一些牛骨回来煲汤以外，牛皮上还能剔除可观的碎牛肉，可制成美味的牛肉丸或牛肉饼。　郭师生前，常戏称自己小时候是吃牛肉长大的，家中餐桌上似乎海鲜也并不稀缺，这些构成他对童年生活最美好的记忆，也为他日后的强健体魄打下良好基础。

　　其时，由于父母忙于打理家中的皮革作坊，看管小孩和家务活全部交给保姆打理。　其婴幼儿时期，是一个名为"顺阿"的保姆照顾的。"顺阿"是一个善良勤劳的厦门乡下妇女。　其名"顺阿"乃独特的闽南语法，"阿"为语气助词，可前置，亦可后置，"顺阿"相当于"阿顺"，名字意涵在一个"顺"字。　不过"顺阿"生活并不很顺，丈夫积劳成疾，过早撒手人寰，留下一女儿相依为命，遂以做保姆养家。　据悉，郭师婴幼儿时期长得白白胖胖，虎头虎脑，聪明顽皮，深得保姆顺阿宠爱，家中好吃的总要偏心多给一份，人前人后总是夸他将来会成为人中之龙，甚至十分乐意宠出他的小脾气。　相传七八个月大时，有一次郭师母亲用蛋糕代替平日的光饼，给他作为磨牙的零食，被愤而吐出"以示抗议"，保姆立即去买光饼。　郭师三岁时，入读条件优越的华侨幼儿园，可以观看到《小熊采蘑菇》之类的幻灯片，或阅读《小猫钓鱼》之类的彩绘本。　他从幼儿园回来仍主要由保姆照顾，直至上小学前。　在与保姆顺阿朝夕相处的日子里，他获得了足够的爱护和安全感，彼此情感深厚。　顺阿不仅每天给他唱闽南儿歌童谣，也讲乡下生活的困苦和做人做事的道理，还常念叨她自己对于将来没有儿子养老送终的担忧。

　　也正是顺阿早期朴素有爱的陪伴和教育，使得郭师从小就对民间疾苦具有强烈的同情心，幼小的心灵洒下了仁爱、知足与感恩的种子。　据悉，他三四岁的时候，就信誓旦旦地劝慰顺阿，自己长大后一定会给她养老送终的。　事实上，他也真的兑现了自己的诺言。　保姆顺阿在他小学三四年级时就不幸去世，出殡那天，小小年纪的他，披麻戴孝，手捧顺阿遗像，满脸肃穆和凝重，这成为当时厦门丧葬礼仪中一道跨越血缘和城乡的动人风景。　对于保姆的女儿，他始终以"大姐"相称，视若亲人。　甚至在新婚不久，即带着师母登门去看望她，旨在让小家庭延续这份珍贵的亲情。 郭师平日在家里，也常常念叨他儿时生命中那个善良的"顺阿"，晚年尤其如此。 他对保姆及其女儿的情感，与浙江金华籍诗人艾青那首《大堰河，我的保姆》诗歌名作，所呈现出的那种情逾骨肉、款款深情，颇有异曲同工之妙。

简言之，郭师学龄前的幼年时期是丰衣足食和无忧无虑的。 其生命状态类似辛弃疾笔下"最喜小儿亡赖，溪头卧剥莲蓬"那般惬意和美好。

童年与青少年：追梦路上奔跑

（一）磨砺以须

1956 年 9 月—1962 年 6 月，郭师入读条件较好的厦门市思北小学，进入了人生的童年期和少年初期。 自入读小学以后，其家庭条件由殷实降为温饱。 变化源于社会转型和家庭人口数量的渐次增长。 1956 年是新中国历史上极为重要的一年，国家完成了对农业、手工业和资本主义工商业生产资料私有制的社会主义改造，进入曲折探索发展阶段。 郭师家中的皮革作坊也在这一年实现了公私合营，其父被安排至厦门制革厂做了一名干部技术员，母亲则被安排在厦门一家皮革制品厂工作。 两人薪水加起来较之手工作坊的经营利润逊色不少，加之兄弟姐妹逐渐增多，生活滋润度自然大打折扣，以至于其大弟志鹏后来被过继给百崎老家的叔叔抚养，虽然此举主要目的是为了承接宗祧，但也不乏有降低生活成本的考量，因为后来其百崎的叔叔又亲生了一子。

郭师自小学后，处于普通工人多子女家庭，其生活质量的下降可想而知。 这期间，他还经历了国民经济三年严重困难时期。 据其随笔回忆，1960 年，他小腿的胫骨外侧按下有小坑（因饥饿导致水肿），因而深感那年冬天特别漫长和寒冷。 但因其父母的吃苦耐劳和精打细算，此时他仍能享有良好的基础教育，而且在"德智体美劳"方面均获得较好的发展，奠定了他日后人生诸多可贵的品质。 诸如：爱劳动、爱学习、爱思考、爱助人、有爱心、有主见、守纪律、有原则、讲诚信。 对其父母而言，他最大的优点就是懂事、有主意、有目标、能吃苦。 他尤其能够体谅父母的辛劳，没让父母为其成长操过心。 虽然他从小体力充沛，活泼好动，但从不惹是生非，而是将旺盛的精力放在家务劳动和对大自然的探索，以及文体爱好方面。 刚上小学时，他看到父亲每天很早起床煮粥糜，他也早早起床去汲水，养成黎明即起，洒扫庭除的好习惯。 小学一二年级时，他就对农业园艺怀有浓厚兴趣，扛着小锄头在后院种了几行葱蒜。三年级时，他则在后院独自种植了五六垄番薯，还有一小块地种植玉米、花生、绿豆、豌豆及其他菜蔬。 四年级时，他经常割番薯藤和野菜给学校喂猪，暑假时，每天等海水退潮后就去笕笪港捉螃蟹，寒假和春天则常去海边礁石处耙浒苔，浒苔常常用来给母亲制作厦门薄饼提供新鲜的配料。

至于在学习上，他从小就表现出惊人的自控力和勤于思考的品质。据悉，他在上学的头几天，也是板凳坐不牢，很想做小动作，或渴望逃回大自然。 但很快他就能够将老师的谆谆教诲与闽南劝学谚语结合起来思考，脑中想象着不好好读书将来的傻笨画面，于是立即背着双手，端坐桌前，目不转睛地盯着老师和黑板，用他自己的话说，一开始有点"假正经"，后来也就习惯成自然。 这种认真姿态可从他晚年还能对小学各科目的老师姓名和讲课风格，以及教学内容等如数家珍般的回忆中得到印证。他还记得小学二年级时，全校同学在中山公园西门附近的礼堂，听李文陵市长做报告的情形和内容，也记得小学三年级时，听五中教语文的翁老师给班级讲阅读欣赏课的特点与内容。 此外，他小学三四年级就悟出"学贵有疑"的道理。 对课文中"西红柿好做汤、盘儿碗儿都吃光"的后半句困惑良久，直至明白"盘儿碗儿"是"盘儿碗儿里的食物"之简化表达，才放下心结。 他还对新疆葡萄沟的意象疑惑多年，直至后来看到照片才恍然大悟。

不过，郭师自认为天资不敏，尽管学习认真努力，小学三年级以前，成绩并不拔尖。 但他有一个突出的优点就是见贤思齐，通过与优秀同学交朋友的方式，近距离观察和借鉴其学习方法。 例如，他进入四年级后，就有意与独占鳌头的学习委员鲍培元同学亲密接触，取得学习秘籍后，如法炮制，学习成绩竿头直上。 到四年级期末的"六一"儿童节，他终于加入了"少先队"。 至五六年级时，其成绩在班里终于名列前茅。据悉，鲍培元同学第一名的地位始终无法撼动，他就与另一位优秀的吴永康同学相互竞赛，互争二三名，进入"第一方阵"。

郭师这种见贤思齐的特点不仅表现在学习上，还表现在音、体、美、书法等各个方面。 例如，小学一二年级他就对音乐演唱兴趣盎然；三四年级无师自通地仿写格律诗；在书法比赛中还得过全校小楷第四名；五年级更是精彩纷呈。 诸如：至厦门人民广播电台录制歌颂救火英雄诗作《向秀丽》的诗朗诵；听了厦门五中教语文的翁老师到班里讲授阅读欣赏课后，对五中很向往，旋即与同学"混入"五中，听厦大潘懋元老师的讲座；篮球与足球特长均崭露头角，并加入学校足球队，司右后卫；六年级至赫赫有名的大同小学进行校际比赛，其所在的思北小学队意外战胜大同小学足球强队，他随后又被选入开元区小学联赛冠军队成员，暑期还参加了大同小学夏令营。 这些振奋昂扬的记忆覆盖了困难时期的半饥饿记忆，他珍藏于心底，以至于他晚年作诗云："愿与大同一起少年"，那沉淀在生命底色中的朝气，梦里少年明媚如昨。

童年是理想种子的发芽期。 他刚上小学时的理想是想当一名解放军，随后觉得做医生比较神气。 不过再后来他喜欢上了自然课，从课本上知道的第一个科学家是苏联的米丘林，很快被这位瘦瘦的长胡子爷爷所吸引，视其为偶像，此后较为稳定的理想是当生物科学家，这可谓其园艺爱好的升华。 虽然后来理想如梦，但数十年来，他阳台上如瀑盛开的三角梅，还依稀投射着童年理想的影子。 他一生酷爱大自然，热爱动植物，不能不说有来自于童年时代就孕育的"到处皆诗境，随时有物华"的烂漫情怀。

他自幼就深得父母宠爱。 在兄弟姐妹中，学习成绩遥遥领先，又集智慧、勤劳、果敢、诚实于一身，外加有个性和有态度的人生信条，这让他从小在兄弟姐妹中带有"自然领袖"的气质，凭实力赢得一定的家庭权威。 当两个哥哥还在调皮捣蛋时，他亲手种植的玉米、番薯、豌豆等则被端上了餐桌，供全家享用，仅凭这一点，要想不被大人宠爱都很难。尤其他牛角挂书的好学特质，对于祖上鲜有功名的父亲而言，更是一个莫大的安慰。

(二)不露圭角

1962 年 9 月，郭师以数学 98 分，语文 92 分的好成绩，考入厦门一中就读初中(鲍培元同学，两科平均 98.5，全市第一)。 据悉，其数学所扣两分是一道算术题，需目测一条线段是几厘米，尽管他带着尺子，但没有作弊使用，以致估算错误扣分，这也说明郭师从小就很诚实。 1965 年 9

月，他又以优异的成绩考入同校就读高中。 直至"文革"爆发，他在师资优越的厦门一中念完了初中三年和高中一年。 中学四年是他最为青春昂扬、逐梦奔跑的阶段。 1962 年上半年，我国国民经济经过调整后逐渐恢复元气，饥饿的阴霾已基本从人们的心头扫除。 自初一入学始，他的口粮从月定量的 24 斤变为 27 斤。 每天早饭后踏入校门后的第一件事，就是去厨房用饭票兑换四两大米蒸午餐，母亲常让他带点惠安花生一起蒸，可多点饭量和油水。 中午开饭时，有四个等级的配菜供选择，母亲给他最高等级，一角二分的菜金，但他不时买次高等级的 9 分钱配菜，省出一点作为零花钱。 据他随笔回忆，这种温饱无忧的幸福感弥漫着整个学期，也伴随着他自初一年级开始扬帆起航。 可谓那年花开的金色记忆，覆盖其生命的四季。

郭师中学阶段承袭了小学时期"学思结合"的良习和"见贤思齐"的优点。 他对语文课本中的疑难字词句了然于心，对学校图书室的古诗文过目不忘，对现代新诗也兴趣盎然，对同学们的校园诗刊亦情有独钟。 至于"数理化生英"等科目则稳步前行，"德智体音美劳"愈加全面发展。 例如，初中生物课被他视为小学自然课的升华，十分注重科学观察力的训练。 毛笔书法课遇专业老师指点更上层楼。 初中三年，每天数理化作业完成后，下午必打篮球，或踢足球，球技因常与高手过招而日渐长进，游泳划船亦有所涉猎。 初一期末，他还在校礼堂闪亮登台，在班主任吴瑞意老师的指导下表演男生二重唱《我是一个兵》，领唱《听妈妈讲过去的故事》。 他高一时，数学尤为出类拔萃，而且已全部自学完高二高三的数学课程，并有志于大学读理科。 其英语也毫不逊色，高一年级参加高三段的英语竞赛得了全校第六名。

此外，郭师初一入校时，班级分到一块菜地，轮流种植，无论是技术，还是体力，对从小爱劳动的他而言，简直小菜一碟，完成得又快又好。 自初一到初三，学校每年都要组织到厦门周边农村支援秋收的活动，为时一周。 扛背包、走长路、住民房、睡地铺、下田头、挑粮食，这些艰苦的劳动锻炼，磨练了他吃苦耐劳的意志。 这也为他日后的知青岁月，能够闯过"山一程、水一程"的道道难关打下了基础。 他中学四年的意气风发，内在动因是小学阶段见贤思齐品格的沿袭，"贤者"由身边的同学朋友，扩及众多优秀的老师和长辈，以及书本上的优秀人物。 该品格在其大学和工作中仍被继续发扬光大，以至于他无论是在学习上，还是以后的治学方面，均善于博采众家之长，他在人际交往中善于洞察和学习别人的优点，还善于铭感一切真善美的东西，他始终对人生路上的老师、同学、同仁充满着善意和感恩，这些都体现在他日常生活和工作中的知行合一，以及他晚年随笔散文中对人性光辉的细腻描绘和深切感动。

（三）艺不压身

郭师高一年级接近尾声之际，"文化大革命"正式爆发。由于其家庭成分被错评为"手工业资本家"（1980 年 10 月，由厦门市人民政府改评为"手工业劳动者"），属于"黑七类"子女，故在疾风暴雨的运动中处于边缘化境地。起初，他对于工作组将运动的重点放在批斗学校老师的做法，公开表达过质疑，因而受到班级会议不点名而又彼此心照不宣的"批判"，以至于心情郁卒，此后不仅对运动主动边缘化，甚至有意"逃避"与班里同学的接触，直至晚年从同学口中得知真相，当年那场"批判会"系工作组的布置，才恍然大悟，完全解开心扉。尤为难能可贵的是，他听到同学解释后，不仅一扫尘封已久的心头阴霾，而且带有点自责的意味，感念着同学们当年对他的"明批暗保"，他在一篇名为《水落石出》的晚年随笔中这样写道："现在看来并回味，我班干部和同学对我，其实是在敷衍上级的同时，做了尽可能的缓冲了。我竟未能理解就里而衔怨久久。""一个人闷在心里的几十年幽暗，在重聚的平台上因获新知而豁然开朗。在人生的晚照里，蓦然回首的水落石出，是多么美好的图景啊！"由此可见，郭师为人之坦诚、善良和自省。也由此可知，历经岁月洗礼的同窗之谊，情怀依旧、笙磬同音、弥足珍贵。当然，这些都是后话。

1966 年 6 月，随着学校"停课闹革命"，郭师无奈告别校园，回到墙顶巷，重新思考人生。他除了捡回一些遗弃在学校的小说之类的文学作品以外，还搜罗了五花八门的书，诸如：象棋古谱、武功秘籍、医药推拿，甚至阴居阳宅、星相圆梦、麻衣相术等，躲在自家阁楼上，看得天昏地暗，脑洞大开，文学水平亦大有长进。他回到家一段时间后，感觉升学无望，能找到的书也读完了，就决定像祖辈一样靠手艺谋生。于是他至木工厂跟着惠安老乡学习木匠活和泥水活，自食其力地度过了一段"不知有汉，无论魏晋"的学艺时光。他因能吃苦，有悟性，技艺日渐精进，半年后即可存点工钱交给母亲。至下乡前，其木作和泥瓦工技艺均已学徒出师，达到临时工二级的认定。学木工之余，他还勤奋地跟着油漆工学上漆。 总之，其工匠精神在下乡前，已崭露头角，以至于他后来常将工匠原理融入教学实践和学术方法论中，认为教书和做学问的"求真、求正、求法"与做木工的工匠精神是相通的，惟有"万古不磨意，中流自在心"，方能"静心思水，得其大道"。 此外，那时他每天学完手艺收工后，除了再翻阅那些有限的藏书外，就是从巷头到巷尾找高手切磋象棋棋艺，因而棋艺不俗，堪称"打遍墙顶巷无敌手"，他甚至在听到同学夸他想象力丰富后，还有意进行盲棋训练，以提升图像记忆能力。

再者，那段业余时间，他除了继续钟情篮球足球以外，还跟古城西路一位名叫林清良的民间武术大师学南拳。 林师傅是郭师妹妹同学的父亲，祖籍泉州南安，新中国前后，在厦门街头挑担卖扁食，手工业和资本主义工商业社会主义改造完成后，在街道集体所有制的餐饮店工作。 因他从小受南安武术文化的熏陶，打得一手好拳，业余以此强身健体，也偶尔收徒，传授武艺。 林师傅高寿，前几年才去世。 郭师因妹妹与他结缘，他称师傅为"清良伯"，在高中停学至下乡之前那段学艺后的业余时间，他潜心与师傅学南拳，在一招一式间，不仅强健了体魄和毅力，也从中体味到刚柔相济的道家哲学。 郭师生前对林师傅尊敬有加，数十年来，只要师傅在厦门，每年正月初三日，师兄弟们一定相约去给师傅拜年，众师徒相聚，其乐融融，推杯换盏，高义薄云。 回顾郭师这段习拳经历，或许能找到他自带"侠气"的思想源头。 同时，这段经历也为他日后对太祖拳与五祖拳的关系，以及其他南拳文化具有浓厚的研究兴趣，埋下了伏笔。

纵观郭师的中学生涯，他尽管只将近念完高一，但因初高中四年基础扎实，且自学能力强，不仅完全达到了高中毕业水准，还扩大了阅读面，尤其还精通了木工和泥工技艺，具有较好的理论与实践相结合的能力，这些为他日后的高考入榜和学术人生奠定了坚实的基础。 简言之，中学四年是他枕典席文、奋发图强的四年。 在"文革"动荡年代，由于他具有强烈的独立思考意识，故能分辨是非，不随大流。 对于疾风暴雨式的运动，他曾回忆说："没感到困惑，而是觉得荒唐，默予鄙视，同时努力发展德智体。"他作为老三届的肄业高中生，尽管被迫中断学业，被时代命运裹挟着蹒跚而行，却养成了自强不息、文野兼具的精神品格。

知青岁月：迴崖①沓嶂凌苍苍

（一）插队武平

1969年9月5日，20岁的郭师在人头攒动、锣鼓喧天的厦门火车站，登上了北去的绿皮火车。他作为厦门两万余知识青年中的一员，响应党和国家的号召，奔赴闽西山区接受贫下中农再教育，开启了不平凡的知青岁月。那一年，他家里四兄妹同时下乡，与他同去的还有他的大哥、二哥及大妹。期间，他务过农，也当过农垦战士、更长时间是成为一名基层煤矿工人，直至1977年底，通过高考才结束了这段长达八余年的知青历程。

郭师插队落户的地方为福建龙岩市武平县大禾公社坪坑大队第二生产小队。武平位于龙岩西南部，闽、粤、赣三省交界处，属闽西革命老区。大禾公社（现为大禾镇），位处武平县西北部，距县城58公里，境内重峦叠嶂、山高林密。坪坑大队（现为坪坑村）坐落于大禾公社最北端的边缘，与江西省会昌县永隆乡和福建长汀县红山乡相邻，属闽赣两省三县五乡交界处的偏僻山村。

他下乡前虽对于山高路远的武平没多少概念，但强健的体魄和坚强的意志让他处之泰然。临行前，他给自己准备了沉甸甸的行李，除了各式木工工具以外，竟还有齐眉棍和《古文观止》等书籍。对此，他自有考量，兵马未动，粮草先行。正如托尔斯泰所言："不要欣羡，不要焦急。人类的未来和你自己的命运，是你不应该知道的。但你得这样地生活：那就是要对一切有所准备。"他们四兄妹与厦门一中的同学们一道，乘火车、倒汽车、再坐手扶拖拉机，最后徒步，辗转两三天才到达坪坑大队。他晚年回忆说，前来接应的老乡看到他的行李如此之多，露出了非常惊讶的表情。据悉，到坪坑大队不久，他的两位哥哥和大妹三人，以及其他几位知青，均调换到距大禾公社较远，条件相对好一点的象洞公社插队，

---

① 此句引自唐代李白诗作《庐山谣寄卢侍御虚舟》（《全唐诗》卷一百七十三），因现在很多版本将"迴崖"写作"回崖"，查广陵书社和中华书局等权威版本，均为"迴崖"，从字意和平仄而言，"迴崖"似乎更符合意境和语境，何况李白用字是极为考究的。

兄妹之间也多少有个照应。 但郭师却不愿意申请调换，颇有"不畏浮云遮望眼，自缘身在最高层"的气势，其独立意识和坚强品质，可见一斑。

他插队落户坪坑二队后，一开始与另外三个同学挤在一个小阁楼，后来生产队将村西边缘一间长年深锁的无主旧屋让他与同学柯益群合住，紧邻旧屋的厨房也分配给他们单独使用。 次年秋，柯同学招工至邵武煤矿后，就剩他一人居住。 据郭师晚年回忆：入住该旧屋发生过一件奇事，当年冬天的一个上午，他出屋经过厨房，忽见一青衣黑裤的老太背对着他，在灶前掀锅盖，他定睛一看，人没了。 他虽不以为然，但仍好奇地将此事告诉邻居村民。 方得知此屋原住着一个土匪的小老婆，土匪被镇压，她独居于此，殁后此屋封存，直至郭师入住。 即使是这样的"鬼屋"，他依然惦念。 1997年初冬回坪坑，他首先要看的就是这旧居。 然而，这一带的老屋已拆毁，他只能根据方位来推想旧址。 那"青衣老太"的幻影和"鬼屋"的联想，或许只是厦门青年初入深山后的幻觉和遐想，抑或是晚年对悠远故居的蹊跷记忆，用不落窠臼式的"后现代"叙事手法来加以纪念。 无论如何，燕居深念和抚今追昔的情感却是饱满和真挚的。

郭师等知青们与坪坑老乡们一同下田干农活，挣工分、分口粮，自己开伙做饭，过着"瓦鼎荐蔬食，但取充饥肠"的简单生活。 郭师干农活从不惜力气，一百七八十斤的重担挑在肩上，翻山越岭如履平地。 翌年春，生产队里修造灌溉稻田的水圳，他曾一次次地扛起一百斤袋装水泥，一口气走完三四里的圳脊。 不过，对于这些大城市的青年来说，农村生活的艰苦，还是超乎了想象，起早贪黑和繁重的体力劳动，亦只能勉强温饱。 据悉，当时闽西各生产队里只有农历"三月三"和"九月九"才会杀一头猪以示节日庆贺，七八个或十来个知青亦只能定量买到一两斤的猪肉打牙祭。 而且刚开始因为知青缺乏采蘑菇、摘坚果、挖山莲藕等地方性知识，伙食较当地农民更为单调和困苦。

大约两个多月后，郭师被调往大禾公社社队企业木工组干木工活，有时也干泥水活，干一天有10个工分，早出晚归，仍独居旧屋。 此举可谓人尽其才，他那些千里迢迢带来的木工工具终于有了用武之地。 虽然木工活并不轻松，但相对农活而言，劳动强度有所降低，且专业技术性强，加之他又爱钻研，木工泥工皆干得又快又好，年底还被评为"优秀社员"，其劳动成就感大为增加。 武平山区的日子寂静而清苦，但劳作一天，傍晚收工时，他也会与其他几位知青，对着夕阳西下的闽西大山，放声高唱《喀秋莎》《莫斯科郊外的晚上》《红梅花儿开》等苏联流行歌曲，疲劳因此被驱散。晚上则可倚在床头，挑灯夜读一番，此时他心中宛若皓月当空，寒江不动。

(二)招工农场

1971 年 3 月，郭师被招工至龙岩生产建设兵团第七团龙岩青草盂农场，做了一名农场工人，农忙时务农，农闲时做木工，其身份由武平乡下知青农民转换为龙岩兵团农场知青工人，由挣工分升级为领工资，户口亦由武平县大禾公社坪坑大队迁至龙岩农场。龙岩生产建设兵团属于福建生产建设兵团第一师，下辖七个团，成立于 1969 年 12 月，职责以煤铁矿开采冶炼为主，兼营农副业。而福建生产建设兵团是福州军区为贯彻中共中央"备战备荒为人民"战略方针和加强"小三线建设"，维护社会稳定，促进生产，实行政治、军事、经济三位一体管理的"准军事实体"，全省授予四个师、二十一个团的番号。福建生产建设兵团实际是以全省九十一个国营企事业单位为基础，以就近划归的国营单位干部、职工和兵团征集的无军籍"兵团战士"编组而成，以解放军部队派出的干部为领导骨干，连以上的军政主官为现役军人，生产范围涵盖厂矿、基建、农业、林业等各种类型。经广大干部、职工和兵团战士艰苦卓绝的努力，兵团在各项生产建设中取得了不小的成绩。但因囿于时代局限，也存在着一定的体制和管理的弊端。

从以上可知，郭师既是农场工人，亦相当于龙岩建设兵团从插队知青中征集的无军籍农垦战士。他在此工作共 22 个月，为农场建设付出了大量的辛劳和汗水。其时实行军事化管理的农垦兵团，生产任务繁重，劳动强度大，生活依然十分艰苦。由于菜里油水较少，加之他劳动时总是埋头苦干、奋勇争先，每天不到饭点就饥肠辘辘，常需要去地里找点剩下的番薯、萝卜之类的东西来充饥，嗷嗷苦之，令人唏嘘。

白天辛苦劳作，傍晚他常与三五好友打打篮球，或者哼唱革命歌曲，苦中作乐。夜晚阅读则是他最大的乐趣。农场晚上九点准时熄灯，他就秉烛夜读。有一次连长巡夜发现他在读《古文观止》，认为是"毒草"，予以没收并烧毁，郭师对此心痛不已，以至于晚年还对该连长的名字记得一清二楚。这在文化沙漠的年代，烧掉的不仅是一本书，而是精神寄托。 不过，没收和焚烧阻挡不了知青们对知识的渴求。 他所在连队里一位福州籍知青战友，得知龙岩一中图书馆里封存了许多书籍，曾半夜翻天窗"偷来"一批。 这些书以外国小说名著为主，知青们争相传阅，看完后再集中"悄然"送回。 郭师为多看几本书，通宵达旦地阅读以加快进度，以至于视力锐减，曾一度得了夜盲症，此举堪比囊萤映雪。

（三）转战煤矿

1972 年 12 月，龙岩兵团农场解散，郭师被调至邵武煤矿，命运再次被时代的车轮驱动着继续风雨兼程。 邵武煤矿地处闽西北的南平市邵武县（现为邵武市）。 邵武地处武夷山南麓、闽江支流富屯溪中上游，史称"南武夷"。 其建县历史悠久，崇文重教之风浓郁，林业资源、矿藏资源、水资源等极为丰富。 早在清末民国时期，该县就已有人开办小煤窑。 1958 年，全县合并数个小煤窑，成立县属"下云煤矿"，1960 年被福建省燃料局接收，正式成立省属邵武煤矿，进入正规开采时期。 成立之初有正式职工、干部及临时工 1300 余人，尔后企业规模日益扩大，直至 2017 年矿井关闭，完成 59 年的原煤生产历史，为福建经济发展做出了不可磨灭的贡献，也承载着像郭师这样的煤矿人沉甸甸的回忆。 邵武煤矿在兵团时期（1969—1974），归属龙岩生产建设兵团第六团，这也不难理解郭师为何从龙岩农场调往邵武煤矿。

郭师一开始被安排在邵武煤矿的一号井采煤。 一年后，领导发现他毛笔字写得好，且多才多艺，被当作"秀才"调至采煤连担任文书，当时称之为"以工代干"。 其工作职责主要是承办宣传栏、撰写宣传稿、广播稿、起草文件等。 但因生产任务重，文书工作并不全脱产，常需下井挖煤。 这种文书兼矿工的工作一直持续到 1978 年 2 月他上大学前，历时五年有余。 较之公社和农场，煤矿井下作业不仅艰辛，而且充满危险，了解郭师这一段特殊的生命历程，就不难理解他教书生涯中的坚韧耐劳和大爱无疆。

为了解一线采煤工人的工作环境，我特地访谈过我的同事唐老师，20世纪 90 年代初，他曾在安徽淮南某煤矿的井下做过测量员的工作。 据悉，除极少数露天煤矿以外，多数煤矿的采煤层大都在深达数百米至上千米的地下。 矿井有立井与斜井之分。 如果是立井，采煤工人首先得乘坐大罐车（类似垂直升降机），抵达数百米的地下，有些较深的煤矿除了乘坐大罐车之外，到了罐底还需换乘斜井车自斜坡才能到达井下的主巷道，从主巷道到真正工作面，还需要走几百米的路程，有些更深的工作面还需步行向下走数百级台阶才能到达。 至于斜井，除少了乘坐垂直大罐车以外，其余大同小异。 由于早期的工作面条件较差，许多采煤工人作业时得猫腰作业，而且井下的通风、采光十分有限，为了保质保量地完成额定的采煤量，工人们只能赤膊上阵，锲而不舍地一镐接一镐地掘煤。 不少长期井下作业的矿工因吸入粉尘而患上矽肺病，此病难愈，非常痛苦。"瓦斯（爆炸）、火灾、渗水"为井下三害，尤其要特别警惕矿石摩擦起火、衣服静电起火等明火引发的瓦斯爆炸。 对此唐老师告知："随着科技的进步，现在的煤矿安全多了，但二三十年前，一线采煤工的心理压力要远远超过战场，因为战场能够判断敌人的基本方向，但矿井你永远不知道危险来自哪里。"20 世纪 90 年代的淮南某煤矿尚且如此，70 年代邵武煤矿的情况则可想而知。

郭师具有五年多的一线采煤经历，也不幸地染上了轻微的矽肺病，肺功能有所减弱。 他生前运动量增大和讲话较多时，往往会出现轻微的气喘，不过他向来藐视一切艰难困苦，对此毫不在意。 其实这已给其强健的体魄埋下了隐患，甚至他垂危时因高血糖并发症引起的呼吸衰竭也与此不无关系。 但邵武煤矿的工作经历在他的人生历程中是极为铭心刻骨的，甚至被他赋予生命能量符号的意义。 井下采煤的艰辛和危险，不仅磨练了他坚强的意志，更塑造了他胸怀苍生、简单知足、不辞劳苦的精神品格。

他与工友们在朝夕相处中结下了深厚的友谊，更懂得他们的喜怒哀乐和底层生活的不易。 每当月末矿上食堂杀猪改善晚餐伙食时，他每次都将自己珍贵的肉票餐券送给多子女矿工家庭。 开饭时，他就饿着肚子独自沿着晒口镇的铁轨方向，大步流星地往前走，直至夕阳西下，直至月明星稀，再原路返回。 没有惊心动魄的思想斗争，但他的耳旁有个骄傲的声音在回荡："我是共和国多么优秀的青年。"① 这种"自虐仪式"，在当时需要何等的勇气和毅力，没有人强迫他这么做，他视之为精神洗礼，这

---

① 这句话是郭师自我激励的话，因为 1949 年出生的他，正好与中华人民共和国同龄，他以"做共和国优秀的青年"为理想目标，此处的口气带有一点"保儿柯察金"式的英雄气概和向理想靠近的自豪感。 他给厦大 2004 级人类学博士班上课的时候，还曾倍感骄傲地回忆起当年说这句话时的情境状态和心理感受。

也奠定了他灵魂深处有苍生的高贵品质。

倘若遇上工友不幸矿难，担任文书的他，负责撰写悼词和起草善后文件，亲手制作哀悼的白花。昔日鲜活的生命转瞬就在眼前消失，亲眼目睹工友家属的悲痛欲绝，他感同身受，心如刀绞。他自己于井下采煤，又何尝不是充满着未知的危险。但他对这份工作却非常满足和珍惜，并倾情投入，认为能够参与时代建设，流血流汗又何妨。他甚至做好了在煤矿干一辈子的心理准备。他业余除了坚持打篮球，强身健体以外，还自学了山东矿冶学院编写的"采煤学"等课程，立志为祖国建设多产好煤。正是这种脚踏实地的干劲和乘风破浪的情怀，让他两个年度被评为邵武煤矿"学大庆先进个人"，还获得过文艺创作奖，他写的广播稿则被省广播电台采纳过三篇。

煤矿的艰辛，磨灭不了他的诗心诗意和时代激情。上班歇气时工友们聚在一起闲聊，他则喜欢躲在一旁吟诗。他最喜欢吟诵郭沫若《炉中煤》中的那几句："我想我的前身，原本是有用的栋梁，我活埋在地底多年，到今朝才得重见天光。"他在晚年随笔中还忆起采煤连具有大哥风范的知青战友卢礼明与他情深潭水般的友谊："在富屯溪畔，我们吟咏、谈论当时已被打倒的闻捷、郭小川和蔡其矫的诗歌。那时，我们像蚂蚱似的在诗歌园地跳跃腾飞。夏夜，我们顺着铁路向南走到七八公里外的拿口，漫谈理想人生，忧愤文明的损毁。那时，心高气盛的我们幻想：即使渺如萤火，也要为夜行的祖国照路。富有想象和思想张力的诗歌仿佛上升的气流，让心灵和语言凭风翱翔。尽管矿井幽深黑暗，内心却有一片蓝天。"他的坚忍乐观和理想主义精神，活出了如作家木心所言的境界："所谓无底深渊，下去，也是前程万里"。

郭师八年多的知青岁月，不仅只有插队落户，也有拓荒农场，更有掘进煤矿。他的知青人生是多样态的，但光阴的底色饱含着苦涩和艰辛，既有劳其筋骨，也不乏饿其体肤。但他始终不抱怨、不妥协，更从未蹉跎岁月。三千多个沉闷单调劳作的日子，刚开始难免有"长亭更短亭，何处是归程"的心绪，或许心头也曾泛起过"青青子衿，悠悠我心"的涟漪，但更多的是在日省月修中，经历着千锤百炼。他在参透生死名利和自强不息的生命升华中，心中永恒守护着一轮冰壶秋月，理想的信念里始终装着辽阔的星辰大海。岁月给了他风霜，他却报之以歌；青春的年轮烙下了酸涩，他却报之以爱和温柔。正如他自己所说："河流不因险阻而停顿，青春不因挫折而萎靡。像重压下的号子，没有呻吟，惟有咏叹"。

郭师将峥嵘深邃的知青岁月珍藏在记忆的深宫，化为重返厦门后工作和生活中的思想清泉。在天风海涛陪伴的时光里，他常忆起武平小山村居住过的小土屋，脑海中常浮现客家老太第一次教他舂米的温暖场景，也常感念闽西大山对他的呵护。邵武煤矿更是他挥洒汗水的地方，他在那里与工友们"并肩作战"，命运与共，因而他始终牵挂和关怀着工友们的生活与煤矿的发展。也正是不平凡的知青岁月，让他深入到传统底边社会，阅读到普通而多样态的生命，更加懂得娑婆世界的本质："人生五份，两份苦厄，一份欢欣，一份凄凉，一份离别泪。"故悲悯恻隐之心油然而生，深入骨髓。

因为他苦过，他不希望别人苦；因为他累过，所以他坚韧无比。苦过累过，让他慈悲、知足、感恩，看淡名利浮华；也让他活得有强度、有韧性，扛得起任何艰辛劳苦；更让他无所畏惧无所求，一辈子铮铮铁骨、特立独行。他知晓："人生本曲折，尘世多纷扰"；他也坚信："心若有晨光，岁月不蒙尘"。他亲睐鸿俦鹤侣，一日三省，知行合一。他将理想的花朵绽放为爱的春风，滋养着他的事业和学生，成为教之楷模、师之典范，人之榜样。

大学时光：读书不觉已春深

（一）金榜题名

1977年10月21日，在邓小平同志的大力倡导和支持下，《人民日报》头版头条刊登《高等学校招生进行重大改革》一文，宣告即将恢复中断十一年的高考。此可谓"忽如一夜春风来"，人们奔走相告，喜讯一日之内传遍了大江南北；亦犹如平地一声惊雷，唤醒了千万个中国青年沉睡的大学梦。当已满28周岁的郭师听到这个消息时，刚忙完邵武煤矿采煤连的生产调度工作，风尘仆仆间，有点将信将疑，但很快意识到时代的春潮已来临，遂决定报考。他本想报理科，因复习时间太短而改报文科。他11月中旬完成报名手续后，业余时间加班加点备考。

由于他基础扎实，且从未放弃看书，邵武煤矿中学还组织了高考培训班，老师们卯足了劲义务辅导，还有知青朋友卢礼明寄来整套复习资料，故复习成效明显。 一个月后，他怀着"一颗红心、两种打算"的心情走进县城的考场，轻松答题。 不久得知高考成绩不俗，其中语文是强项，数学尤甚，差 3 分即满分，其余各门科目亦佳。 1977 年 12 月，郭师因高考取得高分而获得高考初选体检和填写志愿资格。 他填报的第一志愿是厦门大学考古学专业，第二志愿是福建师范大学汉语言文学专业。 但最终能否录取，还有各种因素的综合考量。

1978 年 2 月初的一个早上，郭师突然接到邵武晒口镇邮电分局催他领取挂号信的电话。 他放下电话，还有点纳闷，以往所有信件都是邮递员十点以后送到矿上来的。 他急忙赶到了邮局，站在高高的柜台旁，接过面露喜色的邮递员递上的厦门大学招生办信函，激动地撕开信封，取出大学录取通知书，情不自禁地喜极而泣，泪水在粉红色的录取函上晕开了几簇"梅花"。 他久久凝视着信函，有一种是梦非梦的感觉。 让他意外的不是成绩，而是政审。 因为他对于能否通过政审这一关，一直忐忑。他还在厦门一中读高一时就听说，家庭出身不好的同学，大学报名表上可能会写上"建议不予录取"几个字，因而他对上大学不抱有过多的幻想，心想得之坦然，失之亦坦然。 但当他拿到录取通知书的那一刻，还是不可抑制地心潮澎湃，脑中突然一片空白。 诚如他所言："犹如经历了数月的阴雨，一朝久违的朝阳爬上苍穹，万道金光一扫阴霾，人的情感瞬间被蒸发了。"

对郭师而言，1978 年邵武早春的腊梅是极为绚烂的，那年的春节也是最为愉悦的。 收到通知书后，还有几天即过年。 但他并没有"即从巴峡穿巫峡，便下襄阳向洛阳"那般急匆匆喜洋洋地赶回厦门过年，而是兢兢业业站好最后一班岗，真诚低调地与工友们话别，从容地办理户口迁移等相关手续，临近开学才返回厦门。 离别前，他将珍藏的生活用品和陪伴多年的木工工具大都送给了工友，只留下两把锯子作纪念，以示不忘本。 这次回到熟悉的墙顶巷，与八余年前的离别心境迥然有别，颇有几分"雄关漫道真如铁，而今迈步从头越"的气度。 回来不久，适逢月老牵红线，他又结识师母这位当年同样做过知青的邻家女孩，秦晋之好，来日可期，喜上加喜。

(二)金色年华

1978 年 2 月 28 日，春寒料峭心似火，29 岁的郭师正式来到厦门大学历史系报到，住进了梦寐以求的大学生寝室。 那年他最心仪的考古专业没有招生，被调剂到相近的历史专业，他亦颇为满意。 因他进入大学前已有近七年工龄，按国家政策可带薪读书，故能衣食无忧地享受"闲门向山路，深柳读书堂"般惬意的大学时光。 他对此深怀感恩，但内心从未自得，一直遗憾一些优秀的知青同学未能如自己"幸运"。 因而他一向保持低调，甚至在街坊邻里中长期以木工身份示人，以至于后来很长时间，不少老街坊只知"木匠郭"，而不知"教授郭"。

1978 年 2 月，厦门大学恢复为教育部部属全国重点大学，迎来改革开放新篇章，群贤毕至，重振雄风。 郭师就读的历史系亦底蕴深厚，名师辈出。 他所在的"文革"后首届恢复高考的 1977 级，是我国高教史上的特殊群体，具有时代象征意义。 他们大都吃过苦，挨过穷，然"穷且益坚，不坠青云之志"。 新大学生们以只争朝夕的精神，如饥似渴地学习，当中藏龙卧虎者甚众。 郭师更觉时不我待，常孜孜不倦、废寝忘食，读书不觉已春深。 他曾回忆说：进入大学后，入夜，图书馆、教室里灯火通明，同学们都在专心学习，有时空位不足，他和室友甚至到食堂"占领阵地"。 当时，厦门大学校刊摄影记者潘万华曾用一张"星汉灿烂"的照片，记录下这静谧而又震撼人心的夜读场面。

大学四年，郭师勤学好问，自强不息，阅读广泛，尤其喜读马克思传记，且善于独立思考。 他系统地修完历史学本科专业学位相关课程。 诸如：中国通史、世界通史、哲学、马列经典、中国史料学、中国经济史、中国思想史、隋唐史专题、宋史专题、明清史专题、东南亚专题、台湾史专题、日本史专题、亚洲现代史、国际关系、专业英语、说文识字等。 他在大学时代，不仅扎实掌握中外通史、断代史、国别史、专门史等史学基础知识，对史学理论、文献学、史料学等更是认真钻研、孜孜不辍，还广泛涉猎哲学、考古学、文学等经典著作，因此打下了坚实的史学基础，奠定了文史哲相互融合的新格局。 他期末考试成绩则从第一学期的优良到随后每学期的优秀，每门课均在 90 分以上。 此外，他还旁听了文史哲方面的其他课程，甚至对物理学也很感兴趣，认为"学应有师，但师不应寡而宜多"。

郭师进入大学后承袭中小学"学贵在疑"的传统，注重学思结合，科研潜质渐现。 他常压缩生活费，有计划有系统地购买全部辞海分册等科研工具书。 因其写作能力突出，被历史系委以重任，负责系学生刊物

《求实》的主编工作，其科研能力脱颖而出。他还像海绵一样吸收众多优秀老师的教学与治学经验。例如，他在大三时担任史学大师傅衣凌先生"明清经济史"课程的科代表，特别留意傅先生讲述的"由小见大"的历史研究方法，因课后常送傅先生回家，故多了些耳提面命的机会。他在与傅先生的近距离接触中，增长了知识，并得到先生亲切的鼓励，坚定了科研的信心和理想。郭师的本科毕业论文题目为《从马克思的思想发展看亚细亚生产方式》，因论点有创新，分析有力度，尤能以图式表达复杂的理论问题，而获得"优秀"的好成绩。本科毕业论文的探索为他后来的研究生深造奠定了良好的基础。

他在大学期间继续将"见贤思齐焉，见不贤而内自省也"这一优良品德发扬光大，从各方面向优秀的同学看齐。例如，他善于发现别人的优点，积极取经，为己所用。但对于同学中的不良习惯，他也会当面指出，事后又反思自己与人沟通的方法，以求改进。他为人坦率、正直，充满着正义感，曾在校内外制止过两次斗殴事件。他非常乐于助人，经常帮助学习或生活上困难的同学，还会为扭伤的同学进行推拿治疗。此外，他还十分爱好文娱体育活动。诸如：积极参加学校各类歌咏比赛、代表校足球队参与省高校大学生比赛，以及厦门市国庆杯足球赛等。他对篮球、武术、水上项目等均有着广泛的爱好。文体爱好既强健了体魄，也快乐了身心，让郭师在似水流年的大学时光，意气风发。此外，大四（1981年）那年春天，正当32岁的郭师踌躇满志地备战考研时，又有弄璋之喜，可谓家成业就，天地祥和。

（三）更上层楼

1982年2月，郭师历史学本科毕业，与其同学石奕龙老师一道，考取厦门大学东南民族史专业硕士研究生，师从陈国强教授。硕士研究生三年，开启了他孜孜以求的科研发展之路，建构起日益丰富的知识体系和日益清晰的学术蓝图。他惜时如金，奉颜真卿"三更灯火五更鸡，正是男儿读书时"为圭臬，达到"发愤忘食，乐以忘忧"的境界。生活上，他居不重席，食不求甘，购书则毫不在乎价格。读研期间，他以人类学家林惠祥先生为精神楷模，跟随陈国强先生、蒋炳钊先生等老师系统地修学东南民族史相关课程和人类学田野调查理论与方法，从历史学、人类学、民族学、考古学等相互结合的视角，广泛涉猎畲族、台湾高山族、回族、疍民、客家等东南族群研究和闽台地方文化研究。 为了提高民族志阅读效率，他还独创"影像阅读法"，即将叙述文字转化为影像记忆。

他谨记导师陈国强先生在研究生入学时对他讲的话："人格培育和学问修养是同行的。"在行走于闽地山区的田野调查中，他近距离感受导师的人格魅力和求知若渴、吃苦耐劳的精神。 此外，他还从古今圣贤中学习"君子卓尔不群"的智慧，以独处修养心性。 正因勤奋而又善独立思考，郭师在读研期间，科研文字屡有面世。 研一时，其论文《台湾高山族的名称和划分问题》，收录于陈国强先生主编的《郑成功与高山族》一书。 是年，他还为《中国大百科全书·民族卷》撰写过若干词条。 研二时，其长篇田野调查报告《白奇回族墓葬》，收入陈国强先生主编的《福建省惠安白奇回族调查报告》中。 研三时，他又与导师合作发表论文《高山族雅美人的崖葬》(《民族学研究》第四辑，民族出版社，1984年)和《台湾高山族的主要葬俗》(《民族文化》1984年第4期)。 1984年秋冬时节，他还与同门石奕龙老师等四位研究生作为助手，协助时任厦门大学人类学系外聘教师、美国爱荷华州立大学人类学副教授黄树民先生在厦门北郊"林村"做田野调查，前后历时十个月，在耳濡目染中受到正宗美国人类学视野的熏陶与洗礼。 助手工作后期，他与石老师的身份也从研究生助手，转变为青年教师助手。 无疑，这段助手经历，对其日后的人类学专业教学与科研工作，均具有积极的影响。

1984年12月26日，郭师经过三年孜孜无怠的学习与写作，终于迎来了硕士论文答辩的日子。 其硕士论文题目为《清代汉族与高山族的经济关系》，答辩主席是正在厦门大学人类学系兼课的黄树民先生。 其论文因研究深入扎实而获得答辩组专家的一致好评，数日后以优异成绩获得历史学硕士学位，并留校任教。 至此，他三年研究生深造圆满结束，同时也见证和参与了厦大人类学专业和学科复兴的时代春潮，其人生再次扬帆起航。

教书育人：一片冰心在玉壶

(一) 潜心教学

1984 年 12 月底，年过 35 周岁的郭师硕士研究生毕业，留校工作，正式成为厦大人类学系的一名助教，从此开启教书育人新生涯，直至韶华不再，直至丹心倾尽。在他心目中，"教师"二字极为神圣，远不只是一种职业称谓，而是值得全身心投入的使命。他始终用生命的激情，知行合一地热爱着这份工作，努力将"学高为师，身正为范"践行到极致。究其动因，一为感恩，二为使命。在他看来，流水再长也思源，他感恩人生中诸师教泽，感恩有缘大学梦，崇奉以德报恩，希望用一颗奉献的心来回馈社会。作为共和国的同龄人，作为在最艰苦的基层奋斗过的知青，他具有强烈的时代使命感和社会责任感。诚如他生前在厦门晚报一篇有关纪念高考恢复四十周年的访谈中所说："我得益于时代，得益于高考，得益于教学。自己当老师后，更当涌泉相报。"

郭师对教书育人的倾情投入，一方面表现在对教学方法的反复探索和课堂上的精益求精，另一方面表现在对学生呕心沥血、没有门户的大爱。教学方法的探索，是他刚留校做助教时，就反复琢磨和千思万虑的主题。他尤其善于"以师为范"，努力学习和总结前辈们的经验。他生前曾回忆说：在厦大就读的 7 年时光里，很多老师旁征博引的讲课给他极大的启迪。例如，恩师郑学檬、傅宗文、陈诗启等人的课堂教学极具魅力，让其受益匪浅。他还以自己诸多优秀的中小学老师为楷模，学习他们精雕细琢的教学态度和引人入胜的教学风格。因为数学是他的强项，他就着重将中小学数学老师的教学经验上升到教学方法论来思考。例如，他常回忆起小学高年级教算术的洪伯起老师，在五年级算术教学中就采用了接近代数的思维，讲课幽默、化繁为简；他还想起初二年级教平面几何的许万礼老师，讲课注重逻辑思维，层层推理如破案；他甚至还十分留意电视中介绍的优秀数学老师的教学经验："我在大学任教后，看电视听福安一中数学老师李迅①在介绍教学经验时说：教学的关键在于将课本内容转化为有味道的教学语言，顿有大悟。教学不止是传授知识，还传递、激发着情感。缺乏情感的知识，是停滞的河水。"他还从初一书法课老师陈美祥先生的教学风格中得到启示："优秀的老师授课，不是专为优秀生服务的，而是让绝大多数学生都能产生兴趣和动力。"

他在教学中努力将众多优秀教师的教学经验融会贯通，注重生动性、逻辑性、方法论，始终恪守调动同学们普遍积极性的原则。他还十分注重大学课堂内外与学生的互动，践行互动式教学以调动全体学生的学习热情。他在指导学生田野调查时，与学生同吃同住，师生之间亦师亦友。他总是言传身教，诲人不倦。再如，1990年秋冬，他与邓晓华老师等带领厦大人类学系一个毕业班到福建南靖县书洋乡塔下村田野调查，当时师生们寄宿在村里小学，该小学还有一个幼儿班，他除了给四年级上语文课，兴趣盎然地实践其互动式教学法以外，一有空就给幼儿班讲故事，教唱闽南儿歌，津津有味地与小朋友们互动。在他看来，不论何种类型和级别的教学，互动式教学方法论是相通的。

他还尤其善于将教学实践上升到理论的思考。1985年，他在厦大教务处蜡刻油印的《教学通讯》上刊发了《谈教学的双向性》一文，被时任厦大副校长的潘懋元先生推荐到《福建高教研究》期刊发表。1987年10月，他升为讲师后，又给人类学本科生开设"专业英语"等课程，努力用"标准的伦敦英语"给学生讲授文化人类学研究方法，竭力让学生们与西方人类学理论接轨。1988年3月至1989年2月，他公派赴菲律宾雅典耀大学（Ateneo De Manila University）社会学与人类学系，系统地进修文化人类学，人类学功底愈益扎实，尔后其专业英语课程也开始带有"南洋英语"味道。进修前后，他又相继在《福建高教研究》上发表《如何上好跨系选修课》（1988）和《从传播人类学的角度谈课堂讲授》（1990）两篇高质量的教学论文，深度阐释教学方法论上的"工欲善其事，必先利其器"。

---

① 李迅（1962— ），福安人，优秀中学数学教师，能力超群、成绩卓著。1980年毕业于宁德师范专科学校（现为宁德师范学院），分配至福安一中工作。1991年任该校教导主任，分管教学的副校长。2002年，任福州第一中学校长。郭师刚留校参加工作时，李迅老师也才参加工作四五年，但其卓越的数学教学能力已崭露头角，因而深深地吸引了郭师这位当年刚参加工作的电视观众。这也说明郭师见贤思齐的品格。

此外，他留校不久，在陈国强老师和蒋炳钊老师的指导下，继续以极大的热情参与方兴未艾的厦大人类学学科建设，与石奕龙老师等同门参与《人类学概论》和《中国人类学学会通讯》等教材与学术动态的编写；协助接待国内人类学、民族学、考古学等专家学者的来访；参加黄树民先生主持的，全国性的应用人类学培训班；还以青年教师和师兄学长的双重身份，指导人类学系本硕学生的人类学田野调查和学术沙龙等。同时，他还以助教身份给人类学系1984级本科生开设"人类学概论"选修课。以上诸种努力，体现了他为厦门大学雏鹰展翅的人类学学科建设和人才培养做出了不负时代的应有贡献。

（二）春华秋实

天道酬勤，醉心教育的郭师经过四五年的努力，其教学和管理能力崭露头角，多次载誉而归，并被委以重任。例如，1989年，荣获厦门大学青年工作积极分子称号；1990年至1994年，担任人类学系分管教学的副系主任（副处级）；1991年，荣获福建省优秀教师称号；1991年12月，获聘为人类学系副教授。在此期间，其教学工作与教学管理工作齐头并进。毫无疑问，郭师对于厦门大学人类学系专业和学科的起步与发展，具有筚路蓝缕之功。20世纪90年代初的全民经商风潮波及高校，部分冷门专业囿于时代就业环境的影响而被关停。历经十年风雨兼程的厦大人类学系，亦难逃其命运而被撤销，可谓好梦难圆，引以为憾。1994年7月，人类学系停止招收本科生，考古专业复归历史系，人类学专业的教学人员则转为人类博物馆和人类学研究所人员，继续从事人类学的研究和中国民族史与文化人类学方向的研究生培养工作。

此后，厦大人类学研究所成为人类学研究和专业人才培养的阵地。也正因为这一阵地的坚守，保存了人类学的学术传统和师资力量，十年后，适逢新世纪，在此基础上人类学系方能东山再起。在这十年蛰伏期间，一开始担任人类学研究所所长一职的为蒋炳钊先生，郭师协助蒋先生分担部分行政事物。1996年，他接替蒋先生成为人类学研究所的代理所长，为人类学研究所的实际负责人。2000年3月，郭师被正式任命为厦大人类学研究所所长，直至2004年5月退任（退休后实际还负责了一段时间），前后任职时间长达近十年。在任职期间，他成功地推动研究所获得厦门大学人类学博士学位授权点，实现了厦大人类学专业与学科建设的时代飞跃。 同时，他与蒋先生等为厦大人类学系复办成功做出了很大的贡献。

自20世纪90年代始，郭师的教书育人生涯进入蒸蒸日上阶段。 其教学、科研及行政工作能力日益突出。 他历年教学测评成绩一如既往地为"优秀"，还承担多项重要科研项目，尤其还承担了国家"九五"科研重点项目，其教学与科研终平衡发展。 他在1991年升为副教授以后，实际上已具备硕士研究生导师资格（早在助教期间，即经常协助导师，以师兄和老师的双重身份对同门师弟进行过论文写作指导），但由于当时招生名额较少，时至1993年，他才协助辛土成老师共同指导硕士研究生，直至1995年，他开始单独招收硕士研究生。 期间，他还受中美学术交流委员会的委托指导过美国博士生。 1997年12月，他以卓越的教学能力和丰富的科研成果，获聘为厦门大学教授。 2002年获得博士研究生导师资格。

此外，他在教学和科研之余，还积极参政议政，很好地履行了一位正直的知识分子对国家和社会应尽的职责与义务。 例如，他于1999年2月加入中国致公党，自2000年12月以后，历任中国致公党厦大总支副主委、主委等职。 2003—2007年，他还担任厦门市第十届政协委员。

自1999年始，郭师进入大衍之年后，更加惜时如金，常吟诵"子在川上曰，逝者如斯夫"，朝乾夕惕，无冬无夏。 他几乎每天孜孜不倦工作到深夜，尤其为了人类学专业硕士研究生和博士研究生的培养工作，可谓钵心刿目、殚精竭虑。 相传，有一天半夜他突然惊醒，想到自己已年逾半百，距花甲之年，大约十年光阴，于是连忙半夜爬起来，伏案写作，又在邮件中给学生们详尽地答疑解惑，直至天亮。

他自留校任教以来，除了依次开设人类学概论、专业英语、文化与传播、人类学田野调查等本科课程以外，还承担了民族学概论、马恩人类学著作研读、文化研究专题、人类学田野调查方法、东南汉人社区研究、东南民族研究、研究生论文指导、社会综合调查、东南民族历史文化、历史人类学理论方法、历史人类学与东南社会等硕博学位课程。 直到退休后，他仍然在漳州校区给人类学本科生开设专业课，也给全校本科生开设公选课。

郭师在三尺讲台默默耕耘了数十年。 对于教育的理念和教学的方法，他总是镍而不舍地潜心探索，精进不止，竿头日上。 对于讲课的实质，他曾一言以蔽之：教师讲课其实就是"解经"，需要深入浅出，将复杂的问题简单化。倘若由复杂到复杂，则说明教师的思路还不清晰，或者忘记讲课的功能而陷入自我言说状态。他也曾用传播学的原理来阐释讲课艺术，认为只有将艰涩的理论融于经验世界，化于无形，了然于胸，讲授时才能"微风和煦、含馨吐蕊"。

他的讲课风格独一无二，略带闽南口音的普通话，语调抑扬顿挫，肢体语言生动活泼。他在讲授中往往妙语连珠，更有喷薄而出的思想火焰和高屋建瓴的方法论与逻辑体系，引人入胜，如坐春风。他始终认为，一个大学老师如果不潜心教学和心系学生，是本末倒置，有愧于国家的培养和教师的职责。在教书育人这条道路上，他钟情一生，数十年如一日。

对于教学与科研的关系，他向来视之为教书育人中的"一体两翼"，认为二者缺一不可。他还将二者视为两架马车，理应相互促进，并驾齐驱。他还认为，教授学生，不是知识的简单罗列，而是让其学会科学的思维，授人以鱼不如授人以渔，其前提是教师的倾情投入和用心引领。他在课堂教学中常常活用和借鉴大学老师陈诗启先生寓科研于教学的智慧："从典型史实的细微处入手，再让细微的事实链在分析中导向意义，这是陈先生教学着意的运力点。抽象与具体的往复是教学活动的重要形态。历史事实不等于历史研究的科学事实，只有纳入科研的视野和程序的历史事实才是历史研究的科学事实。洞察历史总是起于青萍之末，由个别事物的分析研究发展到诸多事物的综合研究，不仅是认识真理的正常程序，也是学生研究能力成长的正常程序。课堂上，当我在柳暗花明的顿悟后，回首那些看起来平淡无奇的事实正是来途的铺设时，方觉科学的精微事实之妙用。"如此，薪火相传，教学互长，一路芬芳。

郭师教书育人生涯，成绩卓然，桃李争妍，但背后离不开师母胡友娜女士的默默支持和无私奉献。师母出生于厦门，家中姊妹两个。其母与郭师母亲为世交，情同姐妹，两家又为近邻，其外祖父为缅甸华侨。1969 年，年仅 17 岁的她，至闽西上杭县蛟洋公社插队落户，三年后招工返城，至厦门食杂公司糕点厂工作，1996 年 12 月企业改制下岗后，随即至张裕公司厦门供销点做临时工，直至 2002 年退休。师母温婉贤淑、蕙质兰心，用郭师生前的话说，她有一双不一般的慧眼。正因师母的勤俭治家和任劳任怨，让郭师免除诸多生活琐事，故能潜心教学与学术。郭师看在眼里，记在心里，时不时来点幽默金句，实则是感佩夸赞。

郭师儿子郭航出生后至小学阶段，由其岳母协助抚育，解决了他很多后顾之忧，故能一心向学，踏上工作岗位后，继续扬帆远航。当然，他对岳母也极其感恩，在岳母年迈时，对她照顾得无微不至。郭师的儿子郭航，从小到大，学习自觉、生活自律，他大学毕业后，至厦门晚报社从事美术设计工作，干得有声有色，现已升为厦门晚报社的美术设计总监。郭航先立业，后成家，觅得良缘后，于2009年5月，迎娶佳人郑玲，郭师甚为欢喜。儿子大婚那天，他一改往日讨厌任何繁文缛节的性格，和颜悦色地完成了厦门传统婚俗复杂礼仪中所有的"角色扮演"。郑玲秀外慧中，聪明能干，现任厦门某商业广场招商经理。看到儿子儿媳事业有成，美满幸福，郭师倍感欣慰。尤其是郭航从读书求职到成家立业，基本没让父亲多操心，郭师亦常以此为骄傲。郭航参加工作搬出去住以后，平时父子之间的交流也常用电子邮件的方式。但是，父子间的邮件，远远没有师生之间的邮件数量多。也正因为师母的善良贤惠和郭航的自强自立，郭师才能忘我工作，并给予学生那么多的无私大爱。

2009年9月，郭师光荣退休，但他一直"退而不休"，甚至更加忙碌，他不仅继续教书育人和著书立说，也承担了很多繁重的科研项目，还以极大的热情投入地方文化研究与保护工作，对于地方上一些编撰、审稿、作序等文字工作或会议主持、点评、担纲之类的请求，他宁可自己受累，但从不让人失望。他也经常参加知青战友和同学朋友的文化沙龙活动，更加注重亲情、友情、同学情，尤其更关注人性中的温暖与感动，他大量的诗歌、散文、随笔大都写于退休后。

2013年，郭师的孙子郭宜洋出生，做爷爷的自然无比欢喜，对孙子疼爱有加。待孙子长大一点，他就给他讲故事，教南拳，也曾一度进入"抱孙堪种树，倚杖问耘田。世事休相扰，浮名任一边"的怡然境界。然而，在其晚年生活中，他并没有一味地沉醉于享受天伦之乐，觉得还有太多的事情需要做，他继续以爱心为源、以智慧为引，燃烧自己，润泽他人。直至杖国之年，高才陨落，令人望风怀想，能不依依！

（三）大爱无疆

郭师对学生的爱是没有差等、没有门户的大爱。无论是本科生，还是硕士生或博士生，无论是自己名下的，还是同仁名下的，不管是本系的，还是外系的，也不论是校内的，还是校外的，只要求教，均一视同仁，有教无类，有求必应。 他对学生的爱，既有严爱，也有慈爱和宠爱。 这种爱不仅表现在课堂上，更表现在课后的指导和生活的关爱，乃至人生的成长。 数十年来，他用春风化雨和无私奉献默默诠释着"教书"与"育人"的互为一体。 他从当助教起，就喜欢在学生的作业本上和试卷上，写下满满的评语或意见，这个习惯贯穿了他的整个教学生涯，早期是手写，后来是电子邮件回复。 批阅对象从本科生的课程论文，到硕博研究生的小论文、田野报告、开题报告、写作提纲、学位论文等无不涉及。 他总是批改得密密麻麻，修改标示一片姹紫嫣红。 对于学生求教的邮件，他总是第一时间回复，用诗意灵动的语言揭示深奥的学术逻辑，让学生无不有醍醐灌顶之感。

本科生论文的批改工作量极大，尤其需要耐心和爱心，但他从不敷衍。 例如，他退休后返聘到厦大漳州校区给本科生开设人类学通识课，班上有 100 多名学生，大家提交的期末考试论文，他都会一一鉴定有无抄袭，并用电子邮件给每个学生发送批阅意见，给出相应的成绩，所费心力之巨，令人动容。 当然，有时鉴定真伪，也难免有个别"漏网之鱼"。 但"漏网者"又往往被他的敬业和赤诚所感动而主动认错。 他的电子邮箱里至今还静静地躺着一封 2010 年 12 月的学生道歉信。 来信者是厦大外文学院的一位大一学生，告知两天前提交的文章实为抄袭，并附上抄袭网址和题目，同时重新提交了原创论文，诚恳表示："君子以见善则迁，有过则改。"并向郭师真诚道歉，承诺今后自觉约束自己，不再抄袭云云。 郭师回复："某某同学：君子之过，有如日月之食。 我欣赏你的风度。 祝你进步！"师生互动如此，抱诚守真，讲信修睦，可视同拱璧。 这又是何等的"润物细无声"，远胜长篇大论的说教！ 他对学生的拳拳之心和殷殷之情，天地可鉴。

郭师对学生的大爱还体现在经常慷慨解囊，给学生买书和复印书籍资料等方面。 几乎每一届听过他课的硕士研究生和博士研究生都获得过他赠送的人类学专业书籍或复印书籍。 那些散发着油墨香味的新书，大都是他骑着那辆上了岁数的 28 型号的自行车，从厦大附近的晓风书屋一捆一捆地买回来的，那些买不到的经典著作则是他从自家的书房取出，或从厦大图书馆借来，然后拿到克立楼复印店复印装订，再一摞一摞地抱回来的，每学期他都要去复印好多套，放在家里整齐码放着，那都是给学生们准备的。 每学期开学不久，他都会用自行车驮着一捆捆的原装书或复印书，悄无声息地带到教室，分发给在场的硕博研究生们。 有时候也会突然从帆布挎包里摸出几本书分发，学生们往往惊喜交加，感动莫名，他则云淡风轻地告知上一届准备多了，以此减轻学生们的心理负担。 硕博研究生们不仅可以获得他的赠书，困难者还可以获得他的购书款。 此外，历届教过的许多勤奋优秀的本科生也能获得他的赠书，或其他物质奖励。甚至外出开会碰到勤奋好学的外校学生，也会收到他寄送的书籍。 还有来厦大人类博物馆参观的若干批次外校大学生和本市中学生，也能获得其赠书。

爱书买书和赠书捐书是他一辈子内化到心灵的习惯。 数十年来，他不仅给各种类型的学生、同道赠书，还给山区小学、厦大历史系资料室、漳州师院和福建师大图书馆等赠书。 他还多次参加厦门知青文化组委会组织的捐书活动。 一箱箱用自行车驮着，从采购，到搬运，到邮寄，一气呵成，从不叫人协助。 事实上，他的大部分工资用于买书藏书和赠书捐书，以及资助贫困学子。 在他看来，唯有多买书才是对呕心沥血的作者最基本的尊重和最好的帮助，而给莘莘学子和需要者赠书则是善化社会最好的礼物。 因此，他认为买书赠书并不是奉献，而是自我救赎。 无疑，他在默默践行着一个纯粹的知识分子"为天地立心"的时代使命。在郭师晚年，学长因车祸去世，他叹人生无常，联想到自己遇到过的险况，遂交代家属：家里书房里的藏书，要记得捐给图书馆。 现如今，在厦门市图书馆集美馆区 5 楼的名人赠书区，郭师家属依其生前嘱托捐赠的1900 多种、7000 多册的闽台地方文献、少数民族研究文献以及其他珍贵的藏书，向社会开放，在他身后继续支持那些热爱学术事业的研究者。

他对学生的关爱也不仅仅限于买书赠书，还体现在对学生们科研学术的引领和求学之路的呵护。 不知有多少次学术会议和田野调查，他都会带着人类学所的一群硕博生（所里学生自愿报名，没有任何门户之别），通常一路浩浩荡荡，欢声笑语，而郭师全程犹如老母鸡护小鸡一般，不管多少人，差旅费都由他全包，即便偶尔有点差旅报销，他也会在报销单上注明不要补贴。 每一次带学生外出，他都要亲自去购买新鲜的"阿吉仔"馅饼，带到路上作为干粮，以防不时之需。 他在担任人类学研究所所长时，总是将有限的经费尽量匀出一点给贫困学子。 为了引导和激发本科生及硕博研究生对科研的兴趣，他还不厌其烦地替学生反复修改论文，一丝不苟，呕尽心血。 当他看到学生点滴进步，毫不吝啬赞美之词。 当然，他对学生也不完全是和风细雨，他尤其善于观察和审视学生言行举止是否得当，常给人以"不恶而严和不怒而威"之感。 倘若学生犯错而不自知，他有时也会雷霆万钧，但那是"爱之深，责之切"，或"恨铁不成钢"，怒气背后是深沉的爱，且往往风雨过后是彩虹。

他一生默默地为学生付出，从不求回报。 他也从不让学生替他做事，没让学生报过一张发票，没让学生为他跑过一次腿，甚至从敬贤楼搬家至厦大西村新居时，成千上万册书，都是他自己用自行车上百次地往返搬运，美其名曰"怕乱"，实则不想耽误学生及其他人的时间。 正因他对教育事业一片碧血丹心，对学生无私大爱，才有那么多学生发自内心地敬佩他、爱戴他。 真可谓"桃李不言，下自成蹊"。 一个好的大学，是因为有好的老师。 一位好的老师可以影响学生一辈子。 真正的好老师不仅身体力行引领学生们砥砺奋进，更重要的是言传身教地唤醒和激发他们内心深处的善与爱，并激荡汇聚成生生不息的温暖与力量，这才是教育的本质。 无疑，郭师堪称教书育人的楷模与典范。

治学有方：众里寻他千百度

（一）目标与意志相辅而成

王国维在其《人间词话》中曾用宋词来形象比喻治学三境界："古今之成大事业、大学问者，罔不经过三种之境界：'昨夜西风凋碧树。 独上高楼，望尽天涯路。'此第一境也；'衣带渐宽终不悔，为伊消得人憔悴。'此第二境也；'众里寻他千百度，蓦然回首，那人却在，灯火阑珊处'；此第三境也。"此三重境界是紧密相连、层层递进、源清流洁的关系，象征着做学问首先要有高远的目标和执着的追求，然后要有坚定的意志和吃苦的精神，最后需要专心致志和反复追寻，待功夫深厚，修炼到位，方能拨云睹日，别有天地。

郭师的治学之道，也遵循着此三重境界。 他在厦门大学本硕七年的求学时光里韬光养晦，不知疲倦地遨游在知识的海洋里，其志存高远，学术理想坚定而执着。 他不仅对学识渊博的老师们敬佩有加，更有退而结网的准备和行动。 留校工作后，他将教学与学术视为并驾齐驱、齐头并进的两架马车。 他深知"梅花香自苦寒来",也谙熟"板凳要坐十年冷,文章不写一句空",常以"冬寒抱冰、夏热握火"之精神,勇攀学术高峰,坚信"长风破浪会有时,直挂云帆济沧海"。 数十年来,他心无旁骛,砥志研思,直达"会当凌绝顶,一览众山小"的境界。

简言之,郭师最首要的治学之道,就是目标的远大和意志的坚定,其高远的学术目标与坚强的意志力相辅而成。 前者让他学术远行,"穷极一生觅天涯",后者让他勇攀高峰,"我见青山多妩媚",两者辅车相依,让他的学术人生,以鸿渐之翼,鸣于乔木。

事实上,高远的学术目标与坚强的意志力二者缺一不可,这是最普遍的治学之道,也是最重要的人生事业之道。 正如当代诗人汪国真在他的《我喜欢出发》一文中所说:"人能走多远,这话不要问双脚而是要问志向;人能攀多高,这事不是要问双手而要问意志。"郭师,除了遵循以上带有普遍意义的治学之道以外,还自成一格,独有千秋。 择其要者,简述如下。

(二)藏书与读书相得益彰

郭师不仅好买书、赠书、捐书,也好藏书。 他将书房视为文科教师的实验室。 其三室一厅的房子,书房占据两间,还扩及阳台,"侵占"客厅。 他自制所谓"春风如意"书架,钢木混合结构,环墙而造,顶天立地。 书籍三层叠放,有条不紊。 除去书架,一间书房仅容一桌一椅,另一书房仅容一小卧榻。 他坐卧群书中,宛若置身于彩色的树林,翩然其中,恰似庄周梦蝶。 斯是陋室,满室书香;左图右史,坐拥百城,书中自有乾坤浩淼。 他一生亲手购买或复印的图书至少逾万册。 他收藏的书籍多达近两千种类,涵盖文史哲、民族学、人类学等众多人文社会学科,除经典原著、研究型专著以外,还包括门类齐全的工具书,经史子集等文献典籍类,尤其以闽台地方文献和东南少数民族研究文献居多。 这些书都是他自大学时代始,燕子衔泥般累积的。 他无论走到哪里,对资料和书籍都格外留意。 他到菲律宾访学,到泰国和台湾地区学术交流,每次扛回的都是沉甸甸的几大包珍贵书籍和复印资料,他声称自己有力气,不怕负重。 那些丰富的藏书凝结着他毕生的心血,也留下了他阅读思考的诸多印迹,更为世人留下了一笔丰厚的精神遗产。

他认为文科藏书,犹如储存知识的矿藏,治学犹如寻找矿脉。 如果没有藏书，治学如同登峰不备登山鞋，滑冰不备冰刀，无异于纸上谈兵。当然，其藏书不是摆设，他尤其善于读书，采纳精读与泛读相结合的方法。 精读之书布满了红黑蓝的彩色批注，反复细读默读，不仅"困而求解"，更有"顺流而下"，直抵"老树新枝更着花"之妙境。 泛读之书则快速阅读，将主旨精神了然于心。 他完全能做到"快读会其机，细读会其义，默读会其神"。 他知道每一本书的摆放位置，知道每一条重要文献的出处页码，很多重要的精读书籍，内置若干分类小纸条，需要时信手拈来。 堪称"积学以储宝，酌理以富才，研阅以穷照，驯致以绎辞"，从而顺利进入"我手写我心，心手合一"的自由王国。

他曾启迪学生说：读书应带着问题意识，比如未阅读前，看着书名自己先想想这本书会写什么，再翻开目录和序言，看看是不是"所见略同"，以加深印象。 对那些"所见不同"，则要特别留意。 闲暇时，可以多翻翻杂书，扩大知识面。 事实上，他的研究就得益于阅读面的广泛。例如，他在研究顺德"自梳女"习俗时涉及沙田问题，就想起在图书馆随意翻书时，印象有一本珠江三角洲水陆变迁的书，便找出急读，对沙田的方方面面很快了然，对"自梳女"现象诸多疑惑也就迎刃而解。 他认为除了精读经典以外，广泛翻书、阅读，不知不觉就会形成个人的"知识地图"，需要"定位"时就如雄鹰般极速俯冲。

他在指导学生读书的邮件中写道：学生读书是一个 "由（简）约到（广）博，再由博到约"的螺旋式上升过程。 先把序言看清楚了，就有一个"约"的起点。 再看目录框架，撷取信息图像，逐渐由表及里。 他认为还可采取关联性读书法，读完一本经典，按图索骥，了解作者其他著作或同类著作，阅读可精可泛，进而博观而约取，厚积而薄发。 他还提醒学生道：知识是一个开放（发展）的体系，先掌握主流，而后兼之了解支流。 主流与支流是并存相竞状态，不要接触多了，反而乱麻困己。 另外，砍柴间隙也磨刀。 要注意阅读《史记》《古文观止》等书中的名篇，文字就会雅洁起来，语感也会富有韵律。 文而有华，行之则远。

他最精彩的观点莫过于教导学生从传播学原理阐释读书的奥秘："读书原理即信息原理，揭示信息传递，非传播学莫属。 信息是靠符号这一载体来进行传播的。 传者与受者共有的只是符号，受者根据自己的经验赋予符号以意义从而获得信息。 我们在共享的社会文化经验中进行传播，司空见惯，反而不解经验赋予符号（主要为语言文字）以意义而得到信息这一原理。 阅读中，书的作者是隐形的传者，阅读者根据自己的经验赋予符号以意义从而提取信息。 经验的具备与信息的获取成正比。"

他还精辟地指出，读书是"读者与作者"，以及"读者心灵内部"的双向传播："即使只是一次性的传播，也必须是双向的，而可持续的传播则是循环往复。 投桃报李可以生动说明人际传播的双向性。 读书既有隐形的作者与读者的传播，还有读者自身的体内传播。 这种体内传播的传、受两方就是'主我'与'客我（宾我）'，也就是内心的自我对话。 达摩的面壁，'一日三省乎己'，都是自我传播。 朱熹强调'疑'是最重要的读书方法，见疑与释疑是连在一起的。 无疑后继续产生新疑，继而再解，如此反复。"

他还十分重视文献阅读对于人类学研究的意义。 他认为田野调查前，若无丰富的文献阅读，进入田野后，就会忽略诸多精彩细节，也产生不了联想，或者只见树木，不见森林，更无历史的深度，往往事倍功半。 只要深入阅读相关文献，谙熟地方社会文化背景，进入田野现场后，就能事半功倍，炳如观火。 在田野中与田野后，文献资料与田野调查彼此观照，方能洞悉历史文化的萍踪与当下文化形貌的逻辑关联，进而将文化碎片串联出较客观的文化图像，从而达到"在室书香沁，入野云烟舒"的理想境界。

（三）童心与诗心珠璧交辉

郭师在指导研究生的邮件中说道："做学问一定要怀有一颗童心，单纯而好奇，就易乐业而近痴。 如此，则心轻如燕，难事不难，烦事不烦。 无论学习还是科研，皆很有效率。 不累而乐观的心态，让你总是跃跃欲试于不断再出发。"事实上，这些经验之谈，都是他在学术生涯中理念与实践的知行合一。 他对学术永远保持着一颗单纯和好奇的童心，不屑于任何功利主义和投机主义行为。 因而，在学术道路上，他总是孜孜不倦，以至于"发愤忘食，乐而忘忧"。 他这种学术童心也感染着一批批的学生和同道中人，分享着"奇文共欣赏，疑义相与析"的快乐。

除了永葆童心以外，他还富有一颗诗心。 他从小爱读古诗词，早在小学四年级时，就对古诗词格律极有悟性，知晓四句五言诗的平仄句式有四种。 他每次图画课，画完画，还能在较短时间内写出七言格律诗相配，诗画一体，浑然天成。 中学时代，他喜品李杜诗篇，究人生哲学，但尤爱五柳先生和东坡居士作品。 大学后，他诗风既慕李杜，也喜欢句式自由的现代诗歌，尤其对具有相同人生命运的当代朦胧派诗人舒婷等的诗作情有独钟，生前常喜好在家中高声朗读朦胧诗。 至于台湾地区，他最喜欢庄奴创作的歌词和余光中的诗文。

他对诗歌的热爱，从未停留在临渊羡鱼层面。 工作数十年来，科研之余，喜好吟诗作词，大都妙笔天成。 他不在乎发表，而喜好在邮件中与朋友同道学生等分享诗意智慧。 他在各种学术会议上，往往用诗意盎然的语言风格，阐释深奥的学理，甚至能出口成诗。 早几年元旦，他应邀到上杭参加《湖洋之春》一书首发式，晚宴中，县委副书记在致辞中说，上午听他的发言如诗如歌，郑重邀请他朗诵诗一首，但他那天饶有兴致，让其当场出题，顷刻即兴赋诗一首，自创自吟，声情并茂、豪情满怀，满座无不啧啧称奇，顿时掌声一片。

在他看来，诗心可以提炼和升华艺术的感觉。 而艺术感觉，对科研同样重要。 他认为"诗意"实际是借用诗形的表达，以求简练，并有深意，故诗意智慧可以丰富人文社会科学的想象力和抽象思维能力。 他还认为阅读是读者对作者的共情，更是读者经验的赋予过程，因此无论写诗，还是品诗，作者和读者均可以展开想象的翅膀，释出更多灵动的信息，从而避免陷于工具化的沼泽里。 他青睐言简意赅，而又栩栩如生的学术表述，不喜欢研讨会上过于肃穆的表情和僵硬的话语，那会让其产生"科学机器人"的幻觉。 他做学术点评，往往语言清澈，一片诗情画意，同时洞若观火。 他意味深长地表示："在学术工具化的世风里，情感一些，放松一些吧。 富有情绪的'萨满'虽是异端，但为人们平添趣味。"

简言之，童心最单纯，诗心即仁心。 童心与诗心的交相辉映，让其学术研究始终蕴含着人性的光芒。

（四）感性与理性交相辉映

郭师的研究不仅只有童心和诗心的辉映，更有感性思维与理性思维的相辅相成。 他认为："科研不仅是认知的成长，也是情感的历练。"他认同"一切理论都不玄妙，都来源于生活"，"人文世界处处皆田野"等论点，倡导"学术与生活打通"。 他善于从日常生活中观察，从经验世界中联想，从事实中归纳分析，从感性中升华为理性。 例如，他从木工、上漆、挖煤、书法、篮球等行为实践中获得学术启迪；他从回忆小时候祖母在七夕乞巧节，于院内祭拜"七娘妈生诞"习俗的场景，联想到乞巧节在闽南的地域流变，再从闽南人将七仙女尊称为"娘妈"，联想到林默娘演变为"妈祖"，以及妈祖信仰在闽南的时代流变。 他还从闽南"七娘妈生诞"习俗的式微，联想到该习俗在台湾地区和东南亚华人社区的播布与变迁；南普陀寺重塑的圆润金亮的十八罗汉，与他儿时看到的瘦骨嶙峋的形态迥异，也让他联想到时代和社会心理的变迁。 他甚至还能从母亲养的一只"雪瑞纳狗"因贪玩跑丢，几个月后竟然自己回来，当晚在窝里呜咽良久才入眠这一动人情景，联想到宇宙生灵对根的眷恋。

然而，他这种从记忆或情感的深处探索，从未将思维停留在"感性"层面，而是"谈习俗而超越习俗"，"谈情感而超越情感"。 他强调的是感性中蕴含的理性，以及感性与理性的相辅相成，尤其是从感性与理性的互动中，升腾出"以小见大、见微知著"的能力，留意的是认知信息与情感信息的交集。 他曾深情勉励莘莘学子："年青的学子们，无论你们攻读什么专业，努力培养见微知著的能力，你的眼睛就会深邃起来，有如湛蓝的大海。"

他尤其善于在感性与理性的维度中进退自如，让二者珠联璧合。 他擅于将感性的生活图景，转译为语言符号，再升华为理论；他又能将抽象复杂的民族志符号，转化为影像记忆。 他始终努力践行着打破学科边界，从各个学科吸收人类学与民族学的养料。 例如，《古文观止》，他早已倒背如流；《史记》，放置床头吟诵了数十遍。 他内心钦佩太史公、赞叹陶渊明、李白、杜甫，景仰施耐庵、罗贯中、吴承恩、曹雪芹，更惊羡"朝碧海而暮苍梧"的徐霞客。 本科和研究生时期，他对西方古典哲学也颇有兴趣，他年轻时，在阅读博大精深的马列原著时，深感高山仰止，也有无法企及的喟叹，但他善于从伟人高屋建瓴的思想方法的光照下攀登前行。 他自嘲道："较之伟人，我只是小虫子，但小虫子应能传递高理妙道。""小虫子也应对一片叶子很了解。"这种高理妙道正是"理性光芒与感性瑰丽"的珠辉玉映，"小虫子"的比拟，谦逊而又生动。 事实上，正是"无数小虫子"的"映日荷花别样红"，才衬映出学术界的"接天莲叶无穷碧"。

文史哲视野的融会贯通，让他集"文学的心量"、"史学的识量"、"哲学的智量"于一身，因而能够驾轻就熟地从感性世界采摘理性硕果。 他在邮件中给学生分享治学经验说："科学研究无非就是事实与解释，研究者对事实的获取，体现着研究者状物、感物的能力。 历史学的状物、感物的机制，在于思维运用文字对于相关历史画面的显影。《史记》的画面呈现力，堪称精妙绝伦。"他强调不能否定感性的想象力对科研的意义，认为"科研有时不必慎思，率性的感悟和疾书，可能有原创性"。 在他看来，在人文社会科学研究中，感性与理性是可以相辅相成的，而一味的数学化和模型化学术倾向，则将势必抽离人文世界丰富的多样性。

(五)思想与方法比翼齐飞

郭师始终遵循着"学习—实践—思考—表达"的治学路径。 他善于学习，也乐于实践，更善于思考和表达。 其学术思考往往伴随着逻辑和理论的飞升，语言文字表达则倾心于个性化和畅达，认同"思想才是目的，其余一切都是方法"，"语言即思想"，"思想即语言"等观点，简言之，语言终将是用来表达思想的。 正如他曾给硕博研究生们分享自己的治学经验所说："理论知识的山雨，在我思想的山体里涵养为泉。 流水鸣响着的是我的音频。"他谙熟马克思关于语言与思想关系的精辟论述："语言是思维本身的要素，也是思想的生命表现的要素；语言是思想的直接现实。"他认为语言是万学之渊，尤其喜好和擅长在精准而又灵动的文字世界驰骋，并将知识通过语言文字媒介洗练为思想。 他对文字思想内涵的赋予和获取具有深刻的认知，屡屡建议学生从丰富的感性世界中累积文字的思想内涵："从直接面对世界到用文字等符号来间接认识世界，是人类认识自然和社会手段的飞跃，而符号世界惟有依附于现实世界才有活性。 个人积累的感性经验越多，通过文字获取和表达的信息就越丰富。"

他在指导硕博研究生论文写作的邮件中，总是孜孜不辍地分享自己独具匠心的研究方法论。 例如，他从类型学方法来指导学生论文写作："关于论文写作，从个别走向一般是科研的特点，在论文表现为理论提升，处理个别与一般的两难，有一种不错的处理范式，即类型学方法。 也就是，对研究的具体对象所作出的概括提升，仅说明或涵盖某一类别或某一区域。"再如，他开悟青年学子在学术研究中，应洞悉"事实"、"科学事实"、"科学假设"、"科学语言"等概念的真正内涵："事实不等于科学事实，惟有有助于阐明假设的事实才是科学事实。 即使是科学事实，一般的科学事实远远不等于重要的科学事实。 重要的科学事实和新颖的科学假设是论文的两大看点。 语言是思想飞翔的空气，但也会成为锁闭思想之鸟的鸟笼。 能赋予语言以科学思想内涵的，才是科学语言。"他还给年轻学子们传递了做学问的两大法宝："做学问者，其要有二：一是科学的思想方法和专业的研究方法；二是有较完整的工具书。 后者提供坚实的知识和概念。 缺乏此，犹如孤魂野鬼。"

此外，他常提醒学生写作时应避免理论与研究对象的 "貌合形离"。他常用"打太极"来形容论文写作不能直奔主题和言不及义。 他还用"漪心展涟"和"涟归漪心"的比喻以及菱形结构图式，来阐释论文写作如何围绕主题层层展开和千经万纬回归主题的方法要义。 他还多次强调学术论文最后部分，应是明确的"结论"，而不是暧昧不明、半吐半露、东支西吾的"结语"。 认为"结论"是全文主要观点的二次提炼，需言简意赅和观点明确。 他明白了当地指出："科研虽是巨细并蓄，但最后结论是结晶体。"诚哉斯言，大道至简。

他尤其善于打破学科边界，将多学科视野融为一炉，从容拨开研究迷雾，直抵"大方无隅、大象无形"之化境。 例如，他借鉴传播学和符号学等理论，来理解和阐释人类学理论："解释人类学，不过是符号传播的繁复化而已。 由传播学再涉猎符号哲学，（人类学）仪式理论只是一座小丘。"他在阐释历史人类学时，会追溯到法国年鉴学派的渊源关系："萨林斯历史人类学的文化模式，就是变身自法国年鉴学派（历史学派）布罗代尔的历史深层结构理论（从心理解释历史）。"此外，他不仅谙熟人类学理论学派的渊源和演变，还借鉴考古学、民族学、社会学、民俗学等学科理论来深度阐释历史人类学，超越单纯的人类学与历史学的结合与互鉴的常规理路。 他更为关注的是历史事实和社会事实背后的社会结构及其社会关系。

他在指导人类学专业学术论文如何创新时，独创"黑点扩散法"，或"远影近推法"以启迪学生："当地平线一无所见时，随着航船前进，终于又见到新的大陆。 科学研究往往如此。 这种发现有时从一个小小的黑点开始（小岛屿的远影）。 例如，我早时看到延伸入闽南边缘地带的塔下客家村落的石龙旗（石旗杆），后来在永定下洋也看到。 最近在上杭又看到。 此前，从报刊也了解到南靖书洋河坑等地也有。 从书籍看到连城、宁化也有。 这类材料收集多了，当可写一小书《闽西客家的石龙旗》，也算是独辟蹊径吧。 进一步的调研，可能会发现一些道理。 这类微型研究是有创新含量的。 小岛乃至群岛的发现，往往趋向新大陆的发现。 至少可以积小成而成大功。"

（六）理论与视野珠辉玉映

郭师治学有方，学思并重，一以贯之。他既践行诗圣杜甫"读书破万卷，下笔如有神"的高论，也崇信诗仙李白"大块假我以文章"的妙见。他既广读有字之书，也博读社会无字之书。他尤为注重来自生活世界心灵的传播和行走无疆的仰观俯察。正因他坚持从多视角的学习中思考，又从反复的思考中进一步学习，因而在治学过程中，具有深厚的理论基础和宽广的理论视野，以及独特的方法论和丰富的想象力，尤其是理论与视野珠辉玉映，这些犹如隐形的学术翅膀，使其在学术天地，游刃有余，洞见迭出，自成体系。例如，他从事的主要研究方向是东南民族史和人类学研究方法。其研究的族别或族群涵盖畲族、回族、台湾高山族以及闽南人、客家人和疍民等，他的研究内容还涉及闽台历史文化、区域民俗、族群关系、东南亚华侨等，这些看似研究领域散杂，实则形散而神不散，因为其理论视野广阔、研究方法精妙，能够自如地"整合历史学、文化人类学的理论方法"，将"文献研究与田野调查相济"，"打通少数民族史与及汉民族史的畛域"，进而能够将散落的学术遗珠串成学术珍宝。

他还善于通过地方史研究，来弥合历史学与民族学和汉族研究与少数民族研究的隔阂，进而"以小观大"和"见微知著"。他还将信仰民俗作为历史人类学视野下的区域史研究的纵深地带，进而发现新的学术洞见。例如，在闽台王爷研究方面，他以坚实的文献依据，指出台湾王爷固然是闽南王爷传播的结果，但台湾王爷阴祀郑成功，首先有"代天巡狩"的名号，这成为王爷信仰进一步实现从"凶神"向"善神"和"福神"的转变的强大动力。他还借鉴法国年鉴学派代表人物布罗代尔有关心灵史对人类历史具有重要影响等理论，认为厦门盛传的郑成功在覆鼎山镇风的传说，也具有心灵史研究价值。

此外，他在研究东南民族史时，不仅将研究对象置于长时段的历史景深，也纳入广阔的历史地理空间和复杂的族群关系中综合考量。他将十卷本的《中国通史》和一百多万字的《福建史稿》常置于案头，不仅熟读多遍，也作为闲暇时百翻不厌的锦囊，将其"横看成岭侧成峰"，从历时性与共时性相结合的视角，深入探析东南族群演变发展史。他曾在指导学生科研的邮件中精辟地指出"一个民族的发展，只是中国历史的一道溪流。 只陷在单一民族，坐井观天罢了。"可见，他驰怀游目于表里山河的中华版图和众多的历史溪流，故胸有悬镜，洞幽烛微。

综上所述，郭师的治学之道，既有"博观而约取、厚积而薄发"的普遍意涵，更有拔新领异、独树一帜的妙言要道。 以下不妨重温一下，他曾对科研四重境界的清奇描述：

科学研究的四重境界：人·妖·俗神·圣神

一、掌握知识，应态度端正，博闻强记，体系有条不紊。此谓"人"也。

二、科研的始初阶段，亦即假设阶段，应不拘一格，思维既有顺向，也有反向，还有偏向。思路不是单维的，而是多维的，一如辐射状。不要走老路，而要另辟蹊径；不要老调重弹，而要唱新歌。尤其在科研的始初阶段，亦即假设的形成阶段，允许想入非非。此谓"妖"也。

三、科研的证明阶段，（以归纳法为主，）应小心求证，一丝不苟，实事求是。此谓"俗神"也。

四、科研成果的形成阶段，或者叫成文阶段，应字斟句酌。求证过程，思维是紧张的。写作时，神闲气畅，行文犹如行云流水，逻辑严谨，文句畅达，甚至蕴有文采，一如菩萨妙相庄严。此谓"圣神"也。①

卓然成家：直挂云帆济沧海

郭师一生孜孜不倦、笔耕不辍。 其学术人生与教学生涯相映生辉。在治学道路上，他始终志存高远、力学笃行。 他对学术问题一向充满着强烈的好奇心和探索精神，而且有着非凡的学术敏感度和学术洞察力。作为史学出身的他，具有深厚的历史学功底，但他探索历史而不拘泥于历史，具有强烈的现实关怀，秉承着"学术为天下公器"和厚德求真的理念，坚持"从现实出发，向历史发问"的求实态度，以"新眼观旧书"的

---

① 该段文字是郭师于 2005 年 3 月 7 日凌晨 2 时 43 分写就，目的是为人类学博士研究生形象而又生动地阐释何为科学研究螺旋式上升的阶段体验。 原文特地标注为"科学研究断想"，引文题目中主标题"科学研究四重境界"为笔者所加。

方式，并运用历史唯物主义史学观和历史人类学新视角，以及符号论、传播学、考古学等多学科视野，深入解读历史文献，其研究既不戾古违时，亦不屈旧昧新，故其诸多科研新见，无不独辟蹊径，言之有据。

他尤为注重学术方法论的探讨，旨在获得学术"利器"。对此，他不仅善于独立思考，也善于博采众家之长，故其治学境界既敧嵚历落、自成一格，又全面观照、融会贯通，可谓"多方采撷，恒于一心"。在学术探索中，他基于深厚的学术素养和丰富的历史人类学想象力，上下求索、深思敏悟、返观内照，故学术洞见迭出，常出神入化、发人深省。正因他数十年来，治学有方和治学精勤，其学术成就斐然，硕果累累、著作等身，其学术研究堪称堂庑阔大，独具面目，卓然成家。

他自 1982 年攻读硕士生研究生以来，正式开启了科研创作生涯。尔后，成果频现，日积月累，共发表学术论文 200 余篇，如果加上学术随笔、散文等各类文章等多达五六百篇。其著作类代表性学术成果主要有：专著《闽台民族史辨》（黄山书社，2006 年），专著《畲族文化述论》（中国社会科学出版社，2009 年），编著《闽南宗族社会》（福建人民出版社，2007 年）。主编与合编：《纪念林惠祥文集》（厦门大学出版社，2001年）；《畲族研究书系》（福建人民出版社，2002 年）；《文化理论与族群研究》（黄山书社，2004 年）；《谱牒研究与华侨华人》（新华出版社，2006年）；《厦门知青与抗战往事》（中国文化出版社，2010 年）；《中国各民族原始宗教资料集成·畲族卷）（中国社会科学出版社，2012 年）。以下择其要者对其主要学术观点和学术创新，略陈管见。

(一)《闽台民族史辨》的学术洞见

郭师专著《闽台民族史辨》是其积二十余年民族史研究之集大成者，全书共 42 万余字，黄山书社 2006 年出版。该著主要针对闽台民族史研究中一些长期未能厘清的疑点和谬点予以深度辨析，作者以高屋建瓴的学术视野和实事求是的学术态度，提出一系列富有学术创新意义的学术观点。该书所涉少数民族包括台湾高山族、畲族和回族，还探讨了汉族的支系闽越后裔疍民，兼涉少数民族与汉族的关系史等。其中以下几个方面的学术洞见尤为突出：

1.台湾高山族研究新论

长期以来，我国大陆学术界探讨台湾高山族的族源问题，大都局限于闽台或者祖国大陆与台湾的地域范围。 郭师基于历史人类学视角，以语言、习俗、传说和海流资料，特别是民族考古的最新成果，将台湾高山族的族源研究置于南岛语族（即南岛民族，也称南岛语民族）的历史大视野中，他通过对中国大陆东南原南岛语族的历史迁徙，辨识南岛语族的"今"与"原"之别。 他深刻指出：以福建为中心的中国大陆东南的原南岛语族，东徙台湾，成为高山族的"早源"和"主源"。 这对于剖析台湾原住民来源的"南洋原乡论"，是重要的学术视野转换。 他还进一步指出：台湾的原南岛语族南徙南洋群岛，部分又返迁台湾，成为高山族的"晚源"和"次源"。 该论证视野宏阔新颖，该观点富有创新价值和远见卓识，深刻揭露了台独势力对台湾土著族的"历史失忆"现象，有力地批驳了"台独"分子宣扬台湾原住民"与大陆无关"的"南来论"，并指出"南岛语族"东南亚起源论的偏误。

此外，他还对台湾世居少数民族"称谓"问题提出自己独到的见解。他指出，"高山族"名称是大陆学界对台湾世居少数民族的泛称，该称谓是在特定的历史背景下产生的，也是长期以来约定俗成的，具有特定的意涵，从学术史和学术谱系来看，承载着丰富的历史文化信息，因而不能对此忽视、轻视，或全盘否定，更不必讳莫如深。 他还认为清代文献中所记载的"野番"并不是高山族的类别，并指出学界将三国时期就有台湾"山夷"一名的记载来作为"高山族"之名的最早渊源，实则是对史料的误读。 对于"原住民"称谓的出现，他辩证地看待，深刻地指出："原住民"本不是族称，是一种带有意识形态意义的"建构"，该名称虽是高山族人士自己最先提出和使用的，但"台独"势力却更为热衷于"原住民"之名，并对此加以宣传和利用，其本质上是为了做好"民族台独"这篇大文章。 因此，他认为，应在"一个中国，各自表述"的总体框架下，对"原住民"名称予以尊重，但不宜盲随，至于"文化台独"势力对"原住民"名称的利用，尤其要加以警惕。

2.闽越族及其文化研究新见

郭师对疍民的研究也颇有见地。 他通过田野调查与历史文献的相互印证和彼此观照，富有洞见地指出：闽越人作为原南岛语族中的一支族群，其大部分在汉代以后逐渐融入南下的汉族，小部分继续水行舟处。这支称为"疍民"的水居族群，传承着越文化传统，直至近现代才融入闽中汉族社会，自然吸收了闽中汉文化，因而疍民文化特质或多或少保留着闽越文化及其变异成分，从而与海峡之西的台湾高山族文化，共同映照出历史上中国东南区原南岛语族在海峡两岸历史文化相互衔接的环节。 闽越文化通过疍民及其后裔的传承，对福建某些地方文化产生显著而深刻的影响。 例如，惠安东部沿海地区（简称"惠东"）的特异民俗即是。 他还通过深入的文化分析再现历史，认为惠东疍民的历史存在，以及疍民文化成份在惠东文化的现实存在，是惠东历史、文化的重要内容，而这却是研究惠东文化学者群视野的普遍性盲区。 他进一步指出：惠东疍民的历史和文化遗存的揭示，是求解惠东长住娘家婚俗成因的必要性前提，他进而得出新的观点：惠东长住娘家婚俗的生成，是历史上汉民与疍民族群互动的产物。 他从族群关系角度解释族群的形成、发展及其文化变迁，具有原创性。

3.畬族研究若干观点辨识

畬族主要居闽，在周边省区也有分布，因而郭师该著探讨畬族所涉地域不限于闽。 他根据唐代早期陈元光所率的唐军在潮州与"蛮獠"（畬族先民）作战的史实，认为畬族史在闽粤赣交界地的上限，要远比学界所普遍认识的"隋唐之际"要早得多，他将畬族早期历史与晋代人提到的会稽东南海中有"犬封国"相联系，提出"在闽粤赣的交界地畬族史的上限应上溯至汉晋时期"这一新观点。 再如，文献记载明代粤东地区设"抚徭土官"治理畬族。 今人以闽西南方志中有明代"抚徭土官"的"记载"，就断定明代闽西南畬区亦设"抚徭土官"。 郭师厘清相关史料，认为闽西南所谓"记载"实际是抄录粤东方志，从而澄清了这一长期的学术误解。

此外，他关于畬族赋税问题也颇有研究新见。 他提出：封建国家对畬族实行赋役制度始于南宋末，而非唐代。 他论证道：据史料记载南宋末年才有漳浦"南畬三十余所酋长，各籍户口三十余家，愿为版籍民"[1]，此为畬族纳税的个别事实。 元代闽南、闽北部分畬族抗元武装兵败后，被元军收编而服兵役，成为乡兵和从事军屯，为数不多的有田产者被遣送回乡，才入籍纳赋。 明代只有粤东大部分畬族和闽西小部分畬族承担赋役。 到了清代，分布于闽、粤、赣、浙、皖的畬族才普遍承担赋役。 通过这一论证，他指出："封建国家对畬族实行赋役制度始于唐代，明代闽粤赣交界地区大部分畬族承担赋役"这一观点，是对史料的误识。

---

① （宋）刘克庄：《后村先生大全集》卷九十三，《漳州谕畬》，四部丛刊本。

再者，对于畲族与客家文化互动研究，他也很有见地。他认为畲族对于客家及其文化的形成和发展起了重要作用，但唐代畲汉通婚因未有汉族文献记载"而长期被认为是"天方夜谭"。他以多种闽西畲族族谱所载的从唐末、特别是宋代开始就频繁发生的畲汉通婚的事实，纠正这一谬见。他指出：汉族文人把畲族局限于"采食猎毛，一山食尽则他徙"的群体，而忽略了社会变迁中采用汉族生计方式的定居畲族（往往隐没了族性），这是方志等汉族文献没有"畲汉通婚"记载的根本原因。

4.泉州回族研究的升华

郭师以泉州百崎郭姓回族和陈埭丁姓回族为深度田野调查对象，运用历史人类学的研究方法，对海路回族与伊斯兰教的文化关系以及中西文化交流予以深度研究。他认为中唐以后，海上丝绸之路兴起，远航而来的西亚人与当地的汉民进行文化和血缘的融合，使东方大港泉州成为海路回族的一个重要发祥地。伊斯兰教是回族文化的血脉和精髓。他进一步指出：泉州回族文化在某种意义上可视为伊斯兰文化在中国境内的延伸和变异。伊斯兰教对回族文化起着重要的诠释和制约作用。泉州回族社会文化的变迁史，显示了伊斯兰教在回族文化变迁中位于枢纽地位，伊斯兰教与回族文化的变迁呈同步关系。无疑，其研究具有推动泉州回族文化和海丝文化研究向纵深发展的意义。

总体而言，该著对闽台民族史研究中的一些长期的疑点和谬点，予以了澄清和辨析，拓展了研究的深度和广度，其观点发人深思。

(二)《畲族文化述论》的学术创新

郭师专著《畲族文化述论》，共45万字，中国社会科学出版社2009年版，2013年荣获教育部社会科学优秀成果奖三等奖。这是我国第一部全面系统论述畲族文化的研究力作。该书研究视野开阔，以闽东畲族为聚焦，以浙南等地畲族为比较，以全国畲族历史和文化为"景深"，深入阐释畲族文化内涵、特质、变迁、未来走向等。该书内容丰富，涵盖畲族的来源和形成、迁徙与分布、社会经济发展、经济生活、村落与民居、家庭与宗族、畲族服饰、畲族语言、音乐舞蹈、岁时节日、人生礼仪、民间信仰以及教育体育等。该书研究方法科学，不仅从人类学的整体观来系统分析散杂居畲族的"整体性"和地域流变，更是从历史学与人类学相互渗透的历史人类学视角，以历史的纵深展示畲族文化的源流与变迁，在畲族文化的分析中不仅富有历史的深度，也富有现实的向度，阅后有令人豁目开襟之感。

全书贯穿着两个基本的核心思想：一是维护畲族文化核心特质以发挥畲族文化的凝聚作用；二是强化畲族与汉族的互动是保护和促进畲族文化发展的根本路径。围绕这两个基本思想，作者对畲族文化剖玄析微、深中肯綮、入木三分。纵观该书具有以下几个方面突出的创新点：

其一，对畲族盘瓠神话的正本清源。盘瓠信仰是畲族文化的精神内核，也是 1956 年畲族民族成分识别和畲族文化认同的主要依据。近一二十年出现了"盘瓠污名论"的地方性思潮，甚至引发民族纠纷事件。其要点是："盘瓠"形态为"犬"，带有民族歧视的意味，因此"盘瓠"问题一度成为学术禁忌问题。郭师通过对相关历史文献的细致梳理和对畲族耆老深入访谈等方式，对畲族"盘瓠"图腾加以深度解密，指出盘瓠图腾的原生形态为水陆两栖的"龙犬"，即入水如"龙"，上陆似"豹"的神秘动物，认为很有可能是"水獭"，认为"龙犬"并非是"犬"，从而颠覆了"盘瓠即犬"的传统观点。同时，他还深刻指出：对待畲族盘瓠崇拜应持历史唯物主义态度，因为以动植物、甚至自然现象来作为氏族、部落乃至民族的图腾，是古代社会的普遍现象，但如果依此而忽略汉族文献对畲族先民古代图腾的误指，忽略在汉族话语系统中"犬"的污名化现象，那就是汉文化本位主义。当然，也不能采取历史虚无主义态度，武断地认为盘瓠传说是空穴来风，从而对盘瓠问题选择性"失忆"。

郭师在论述畲族文化时，并没有回避盘瓠问题，而是独辟蹊径地对畲族盘瓠神话予以正本清源。其观点不仅纠正了自东汉应劭《风俗通义》以来，历时两千年对盘瓠的误述和误解，也纠正了学术界盘瓠"由犬变龙（犬）"的另一种"犬说"，更从根本上排除了"盘瓠是犬"的畲汉民族文化隔阂的隐患。[①] 关于盘瓠图腾的原生形态问题，学术界还可以进一步探讨，但郭师的观点无疑是百年畲族历史和文化研究的突出创新。他期待着，往后对畲族文化遗产的保护无须一涉盘瓠就色变而采取文化虚无主义态度，畲族盘瓠文化的维系和保护也因此出现日朗风清。无疑，他的努力体现了学术价值与应用价值的高度统一。

---

① 参阅李凌霞：《〈畲族文化述论〉对盘瓠形态的正本清源》，载《闽台文化交流》，2010 年第 3 期。

其二，填补畲族学术研究缺环。 郭师通过历史文献的梳理和田野现场的彼此印证，填补了畲族研究中的诸多缺环。 例如，以历史资料重现畲族先民"由湘而粤北而粤南再东折粤东"的历史迁徙路线，弥补畲族先民从湘西到闽粤赣交界地的移动缺环；以畲族在经济、文化（民歌、祠堂、族谱）等受到汉族文化的影响而出现进步和繁荣的现象，提出强化畲族对优秀汉文化的积极采借是促进畲族文化发展的动因，质疑汉化与畲族文化相逆的偏见。

其三，凝练畲族文化发展的未来方向。 郭师论述畲族文化，并没有忽略畲族发展问题，而是基于"走向人民的人类学"的立场，指出了畲族文化发展的未来路径与方向。 他认为：在畲族文化变迁中，既维系着本民族的文化特质，又采借了汉文化以丰富本民族的文化内涵，才能生生不息。 这不仅是畲族文化发展的历史经验总结，也是今后畲族文化发展的基本方向。 具体而言，他归纳为三个方面：

第一，密切同汉族的经济互动关系，以发展本民族经济。 因为文化的发展是与经济发展相辅相成的。 中华民族的发展史显示，经济发展和繁荣的阶段也是文化的昌盛时期，原因就在经济发展为文化发展提供基础和动力。 为此，他提出具体举措：（1）积极学习汉族商业市场经验，努力改变畲族乡村经济滞后状态；（2）主动融入汉族为主导的区域经济，推动畲族经济的大规模发展。

第二，密切同汉族的文化互动关系，加快畲族文化发展步伐。 具体措施包括：（1）扩大与汉族的交往，积极融入主流社会；（2）积极利用汉族教育资源，促进畲族文化教育发展；（3）积极采借汉文化中的优秀成果以丰富畲族文化内涵。

第三，维系本民族的核心文化特质。 畲族文化经久不衰、历久弥新的原因，是持续保持和增进本民族族的文化凝聚力，以及与汉民族之间的文化通融力，从而促进畲族社会文化经济的不断发展和繁荣，这也是畲族文化的未来发展战略。

（三）《闽南宗族社会》的学术新见

郭师编著的《闽南宗族社会》，21 万余字，福建人民出版社 2007 年版。 该书对闽南宗族社会的条分缕析，大有见地。 尤其是以下三个方面提出了新的见解，或新的学术商榷。

1.对于宗族概念的辨正

郭师指出：许多学者将"家族"与"宗族"概念混称混用，普遍以"家族"代称"宗族"。他辨析道：家族是家庭的扩展，宗族是家族的扩展。按照中国传统的观念，同一高祖的血缘群体称为家族，也叫"五服之亲"或"五属之亲"；高祖以上某代祖之下的血缘群体则称为宗族。以英语而言，"family"包括中国的家庭和家族，"lineage"则指宗族，这是英汉翻译的一般定式。虽然宗族指同一宗姓的继嗣群体，但只有以明确的世系和制度维系的宗姓继嗣群体才称之为"lineage"，而世系不清、关系松散的宗姓继嗣群体则称为"clan"（氏族）。他还指出：宗族除了地缘性的聚居形态外，还有分居异地的超地缘性宗族。一个人口较多的宗族，又分为若干个宗支，宗支也是宗族，相对于所从属的宗族，它是次宗族。习惯上，把地缘性宗族的"宗支"称为房支，把从属于超地缘性宗族的某处地缘性宗族则称为"宗支"。

2.对台湾有关宗族类型划分的评析

郭师指出：台湾学者将清代台湾的宗族分为"合约字宗族"和"阄分字宗族"。"合约字宗族"指同一祖籍地（主要是县籍）的同姓成员，按照契约形式，依议例纳份钱、集资置田，组成虚拟血缘宗族。"阄分字宗族"指某一开台祖或开基祖的后裔形成的宗族。开台祖或开基祖的第二代在阄分析产时留一部分田产为祭田，这种家族的"祭祀公业"后来成为宗族的"祭祀公业"。他认为：所谓的"阄分字宗族"的"祭祀公业"主要不是"阄分"而生，而是其他形式（如发迹族人的捐献，或者也按丁份集资置产）而来。鉴此，所谓"阄分字宗族"命名并不准确，容易引起误解。他认为：有的大陆学者竟将闽南宗族组织在台湾延异而出现的"合约字宗族"和"阄分字宗族"作为福建宗族组织的两种基本类型，并分别改称为"合同式家族"和"继承式家族"（在其概念中，"合约字宗族"和"阄分字宗族"可以分别与"合同式宗族"和"继承式家族"置换）。他分析道：造成这种本末倒置的首要原因，应是这种误解所致，其次的原因应是片面追求闽台文化一致性而忽略台湾文化的特殊性而导致。

3.质疑陈政、陈元光在漳"平蛮"说

郭师认为：宗族史与开发史紧密联系。涉及漳州开发史的学者认定陈政、陈元光在漳州曾平定"蛮獠啸乱"。这一"平蛮"说的依据，竟是迟至明万历以后的资料。陈政、陈元光事迹，唐代几乎无载（惟唐代张

鸢笔记小说《朝野佥载》提及）。 根据宋代碑铭记载，陈政领兵戍守绥安（今云霄）。 陈元光打了三次仗：第一次是随父陈政平潮州"盗"；第二次是陈元光领兵平潮州"盗"；第三次陈元光平潮州"盗"后，又进击潮州"蛮寇"（殁于此役）。 由此可见，陈政、陈元光并未在漳州平"蛮"，否则宋代碑铭不会不提及。 他认为若轻视宋代文献，而仅依据距离早唐近千年的晚明以后的文献，是不符合历史逻辑的，这使得陈政、陈元光在漳州"平蛮"说所据虚浮。

（四）其他学术贡献概述

郭师的学术创新和学术建树，除了蕴含于以上具有代表意义的著作中，还体现在他丰富多样的学术论文中，因篇幅有限，在此不再赘述。但需要特别说明的是，他的学术贡献还体现在他对畲族学术研究的时代转型与发展，具有负重致远之功。 例如，他作为畲族研究书系①丛书的主编之一，为100多万字的六卷本丛书的策划、审稿等繁重工作，默默付出了大量的辛勤劳动。 这是我国首批畲族研究丛书。 该丛书力求在前人研究的基础上，对畲族文化进行全方位的感性认知和理性分析，以学术性和可读性相结合，真正反映出新世纪畲族研究的水平。 该丛书不是对畲族文化进行面面俱到的通俗性介绍，而是试图选取畲族研究中的闪光点，即畲族文化中最有代表性的侧面和在畲族研究领域中富有启发性、突破性和关键性的论题，作为研究的对象，构成丛书的总体内容。 使读者能通过有限的篇幅，探寻畲族文化的全貌和真谛。 该丛书无疑具有承前启后的意义，除了各卷作者的独立贡献以外，郭师作为丛书主编担纲人之一，功不可没。

再如，早在十几年前，郭师还多次在公开和私下场合均表达过要发展"畲学"的愿望。 2014年，他在景宁畲族自治县召开的"中国畲族发展论坛"的主旨发言中，从"苗学"和"瑶学"的观照视野出发，着重阐述了构建"畲学"的学术意义，并勉励中青年畲族研究者，为此共同努力。虽然"畲学"的创立和成熟，还有待时日，但他提出的"畲学"概念具有

---

① 畲族研究书系六卷本，分别为蓝炯熹著《畲民家族文化》、蓝雪霏著《畲族音乐文化》、雷弯山著《畲族风情》、游文良著《畲族语言》、吴永章著：《畲族与苗瑶比较研究》、谢重光著《畲族与客家福佬关系研究》，福建人民出版社，2002年6月第1版。

原创价值，他倡导建构"畲学"的理念，具有重要的学术前瞻意义，更对畲族学术研究的未来发展具有指路明灯意义。而他自己数十年来对畲族学术研究孜孜不倦的探索和留下的丰硕成果，为未来"畲学"的发展奠定了基础，势必激励着晚学们踔厉奋发。

总而言之，郭师学识渊博、面壁功深，其文清音幽韵，涵今茹古，富有学术洞见和学术创新。由于其学术体系庞大，研究内容广博，面对皇皇巨著，我等后学不过以莛叩钟而已，短时间内无法对其学术建树予以全面梳理。需要特别说明的是，由于学术无止境，毋庸讳言，郭师的个别学术观点尚需进一步考证和完善，但这丝毫不影响他的学术创新价值，因为任何不落窠臼的学术新探，必然引发新的学术对话，必然推进学术向纵深发展。他开创的学术事业，具有承前启后、继往开来的意义，相信一定会薪火相传，被不断发扬光大。

岁月如歌：一蓑烟雨任平生

（一）君子风范与理想人格

郭师的一生，是奋斗的一生，也是奉献的一生。他的人生之路并不平坦，既有风和日丽，也有跌宕起伏，更有风雨兼程。他走过的岁月，如同一首扣人心弦的歌，既有欢快的音符，也有忧伤的节奏，他用智慧和汗水，演奏出最动人的旋律。其生命的历程，亦好似一曲波澜壮阔的交响乐，他用无私和大爱，奏出了最动听的乐章。当时间过去，沉淀下来的是青山不老，绿水长存。

他的一生，完全可以用"君子风范"来形容，配得上"真君子"这几个字。无论是青少年时代的逐梦奔跑，还是知青岁月的风雨无阻，抑或是大学时代的废寝忘食和教书育人的孜孜不倦，无不体现了"天行健，君子以自强不息。地势坤，君子以厚德载物"这一君子立世原则。不管是在工作事业中，还是在日常生活中，他始终追求人性的至真与至善，将"修身正心"与"立德立人"作为人生修行的首要目标和重要功课。他深知"国无德不兴，人无德不立"，一生严于律己，恪守正直、担当、自省、克己、慎独、宽人、真诚等君子美德。谨遵君子四不原则："君子不妄动，动必有道；君子不徒语，语必有理；君子不苟求，求必有义；君子不虚行，行必有正。"在他的一言一行中，堪称"君子坦荡荡"，其心如皓月，行如清风。 在他的价值观里，君子应淡泊名利、不慕虚华，所谓"正其谊，不谋其利；明其道，不计其功"。 倘若君子有所求，则理应为国家和民族而求，或者为真理和众生而求，其灵魂深处皆苍生。

他是时代和社会的真君子。 他一生酷爱教育，三尺讲台，默默耕耘数十载。 从春夏到秋冬，孜孜矻矻、箪食瓢饮一辈子。 他将陶行知先生"学高为师、身正为范"的妙言要道，内化于心，外化于行。 经年累月，持之以恒地沉醉于"春风化雨育桃李，润物无声洒春晖"。 他宣称和践行的教育理念是："不必擂人的话语，不必炫目的行止，春风无痕才是教育的真谛。"他行过的路，走过的岁月，还有无数的嘉言善行，以及那些字字珠玑和篇篇锦绣，无不闪烁着理想主义的光芒。 他曾深情地与年轻学子互勉道："希望我们重视体验生活修行与学术研究并进之理，也希望我们能葆有一颗纯洁的赤子之心，无论平顺还是曲折，都乐观前行。""谋事在人，内心应有'苍松敢向云争立'的情怀，即使不能成长为大树与云争立，也能挺起一竿修竹，迎风摇曳。"

他一生执着于洁身守道，练达君子人格，倾心君子民族。 他曾给朋友的邮件中写道："一个人，一个民族，若有几分天真，就易于成为君子和君子民族。 若精明苟活，那鼠群比人群更得高分。 从年轻到现在，我一直管教自己纯洁处世，淡化得失，像白云那样。 有白云蓝天为伴，追逐太阳的心不会孤单。"他毕生怀揣青莲之志，坚守"道之所在，虽千万人吾往矣"的高节清风。 他平生不辞劳苦，期待破茧而出，让生命化蛹成蝶："无论时代如何，都不能随波逐流，而应贫贱不能移，逆境不能屈。我作蛹等待是精神上的。"

他深刻地指出"淳厚"、"温良"、"友爱"、"真诚"等君子品格对于人类社会的重要价值："一个人，一个群体，一个民族，若薄情寡义、厚新弃故、翻云覆雨，是走不远的；而遵循'慎终追远'的古训，本着宽厚诚信的德性，才有前途。"他还常从英烈生命史中诠释奉献精神对于国家和民族的非凡意义："英烈雄风，千秋永在，激励着我们的奉献精神。 奉献的最高形式是献出生命。（其他）可以奉献的还有勤劳、智慧、真情、爱心、忠诚，等等。 因着众人的奉献，一个民族得以凝聚、生存和发展。奉献的人们伴随着民族的繁荣而幸福，奉献的精神伴随着人类的延续而永远。 就这一点来说，人类群体很像蜂群社会，又超越于蜂群社会。"可见，他将奉献视为生命的本质与社会和谐的根本。

他深知理想信念不仅是人类心灵世界的核心，也决定了个体生命的价值和意义，更是人类不断迈向未来的动力源泉。因而，他从心底讴歌和礼赞理想，曾赋《理想》诗一首："有理想，无论是哪种，都很可贵/市侩不会有理想，就像动物不会凝视太阳的升起/有理想的人，或像湖海，或像溪河，也可能像山岚浪漫/我的理想，是山体的潜流/蛋石是它的坟茔，青苔诉说着复活的希望。"诗歌乃作者志向的凝练表达。正如《毛诗序》所云："诗者，志之所之也，在心为志，发言为诗。"此首《理想》诗作无疑折射出郭师志存高远，其中所蕴含的浩然之气和砥柱中流气度，如沧浪之水，似扶摇大鹏。诚然，"君子乐得其志"，其理想如光，其壮志凌云，如鸿鹄高翔。

事实上，郭师的君子风范和理想主义精神绝不只是停留在口头言说和文字世界里，而是"穷其一生，尽其一世所终"的行动目标，并春风有信地内化于自己的工作生活中。正所谓君子厚德，好善躬行，表里如一。虽然他对于自己所做的奉献早已习以为常、深藏若虚，但知情者和当事人大都铭感于心。其特立独行、恬淡处世、自甘清贫、勇于担当、乐于助人、讷言敏行、一诺千金等君子品格，早已在学生、同仁、同道等相熟相识者之间广为传颂，事实上起到了净化心灵、善化社会的垂范意义。以下不妨试举几例，于平常中见崇高，于细微处见精神。

（二）乐于奉献与超然物外

郭师是知名学府里材高知深、卓有成就的教授，但一生没有任何积蓄。这源于他甘贫乐道、不谋私利、不计报酬，尤其"好捐助，喜慈善"的品性。他自从知青时期招工至龙岩生产建设兵团开始，就常从微薄的工资中省出点接济急需者，乐与工友和知青们分享有限的物质。他上大学后，养成看书藏书的好习惯，同时也不忘随手多买几本赠送他人。参加工作后，条件渐好，买书捐赠给山区中小学、大学图书馆及学生、同道等个人，更成为频繁的习惯。对于学生不仅广泛赠书和物品，还全包会议差旅费，也经常现金资助贫困学子，他认为应该让他们有尊严地生活，感受到生活的快乐①。

---

① 有关给学生捐书赠书事迹，参照"教书育人"部分。

至于同仁好友碰上患病等急事，亦必然慷慨解囊。 节假日，他给社区老人赠送物品等更是家常便饭。 他对晚年患病的导师陈国强先生和其他同事师长等均给予默默的实质性关心。 平日里他常悄然去展览厅购买几幅同学朋友的字画以示支持。 1988 年，他到菲律宾访学，捐给菲华教育基金会 4000 比索（相当于他三四个月的工资，需数年节衣缩食），菲华报纸《商报》《世界日报》予以刊文报道，介绍其事迹。 至于开会出差途中，随缘施善更是他的一种习惯。

事实上，他用于资助、慈善等开支，占其收入的较高比例，几十年如一日。 他捐助金额的数量是随着其工资的增长而同步增长的。 在他晚年，除了平常各种临时性资助外，每月按百分之三十左右的固定比例，捐助给社区需要帮助者。 郭师退休以后，很不屑于开启"挣钱"模式。 他多次谢绝一些学校的有偿讲学、兼职教授、特聘教授之类的真诚邀请，一些近处的讲座，则事先声明不要报酬。 虽清贫，却甘之如饴，因为其志不在于"研桑心计"，而在于潜心育人。

他自己在衣食住行方面，则谨行俭用。 箪瓢陋室，若饮万钟。 例如，他的穿着极为简朴，从未购买过任何高档服饰，平时一般着物美价廉的休闲装，甚至兄弟侄儿淘汰的旧衣服，公司批量的广告服①等，他也穿得美滋滋的，他一生只有两张穿着西服正装的照片。 至于饮食，他绝不讲究，果腹即可，无怪乎地瓜稀饭是他的日常最爱。 对于居住，他始终秉持着"居陋巷不改其乐"的人生态度。 1984 年底，郭师研究生毕业留厦大工作后，一家三口仍多年蜗居在老家墙顶巷自己翻修建造的简易平房。 1989 年，因老家房子墙体开裂渗水被列为危房，他一家三口才搬进厦大国光楼的两居室平房。 1996 年，他全家方搬至敬贤楼 70 余平方米的楼房，虽条件较有改善，但仍不宽敞，只能客厅兼餐厅，书房尤小，而藏书日益增多，只好卧室兼书房，然而"斯是陋室，惟吾德馨"。

据悉，郭师搬至敬贤楼之前，还有一次购买厦大东区集资房的资格，但因为缺钱而放弃，后来只好退而求其次，搬至敬贤楼的腾空房。 为节省资金，入住敬贤楼之前的油漆和粉刷等装修全部都是自己动手完成。

---

① "人类学乾坤"公众号上有一篇悼念郭师的文章，篇头有一张他穿黑色 T 恤印有绿色"家谱网"字样的照片。 该照片是 2011 年夏，他在江西赣州召开客家文化研讨会时的发言照，当时负责会务工作的韦小鹏博士所摄。

2000 年，敬贤楼的住房需要 5 万元购买产权，但他却拿不出来这笔钱，还是师母找亲戚借来交上的。 直至退休之龄（2009 年），他和师母才搬至厦大西村 120 平方米的新居。 但因藏书太多，书房仍是狭窄，不得不陆续"侵占"卧室、客厅、阳台。 他两间书房中的自制书柜，里三层、外三层，取放极不方便。 事实上，他的很多学生的书房都要比他家的书房宽敞很多。 他之所以在购房的关键时刻总是呈"经济窘迫"状，不是因为他没有"经济思维"，而是因为他太超然于物外。 他既不屑于将心思放在"知识变现"和"发家致富"方面，又在买书赠书和资助别人方面特别慷慨。 因而在有限的家庭经济现状中，不能"开源"，就只能自己"节流"。

至于他家中的家具，则全都是他陆续亲手打制的。 他打制家具的原则是，不求时尚，但求经久耐用、朴实无华，还能节省开支。 例如，现在他家客厅里那对深红色单人木质扶手沙发，还是四十年前，他参观杭州西湖国宾馆回家后，凭图像记忆仿制的结婚家具，从选料到制作及上漆，一气呵成，堪称朴素经典。 其中弯曲度很大的圆弧形扶手制作，颇具技术难度，既考验木工技艺，也考验图像记忆能力，多亏他年轻时木匠生涯所练就的精湛本领而得心应手。 再如，他那自制的"春风如意"大容量书架，为了坚固耐牢，他自创钢木混合结构，这不仅需要费心费力地找人焊接钢管，还需要钢管与木头榫卯结构对接得天衣无缝的制作技艺，这些都难不倒他。 他善于实践出真知，艰苦朴素和心灵手敏是他的传统和本色。

再如，直至 2008 年之前的暑天，他敬贤楼的家里只有风扇而无空调，而厦大学生寝室好几年前则全部安装了空调。 厦门的夏天闷热无比，曾有人对此不解发问，他答曰："天下穷困者还有很多，我哪来奢侈的底气？ 风扇已经很好了。"是年 7 月，酷暑难当，他生病住院，其子郭航"擅自"给他安装了空调，他才勉强接受。 次年再移机至西村新家，他却很少享用，宁可大汗淋漓。 他对"吃不尽人间苦和享不尽人间福"的人生百态有着自己独特的理解。 正如列夫·托尔斯泰所言："幸福并不在于外在的原因，而是以我们对外界原因的态度为转移，一个吃苦耐劳惯了的人就不可能不幸。"

此外，他负责人类学研究所十来年，单位的一张便签、一个信封、一支圆珠笔他都不会私自动用，严格恪守"恶小不为，善莫大焉"的古训。

很多学生和同事朋友，都收到过他的亲笔手书，那些信封没有一个是厦大单位印制的，而无一例外是印有厦门邮政字样，这既是明证，也是物的隐喻。他像一个节衣缩食的家长，总是将有限的经费用于所里办公和补助贫困学子。尤其值得一说的是，厦大人类学研究所接待费用寥寥，大都是他用自己微薄的工资，在家里接待专家学者或其他来访者。师母则全程负责采购、烹制、洗涮等。事实上，家宴接待，美味可口、经济实惠、温馨体面。无疑，师母异常辛苦，但她任劳任怨，用一双慧眼和一颗慈悲的心，海纳百川，鼎力相助。在郭师丰满充盈的生命世界里，包含着师母胡友娜女士和其子郭航太多的牺牲和无私奉献。在一个大爱无边的家庭里，他们"因着你的爱而爱"，"因着你的奉献而奉献"，云淡风轻、无怨无悔。

说到家宴接待客人，郭师曾说过一桩轶事。某一天，有重要客人要在家中接待，但师母采购好海鲜菜蔬以后，突然有急事外出。眼看两小时后，客人即将登门赴宴，情急之下，郭师亲自"应战"。他按照统筹法和分类法，以及图像记忆法等，有条不紊地准备和操作。具体而言，一边按照菜品类型，紧张有序地洗、切、配、蒸、煮等，一边努力回忆其母亲煮菜的技法，照葫芦画瓢。据悉，他从小就被母亲要求观察她如何煮菜，但不必动手，以备不时之需。正是得益于母亲这种独特的"食育"观熏陶，让长期"远庖厨"的他，亦可偶尔露峥嵘。据悉，那天满桌美味佳肴，宾主尽欢。尤其是蒸螃蟹的色香味形不亚于星级酒店，当他学着母亲的样子，将蒸好的螃蟹摆弄出完美的造型时，喜不自禁，连呼三声"贤母"。郭师叙述这则轶事时，侧重的是如何沉着冷静地凭图像记忆烹饪出美味大餐，渲染的是那天如何临危不乱地完成家宴接待重要客人的成就感，甚至提升到图像记忆法对民族志阅读的重要意义的高度来叙述，但对于公务接待只字不提。后来从师母那里追问才得知，那次郭师的"厨房独角戏"是为了接待来访人类学研究所的重要民族专家。说者无心，听者有意，此事久久地萦绕于我的脑海中。其实，此类"以私谋公"的事例，不一而足。郭师是真正的"不为物所系，不为物所累"，正所谓"君子谋道不谋食，君子忧道不忧贫"。

（三）甘为人梯与特立独行

"甘为人梯"是郭师一生最显著的可贵品质之一。他无论是对学生，还是对同事或朋友，甚至陌生的求助者，总乐意成人之美，不图回报地倾囊相助。 他的电子邮箱里几万封指导年轻学子的邮件和写给他们的数百上千封手书就是明证。 那些邮件，都是他用"一指禅"①一个字母一个字母缓缓地敲出来的，每一个字都饱含着他的无私奉献。 那些书信，都是他一笔一画认真写出来的，每一个笔划，都饱含着他对学生的深切关怀。 他乐于将大量的时间和精力花在给学生反复修改论文和指导课题方面，而毫不在乎他自己有多少荣誉和成就。 对他而言，多发表一篇文章，还是少发表一篇文章，或者多出一本书，或少出一本书，以及是否获奖等，没有多大意义。 他最看重的是学生们的成长和发展。 认为学生们有了进步和论文的发表，比他自己取得任何成绩和发表论文都更有意义。所以，他甘愿为学生们的发展默默扶持和保驾护航。

他不仅不在乎自己发表论文的数量，也不在乎发表刊物的级别。 他甚至有不少有洞见的文章是发在内部刊物的，只因他觉得该刊物有实际意义，所以乐于持续写文支持该刊物的发展。 另外，他也毫不在乎论文编著署名等外在的东西，在他眼里"学人以品学立足，不以冠名论尊卑"。他一生至少撰写过五六百篇文章，但单独署真名者仅三分之一左右，其中有不少是用笔名发表的。 他不仅呕尽心血地扶持年轻学子，对于同事、同道、朋友等，他也总是乐于默默地做背后那个"助力者"。 例如，曾有《厦门晚报》记者曾采访他有关厦门民俗文化的保护问题，他不仅旁征博引，侃侃而谈，事后还替记者反复修改采访稿，最后还特意嘱咐记者介绍他身份时，不要称呼"民俗学家"或"人类学家"，只称"厦门大学人文学院教授"即可。 总之，在名利荣誉面前，他总是甘愿做幕后英雄，乐于做扶持红花的绿叶。

此外，他长期担任人类学研究所负责人，但从不会利用职权为自己谋一丁点私利。 他从不占用所里任何评优评奖活动名额；当年所里的研究生招生名额有限，但硕士生导师较多，他会优先考虑其他年轻教师，自己宁可空缺，或者作为第二导师。 这也是他名下弟子数量并不很多的原因之一，硕博生总计不过二十来人。 尤为值得一提的是，不论是谁名下的

---

① 所谓"一指禅"为厦大学子及郭航等人的戏称，是指郭师因年纪较大才学习使用电脑打字，不会灵活运用十指快速盲打，而只会用食指或中指一个一个字母地在键盘上敲击，费心费力，但因他孜孜不倦，锲而不舍，电脑上敲出的文字，不可胜数，其敲打电脑的手指，仿佛具有禅定的功夫一般。

研究生，他均一视同仁，让所有学生雨露均沾，他是真正意义上的，厦大人类学学子们共同的老师。 即便退休了，他仍然孜孜不倦，普洒春晖；他在评审各级课题或学术奖项时，总是更乐意扶持年轻博士们。 多年来的每一个暑假，他都要收到满满一麻袋的评审材料，但他从不敷衍塞责，而是挥汗如雨、夜以继日地一份一份地仔细审读，火眼金睛似地甄别，严肃公正地评选出正真的优秀者，当两者各有千秋时，他会将情感的天平更倾向于年轻人，而对于那些有太多成就和荣誉的资深学者，他认为理应提携后学，因为他深知年轻学子不容易。

郭师甘为人梯的品德，源于他对名利的淡泊和对他人的慈悲与大爱。他常说，名利对一个人的生命而言，终将如秋风扫落叶。 在他看来，外在的荣誉终将随风消逝，但内心的伟岸和高洁却永恒不朽。 他崇奉老子的"恬淡为上，胜而不美"的达观与智慧。 他亦愿作傲霜斗雪的腊梅，堪称"无意苦争春，一任群芳妒"。 在消费主义盛行的当下，他始终"不受尘埃半点侵，竹篱茅舍自甘心"。 他的人生座右铭是："但知行好事，莫要问前程"，"莫言名与利，名利是身仇"。 他是从骨子里看淡名利浮华，心系苍生，因而乐于奉献，甘为人梯。

郭师的特立独行，不仅体现在他的人生观和价值观，更鲜活地体现在他的工作和生活中。 他在生之年，就已活成了一个"传说"。 那些熟悉他的厦大师生或地方学者，无论走到哪里，只要相互碰面，"郭老师其人其事"必定是大家共同的美好话题，既由衷地钦佩其为人为学，也津津乐道于他的奇闻轶事。 他一出场，也必定是全场的焦点，亦庄亦谐的诗人气质、妙趣横生的语言风格、举重若轻的点评方式，再配上生动活泼的身体语言，能给在场者带来无比的欢乐，还有意味深长的思考。 他讲话收放自如，给他多少时间，就讲多少话，没有赘语和水分，时间一到，恰到好处地戛然而止，在一片皆大欢喜中，给大家留下隽永绵长的回忆。

他是一个典型的性情中人。 其立身处世，个性卓然而一往情深。 在他思想深处，极为赞赏散文家沈世豪的"性情之美"说，认为"性情之美不是矫揉造作，而是自自然然，像莲香悄然弥散"。 在他生活的世界里，遗世独立的特质表现得淋漓尽致，喜怒哀乐常溢于言表。 他有他的时间观念和处事原则。 对于漠视规则或擅自破坏规则者，他轻则直眉瞪眼，重则拂袖而去。 对待不正之风和歪门邪道，他嫉恶如仇，刚烈如火；对待弱势群体和良善同道之人，他则如冬日夏云、惠风和畅；对待莘莘学子，他可以掏心掏肺、鞠躬尽瘁。

他希望别人像他一样"言必行、行必果"、"重然诺"、"凡事有交代"。他认为邮件往返是一个完整的信息传播过程，对于信息不完整的传播，或没有交代的下文，他会如鲠在喉，当然这并不包括纯粹分享的邮件。曾有某高校一学生，写信向他请教，他不仅热情回复，还寄去几本参考书，结果该生收到书后就杳无音讯，他不仅对这位学生的行为很生气，也连带对该生所在学校不满意，至少有一两个月不搭理该校的熟人。

他表面上壁垒森严，实则心纯如莲。他有时看似不近人情，实则悲天悯人。他怒批过的人，往往对事不对人，实则背地里又极为欣赏和夸赞其才华与能力。倘若发现自己误解了别人，他会真诚道歉。他前一秒钟，还对"非礼貌时间"催稿者怫然不悦，后一秒钟见到此人又真诚地粲然而笑，因为其脾气如风，来得快，去得也快。在他身上，雷霆万钧与款语温言毫不违和，侠骨和柔情总是相得益彰。

他是一个具有赤子之心的人。老子曰："含德之厚，比于赤子"，孟子曰："大人者，不失其赤子之心者也。"他可谓是以"赤子之心"和"至诚之道"直面世界的。无关原则和尊严的事，他懒得理会是非曲直和家长里短，当然他也很容易相信任何合理的说辞。对于饭桌上有人频频敬酒，总想让他多喝几杯的"小伎俩"，他从不设防和推辞，把酒持螯，豪侠尚义，但从不失态。正所谓"君子可欺之以方，难罔以非其道"。

他崇尚"君子之交淡如水"，既不喜欢"扎堆"，也不喜欢"画圈"，更不喜欢功利媚俗，尤其不屑于权力与资源寻租。他对学生亦如此教导，反对蛇形鼠窜和攀龙附凤，强调脚踏实地和不卑不亢，他欣赏那种水到渠成和清风徐来。他平时与同事同仁大都为"道德文章"往来，对远方极为欣赏牵挂的同道好友，也只不过默念一声"千里共婵娟"，近处往来较密者则是"闻多素心人，乐与数晨夕"。他路上碰到熟人，"相见无杂言，只道桑麻长"。他邮箱里则是"谈谐无俗调，所说圣人篇"，或者"奇文共欣赏，疑义相与析"。

他是一个外冷内热的人。崇尚"君子之交淡如水"，并非情感淡漠。他看似深沉内敛、神情严肃，实则情深义重。他待人待事，堪称情真意切，情深意浓。对于品性相近者，你若亲近他，他会与你"桃花潭水深千尺"；你若远离他，他亦敬而远之。你越乐意求助他，他越高兴帮助你。但他有时为了躲开某些时代流俗而自制一副盔甲，或故作金刚怒目状，让人退避三舍。 他是真正的无欲则刚，所以他扛得住他自己选择的理想主义生活方式，既无所畏惧，也毫不在意他人的眼光。 对于近距离的交往，他也很洒脱，深知"情深不寿"的智慧。

他办事果断，雷厉风行，绝不拖泥带水。 学生来信，他不喜欢纯粹的客套祝福之类，喜欢你告知近况和成长中的进步，或者切磋学术。 他能看出你"光阴似箭，日月如梭"之类的表达背后，是真心，还是敷衍。大凡电话正事讲毕，不待对方寒暄和客套，他已挂断，对方或许还有点"小凌乱"。 有时路遇学生，侃侃而谈，娓娓道来良久，然而对方还未从交谈中回过神来，他早已骑上那辆上了"岁数"的28型自行车，行之远矣。 他若是生气或愤怒，表达过情绪以后，其工作心情和饮食睡眠，丝毫不受影响。 不过，这种"表达"，又是有情境的和注意场合的。 正如心理学家所言：合适合理表达愤怒情绪是一项能力和长处，说明此人是真诚的和值得深交的。

他是一个体谅他人的人。 他一生爱憎分明，常常眼睛里容不下沙子，但内心十分豁达大度，可谓"眠风枕月、明月入怀"之人。 他一生乐于助人，但自己却从不愿给别人增添丁点儿负担。 他不仅谢绝一切会议举办方的迎来送往和游玩安排，也从不接受学生、弟子单位讲座之邀，即便顺道也请不来他。 在邮件往来时，当一个完整的信息传播结束，他会写上"免复"二字。 他一生从不怕别人麻烦自己，却深怕自己麻烦他人，哪怕患病良久，亦严防外人知晓。 甚至垂危时，仍"一厢情愿"地告知家人："不要惊动任何人，悄然离去"。

他一生不喜求人办事，总是站在对方立场考虑，但乐于急他人所急。有时为了学生和朋友所托，甘愿主动求人，这当然有时也难免"心事仓皇月满楼"。 诸如：为了学生的工作，他会写信打电话托人，还会以自己的人格为其背书。 有学界同仁曾因学术触犯忌讳而遭受不公时，他会仗义执言，秉笔直书，为其鸣不平，直至争取到理想的结果。

他是一个自制力很强的人。 他特别能吃苦耐劳，藐视一切艰难困苦，能忍受所有酷暑严冬和各种超强度的脑力与体力劳动。 他可以连续四小时讲课不休息、不喝水。 他早几年前因痛风双脚肿得连鞋子都穿不上，家人也没有听到他半点的痛苦呻吟。 他忍着剧痛，若无其事地继续徜徉在文字世界。 再如，他早在邵武煤矿工作时，为与矿工们打成一片而学会了抽烟，不过上大学后并未吸烟上瘾，但工作后烟瘾渐长，熬夜写作时，常靠吸烟提神，有时半夜打开厨房油烟机猛吸一阵。但是，他吸烟只限于家里，其他场合从不越雷池半步。因此，与他一起出差、开会者，均不知道他具有吸烟嗜好。对于一个"资深烟民"而言，这需要何等的自制力。

他是一个具有强烈自省精神的人。他认同"人生如修行"，"美德即知识"，因而常真诚地反省自己。尤其是到晚年，无论是在他的日常生活，还是在邮件里或散文随笔里，随处都能呈现出这种自省精神。在笔耕不辍与含饴弄孙并行不悖的日子里，他的心逐渐变得内外一样的柔软和温热，故时常反思自己过去是不是严厉有余。

他的自省又伴随着感恩和悲悯，以及对生命的关怀。例如，他想起小学四年级曾嫌弃骆明才同学"虬虬"的字体不好看，后来发现是自己错了。他一想起明才同学谦虚的笑容，就心有歉意，常悄悄地购买他的几幅书法作品。他也记得小学五年级时（三年困难时期），蔡振川同学收到海外亲友的救济食品后，给全班每人分了两块圆圆的夹心饼干。他还记得在邵武煤矿时，好友卢礼明像大哥哥似地给他用牙膏擦拭模糊的手表壳面的细心场景。他还曾寻觅至漳浦一中，看望过一位在"文革"时期被班里同学写过大字报的高中地理老师，尽管大字报不是他写的，但想到当年老师的遭遇，他却无能为力而深感愧疚，希望能够代表同学表示一点抚慰，尽管他的拜访遭到了冷遇，但内心理解并释然。最让他感怀的还是厦门一中的知青校友黄美妙烈士[①]，他从不缺失任何一次有关纪念黄美妙的活动，他还写过一篇《黄美妙，你知道吗》的纪念文，"告知"她牺牲后社会的变革和时代的进步，文字情真意切，催人泪下，这一切只为真挚地缅怀和铭记英烈，尊重和纪念年轻的生命。

对于人生，对于历史、对于时代、对于文化，他始终是从一个有良知、有正义感的知识分子角色出发，予以理性地自省和深刻地反思，充满着人文主义情怀。他曾在随笔中写道："寻梦重回过去，很奇妙地出现一个观察的我，以及一个被观察的我。或者是，一个现实的我，以及一个梦中的我。人一分为二，便产生距离的凝视和审视。一旦有了这种审

---

① 1963 年 9 月，黄美妙这位年仅 16 岁的厦门姑娘就主动要求到最艰苦的地方去，她和她的同学告别故乡和亲人，奔赴永定，插队落户西溪大山。1966 年 2 月，黄美妙因投入扑灭森林大火壮举而献出了年轻的生命。

视，人就顿生自省意识，便易于产生人生感悟，也易于生发人本有并蕴积的善良心性，尤其是宽容和自责。"无疑，他的这种自省力是无价的。 他像绝大多数知识分子一样，带有"为天地立心"的使命感，既敢于肯定自己，也敢于否定自己，永远在自省中前行。 事实上，在任何时代，人类的自省精神都是极为宝贵的，其间闪耀着的人性光辉，是人类文明的温泉。

他是一个养浩然正气和道义为上的人。 在他的人生字典里，没有阶层、职业、贫富的鄙视链，只有品行和道德的高下，只有人性的悲悯和关怀。 他在各地开会，从不以结交学界大佬或位高权重之人为荣，但对于前来请教的本科生和硕博生，他全记在脑海里，回厦门常常给他们寄书写信予以鼓励，一面之缘就能记下他们的名字和模样。 对于基层的地方文史学者，他则谦恭有加，视为莫逆。 对于田间地头的农民，他亦彬彬有礼，不耻下问。 对待他人，他始终秉承着众生平等的思想和以人文关怀为本的原则。 他用行动深刻地诠释了孟子所倡导的养浩然之气和道义为上的君子行为准则："君子者，权重者不媚之，势盛者不附之，倾城者不奉之，貌恶者不讳之，强者不畏之，弱者不欺之，从善者友之，好恶者弃之，长则尊之，幼则庇之。 为民者安其居，为官者司其职，穷不失义，达不离道。" 无疑，他是由内而外的真君子。

他是一个充满着高级趣味的人。 他受人尊敬，是因为其德识；他被人爱戴，是因为其大爱；他让人欢喜，是因为他有情有义，还有趣；他让人印象深刻，是因为他有态度、有个性。 熟悉他的厦大师生，私底下会流传着他的一些段子、名言、轶事等。 例如，他不仅只是一个会做木工泥水、会打家具和上油漆的教授，还自学过修理皮鞋，他还会独特的"重物搬家大法"，尤其还能替同事邻里补救新家装修的遗憾。 学校文娱场合，他会随性来点诗朗诵，或者表演一段南拳武术，偶尔引吭高歌一番。他不太喜欢循规蹈矩照相，很多眉飞色舞的镜头都是在场者抓拍。 各种会议集体照，除非实在难以推辞，很少看到他坐在前排，而是背一个单肩挎包，站在最后一排，照样气宇轩昂。

他多年来担任中国致公党厦大总支主委，每次组织活动，他总会亲力亲为地照顾好其他年长老师，自己总是坐在车子颠簸的尾部，还要负责给大家带来快乐和欢笑，常有意无意地将自嘲式幽默呈现给大家。 他常说做人不能太聪明，有时候要笨一点，拙一点好，要让他人笑一笑。 他曾在诗中写道："没几分愚，便难以脱俗/没几分笨，便没有执着/难以脱俗，鹰不会栖崖/没有执着，雁不会远征。"所以，他经常有意显得笨拙一点，故意留点言语的漏洞和把柄，给生活添加一点佐料。如此，大智若愚、大巧若拙，是一种大智慧和最高级的善良。

他喜欢清晨在阳台上打点他亲手栽种的植物花草。其中，三角梅和万年青养得最好，兰花屡养屡败。他三十年前从菲律宾带回的那几株竹苗，早已枝繁叶茂，至今仍在他家的阳台上亭亭玉立。当他的书籍"侵占"阳台时，他只能割爱多年的三角梅，将其移栽至楼下的花园，但那盆菲律宾观赏竹却一直在阳台伴随着他的文字，一起摇曳生姿。他也喜欢养鸟、养鱼，但长期活下来的不多，鸟儿鱼儿一旦阵亡，就再换一批。现在他家客厅里那一缸五彩斑斓、穿梭曼舞的热带金鱼，是几年前在他儿子的帮助下，换了新品种，习得新技能，才养得最为成功的。他亦曾养过画眉、百灵、八哥之类的小型鸣禽。据悉，那对八哥养了好久，也没有学会说话。但他并不气馁，喜欢这种亲近大自然的感觉，尤其喜欢一边聆听窗外小鸟歌唱，一边吟诗作词的意境。

他留校工作后，在厦大人类学博物馆后院栽种的榕树早已亭亭如盖。与此同时，他还陆续将博物馆旁许多小榕树苗移栽至厦大北侧山岗的相思林，因为那里有人类学泰斗林惠祥先生长眠的茔冢。他希望林先生"观乎人文以化成天下"的思想，也像繁茂的相思林一样，被发扬光大而生生不息。与此相应，他还特别喜欢在家里育树苗，将精心培育好的凤凰木、合欢树、榕树等苗木，栽种在厦大水库旁、南普陀寺后的五老峰，甚至五老峰通往万石植物园的路旁、中山公园僻静处，然后定期朝圣般去给那些树苗浇水。其时，他着一身粗布服，身上背好几个可乐瓶盛装的自来水，手握一柄树枝拐杖，在山上健步如飞，当然背着的那点水，浇树苗只是毛毛细雨，还需要寻找水源，往返取水，虽汗流浃背，但乐此不疲。实在累了，停下来，看松鼠打架，望"卉木萋萋"，听"仓庚喈喈"，他将此当做人生的修行和灵魂的洗涤。

此外，他多年来作为专家被邀请去北京参加评审会，每每会后闲暇时，他总是婉拒举办方热情的游览邀请，也不热衷于觥筹交错和交朋访友，而是喜欢去北京大小胡同，寻找各类木工和修鞋工具。他买回来的工具并不真的是要使用，只不过是重温一下岁月的记忆，缅怀一下日渐式微的工匠精神，同时提醒自己不要忘本，当然更重要的原因是可以帮助那些生意萧条的售卖者。 1997 年暑假，他在北大参加一个为时半个月的研讨班，他与来自云大的篮球高手钱宁老师一见如故，两人常切磋球技，探讨篮球的人生意义。 研讨班从早到晚，密集学习，他俩常溜号去打篮球。 据悉，打完球后研讨效率大大提高。 因他此次在北京经过与高手的过招和交流，回到厦大后，重拾篮球爱好，并兴趣陡增："除了雨天，天天打球，每天下午两小时，除夕、初一仍驰骋球场。 平时常看 NBA，揣摩乔丹上篮、斯伯克顿传球、罗德曼拦板。 凡事兴趣执著，必有成绩。 大学时，班队还混不上，而今居然身披教工校队球衣，几年来征战八闽高校，令人觉得亦真亦幻。"这种风雨无阻的篮球运动爱好，让他精力充沛，春华秋实，成就卓然。

他闲谈时，喜欢绘声绘色讲故事。 有些是记忆，有些是想象，有些是幻觉，有些是玩笑，还有些是象征和隐喻，抑或只是表达一下心情。 那种时而严肃、时而诙谐、时而神秘的表情，似乎在构建一部新的《世说新语》。 所以，要深刻体会他话语的含义，不能"听语生义"，得考虑场景和语境。 他还常常将自己比喻为"七仙女"，让人忍俊不禁，喜感十足，其实那只是想表明他"超凡脱俗"的志趣。 他有各式各样的笔名，其中有不少梅兰竹菊之类女性化特征的名字，让人迷惑不解，其实也只是想表明他"素心如兰"的心迹，象征着他对超越性别的高级境界及精神气质的欣赏。

他拥有一个有趣的灵魂。 例如，他总是以神情严肃的形式出场，但往往数分钟后，整体气氛就会向"戏剧化"发展。 因为他讲话时总是绘声绘色、神采飞扬，还伴有夸张的肢体语言，常引得在场者哈哈大笑。但他自己一般不会跟着大家笑，仿佛只是一个纯粹的欢乐制造者。 准确地说，他只是沉浸在自己的语言激流中，根本没有注意到别人是否发笑。若他自己开怀大笑，则一定是配合他情景剧似的讲话，宛若自动播放的背景音乐。

再如，他喜欢谈笑风生，但无论在什么场合，他的玩笑和风趣幽默，都是极为雅致和耐人寻味的。 他从不刻意谈论"红豆相思"之类的话题。 倘若在闲适场合偶尔有人提及此话题，而又有学生辈（一般为非厦大学生）因他是有趣的焦点人物，而故意打趣他，让他谈谈年轻时候的罗曼史，他则以天真无邪状答曰："郭老师没有春天里的故事"，回答比提问要精彩，满座忍俊不禁。

他在给 2004 级博士生上"田野调查理论与方法"课程时，曾讲到田野调查尤忌"交浅言深"，而应"由缓而急"、"由表及里"。他还谈到自己当年是如何在陌生的闽西村落"由缓而急"地进行田野调查的趣事：他入村的第一天，先到村里四处走走，傍晚时分就悄悄地至村里一个破庙里将就一夜。第二天被当地村民发现后，当做新闻广为传播，说他是一个"善良无害"之人，于是村民们纷纷主动请他住到自己家里，田野调查也就逐步展开。他讲得很平静，但同学们听得画面感十足。

他还有一个貌似不太好理解的习惯：不接听任何没有提前预约的电话。这是因为他每天除了阅读和写作以外，还要回复大量的电子邮件。如前所述，近二十年来，他的邮箱里有数万封邮件，大都是呕心沥血地指导学生论文的邮件，也有的是与同道朋友间的学术往来，还有的是给需求者答疑解惑、或提供其他帮助之类的，甚至在他离开人世数月后，不知情者还给其邮箱里发来求助信。无论是谁的邮件，他每信必复，而且回复非常及时。处理邮件和读书写作需要大量的时间和心血，为了免受干扰，让心灵进入一个"永恒宁静的空间"，他拔掉了电话线，如果邮件预约，或与师母提前联系，他的电话是可以准时打通的。另外，还有一个原因，他喜欢驰骋在电脑邮件中无声的文字世界，那儿是他思想的战场。同时，通过开启这种免打扰模式，他既营造了一座心灵的青山，也锻炼了学生们的文字表达能力，这还是他崇奉的"君子敏于行而纳于言"的实践表达。事实上，郭师看重的是电子邮件承载的浩瀚信息量和文字记忆储存功能，此优势是口语信息瞬间消逝的电话所不具备的。可见，貌似奇怪，实则顺理成章，甚至提高一筹。

总之，郭师是一个精神纯粹的人，也是一个洋溢着理想主义激情的人，更是一个满怀赤子之心的人。因为体验过苦难，所以深怀悲悯；因为洞悉人性，所以三省吾身；因为视奉献为救赎，所以春蚕吐丝，数十年如一日。他一生无怨无悔，无欲无求。学而不厌、诲人不倦，一心只盼桃李满园竞芳菲。无论时代如何变迁，他始终涅而不缁，磨而不磷。彼弃我取，唯有冰心一片；燃烛一生，宛如星月交辉。倘若说：言行一致是人世间最伟大的尊严，他的一生是极有尊严的一生。倘若说：善良悲悯是人世间最高贵的体面，他的一生是极为体面的一生。

精神不朽：一片丹心照明月

日月恒久，生命短暂。正如《庄子·知北游》所云："人生天地之间，若白驹之过隙，忽然而已。"但在有限的人生里，生命的厚度和宽度是可以自己主宰和修为的。无疑，郭师的生命，是丰富、立体、饱满、昂扬的。他以"自强不息、止于至善"的精神和"雪胎梅骨、暗香疏影"的风姿，走过"夏花之绚烂"，进入"秋叶之静美"。

在郭师充实丰盈的生命中，他感受过人世间的沧海桑田和万水千山，经历了披荆斩棘和山高水长。在其理想主义人格中，他始终追寻"存善念、立天理、养浩然之气，百毒不侵"的境界。一双冷眼背后，是一副古道热肠和一身侠肝义胆。他的内心是宁静而宏放的，始终坚忍不拔地走在通往理想岑岭的大道上。当理想与现实发生碰撞时，他的内心又是充满张力的，或凤凰烈火、鹰撮霆击；或静默执着、孤独前行，但更多的是寄情于大自然和捍卫心灵的青山。在与碧水蓝天对话时，在"独与天地精神往来"中，他自由旷达的灵魂，尽情地徜徉在自己痴迷的理想王国，超越一切人间烟火，渐入"遨游于天地万物之间，而不敖倪万物"之理想佳境，实现心灵上的"苟日新，日日新，又日新"，夫唯大雅，卓尔不群。

然而，在现实生活世界里，人间烟火终究是无法超越的，他放不下莘莘学子们和亲情故旧。他选择在日复一日、平凡琐碎的默默奉献中，走过岁月流年。在他那座坚如磐石的心灵青山中，既有蓝天白云和草长莺飞，更有他自己心灵的"瓦尔登湖"和星辰大海。因为有心灵青山的陪伴，让他好君子独处，"闲静少言，不慕荣利"，此生辽阔；让他能与心灵密谈，常对灵魂独白；让他"侠骨伴柔情，仗剑走天涯"；让他"铁肩担道义，妙手著文章"；让他不拘绳墨、幕天席地；让他文字空灵、思想深邃；让他谦谦君子、温润如玉，如切如磋、如琢如磨；让他风来疏竹，雁渡寒潭，事来心现，事去心空……

也正因他数十年如一日地守护心灵的青山，让他锲而不舍、意志如钢的同时，却忽略了自己的辛劳；让他过于相信意志，"让身体成为灵魂的仆人"而怠慢了身体；让他将信守诺言，视为比生命更重要；让他积劳成疾，抛下人世红尘，摒弃万家灯火，让亲友同仁学生们猝不及防，悲不自胜……

当郭师驾鹤西去的噩耗传来时，厦大学子、亲朋故交、同仁同道们，一开始都不愿意相信这不幸的消息，因为他长期坚持运动、生活规律、积极乐观，一向给人以身体强健、精神饱满的印象。当大家不得不接受这个悲伤的现实时，很长一段时间内都沉浸在绵绵的哀思和回忆中，脑海里总是有个疑问，他的身体为何会急转直下？很多人更想知道他最后的生命境况，愿将思念的记忆定格在他人生帷幕徐徐落下的瞬间，仿佛时光若止，夏花依旧，开到荼蘼。

事实上，郭师的身体素质和运动技能在同龄人中属于上乘，但长期的超负荷劳累和超强忍耐力，会持续过度消耗他身体的能量，潜藏着各种身体机能危机。尤其退休后，他一如既往地保持着高强度的工作节奏，甚至超过了在职阶段。他一旦忘我工作，就会忽略身体欠安的信号。即便感觉到明显的身体不适，他也非常乐观地对待，多年来因痛风时常引发的双脚浮肿，亦不太当回事。在其身体疾病观中，似乎有点过于相信意志和锻炼的力量，或许恰恰因为具有强健的身体基础而对亚健康关注不够，加之为了信守诺言，经常抱恙工作，这些都给他的身体健康埋下了隐患。

郭师生命的转折点应是 2017 年。此前他除了有痛风症状外，其余无大碍，一年一度的教职工体检，基本自动放弃。直至 2017 年初，他感觉到身体极不舒服才去医院检查，查出血糖指标过高，空腹血糖值达到 8～9 毫摩/升（正常血糖在 6 毫摩/升以下），经药物治疗一段时间后，血糖指标控制在正常值。但他服药期间，常伴有身体无力感，于是就转向运动和饮食调节。是年 7 月 16 日下午 1 时左右，独自在家中的郭师突然晕倒，昏迷一小时后自己苏醒过来，立即给家人打电话，送至医院后，被诊断为胃出血，当时情况非常危险，其血克数只有 4 点多（正常人 10 克左右），故进入 ICU 重症病房抢救，依靠输血以提高血克数，待血克数稳定后，医院再给予输液和药物治疗，两周后出院。虽然这次胃出血被抢救过来，但此后身体每况愈下，同年 11 月又做了膀胱手术。其实，当初他检查出血糖指标过高后，倘若高度重视和谨慎对待，其身体状况完全可以长久平安无事的，但他对此重视不足，也一直没有放下手头繁重的工作，忙起来更加不以为意。据悉，胃出血之前，他还一直忙于福安一中 1967 届高中生知青编写的 110 多万字的《七宗档》的审读、综述和序论撰写等工作，他认为这不仅是一种对求助者的承诺，更是一种对历史负责的态度和使命。

2017 年，对郭师而言，是病痛波折的一年，好在最终都转危为安。虽然此后他也开始重视养怡之福，大为减少参会评议等外出活动，但他并不赞成消极无为的颐养天年观，而是践行"生命不止，奋斗不息"这一积极有为的人生观，文字工作从未停止过，学术人生更是生活的主题，这与他一向崇奉北宋文人张耒"业无高卑志当坚，男儿有求安得闲"这一奋斗信念是一脉相承的。 郭师参加最后的一次学术会议，是 2019 年 3 月 7 日至 8 日，于泉州市召开的第三次海峡两岸（泉州）萧太傅信仰民俗学术研讨会①，该研讨会由泉州富美宫董事会和泉州市区民间信仰研究会联合举办，会议主旨是"弘扬中华优秀传统文化，促进两岸民间信俗交流"。 郭师受会议举办方之邀作会议主旨发言，他发言的题目是《台湾王爷信仰研究述议》，其时他的身体状态已颇为不佳。 他在会议前不久自测血糖值已飙升至 22 毫摩/升，但他没有选择立即去看病，只是服用一点降糖药暂时稳定，因为他心里明白，如果选择立即就医，就必然要住院，答应人家的事就要食言，为了恪守诺言，他一直抱病认真准备，并于 3 月 6 日午后抵达泉州，次日上午完成主旨报告，下午参完会议后即提前返回厦门。 因连日带病写作，又舟车劳顿，自然不利于身体康复。 返家后，他又忙于别人发来的文稿审阅工作，只是因为不想失信于人而错过了最佳的治疗时机。

3 月 17 日，郭师晨起后，病情突然十分严重，已无法吞咽，连一口水都喝不下，家人联系 120 救护车送至厦门大学附属第一医院急诊科，后立即住院治疗，其时血糖值一直居高不下，持续高达 20 毫摩/升，药物降糖

---

① 泉州富美宫主祀西汉太子太傅萧望之，配祀文武尊王张巡、许远及二十四司王爷，被尊为王爷庙的总摄司，也是台湾王爷信仰朝拜的祖庙。 据《汉书》记载，萧太傅以清正刚直，爱国爱民著称，后因宦官陷害，被迫饮鸩自杀。 百姓为他立庙祭祀，成为神祇。 萧太傅信仰形成于明清时期闽南先民驱瘟逐疫衍生的王爷崇拜，并随着信徒向台湾迁徙，以及富美宫"送王船"习俗，逐渐在台湾广泛传播。 改革开放后，随着两岸民俗宗教文化交流的日趋活跃，富美宫在台分灵宫庙纷纷组织进香团来泉参拜祖庙。 此次研讨会，先后组织了三场学术研讨活动，气氛热烈。 与会两岸专家学者、宫庙信众代表一致认为，萧太傅信仰传颂的是儒家忠义、正直、善良、孝道，具有中华优秀传统文化的内涵和要义，特别是其信仰在台湾的传播过程实质上寄托的是"乡愁"，是离乡族人对祖地的眷恋，并纷纷表示将以共同的萧太傅信仰为纽带，加强各领域的交流合作，让两岸同根同祖的情怀得到进一步的升华。 研讨会并辑录了三次泉台萧太傅信仰民俗研讨研究所成，合编出版了《萧太傅信仰民俗研究》，参见中国台湾网地方资讯报道：《泉州市举行第三次海峡两岸（泉州）萧太傅信仰民俗研讨会》，2019 年 3 月 11 日。

亦无济于事，最后两天持续高烧，病情迅速恶化，估计是高血糖并发症引发呼吸衰竭，最终无力回天，郭师于 2019 年 3 月 23 日上午 8 时，溘然长逝，留下一片哀伤。 其实，他自 2017 年胃出血手术后，就没有真正地好好静养过。 正因他长期辛劳和过于坚强，尤其是较长时间的超负荷抱病工作，其身体状况才会急剧下降。 倘若他早日推掉一些繁重的工作，早点卸下那些背负的重担，少几分劳累和忙碌，多一点轻松和闲暇，劳逸结合，认真治疗，虽"乔松之寿"人生难得，但"百龄眉寿"则并非不可能。 然而，人生没有如果，生命没有假设，无奈"悲欢离合总无情，一任阶前、点滴到天明。"

郭师的猝然远行，让熟悉和热爱他的人们万分不舍，总是情不自禁地回忆起他的音容笑貌。 他最后一次参加学术会议的情景珍藏在许多与会者的记忆里。 尤其是当会议举办方得知郭师不幸去世的噩耗后，心情极为沉重，泉州富美宫董事长陈淑贤先生亲赴厦门参加郭师追悼会，不久又口述《郭志超老师在泉州参加学术会议的最后时光》，以示纪念和缅怀。 其口述内容由北京大学 2018 级社会学博士生孙静[①]记录整理成文，它体现了陈老先生的真挚情感，更是品读郭师瑰丽人生极为珍贵的口述史资料。 兹录原文，以再现郭师最后的生命足迹，重温投射在他生命年轮中那最后一抹光辉和最后一缕春风，更重要的是为了记忆和缅怀：

> 在富美宫决定举办萧太傅学术研讨会之后，在吴幼雄老师的帮助下，先后联系到郑镛和连心豪老师。因为吴老师对郭志超老师印象很深刻，知道他学术水平很高，便极力要求邀请郭志超老师莅临会议。于是在连心豪老师的牵线搭桥之下，我们非常荣幸请到了郭老师。我们当时确实已经知道郭老师的脚有些发肿了，但不知道情况多严重。本来要派车去接郭老师，后来考虑到会务繁忙，便让郭老师和连老师自己打车来泉州，我们庙方报销打车费用。直到会议当天，我们都对郭老师的病情不甚了解。我记得 3 月 6 日下午快 5 点的时候，我有去宾馆接他，并到他的房间，很惊讶看到郭老师这么大牌的教授，竟然还如此专

[①]　2019 年三四月间，恰逢孙静在泉州从事田野调查，与陈淑贤先生有较多联系，她当时也参加了 3 月 7 日在泉州召开的萧太傅信仰民俗学术研讨会，听取了郭老师的主旨发言，因此陈先生请她将口述资料整理成文，她整理好后于 4 月 6 日发至郭师的弟子钟毅锋博士的电子邮箱。

注,伏案为第二天的演讲做准备。当时我看到他有一个关于东隆港放王船的科仪本,很感兴趣。

第二天郭老师在会议上做了极其精彩的报告,以及参与了热烈的讨论。会议开完后,中午一起吃饭,我们交谈过程中,聊到了糖尿病的事情,因为我也患有糖尿病,但当时没有就此深谈,我也不清楚他的病情,也不清楚他没有去治疗。当时我还记得前一天科仪本的事情,就很想知道其中的内容。没想到郭老师立刻大方表示回厦门后立即复印给我。我当时被郭老师的情谊所打动,现在回想起来还十分感动。一星期后果然收到了郭老师寄来的复印本。我当即打电话去郭老师家,想表示感谢,没想到一直打不通电话。现在回想起来可能当时郭老师已经去住院了。过了几天,噩耗传来,震惊万分。我们实在感到过意不去,痛失如此一位学术巨擘,良友益师。于是,匆匆赶到厦门参加追悼会。一想到郭老师为了来参加富美宫的会议,准备了这么多的资料,竟然耽误了自己的病情,就感到十分对不起他。我虽然接触他的时间不久,他3月7日下午参加完会议便打车回厦门了,但我总想着有机会还能合影,却不知他身体状况到了这个地步,而我们就此一别成永生的遗憾。手中还有郭老师寄来的复印件,然斯人已逝,我相信他对王爷信仰的关心,对学术的热忱,会永远留在世人的心中!

富美宫董事长陈淑贤口述,孙静记录,2019年4月6日

2019年3月25日是送别郭师的日子。那天黎明时分,厦门突然大雨滂沱、电闪雷鸣,可谓天地悲切,山河动容。人们陆续从四面八方赶往集美天马山福泽园为他送行。直至上午十点半,告别仪式开始,雨还一直下着,思义厅的走廊内外,花圈如海,泪水如雨。思义厅内庄严肃穆、哀乐低沉,他安详地躺在鲜花环绕的水晶棺内,厦门大学人文学院院长的哀悼词沉重缓慢地在回荡:

郭志超同志除在厦门大学人类学系及人类学研究所贡献大半生外,还担任中国人类学会、中国民族史学会、中国民族学会、中国都市人类学会等理事和常务理事、福建省民俗学会副会长、教育部民族学学科重点基地评审专家等职。20世纪80年代初,在中国改革开放拨乱反正期间,他协助其导师陈国强教授为中国人类学的学科重建奔走,此后还参加人类学高级研讨班,特别是身体力行为厦门大学人类学的办学

工作和人才培养做了很多实际工作,可以说为中国人类学的学科重建做出了重要的努力。其学术专长为文化人类学、民族学、台湾高山族研究、东南民族史,在闽南社区民间宗教的研究方面也有其独到之处。

他有深厚的学术造诣,既能追踪国际学术前沿,又能结合厦大的学术传统,思路开阔,笔力惊人。他著述颇丰,发表学术论文二百余篇,其中以《清代汉族与高山族的贸易关系》《陈埭丁和白崎郭汉化的比较研究》《西方人类学的文化观评析》《田野调查与文献稽考:惠东文化之谜试析》《闽粤赣交界地区原住民族的再研究》等为其代表作;著作方面,则有代表作《畲族文化述论》《闽台民族史辨》等。他还担任"九五"国家社会科学重点项目的负责人,并获得多项省部级科研成果奖。郭志超同志在教学上风格独树一帜,他在教学中展现的无与伦比的生动性、感染力和启发性给学生们留下了深刻印象。

郭志超同志一生爱党爱国、耿直率真、生活朴素、作风端正、奉献教育、为人师表。他的去世是中国人类学、民族学界的重大损失,也是厦门大学的重大损失。我们怀念郭志超同志,并将以他的人格魅力和思想境界为我们永远追思的目标。郭志超同志千古!

仪式最后,人们怀着沉痛的心情依次瞻仰他的遗容,悲痛难抑地看他最后一眼。其音容笑貌,历历在目,转眼却天人永隔,祭奠者无不潸然泪下,可谓"近处无干土,低空有断云"。学生弟子们哀扶灵柩,陪同亲属至瞻仰厅,眼看着昔日生龙活虎、精神奕奕的恩师,变为一个烛尽光穷的"编号",不禁悲痛万分,凄入肝脾。中午时分,当大家一路"护送"郭师至薛岭山怀恩堂安息时,天已放晴,风和日丽,仿佛在祝福逝者安息,生者珍重!

那天,还有很多无法亲临现场的学生、同道、朋友们,则在自发组织的"郭志超老师追思群"里沉痛悼念,在场者分享了很多告别仪式现场的照片和视频,场内场外,悲痛不已,可谓"无边落木萧萧下,不尽哀思滚滚来"。

郭师,离开我们已近一年,太多的人对他殊深轸念,至今仍有百余人在追思群里自发缅怀他、祭奠他,他永远活在学生和同仁朋友们的心中。托马斯·哈代曾说过:"一个人总得慷慨一点,才配受人感谢。"郭师何止是慷慨一点,而是慷慨一生,他是配得上这种哀荣的。

如今,他虽已远行,但他高尚的情操和卓越的智慧,依然在滋养着无数后学者，可谓"落红不是无情物，化作春泥更护花"。 他冰清玉洁的灵魂与天地永恒，与松柏长青。 他无私奉献的精神一定会如薪传火，生生不息！ 也相信天上一定有一个美好的地方，能够安放这样一个高尚的灵魂。

笔至此，飞花丝雨，心绪绵绵，若长歌当哭………

文至此，烟雨天青，素宣淡墨，愿月明风清………

初稿成于己亥大寒

终稿毕于庚子清明

王逍，女，湖南双峰人，陕西师范大学历史学学士及硕士、厦门大学人类学博士、复旦大学社会学博士后，教授、博士生导师。曾长期任教于浙江师范大学，现就职于杭州电子科技大学法学院社会学系。

后 记

今日立春一候，东风解冻，飞花点翠，春山如故。郭师仙逝，十月有余，其追思集与诗歌散文集即将付梓，其学术作品集的整理工作亦有条不紊地进行，出版计日可待。当编辑进入撰写"后记"这道最后的工序时，虽难免有怅惘、忐忑之情，但更有紧弦松绑后的释怀感。

文本由"想象"到"具象"，再到付梓墨香，获得了太多人的支持和鼓励，凝结着太多人的劳动与智慧，这不仅仅是一个系统的文字工程，更是一场温暖传递、心灵相犀的精神洗礼。叹"岁月不居、时节如流"，感"一往情深、和衷共济"，故记录过程，表达谢意、致以祝福，浓墨淡笔总关情。

己亥年（2019 年）丁卯月辛酉日午时，与众多师友送别郭师，酉时与师弟蒋俊自厦门同返，亥时归。高铁风驰电掣，一路上"苍山如海、残阳如血"，思绪如梦，亦真亦幻。然而，心底那份沉甸甸的共识、承诺、责任，却格外清晰，坚如磐石。

归家多日，黯然神伤、心情低落，然于思绪纷扰中着手构思总体工作规划，大致按"追思征文收集"和"作品资料整理"两大主线同时展开。追思征文公告修修改改，历数日始完成，请董建辉教授把关雅正后，戊辰日托韦小鹏博士制作微信版，并于"人类学乾坤"公众号发布。清明节前后，继续传播征文信息，并就相关事项予以沟通、联络。尔后陆续收到追思文，统一由蒋俊汇总、登记。他在收录稿件、回复征文邮件、沟通作者信息等方面，做了大量耐心细致的工作。

至于作品资料整理工作，更是一个头绪纷繁、协同合作的漫长工程。好在郭师的儿子郭航，整体思路清晰，做事雷厉风行，可谓"虎父无犬子"，也好在郭师生前早将电脑和电子邮箱密码等一并交给儿子打理，尤其是郭师对自己千禧年之前的主要作品，做过一个基础目录，从而可以按图索骥和随时填充。郭师安息后，郭航旋即投入紧张的工作。他夜以继日地浏览了三万多封电子邮件，并摘录、整理出重要的诗文、附件等。随后，他又着手整理电脑资料，诸如目录补充、资料分类归档、纸质期刊及照片收集、部分文字转录等，并将电脑资料全部打包发我。随后，有需要甄别、核对、查询、增补的地方，以及后续工作思路等，我俩通过微信随时沟通，可谓信息往来如梭，行动方案轮廓日渐清晰，但总体仍处于摸索前行阶段。

与此同时，蒋俊着手搜集和整理郭师在知网期刊上的论文。福建民族与宗教研究所的刘冬女士，将郭师发表在《福建民族》上的60余篇文章，采取地毯式搜索的办法一一找出，因涉及太多的笔名，经前所长蓝炯熹老师比对确认后，她再全部复印好，本打算直接寄给我，为免其进一步的烦劳，我委托同在福州工作的师弟钟毅锋前往交接。钟毅锋取回后，自告奋勇负责该部分资料的电脑录入和校对工作。

郭师一生笔耕不辍，而又极其淡泊名利，对于发文从不看重刊物的级别，且笔名众多，因而其文章不仅类型多样，且出处复杂多元，往往出现"文章在，出处不明"，或者"出处明了，而文章难寻"等现象。除了期刊论文和刊载在《福建民族》的文章相对集中以外，其余大都如高山寻宝，需要较多的时间寻觅、甄别、比对，还需要相关信息反复求证，以及多个目录版本的整合更新，因而全部整理清爽，尚需假以时日。

为加快进程，是年五一节前一天，我回到厦大，前后停留七天整。还记得那天赴高铁站，同样是大雨滂沱，一路南下，心情如雨打芭蕉般。此次重返厦大校园，更有一种"花非花，雾非雾"，"去似朝云无觅处"般的感伤。因适逢假期，校园宾馆紧张，烦请同窗好友杨玲博士帮忙提前预订房间，方得以安心入住克立楼。此行主要任务是阅览郭航送至宾馆的满满一大箱纸质材料，并与他前期所发电脑资料予以比照、核对、增补等。

抵达次日和返回前夜，共两次至厦大西村拜访过师母，做了数小时的访谈及查阅了郭师部分遗作，并翻拍了部分照片。中间抽空与杨玲一起去人类学博物馆周边走走，还特地瞻仰了郭师亲手栽种的那株亭亭如盖的大榕树。晚上与董老师、郭航在邵逸夫宾馆大厅见面，商讨相关事宜，随后钟毅锋、吴建梅等师弟师妹，也赶来参加，并相约次日查询相关重要资料。此外，晚餐后还顺道多次至厦大出版社南强书苑，翻阅人文社科类著作，在多本论文集里觅得郭师数篇文章，如获至宝。其余时间，均待在宾馆，来不及拜访其他老师，也谢绝了其他邀请。

在克立楼那几天的资料阅览过程中，我深感郭师的学术论文，历史人类学视野开阔，尤其是其史学文献功底深厚，读者需要有极大的热情和耐心，才能领略其学术洞见。此外，有很多的厦大学子及师友们，因深切怀念郭师，也希望更详尽了解其人生历程，因此我萌发出给他写一篇传记的想法，希望通过系统梳理其丰富的生命史，真实立体地再现其精神风范，旨在让读者愈加亲近其文字，更好地传承其学术智慧和弘扬其美德。

当然，那几天在阅读千头万绪的资料时，既有时间的紧迫感，也有无边无际的茫然感，越是想尽早理出头绪，越是有一种迟滞无力感。好几次，凝视着电脑屏幕上老师生前斐然成章的文字，不禁潸然泪下；好几次夕阳西下时，透过克立楼客房的窗户，望着自己十余年前曾经入住过的丰庭公寓，思绪万千。南普陀寺的晨钟暮鼓和五老峰下的白鹭方阵，依然如故，而恩师已逝，室迩人遐，令人心怛怛而惕惕兮。带有仪式感的一周，在紧张和充实中很快过去，那一大箱的纸质材料还是未能如愿全部整理完，离开时带走了一部分，其余则请郭航快递。

归家后，继续与郭航就资料整理和整体规划等相关信息高频率地拨来报往。主要由于他的锲而不舍和倍道而进，历经近两月的时间，郭师500多篇文章的目录、出处等基本梳理清晰、更新整合完毕（目录修订不下二十余版）。统计结果显示，大约有一半左右没有

word 电子稿,少数既没有 word 电子稿,也没有纸质稿,尚需继续寻找。随后在蒋俊的大力协助下,我们将手头现有的纸质稿进行分类整理,并扫描和二次编目,将能找到的 PDF 格式的文章全部整合。

因为分类工序较为复杂和琐碎,所以工作时限比预想稍延长,直至"六一"儿童节那天,我们才全部整理分工完毕。其中,蒋俊付出了大量的辛劳,忘不了他数次来我办公室工作到很晚,披星戴月而归的场景。分工完毕后,我还给各位同门写了一份三千余字的《缅怀郭老师追思文征集和作品整理工作进展报告》,向大家汇报了具体工作进展和任务分配及相关要求,也解释了任务分工之所以姗姗来迟的原因,我理解和感动他们翘首以盼,希望早日投入工作的热情。随后蒋俊给郭航、吴建梅、周典恩、毛伟、温春香、张卫红、曹大明、李凌霞、平锋等同门,分配了平均二十篇左右的 PDF 格式文字转录及核对工作,个别纸质稿则快递寄达,还有少数文章需要各自想办法寻找。

第一次任务分配后,各位同门按部就班地投入紧张的文字转录工作。蒋俊持续负责收集追思文,我除了继续与追思作者及相关人士保持联络沟通外,重点任务是收集传记访谈资料,以及统筹处理相关事宜。7 月中旬临近暑假,同门们陆续将转录好的文稿发给郭航汇总。甲寅日,我们相约回到厦大召开碰头会,往返三天,会议地点定在邵逸夫宾馆客房,同样是杨玲费心操劳,帮忙预订好房间。我与蒋俊从浙江抵达、周典恩从安徽抵达、温春香从江西抵达、平锋从广西抵达、曹大明从贵州开会转道而来,其余因各种客观原因不能前往的,也随时在关心动态,等候第二次分工。

会议当晚开始,郭航带来了重新整合的长达 60 多页的作品目录,对郭师作品出处及目前整理情况,用电子表格形式清晰标注,一目了然。会前我做了一个简单的《厦门碰头会议事议程》,内容涵盖"工作进度总结"、"主要讨论议题"、"后续工作计划"这三大方面。随后,会议按议程有条不紊地进行,大家着重讨论了论文集如何筛选分类、追思集编辑出版、散文诗歌编辑出版、学术文集编辑出版、出版经费来源问题、追思会时间和形式等主要议题,师妹温春香、师弟平锋相继做了详尽的会议记录。会议直至深夜一点才结束,近五个小时的讨论,深入详尽,颇有成效。那天晚上,大家不知疲倦的工作情景,至今仍历历在目。尤其是会议结束时,春香的小女儿已在我的客房床铺睡得十分香甜,小姑娘被抱回自己房间的那一幕,一直留在我的脑海。当时间沉淀下来,回忆中满是温馨和感动。

次日早饭毕,蒋俊等至克立楼复印厅打印多份目录,大家回宾馆后,整整一上午围绕学术文集目录,又逐一讨论,反复斟酌,精选了100多篇学术论文。是日下午,蒋俊又不辞辛劳,根据筛选分类等讨论情况,重新整合了目录,供大家继续斟酌。晚上与第三天上午,我们又讨论了相关事宜。期间,师妹吴建梅还买来水果,多次至宾馆慰问,杨玲也多次表示关心并亲自送行,师妹张卫红在百忙中,冒着炎炎烈日从集美赶过来看望大家,并热情邀请我们数位从集美返程,并安排了丰盛的午宴,等待我们散会返程后至集美相聚,午餐后又亲自将我们分别送至高铁站和机场。离开宾馆时,杜树海博士还特地赶来话别,以咖啡热情相待。过程值得书写,细节体现了温度,无处不在的温暖,令人如沐春风,化为前行的动力。

从厦门回来后,我根据碰头会达成的共识,并与郭航反复商议,暂定出版4本书,其中《追思集》1册、《诗歌散文》1册、《学术文集》2册。蒋俊则根据碰头会讨论情况,对甄选的100余篇郭师学术文集电子版校对工作进行了第二次分工,我则撰写了近千字的《郭老师文集出版第二阶段任务分配方案》,对主要任务、分工基础、甄选原则、分工原则、核对要求、资料提供、预期任务等做了详细说明,并由蒋俊分发给周典恩、毛伟、温春香、曹大明、李凌霞、平锋等同门,目前大都已校对完毕。

诗歌散文随笔部分(包括《福建民族》的学术随笔),则由郭航全权负责编辑校对。在此过程中,知名作家、《厦门晚报》资深编辑萧春雷先生和《厦门日报》新闻研究室叶胜伟先生在《随笔诗歌集》的统筹甄选、分类归纳等方面做了大量深入细致的工作。在此期间,作为厦门晚报社美术设计总监的郭航,则着手设计封面、甄选照片,并代表编委会多次与厦门大学出版社薛鹏志先生进行了前期沟通。

中秋节前,出版社确定了出版选题。我与蒋俊、郭航三人进行了分工,蒋俊负责《追思集》的目录编排和内容提要撰写;我负责《学术文集》上下两册的内容提要撰写,目录编排由蒋俊协助完成;郭航负责《随笔诗歌集》的目录编排和内容提要的撰写,其中萧春雷先生和叶胜伟先生贡献了诸多智慧。在中秋节收假后,出版目录及内容提要等如期提交厦门大学出版社。需要特别说明的是,将近腊月时,郭航来电商议,整理后的《随笔诗歌集》篇幅较大,根据萧春雷老师和叶胜伟老师的建议,是否将《福建民族》及其他学术性较强的学术短文及随笔拎出来单出,我们商讨的结果是《学术随笔》与《学术文集》合并出版,分为上、中、下共 3 册,但因时间紧张,尚需总体编辑审阅校对等,预计耗时不短,故该 3 册学术类书籍只能延后出版。目前《郭志超教授追思集》由蒋俊与我共同编辑完成,《郭志超随笔诗歌集》由萧春雷、叶胜伟、郭航等共同编辑完成,腊月已提交厦大出版社。

至于我负责撰写的《郭志超教授传》,因忙于前期的统筹及资料整理工作,直至中秋节后,才基本完成访谈资料的收集与整理,郭师的随笔散文及其他相关文献资料也才全部研读完毕,方乃开始构思框架。在写作过程中,对于信息不完整处,则随时通过电话、网络访谈补充。然而,传记的撰写比预想的要艰难得多,完成时间亦较预计的要晚。除了资料的梳理与分类,还涉及思想的理解与阐释,以及人物传记中的真实原则、文字表述、读者意识等诸多问题,因而所谓"下笔如神"和"一挥而就"只能是美好的想象。最主要的原因还是笔者不才,心力不逮,没有郭师那样"一气呵成"的能力,加之节后不久,因不小心踏空楼梯而左脚踝骨裂,需较长时间拄双拐和后期康复训练,一时间施施而行,但任务又迫在眉睫,这多少影响了心情和进度。

然而,祸兮福所倚,脚踝骨裂后出行不便,2019 年秋季所有课程延后,总体赢得较多时间专心写作,因而能够在身心俱疲的状态下,却始终以不疾不徐的节奏,向前推进。期间,也难免心力交瘁、心急如焚,虽夜以继日,却总感遥遥无期,一路坚持下来的精神动力,源自于努力向一个高尚灵魂的不断靠近,近乎信仰,近乎仪式。

《郭志超教授传》终于在庚子新春完成,前后数易其稿,篇幅超过预想的一倍。交稿前,承蒙蒋俊师弟通览传记并修改,意见中肯、熬心费力。出版社清样校对稿发来后，蒋俊、郭航二位贤弟再次费心通览传记并校对，又承蒙萧春雷老师和叶胜伟老师拨冗审读，并提出宝贵修改意见，笔者亦对传记做了部分内容的增补。但因时间较为仓促，付梓之前，来不及再请其他方家赐教，敬请读者诸君指正。因各集单独成册，独立面世，根据出版要求和阅读便利，传记分别附于后，整体重复，请多包涵。拙笔何足道，心香一瓣祭恩师。

最后，要对所有为郭师追思集和作品集的整理与出版工作，付出辛勤劳动，给予支持帮助的众多师友们，表示由衷的感谢。除了要感谢前面提到过名字的诸位以外，尤其要感谢辛勤赐稿的各位作者，以及为传记写作提供资料的师母胡友娜女士、郭师的二哥郭志达先生、郭师的中小学同学吴永康先生、郭师的大学同学和研究生同门厦门大学石奕龙教授，郭师的宗亲闽南师范大学的郭联志教授和百崎郭氏回族宗亲联谊会的郭献忠会长，以及广西民族大学的吴国富老师、浙江大学的刘朝晖老师、浙江师范大学的唐永保老师等。

还要特别感谢厦门大学陈支平、薛鹏志、董建辉、张先清、蓝达居、俞云平、杨晋涛、汪晓云等老师们的热情支持与帮助。还要由衷感谢"缅怀郭志超老师"追思群的众多师友和厦大学子们的陪伴与鼓励，也要诚挚感谢各位同门的协同合作，尤其是郭航、蒋俊的鼎力相助，让诸多困难与困惑迎刃而解。

在工作进程中，始终幸获诸多直接或间接的帮助，既有家人的理解支撑，也有亲友的鼓励支持，还有师生之谊和同仁、同道、同窗之情，其名字虽不一一罗列，然所有的温暖和感动均默记于心。

关于出版经费问题，受师母委托，在此予以补充说明。郭师告别仪式上，师母与郭航原则上坚决不收奠仪礼金，但厦大相关单位和师生个人，以及福安知青朋友等委托代交的仪礼共两万余元，因不好退还，师母亦不肯动用，提议作为出版经费，亦在此一并表示谢意。其余出版经费将由郭师博士、硕士弟子及部分厦大学子和热心人士捐助，对于厦大出版社编辑所付出的辛勤劳动，在此一并感谢。

郭师追思集和作品集的出版是大家共同的心愿，能够将他无私奉献的精神和一生的智慧与心血，找到一个永久安放的地方，是"缅怀故人，激励今人"的最佳选择和最好方式。这是一个系统的工程，也是众人合作参与的结果，注入了太多人的情感，包含着太多人的期待，过程和细节本身也具有缅怀的意义。

　　庚子新春，疫情严峻，世事维艰，多难兴邦。祝愿师母一家，以及所有的师长、亲友们，庚子吉祥，嘉福绵长！祝愿天下所有善良的人们，所想皆如愿，所行化坦途，多喜乐，长安宁！更要祝福天堂里的郭老师，快乐安息勿操劳，您的大爱会被看见，被传承……

　　愿曲终人不散，一钩新月天如水……

王　逍

庚子元宵于婺州古城